多视角下的企业管理学

A MULTIDIMENSIONAL PERSPECTIVE OF ENTERPRISE MANAGEMENT

高淮成　主编

北京大学出版社
PEKING UNIVERSITY PRESS

图书在版编目(CIP)数据

多视角下的企业管理学/高淮成主编.—北京:北京大学出版社,2014.8
ISBN 978-7-301-24663-4

Ⅰ.①多… Ⅱ.①高… Ⅲ.①企业管理—教材 Ⅳ.①F270

中国版本图书馆CIP数据核字(2014)第190127号

书 名:多视角下的企业管理学
著作责任者:高淮成 主编
责 任 编 辑:赵学秀
标 准 书 号:ISBN 978-7-301-24663-4/F·4018
出 版 发 行:北京大学出版社
地 址:北京市海淀区成府路205号 100871
网 址:http://www.pup.cn
电 子 信 箱:em@pup.cn QQ:552063295
新 浪 微 博:@北京大学出版社 @北京大学出版社经管图书
电 话:邮购部62752015 发行部62750672 编辑部62752926 出版部62754962
印 刷 者:北京大学印刷厂
经 销 者:新华书店
730毫米×1020毫米 16开本 18.75印张 362千字
2014年8月第1版 2015年5月第2次印刷
印 数:3001—6000册
定 价:48.00元

序　　言

企业是市场配置资源的主体,是社会经济活动的重要细胞,是人类各种物质资料乃至精神产品的制造者。企业不是由一个人组成,也不是由一种要素组成,企业的生产过程要能顺利进行,必须拥有劳动者、劳动资料、劳动对象、信息等生产必不可少的要素,并且按照生产技术和服务经营的特点,将各要素合理地组织起来。企业作为商品的使用价值和价值的创造者,要取得经济效益和长远发展,还必须通过市场进行交换,组织供产销活动。因此,劳动者和劳动要素之间、企业和职工之间、企业和企业之间、企业和国家乃至和国际之间都需协调。为此,企业必须进行管理。企业管理是社会化大生产的客观要求和直接产物,企业管理是企业生产经营活动得以顺利进行的重要条件,企业管理是现代生产技术、信息技术发展的要求,又是促进技术进步的动力。改革开放几十年以来,西方社会数百年间形成的各种流派的管理思想和管理方式进入中国。从亚当·斯密的分工论,到泰勒的科学管理;从法约尔的工业管理,到梅奥的霍桑试验;从第二次世界大战以后随着技术进步和生产社会化程度提高而产生的管理理论丛林,到近年来信息革命在现代企业经营管理上引起的巨大变化;直至当今的虚拟企业和知识管理,管理的发展和变化一直在不断进行着。

企业管理究竟如何定义目前并没有一个公认的说法。如何定义企业管理直接决定了其管理思想、管理内容、管理方法、管理效果以及管理能力的大小,也决定了企业管理科学发展的快与慢,更影响了每个企业家的经营管理方式方法和效果。

本书把企业管理定义为:在一定的社会条件下,企业责任人以企业为客体,运用一系列职能和方法,以达到一定的目的的行为过程。

这一定义概括了当代企业管理的基本构成要素:

一是企业管理主体,即回答由谁来管理?

二是企业管理的客体,即回答管理谁?

三是企业管理的目的,即回答为什么管理?

四是企业管理的方法,即回答怎样管理?

五是企业管理的环境,即回答一定的条件下管理怎样与环境相适宜?

基于对企业管理定义的认识,本书可以分为三大部分。

第一部分内容有三章,与企业管理主体相关。企业领导力、人力资源管理以及员工心理健康与调适三章着力讲的是企业管理活动的主体——人。一般认为企业管理主体是指掌握企业管理权力,承担管理责任,决定管理方向和进程的有关组织和人员。但是职工同样是企业管理的主体,无论从企业民主管理制度的角度,还是从直接管理劳动对象的角度,所有职工都可以看作企业管理的主体。

人本管理作为管理的一种理论,在西方得到普遍的实践。人本管理的最大特点在于它主要不是依靠外力(如上级的发号施令),而是依靠人性解放、权力平等、民主管理,从内心深处来激发每个员工的内在潜力、主动性和创造精神,使他们能真正做到心情舒畅、不遗余力地为企业不断开拓新的优良业绩。

在人本管理风靡的同时,能本管理日益受到中外企业关注。因为基于人本管理的要求,不仅激发劳动者的活力,为企业发展做出贡献,而且在企业发展的同时劳动者的能力也得到提高,企业发展的同时个人也得到发展,这就是能本管理的要求。在欧洲,许多大公司倡导建立学习型企业,出现"员工充电,老板出钱"的浪潮。我国许多企业明确指出,对职工进行专业技能和业务培训就是一种福利。职工的能力提高不仅有利于企业竞争和发展,而且有利于职工对社会和时代的适应,为职工个人谋取较好的生存空间。如海尔集团建立了海尔企业大学,加速提升员工素质能力与业务培养,走到了能本管理的前列。从企业发展和职工个人发展两方面综合考虑,企业应高度重视人的能力提升,与人本管理融为一体。

第二部分内容有四章,主要与企业管理目的相关。企业作为市场主体和资源配置者,受"看不见的手"左右,企业行为与能否盈利直接相关。企业财务管理与筹投资管理、投资风险与防范、企业税收政策及其筹划、企业管理统计分析等四章主要是分析企业能否实现盈利这一目的。

传统的财务管理是一种简单的、被动的、滞后的财务管理模式,随着经济全球化、网络化、知识化的进程,企业的财务管理主要发生了以下变化:一是财务管理从静态的事后核算向动态的、参与经营决策过程的财务管理方向发展;二是财务管理从战术性、事务性的管理向战略性、全局性的经营理财方向发展;三是财务管理从内部的、独立的职能管理向物流、信息流、资金流三流合一的集成管理方向发展;四是财务管理从手工操作、手工分析向计算机操作、智能分析方向发展;五是财务管理的目的从传统的利润目标向企业未来价值,包括无形资产价值的方向发展;六是企业投融资的视野从国内范围向全球范围发展。

针对大型企业来说,由于现代企业集团化、跨地区经营的特点,企业总机构必须妥善处理好与下属分支机构之间的经济管理关系。处理好统一性与自主性的关系,集权与分权的关系,做到既能灵活地集中财力,保证生产重点需要,使资金得到有效使用,又有利于调动下属分支机构的积极性。具有现代企业特点的财务管理体制相应发生变化：一是集中财权，强化管理，资金调度权、资产处置权、投资权、收益分配权、财务人员的任免权集中到总机构，各分支机构只有经营权，实现由分权型管理向集权型管理的根本转变；二是内部机制健全，强化财务监管，设置科学的财务管理机构，财务管理制度趋向统一；三是实行以考核最终成果为核心的目标管理；四是统一采购物资，实行类似政府采购制度的统一采购制度，以降低采购成本，减少仓储费用，加速资金周转；五是会计管理体系由一般会计、责任会计向一般会计、责任会计和管理会计三个层次发展。

财务方面的管理通过一系列专门方法积累资料，以为企业内部管理服务为主，面向未来的规划和控制日常发生的一切经济活动，为企业领导决策提供数据资料。财务方面的管理主要通过对企业价值的预测、计划、控制和决策，包括企业财务目标的制定、利润规划、财务预算的编制、财务控制与成本控制、投资决策和融资决策，新产品开发预测和销售预测等，为加强企业管理、参与决策服务。

第三部分内容有六章，主要是管理方法以及管理与环境相适应方面的内容。包括企业生产运营管理、物流管理、企业信息化建设、标准化建设、企业品牌塑造与管理、加强企业科技创新能力等。传统的企业管理的对象主要是人财物、供产销。在经济全球化、网络化、知识化的当代，企业的迅速发展不仅依靠企业规模的扩张或资本的投入，还要依靠企业的技术创新、制度创新和管理创新，也即依靠智力劳动，科技成为企业生存和发展的重要支撑力，因此企业管理的方法不断变化和发展。

现代社会商流、资金流、信息流、物流共同构成社会经济活动，缺一不可。在商流、资金流、信息流、物流四流中，最耗费人力物力的是物流；涵盖面最广的也是物流，生产、生活、流通各个方面均要涉及。由于物流的无所不在，不仅是物流从业人员，各方面管理人员也必须掌握一定的物流知识，才能科学地进行管理，特别是各级领导干部更是如此。商流和资金流是传统性的经济活动，规则性强，已经比较成熟和定型。信息流主要利用计算机技术和互联网，这方面的竞争会不断加剧和复杂。这几年兴起的网购之所以发展较快，是因“物流支持”形成的。商流、信息流和资金流将来都可以由计算机和网络通信部分取代，只有物流难以做到这一点。物流目前还比较滞后，发展的空间比商流、资金流和信息流要大，合理化、科学化的余地也大，节约费用的潜力更大。从企业管理的角度认识物流，包括流通业的流通物流、生产企业的生产物流、专门从事物流服务的第三方物流，了解我国经济活动中发展现代物流的主体是这几类企业。通过科学管理，促进企业经济活动与现代物流的要求相一致，提高企业竞争力和企业经济效益。

信息既是管理的对象也是管理的手段，一个企业的管理先进与否，很大程度上与该企业对信息的管理和使用相关。

对信息的管理是现代管理的一个突出特点。企业对信息管理的能力，将集中表现在不仅需要有强大的信息网络和信息收集能力，更为重要的是要有出色的信息分析、传递和利用的能力。丰富而准确的信息，是正确而迅速决策的前提，一个企业能否在激烈的竞争中得以生存和发展，它的产品和服务能否跟上时代的要求，首先在于能否及时掌握必要和准确的信息，能否正确地加工和处理信息，能否迅速地在员工之间传递和分享信息，特别是能否把信息融合到产品和生产服务过程之中，融合到企业的整个经营与管理工作之中。这促使管理者日益把管理信息与管理企业融为一体。

随着信息技术的推广应用和信息资源的不断开发利用，管理信息化正在往广度和深度发展，这导致信息管理在整个管理中地位的提升。同时信息管理渗透和体现于企业对各种管理对象的管理中，最重要的是信息的介入改变了生产的方式。在信息技术进步的基础上，制造业采用了新的生产方式：在管理信息系统（MIS）的基础上，采用计算机辅助设计与制造（CAD/CAM），建立计算机集成制造系统（CIMS）。在开发决策支持系统（DSS）的基础上，通过人机对话实施计划与控制，从物料资源规划（MRP）发展到制造资源规划（MRP-Ⅱ）和企业资源规划（ERP）。还有集开发、生产和实物分销于一体的适时生产（JIT），不断消除浪费的精细生产（lean production），供应链管理中的快速响应和敏捷制造（agile manufacturing），无污染的清洁生产和绿色制造（green manufacturing），以及通过网络协调设计与生产的并行工程（concurrent engineering）等。这些新的生产方式把信息技术革命和管理进步融为一体。

品牌是集企业管理、专有技术、商标、人员素质、组织结构、企业文化等无形资产于一体的代表，是真正不能或难以被其他企业复制的稀缺资源，也是企业创造有形资产、创造较高附加价值的“核心竞争力”。当今世界，人类创造新的物质产品的关键从制造环节转移到发明创造环节。凝结创造性劳动的、还未被实体化的无形资产是最缺少的，因此也是价值最高的。现在企业产生竞争力强的新产品新技术，往往不是企业某一个职工、某一单独部门的成果，而是这些核心竞争力共同作用的结果。在当代，企业的竞争是无形资产的竞争，无形资产在企业的重要性将超过有形资产。因此，加强品牌管理、增加无形资产投资，也是企业管理发展的重要内容和方向。

管理的简练化也是一种很值得一提的现代管理趋势。简练管理是对自然经济、计划经济条件下“小而全”经营管理理念的否定，是以现代信息技术为支持，适应需求分散化的管理。分工出效益，简单出效率。简练管理实现了效益和效率。

越简练的管理，员工越容易明晓，管理工作的发展也是由简单到复杂，再到简练，循序渐进发展。简练管理模式往往能为企业赢得最具张力的生存发展空间。

简练管理一是企业退出过多的经营领域、放弃过多的产品、简化繁杂的业务联系流程、精简营销的手段等,集中资源从事自己最有优势、最有效益的方面,而把大量服务和零部件外包出去,走集约化发展之路。事实上,成功的企业都是化繁为简的高手。

简练管理二是精简过去那种多层次的管理结构。传统管理中管理组织复杂,叠床架屋,牵一发而动全身,互相掣肘,并且多层的管理机构容易产生"公司内部的官僚主义"和管理低效率。随着经营和销售方式的改变,企业通过社会化协作和契约关系,外包非核心零部件生产和认证零部件质量的可靠性,使企业的中间管理组织设置变得简单,企业管理机构变得扁平化。管理组织的扁平化、信息化消减了中间层次,使决策层贴近执行层。

简练管理三是业务流程再造(re-engineering)和信息系统集成基础上的企业经营过程重组(BPR)。企业在市场竞争压力下,对业务流程和经营过程重新思考和做出根本性的重新设计,在成本、质量、服务和速度方面达到重大改进。

经济全球化、互联网革命和全球产业转移,要求中国的企业管理要与世界趋同,以谋求更多的发展契机;这也促使国外的企业加强与中国企业的联系和中国市场的沟通,不论是哪种情况都将促使中国企业管理与世界趋同。全球经济中心从发达国家向发展中国家迅速转移;互联网的发展,使通信成本大幅降低,世界变得扁平;物流业的发展,企业之间成了天涯若比邻的地球村村民,跨国协作更加通畅而富有效率;跨国贸易、投资及科技转移步伐的加快,使越来越多的本土企业有机会打入国际市场,同时,本土市场也成为全球市场的一个重要组成部分。当经济活动的全球化使企业管理不再是一个地方、一个单位内部的活动,它日益要求企业在基础管理上走标准化之路,以便沟通和联系。

创新成为管理的对象,也是企业发展的重要方法。创新需要企业有一套有利于创新的管理方法和管理制度。首先,针对全体员工的培训教育制度,职工发明创造和合理化建议的奖励制度,甚至包括对职工创新的强制性要求,如比尔·盖茨的"我们离破产只有十八个月"。其次,针对生产技术体系和市场的变化调整企业管理组织,企业生产中心、利润中心、设计中心和管理中心的重新布局,企业进行优势嫁接、资产重组。如为了推动技术创新,在不同领域具有技术优势的企业开展了合作,结成战略联盟。一些大企业通过购并拥有技术优势的小企业来改造或武装自己。企业内部实行新技术3—5年强制淘汰制度。再次,人财物的管理考核制度,把创新作为管理对象也要建立针对创新的考核制度。针对创新的考核尚属一个需要探索的领域,但是确有考核的必要和可能,比如劳动生产率指标的提高,能耗的下降等指标可以间接反映科技水平提高;新产品的数量、新技术的效益等则可以直接反映创新的水平;究竟如何更科学地反映企业科技创新水平,从而反映对创新的管理水平，目前尚无完美体系，但只有对创新进行考核，才能评价企业管理者的管理水平，才能促进创新发展。

总之，从管理的五大构成要素看，本书这三部分内容不是截然分开的。比如企业中的员工，他们是企业经营管理活动的主体，也是管理的对象；企业财务、物流、科技管理既是管理的方法，也是管理的对象；信息化建设、标准化建设、品牌塑造，既是现代企业管理与环境相适应的必然要求，也是管理的方法等。本书的写作中，没有囿于每章的内容分属管理的什么要素，或是全面研究企业管理的方方面面，而是从多个视角审视现代企业管理中必不可少的重要问题。

先进的企业管理者，要在经济飞速发展、科技日新月异的变化过程中体察到企业管理不断创新和发展的脉搏，既了解国际管理发展趋势，又立足于本国国情和自身素质；既能分析现实不足与当代管理之间的差距，又能把握管理改革的适度进程；既能吸取最先进的管理理念，又能联系本单位实际不断创新发展。社会经济和管理实践在不断发展和变化之中，先进的管理理念、方法和手段也在发展和变化之中，企业管理知识的学习永无止境，企业管理者水平的提升也永无止境！

编者

2014 年 6 月

目 录

第一章　企业领导力

当今世界充满了变化和不确定性，成长中的企业努力探索发展之路、突破成长瓶颈；已成功的企业积极寻求创新和变革、实现基业常青。无论是为了突破成长瓶颈，抑或是为了寻求基业常青，“领导力”都是被这些企业视为成长、变革和再生的关键因素之一。

中国企业对领导力的关注升温有其必然的内在逻辑。纵观改革开放35年来中国企业的发展历程，不难发现这样一种现象：在20世纪80年代即改革开放的初期，企业的成功与否更多地取决于其把握机遇和营造外部关系（特别是与政府关系）的能力；进入20世纪90年代以后，企业能否保持竞争优势更多的是倚仗其产品质量、成本控制以及营销能力等较为显性的运营管理水平；而时至今日，大多数取得现实成功的企业在完成了基础管理机制的建设之后，将目光转向了更深刻、更长远，同时也更“软”的管理领域，领导力自然成为其关注的重点之一。

然而，相关研究表明，目前中国只有不到五分之一的企业建立了自身的领导力模型，其中建立了较为完整的领导力发展体系的企业只有寥寥数家而已。而这些群体尚属于国内较有实力、理念较为超前的企业。因而可以推断，国内系统开展领导力建设的企业实在是凤毛麟角。

第一节　领导力内涵及评价

一、领导力内涵

何谓领导力？西方学术界对领导力的研究已有近百年历史，但至今在理论上还没有严格定义。先来看看管理大师和卓越的领导者是怎么说的：

——领导力是把握组织的使命及动员人们围绕这个使命奋斗的一种能力，它是有关怎样做人的艺术，而不是怎样做事的艺术。（彼得·德鲁克，管理大师）

——领导力是一门艺术，它会完成更多管理科学认为不可能的东西。（科林·鲍威尔将军，美国前国务卿）

——领导力是领导者如何激励他人自愿地在组织中做出卓越成就的能力。

（詹姆斯·库泽斯，著名领导力研究者）

——领导力就像“美”，它难以定义，但当你看到时，你就会知道。（沃伦·本尼斯，领导理论大师）

——所谓领导力，第一，需要对业务有深刻的理解；第二，能有非常强的目的性，采用斗争、妥协等不同手段来形成一个好的管理层、领导班子，目的性要极强，否则，做出的妥协就没有价值；第三，要制定出更长远的战略，把企业带到一个更高的目标，并且懂得如何分步实现这个战略。（柳传志，联想集团公司董事长）

因此，综合专家学者之说，从管理学角度来看，领导力（leadership）是一种借着指挥、引导和影响他人，以达成目标的能力，即一种把握组织使命及动员人们围绕这个使命奋斗的能力。

领导力的本质是影响力，是一种影响别人思想或行为，让别人自愿服从或跟从的能力。因此，领导力概念的产生不可避免地与担任了领导角色的人联系在一起。

领导力是领导者获得追随者的能力。领导力的强弱，应由获得追随者的能力来衡量。追随者愈多，领导力愈强。

领导力绝对不是一个头衔的附属品，不管是西装笔挺的执行总监，还是在一线工作的员工，这两者所需要的能力和技巧对企业都同样重要。所谓领导者真正的任务，就是在企业组织的各个阶层创造出领导人，只有让每个人的动力都发挥出来，才能为整个组织创造出竞争优势。最好的企业就是能在公司内部创造出一批领导人，每一个员工在所属的阶层都能主动出击，而且，他（她）的行动表明他（她）就是这个公司的主人，这才是最好的组织。

权威研究数字表明：五个领导中只有一个人是有效率的领导。企业怎样才能找到全面、全方位和平衡的领导呢？首先要看他（她）关注的焦点在哪里，然后看他（她）是否有理性、有头脑、有感情、有激情去感染别人。由于工作场合的气氛和氛围有70%是由人的情感决定的，所以，一个领导者，不只是用头脑、理性来领导，也要从心出发，用情感来领导。

二、领导力评价

关于个人的领导力应从四个层面评价：第一，作为领导者是怎样在他（她）自己的工作中来表现他（她）的能力的；第二，作为领导者能不能安排好个人的生活，有没有鲜明的价值观，他（她）能否得到周围人的信任；第三，作为领导者有没有理性的、策略性的领导能力，能不能制定出成功的策略；第四，关乎情感层面，叫做“激励性的领导力”，就是有没有能力在情感上与人进行沟通，能否激励员工。总之，领导力的发展也就是产业、企业的发展，如果一个组织的领导不再成长，那么，这个组织的成长也就停止了。

步入人力资源管理的“后技术时代”，领导力的意义和内涵已在不断拓展，它不仅指占据领导权力的个人的领导能力，而且指整个组织领导思维方式的发展，即组织领导力。从某种意义上来说，领导力是由领导素质、领导体制、领导环境和一定物质基础等多因素综合作用所产生出来的最高组织性作用力，是用以推动企业去应对并赢取竞争达到目标的核心力量和动力源泉。在知识经济时代，领导力往往被看作企业成长、转型和再生的最重要的关键因素，面对复杂和不确定的商业环境，即使是艰难时刻企业仍能获取变革动力，以推进企业变革、保持竞争优势。领导力也因此被视为改革过程中最重要的问题，成为影响企业未来发展的重大管理理念之一。

因此，在某种程度上，当今企业领导力可以划分为两个层面：一是组织领导力，即组织作为一个整体，对其他组织和个人的影响力；二是个体领导力，对于企业来讲，就是企业各级管理者和领导者的领导力。当然，个体领导力是领导力的基本，组织领导力是个体领导力的集合与扩展。

领导力必须要与企业发展相匹配。众所周知，管理的四大职能是计划、组织、领导和控制。其中，领导作为一种管理活动，指管理者通过指导、激励、带领等方式对下属的思想、行为施加影响，从而去努力达成组织目标的过程，是有效管理工作必不可少的一个环节。没有团队合作、没有领导力，企业就不可能跨越式地发展。然而随着经济与社会的发展，当我们在研究团队，研究领导力的时候，我们发现，管理已经告别个人英雄时代，作为管理职能之一的“领导”，进入了团队领导力的时代。

在当前许多企业组织中，工作的节奏不仅越来越快，而且越来越难以预测，工作变得更加复杂，人员流动也更加频繁。外科急救中心案例的模型常常出现在企业的管理事业当中，经常要求在非常短的期限内，一个临时小组完成一项十分紧迫的项目。小组里的一些人可能此前从未有过合作经验，小组的成员每个小时都在发生变化，甚至小组的领导权都不断在不同的人手中更替。例如，为了现场的5S问题，工厂成立5S小组。小组的成员分别从各个不同的部门挑选出来，然后从中选择一名组长，由组长领导成员共同实现5S小组的职能。但由于小组各成员包括组长本身都有自己本职的工作，所以因各自本职工作的需要导致无法正常执行5S小组工作职责的情况时常发生。为了保证5S小组的长期持续运行，需要随时准备换人或需要在组长缺席的情况下继续工作。这时，5S小组的规则就是指导小组运行的领导力。这种情况下，仅靠个人的领导力无法保证组织的长期稳定发展，打造团队领导力才是发展之根本。

松下幸之助曾说过：“当我的员工有100名时，我要站在员工最前面指挥部署；当员工增加到1 000人时，我必须站在员工的中央，恳求员工的鼎力相助；当员工达万人时,我只要站在员工后面,心存感激即可。”领导力与企业的发展是需要匹配的。对于一个公司来说,不应只注重如何挑选和培训更好的人才来领导团队,而且要考虑如何合理制定结构和规范,使领导团队更有效率。充分打造领导角色、制定清晰的标准,这样的话,无论是谁出任团队的领导者都能有效率地开展工作。

所以,企业领导力需要随企业发展形势的转化而改变。企业必须随时准备好,以重新塑造其发展所必需的领导力的内容和重点。

第二节　领导力理论模型

一、领导特质模型

Zaccaro 等定义的领导特质有三个成分:第一,领导特质被认为是影响领导绩效的属性的整合;第二,领导与非领导的区别不仅是领导特质不同,而且在动机、认知能力、社会和解决问题能力、专业知识上也不同;第三,领导特质具有相对持久性,在领导行为中能产生于情景交互的稳定性。

二、WICS 领导力系统模型

WICS 领导力系统模型是由塔夫茨大学的斯滕伯格提出来的。该模型把领导力看作一个人如何形成决定,做出决定,执行决定。这个模型有三个成分,即创造力、智力、智慧。这三个成分都包括技能和倾向性。该模型的一个基本观点就是需要这三个成分整合在一起才能高度有效。

(一) 创造力

创造力是为产生新颖、高质量能够解决现有的任务和想法而服务的。

(二) 成功智力

成功智力被定义为生活中成功所需要的技能和倾向性。成功智力包括两个方面:分析智力和实践智力。分析智力也就是我们传统意义上的智力;实践智力是技能和倾向性的集合,用于解决日常生活中的问题,通过应用从经验中获得的知识来明确地适应、塑造和选择环境。

(三) 智慧

智慧被定义为通过成功智力、创造性和知识的使用来达到共同利益,实现自己、人与人之间、企业之间利益的平衡。明智的领导认为短期内有效的行为长期来看不一定有效。领导不成功的原因有可能就是忽略了某一方的利益。一个人或许很聪明,有创造性,但这不能保证他很明智。

（四）综合能力

真正的“领导力”相对来说是很少见的，它需要一种综合的能力可以把各种能力融合起来。一个有效的领导需要创造性来提出构想，分析智力来确定这些构想是否是好的构想，实践智力就是使这些构想运作并且使别人相信这一构想的价值，明智就是确保这一构想考虑到了多方的利益。

一个缺乏创新性的领导不能够处理新的和困难的情境，比如说碰到一个没有预料到的敌对势力；一个缺乏分析智力的领导不能够确定他（她）的构想是否切实可行的；一个缺乏实践智力的领导不能够有效地实施他（她）的构想；一个明智的领导有可能成功地实施构想，但是结果却是与他（她）领导的下属的切身利益相反。

三、领导力动态素质模型

企业的存在与发展是需要领导力的。领导力的强弱和组成要素的确定一般是随着企业的性质、人员结构和不同发展阶段而有所变化。这就决定领导力模型的可变性。领导力动态模型是指在特定的组织、行业和环境要求下，为支持组织达到既定战略目标、推动组织发展而必须具备的最佳行为和领导能力模式的总和。

领导力动态素质模型由三个环层组成，包括内环层、中环层和外环层。

（一）内环层

内环层为核心层级，主要包括激情、决断力和执行力三大要素。

（1）激情：领导力模型的核心要素之一，是管理者发挥领导力的原动力。世界上那些伟大的企业都拥有一位充满激情的领导人，如 IBM 的郭士纳、沃尔玛的萨姆、GE 的韦尔奇、英特尔的安迪等。这些商界领袖都具备一项共同特质：在工作中充满激情，每时每刻都渴望成功。

卓越的企业管理者不仅善于用激情来激励自己，还善于运用激情激发员工的工作积极性，使员工创造骄人业绩。那么，员工的激情从何而来？一是来自管理者的知人善任。知人善任能让员工感到自身价值的存在，激发出冲天干劲。二是来自管理者无微不至的关怀，对员工投入真情。三是来自对员工的尊重。尊重别人就是尊重自己，获得的回报是双倍或数倍的。

（2）决断力：领导力模型的核心要素之一。它是一种果敢的决定，一种明知的判断，一种自发的驱动力。拥有良好的决断力是一个杰出管理者所必备的素质。决断力的优劣直接关系到企业的发展与兴衰。

（3）执行力：领导力模型的核心要素之一。它是任务、决策、规划和设想得以有效落实的推动力，是将人员、战略、流程三者有机结合的能力，并贯穿始终。执行力是否到位既能反映企业的整体素质，也能反映管理者的角色定位。执行力的关键在于透过企业文化影响员工的行为。在人员工作激情处于疲惫的时候,也需要通过执行力的加强来维系团队的稳定和秩序,使团队保持高效、持续地运转并完美地发挥其功能。

激情、决断力和执行力这三个核心要素,形成了领导力动态素质模型的内环层,支撑起领导力动态素质模型的基本框架。

(二) 中环层

中环层为主要层级,主要包括远见力、激励力和沟通力三大要素。

(1) 远见力:是高瞻远瞩,是一种洞察力,是明察未来的能力。它是提升决断力的有力保证。

(2) 激励力:取决于某一行动的效价与期望值。有效的激励力能激发激情,能提升执行力。

(3) 沟通力:沟通就是为达到一定目的,将可理解的信息、思想和情感在个人或群体之间进行双向传递或交流的过程。良好的沟通力有助于执行力的提升。

远见力、激励力和沟通力这三个主要要素,形成了领导力动态素质模型的中环层。它是对核心要素能力的有效促进与提升,是企业进一步发展必须具有的重要因素。

(三) 外环层

外环层为延伸层级,一般有创新力、学习力或影响力等要素。

外环层是标准模型动态化的延伸,是因各个企业根据自身的特点和发展趋向而有所不同。

(1) 创新力:是指一个人或一个集体产生新思想、新事物和创造新体制的能力。经济学家霍金斯曾说过:“拥有主意的人开始变得比使用机器的人能量更大,在很多情况下,胜于那些拥有机器的人。”对于当代创新力超强的企业,当属苹果公司。

作为延伸要素,创新力的形成与核心要素的“激情”和主要要素的“激励力”有着密切关联。正如沃顿商学院从事健康系统研究的教授帕翠西亚·丹增所认为的那样:激情是催生创新的关键因素。

(2) 学习力:是企业借助于文化、机制、模式等方式和手段,把内外部知识资源转化为知识资本,并有效提升企业整体绩效的能力。美国《财富》杂志曾指出:“未来最成功的公司,将是那些基于学习型组织的公司。”

(3) 影响力:就是领导者影响和带动下属的能力。这种能力越强,领导者的领导力就越强。

美国著名管理学家彼得·德鲁克曾说过:“领导力的本质就是影响力。”影响力就是领导力发展到一定层次的最终体现。

从不同企业、不同阶段来看，外环层要素极具个性化特征，是不固定的，是动态的。它与内环层、中环层的结合，就构建了完整的领导力动态素质模型，具有卓越领导力的特征。例如，GE、摩托罗拉、宝洁等知名公司的领导力模型中，除了把激情、执行力、决断力和激励力等要素作为它们的核心要素来强化外，还有一些具有个性化的要素，如活力、授人以渔、职业操守等。

中环层与内环层的结合构成了相对标准的领导力动态素质模型，具有优秀领导力的特征。内环层属于核心层，是领导力模型的基本组成部分，具有领导力的一般特征。

四、外科急救中心的团队领导力模型

传统的研究一般都是以“统治”或者“转移”模型为基础，这些模型强调的是领导者在激励其下属时所扮演的“激发”角色，前提假设是他们之间存在长期的领导—下属的关系。沃顿商学院的管理学教授凯瑟琳·克莱恩（Katherine J. Klain）提出的外科急救中心研究是用一个更加新颖、与一般直觉相反的方法来理解领导力。领导力被看作“一个系统或者是一种结构——不是一种个人特征而是一种整体特征”，这是一种完全不同的领导力。

每位进入急救中心的病人，都会由主治外科医生、医师或实习医师以及护士等组成一个救援小组。由于急救中心的成员当班的时间和长度又不同，因此，为治疗一名病人所临时集合起来的小组也许不同于一个小时后为治疗下一名病人而集合起来的小组。所以小组的成员频繁变更，特别是当小组成员完成了他们在急救中心的工作后，新的轮岗人员又会加入进来。一个小组的存在周期十分短暂，通常只有15—60分钟，这点时间差不多可以稳定一名病人的病情。每一个急救小组领导权不只是停留在某一个人身上，甚至也不仅仅停留在某一个职位上。

仔细观察急救中心病人的治疗过程，几乎没有什么错误和冲突，这是什么原因？即使面临巨大的压力，小组不仅行动迅速，并且在救治之初，就采取了合适的治疗手段。这要归因于一系列“授权条件”，包括专家的支持、小组成员对于团体工作的认识（这使得那些资历较浅的领导者更容易接受资深领导者的干预），以及规范、传统和价值观在组织中所起的重要作用等。创伤急救中心搭建了一种基于一个清晰的权力层、不断更替的领导结构。主治医生、外科医生以及实习医生“按照清晰并且严格的等级来排列”，其中主治医生较外科医生有着更多的专业知识、经验、社会地位和权力，而外科医生与实习医生相比，又稍胜一筹。领导角色的变更本质上是因为医疗情况允许权力变更，具体的变化取决于每个单独病人的病情。

外科急救中心说明了领导力只是一个角色，更确切地说，领导力是一个特定的、社会赋予的和社会强制的一整套职能，那些在一段时间内占据了小组内专家权威位置的人可以担当领导角色。领导力并不是领导者个人特点的产物，而是组织或者单位规范、习惯以及角色定义的产物。组织或者小组成员可以共享领导力，而不仅仅只有一个人掌握了领导的权力来指挥下属。反过来这种共享可以帮助发展其他小组成员的能力，结果是小组整体更有效的结合运作。

第三节 领导力形成规律

在成为领导之前，成功的全部内涵就是提升自己，即你只需要考虑自己个人成就和个人表现。当成为领导之后，成功的内涵就是提升别人，即让你的部下更成熟、更进步、更成功。

作为领导，你的成功并不在于你每天做什么，而在于团队的出色表现“反射”给你的荣耀。优秀的个人与优秀的领导之间没有必然的联系。担任领导职务，就意味着你必须改变自己过去的工作思维方式。

领导力的形成与提高有客观规律可循，通常要经过五个阶段。

第一阶段，靠地位、权力来领导人。这是典型的职权型的领导，属于最低层次的领导力。其领导方式是指示命令式的，以行政方法为主，靠以权压人，下属不得不服从。

第二阶段，靠威信、爱心来领导人。这属于非职权型的领导。领导者凭借自己的知识与专长、美德与形象、爱心与耐心等树立起个人威望，形成超越职权的领导力。其领导方式是教导、支持和参与，以人性化的思想教育方法为主，注重用观念开导、情感沟通、排忧解难的方法解决下属员工的思想认识问题和情感问题，鼓励员工参与管理，从而调动员工的工作积极性和主动性。这个阶段的领导力由以权压人升华为以爱感人、以情动人，下属从不得不服从转变为认可并愿意跟随领导者。

第三阶段，靠实力和业绩来领导人。这属于才华型或业绩型的领导。领导者的权威要想持久地保持下去，归根到底靠结果、靠业绩。没有真本事，没有硬东西，慢慢就会失去领导力。所以，在第二阶段的基础上，领导者还必须进一步把自己的领导力提升到第三阶段。这个阶段的领导方式以实力和业绩说话。“打铁先得自身硬”，自己先做出成绩，然后发挥自身的引导和示范作用，向下属提出有挑战性的目标，要求下属有高水平的表现，鼓励下属并对下属的能力表示出充分的信任。这个阶段的领导力由以爱感人上升到以才感人和以业绩服人，下属从认可、愿意跟随领导者，到钦佩、尊敬领导者。

第四阶段，靠用人和信任来领导人。这是授权型的领导，属较高层次的领导力。领导者信奉和遵循的是以人为本、以信为本的人本和诚信管理原则，尊重人、信赖人、依靠人、服务于人和发展人是领导工作的指导思想和核心理念，领导方式是开明、信任、协商、沟通和参与式的互动交流，领导者在选人、用人、育人、留人和吸引人等人才管理方面，具有高超的领导才能与领导艺术。这个阶段的领导力由以业绩服人上升到以人为本、以信为本和以信服人的更高层次，下属也随之从佩服领导者到忠诚于领导者。

第五阶段，靠超越来领导人。这是圣人型的领导，属最高层次的领导力。所谓超越就是追求伦理，追求崇高的思想品德和完美的榜样形象；超越就是无私，就是不论做什么事情，不是先想到自己，而是首先想到别人，想到整个团队。超越就是超越事物本身。美国著名企业默克（Merck）公司创始人默克有一句名言："请记住，我们生产和经营药品是为人服务的，为治病救人的，而不是为了利润。记住了这一点，利润也就来了。记得越牢，获得的利润就越大。"只有当公司不把利润看得高于一切时，才有可能采取具有远见卓识的行动，也才能够获得可持续的发展。这就是超越的内涵。领导力由第四阶段（以信得人、以信服人）升华到超越的层次，就会产生超越的领导力，下属也随之从忠诚于领导者上升到敬重、爱戴、追随和效忠于领导者。

第四节　有关企业领导力的若干问题

当前，在企业领导力受到大力追捧的背后，也存在着现实的尴尬与困惑。

一、企业家的领导力到底有多重要

国外的一项研究发现，基于领导力发展计划来进行系统领导力管理的公司，与那些不关注领导力的公司相比，其股东回报率高出 10%，与那些领导力管理水平一般的公司相比则会高 5%。

不可否认的是，领导者从来都是企业兴衰的关键影响因素，要么领导企业稳步向前，在世界舞台上打造该企业的影响力，如柳传志之于联想，张瑞敏之于海尔；要么在瞬息万变的商业环境中将企业带入万劫不复的境地，如顾雏军之于格林柯尔，唐氏兄弟之于德隆。

然而，世上存在"十项全能的领导力冠军"吗？明星领导者在任何情况下都会无往而不胜吗？曾经有一位国有企业的老总说过："我这里的问题在任何一本管理学书籍中都不会写到，我要面对的困难远远超出在通常商业逻辑下一个企业家可能面对的困难，就算把杰克·韦尔奇请来，他也搞不定。"

看来，脱离了外部环境和企业内部管理系统，单纯强调领导力的重要性是片面的。在企业常规发展的情况下，管理系统的力量远大于领导者个人的力量；而在面对重大环境变化时，管理系统需要随之适应，此时领导者的个人领导力在推动组织变革中至关重要，正所谓“时势造英雄”。

二、世上有没有普适的领导力

前面提到的那位国企老总质疑韦尔奇能否搞好国有企业，将这一问题引申一下，就变成了是否存在普适的领导力，更为具体的问题是，在一个企业中，管销售的副总和管生产的副总需要相同的领导力吗？

中国近年来出现了很多央企高管和省部级党政干部之间的交叉调动，因此，关于领导力的普适问题不仅具有理论研究意义，也有很强的现实意义。

实际上，关于这个问题的不同结论主要是由不同的研究视角造成的。如果从管理学视角，会更关注企业的行业特性、发展阶段、竞争环境、领导者的角色差异和职责要求差异，因此，对领导力的描述更具针对性，从而放大了领导力的特异性。如果从心理学视角，会更关注成功领导者的底层心理特征，寻找优秀领导者的共性特点，从而放大了领导力的普适性。要想满足企业领导力发展的现实需求，两种视角不可偏废。

三、领导力标准是否为“圣人标准”

在某公司一次内部研讨中，与会者共同研读了十余家不同行业跨国公司的领导力模型，这些模型列出的领导力特质从十一条到二十三条不等。有一位新加入的同事突然问了一个问题：“这些领导力模型提出了很多素质要求，恐怕只有圣人才能够完全满足，领导力标准难道是圣人标准？”

要回答这个问题，不能简单地一概而论。首先要明确领导力模型在实际工作中的两大用途。第一，领导力模型是承载组织核心价值观及发展战略的工具，企业的 CEO 期望通过领导力模型，指明干部队伍的努力方向，因此领导力模型确实要高于现实人员的能力水平，同时要体现出“全面性”的要求，才能作为广大管理人员自我学习和指导的工具。第二，领导力模型同时还是人力资源部对管理人员进行评估选拔、培养发展的基础。如果出于这一功能指向，就需要以现实为导向，从领导力模型中选择当前的“重点要求”加以应用才能更加贴合实际。

所以，领导力模型确实是“圣人标准”，但是这个“圣人标准”是针对各个领域的领导者在所有发展阶段而言的。针对具体个人，则会强调“没有最好，只有更好”的发展指导作用。

四、培养个人领导力，应当补齐短板，还是发挥所长

在上一个问题的讨论中，既然我们承认很少有人能够同时满足领导力模型的

所有要求,承认“人无完人”,我们就必须回答另外一个问题:培养个人领导力,应当补齐短板,还是发挥所长?

现代心理学研究表明,人的绝大多数心理特征在少年期之前就已经定型了,成年后的一切行为都可以从已定型的心理特征中得到解释。

这一结论似乎支持了领导力取决于个人禀赋的观点。根据这一观点,个体的大部分缺点是无法发生质的改变的,“与其训练一只火鸡上树,不如直接找一只松鼠来”。从组织角度,相应的管理原则是“人才使用,当用其所长”,将干预和影响手段转移到充分发挥其能力优势,避免使用其能力短板上来。同时,还要基于“没有完美的个人,而有完美的团队”这样的认识,将关注的视角由关注个人领导力的提升转移到关注团队配置上来。

但是,与此相反,企业中很多管理机制的设计是以“木桶原理”为基础的,关注个体的能力短板,力求通过培训等手段克服弱点,以提升个体的整体能力水平,促进均衡发展。

以上两种观点究竟孰是孰非?判断这个问题首先要搞清楚补齐短板和发挥所长对个人领导力发展的价值所在。从领导者成长历程的角度看,某些领域的突出特长使得他能够在一定范围内快速成长,直至达到个人成长的“高原期”。如果这个时候他不能有效提升自己的短板,做到能力的均衡发展,将很难突破个人成长的瓶颈,甚至原先的特长会成为进一步发展的限制,正如心理学家弗罗姆所说,“所谓缺点,不过是我们的优点过度发挥罢了”。因此,常态下应当以发挥所长为管理重点,而在晋升时应重点关注如何补齐短板。

人的禀赋确实很难改变,但人的行为可以塑造,如果长期坚持有效的行为塑造,就可以让人在工作情境中表现出组织所期望的行为,从现实作用上看,就实现了克服弱点的目的。组织真正期望的是行为符合要求,而对人底层的心理特征应当保持尊重,并尝试以此为基础激发潜能。正如领导理论大师约翰·科特所说,“我不认为领导能力是能够教出来的,但我们可以帮助人们去发现,并挖掘自己所具备的领导潜能”。

五、团队的领导力从哪里来

人们一直在关注领导力的问题,尤其关注那些优秀的企业家,想了解他们到底具备了什么样的领导能力,才缔造了今天的成就。而目光深邃的人还会去关注那些能够持续产生优秀领导者的企业,究竟是什么使其在领导力的竞争中保持领先。

团队的领导力究竟从何而来,引入空降兵是很多企业应对领导力缺乏的常用手段。不可否认,从外部引入管理人才有助于打破常规,移植他人的成功经验,同时能够带来明显的“鲶鱼效应”,增强组织活力。然而,真正持续的、卓越的领导力只能依赖于“内生”，即形成企业自己提升领导力的能力，就如同健康的肌体一定要拥有强大的造血功能，而不是靠输血维持生命。

第五节 提升企业领导力

一、构建系统的领导力发展计划，并做到计划和执行统一

领导力的发展需要一个体系化的设计思路。在企业领导力发展计划中，一是构建领导力模型，并在组织中促进上下一致的理解和认同；二是灵活运用多种手段或工具，对现任领导者或高潜质员工进行评估，做到心中有数；三是设计有针对性的领导力提升方式、手段和相关机制，这是领导力发展计划真正取得成效的部分；四是从组织管理机制上设计相应的支持和监督机制，确保领导力提升计划的有效落地。

二、识别并甄选出高潜质员工，形成企业后备人才库

即使某位员工在目前的岗位上表现出色，并不意味着他在更高的岗位上同样会出类拔萃，也就是说，绩效优秀只能作为必要条件，而不是充分条件。错误地提拔了一位不称职的领导者，无论是对被提拔者本人还是对组织而言都是一场灾难。因此，企业人力资源管理决策的准确性尤为重要。

那么，如何从一群新兵中找出一位巴顿将军呢，高潜质员工的最佳甄选方式是评价中心技术。评价中心在国内企业已经实践了多年，不少企业依靠外部咨询公司，都已经建立起基于自身行业背景的评价中心技术和方法，同时结合绩效考核结果、360 度评估等方式，能够为企业有效挑选出高潜质的人员。

三、提升潜质，重在实践

不少企业一谈到能力发展，首先就想到了要开展相关培训。但领导力的培养和发展其实具有极强的实践特性。众多跨国公司的经验表明：理念培训只能在领导力提升中起到 10% 的作用；他人的经验传授与辅导可以起到 20% 的作用；而真正实现领导力的提升，70% 需依赖于亲身实践。因此，单纯的学习、单纯的实践，或者是没有实现有机结合的学习加实践，都不能造就卓越的领导力，“知行合一”是领导力提升的不二法门。

四、建立相应的机制与流程保障

领导力提升工作是企业的一项长远投资，难以在短期内迅速见效。当企业面

临短期经营压力的时候，容易挤占领导力提升所需的资源，尤其是高层领导的注意力资源，从而使该项工作陷入“抽象重视，具体忽视”的尴尬境地。因此，需要将领导力提升作为战略加以管理，建立完备的配套机制，并实现与业务管理、知识管理和人力资源管理的有机整合。

五、建立合理的权力运行机制

合理的权力运行机制有助于企业领导力的获得。企业领导力的获得过程就是将领导者的思维转化为“企业思维”、将领导者的能力转化为“企业能力”的过程，特别是将高层领导者的思维真正转化为看得见、摸得着的东西，是一个权力智慧化、理念规范化的过程，也是一个企业行为规范化的过程。企业需要依靠企业整体的力量、整体反应的速度与执行力；企业的成功应是“团体冠军”而不是凭借高层领导者个人能力的“单打独斗”。因此，企业必须建立理性权威、开放权力结构、培育职业经理人队伍，释放员工的工作潜能，作用于共同的奋斗目标，把领导力升华成为一个有内在联系的行为过程。即使是因某种原因领导者缺位，企业仍然会照常运转，有时甚至运转得更出色。

因此，首先要建立合理的权力运行机制，防范权力失信，以提升企业领导力。企业权力运行遵循“结构合理、配置科学、程序严密、制约有效”的原则，就能增强领导力，反之则会削弱领导力。因此，权力的设定、分配和运行程序要合理。在知识经济时代下，企业组织结构扁平化已成趋势，企业内多等级开始弱化，传统意义上的晋升机会相对减少，长期以来员工工作热情将会受到一定程度的影响。这给领导权力的失信提供了可能，员工也因此对领导运作权力“不当”产生不信任感。这不是表面性的激烈对抗，是潜在性的甚至是极度的冷漠和心理自觉，是一种潜滋暗长的群体思维。信任可以定义为对他人在诚实、可靠性、坚定和公正方面的观念和信心。领导者与员工的关系中最重要的就是信任，缺乏了信任，领导与下属之间的良性互动就失去了的前提条件，也就难以保持企业的可持续发展。信任的培养和开发是没有止境的，领导者先行一步信任员工，相互之间的信任感就会很快建立，升华领导力。

其次要减少领导摩擦。企业领导力必须依赖于强化内部力量、减少内部能量消耗。领导摩擦的存在，必然导致领导资源配置低效，阻碍领导活动正常开展。领导摩擦是不可能完全消除的，其程度大小取决于领导团队的素质、结构状况和领导力的发挥强度。可见，最大限度地遏制领导摩擦力的措施，就是促使领导力水平迅速提升、领导效能充分发挥，正确认识和把握领导活动的规律，剔除各种不利于领导资源优化配置的因素，避让对领导力制约运行的特定环境因素。在传统企业结构中“领导缺陷”导致领导摩擦的产生，但在知识经济时代背景下企业领导结构和领导功能存在缺陷的程度大大降低，企业适时把握机会进行高频度的变革以适应快速竞争的环境，也就成为减少领导摩擦以此来提升领导力的对策之一。

六、着眼于领导力升华的企业文化塑造

企业文化“逼”出领导力。企业文化对于一个企业的成长来说，看起来不是最直接的因素，但却是最持久的决定因素。“企业领导者与企业文化有着密切的关系”。从领导和企业文化之间的交互作用分析，可以把领导因素分为领导角色和领导效能，领导角色对企业文化具有影响作用，企业文化对领导效能具有影响作用。领导者与企业文化之间是双向影响的过程，良好的企业文化是许多代领导者持续倡导的结果，而有效的领导者也是在一定的企业文化环境中塑造出来的。

首先，要给予领导者一定机会，赋予一定的挑战，激发其潜在的领导力。一般而言，领导者是与其所承担的责任和权力相关的，即在其位谋其政，不在其位不谋其政。为了提升领导力就要尝试赋予其更高的职务、更大权力和更广的空间，挑战自己从未达到的高度。挑战的经历是领导者成长的基石，没有挑战的经验或实践，一旦提升、跳跃过大，就有失败的风险。对于个人来说既要勇于面对挑战，也要有意识地挑战自我，提高自我。

其次，要打造有利于领导力升华的内部氛围。企业内部合作、友爱和奋发的氛围将更加有利于领导效能的发挥。任何领导过程都是有目标的活动过程。企业目标是领导决策的基本依据，只要目标是充分考虑团队成员需求后形成的，决策就具有引导整个团队成员的活动前提，完善的纠错管理机制是形成领导高效氛围所不可少的要素。企业决策失误追究是企业运行的内在要求，是建立现代企业制度的基础性内容，也是企业纠错管理中的重要内容，但其在企业管理实践往往被忽视了。因此，在企业内部建立起比较完善的决策失误追究制度，能够在一定程度上促使决策者在做决策时更加谨慎，更多地思考问题，尽量减少人为的主观判断，使企业决策更加科学、更富有效率。

最后，要正确面对决策风险。“风险”是用来描述损益结局具有不确定性的活动。在英语资料中常见的用语是 Venture 或 Risk。但 Risk 常指一般的“危险”，与损失紧密相连，未必有什么利益可言；而 Venture 则常用来描述“商业冒险”或投机活动，具有不确定的损益结局，风险活动若成功则会获得高利益，若失败则会遭到重大损失，可预先难以断定它会成功还是会失败。关键在于准确把握决策的正确目标，只要决策目标正确，有利于企业的生存与发展，就要敢于承担风险。风险往往与机遇共存。正确理解目标和现实的区别，风险和机遇是不可分割的；靠风险获取机遇，只能靠信息，不是拍脑袋。可见作为企业领导者要树立强烈的风险意识，只有这样，才会有正视创新失败的勇气和魄力，也才能在最大程度上避免创新带来

的风险。

目前,尽管企业领导力还有很多问题依旧处于探索、尝试阶段,但领导力问题在企业管理的研究与实践中方兴未艾本身就表明了其巨大价值。在当前全球经济低迷的背景下,多数企业将注意力集中在增加销售和控制成本方面,以求度过这个后金融危机的"寒冬"。但同时,也有一些基础雄厚并富有远见的企业,却在领导力提升方面增加了投入。可以肯定,这些企业必将会在下一个春天中最早感受到阳光的温暖。

第二章　企业人力资源管理

人力资源管理将人作为一种重要资源加以开发、利用和管理，重点是开发人的潜能、激发人的活力，使员工能积极、主动、创造性地开展工作。当前，我国经济处于转型发展时期，经济增长向“中速增长”转变，“人口红利”向“人才红利”转变，这种背景下更需要细化和加强管理，尤其是需要加强人力资源管理。本章首先阐述企业人力资源管理的基本概念，继而逐项介绍企业人力资源管理的重要职能，最后讨论企业在实施人力资源管理中应该树立的正确理念。

第一节　企业人力资源概述

一、企业、管理与人力资源管理

企业的本质是“资源转换器”，即通过企业组织将资本、劳动等资源转化为各种有形和无形的产品。按照经济学的基本假设，资源具有稀缺性。企业拥有或控制的资源也相对有限，所以企业将资源转换成产品需要注意效率和效益，要用较少的投入获得较多的产出并注意产出具有价值，即德鲁克强调的“正确地做事情和做正确的事情”，因此企业需要加强管理。

传统的管理定义是指对一群人的活动，通过计划、组织、协调、监控等一系列管理功能的发挥，使其完成组织的既定目标。现代的管理定义非常强调人的作用。例如，罗宾斯指出“管理就是通过别人使活动完成得更有效的过程”，余凯成指出“管理就是通过别人把事情做成”。

通过别人使活动完成更有效即管理。但实践中往往会遇到这样一些困惑。一是选人的困惑：人多，人才难找。造成这种困惑的原因在于人才缺乏，同时也与企业管理有关，有时由于缺乏人力资源规划和工作分析而不知道需要什么样的人才，有时由于缺乏完善的招聘流程而无法找到、无法识别自己需要的人。二是用人的困惑：听话的不能干，能干的不听话。这时就需要运用薪酬和福利、绩效考核、员工激励等方法和措施调动积极性。三是留人的困惑：留住我的人，留不住我的心。为了避免人才显性流失和隐性流失，需要通过优化企业文化、职业规划、福利等留住人才。

上述人力资源规划、工作分析、招聘、薪酬和福利、绩效考核、员工激励、员工职业规划等都属于人力资源管理范畴。因此，人力资源管理在现代管理中具有重要地位。所谓人力资源管理，是指运用现代化的科学方法，对与一定物力相结合的人力进行合理的组织、培训和调配，使人力、物力经常保持最佳比例，同时对人的思想、心理和行为进行恰当的诱导、控制和协调，充分发挥人的主观能动性，使人尽其才、事得其人、人事相宜，以实现组织的目标。人力资源管理是将组织内所有的成员都作为一种资源，通过科学的管理，以求得以下三方面的和谐：求得人与事的最佳配合，使事得其人，人尽其才；求得人与人之间的协调合作，发挥团队力量，同进步，共发展；求得人人能胜任本职工作，发挥其潜力，做出最大的贡献。

事实上，人力资源管理包括宏观、中观和微观三个层次。宏观人力资源管理是政府对社会人力资源的开发与管理。中观人力资源管理是组织对组织人力资源的开发与管理。微观人力资源管理则是个人对自身潜力的开发和运用。人最痛苦的事情是："人没了，能力还没有使出来！"

二、人力资源管理的发展

人力资源管理与人力资本理论密切相关。最早的关于人力资本的研究普遍被认为是英国的古典经济学家威廉·配第运用生产成本法对英国的人口进行的货币价值的计算，并提出"土地为财富之母，劳动为财富之父"这一强调人的价值的观点。亚当·斯密在其著作《国富论》中将人们通过教育而获得的有用才能归类为固定成本，并认为对教育的投资能够增加未来的收益。19 世纪末英国的著名古典经济学家马歇尔指出教育对劳动质量和经济增长起到积极的作用，他强调教育投资是最有效的投资，不仅在于教育投资的直接作用，还存在于教育投资的长期作用。1960 年美国经济学家舒尔茨发表其关于《人力资本投资》的演讲，在演讲中他明确提出人力资本的概念及其内容，并针对人力资本的性质及其投资途径进行了详细论述。人力资本理论形成比较完善的体系，舒尔茨也因此被誉为人力资本之父。人力资本投资主要体现在以下五个方面，即学校教育、在职培训、医疗和保健、成年人的职业教育、个人和家庭的迁移活动。

舒尔茨提出人力资本理论期间，人力资源概念首先在美国形成。20 世纪 80 年代中后期，人力资源概念开始传入我国并逐步被人们接受。今天，人力资源概念已经成为学术界、政府部门及各种组织使用频率较高的概念之一。

所谓人力资源，是指"能够推动整个经济和社会发展的具有智力劳动和体力劳动的能力的人们的总称，包括数量和质量两个指标"。这一概念给我们这样的启示,即人力资源不同于自然资源,它是各种生产要素中最积极、最活跃的能动要素,是经济增长的最重要的经济资源。

人力资源从不同的角度分析有不同的定义,主要有以下六种:(1) 指能够促进国民经济和社会发展的、具有体力劳动和智力劳动能力的人口总和,包含数量和质量两方面;(2) 指具有体力劳动和智力劳动能力的人口总和;(3) 指劳动力资源,即一个国家或者地区具有劳动能力的人口总和;(4) 指能够推动整个社会经济发展的劳动者的能力,即处在劳动年龄中的直接投入建设或者尚未投入建设的人口的能力;(5) 指包含在人力内的一种生产能力,对经济起到生产性作用,促进国民收入持续增长;(6) 指具有为社会创造物质财富和精神财富、为社会提供服务和劳务的人。

三、企业人力资源管理职能与模块

(一) 企业人力资源管理的任务

企业人力资源管理是依靠人力资源,获取企业竞争优势,具体任务包括以下六个方面:(1) 获取企业所需要的人力资源;(2) 为企业使用好人力资源;(3) 为企业开发培育好人力资源;(4) 为企业激励好人力资源;(5) 为企业协调好人力资源;(6) 为企业维护好人力资源。

(二) 人力资源管理的职能

现代人力资源管理的职能主要为获取、配置、激励、开发、评价、维护,具体描述为:(1) 获取,就是保证企业对人力资源在数量、质量和结构上的长期与短期对人力资源的需求;(2) 配置,就是将员工安排在合适的工作岗位上;(3) 激励,就是调动员工的工作积极性、创造性以及对企业的忠诚性;(4) 开发,就是将员工的工作技能及其各种相关的潜能挖掘、提高、释放出来,转变成实现企业目标的行为和业绩;(5) 评价,就是对员工的个人业绩、团队业绩以及组织业绩进行客观的评价与评估,根据标准找出差距,并制订工作改进计划;(6) 维护,就是对员工的权力和利益进行维护,在企业与员工、管理者与被管理者、上下级之间以及同级员工之间建立一种规范与和谐、合作与竞争的关系。

(三) 人力资源管理六大模块

一般来说,将人力资源管理分六大模块,分别是人力资源规划、招聘与配置、培训与开发、绩效管理、薪酬福利管理和劳动关系管理等。各大模块的工作各有侧重点,但是各大模块是不可分割的,就像生物链一样,任何一个环节的缺失都会影响整个系统的失衡。人力资源工作是一个有机的整体,各个环节的工作都必须到位,同时要根据不同的情况,不断地调整工作重点,才能保证人力资源管理保持良性运作，并支持企业战略目标的最终实现。关于这六大模块的具体内容我们将在下一节中详细论述。

四、基于胜任力的人力资源管理体系

当今时代与其说是注重知识的时代，不如说是注重能力的时代。我们这里指的能力是指包括知识、技能和内在素质在内的广义的能力含义，更多时候，我们使用“胜任力”这一概念。胜任力概念最早由美国著名心理学家麦克里兰博士在1973 年发表的《测验胜任特征而不是测验智力》的文章中提出。麦克里兰博士指出，胜任力是可以度量出来的动机、特性、自我概念、态度、价值观、知识、可识别的行为技能和个人特征，并且能够将优秀绩效者与一般绩效者区分开来。胜任力的重要价值在于揭示能力开发需要关注心理潜能，这是区分绩效优劣的重要维度。美国学者斯潘塞于 1993 年提出了一个著名的胜任力冰山模型。所谓“冰山模型”，就是胜任力分为易见的“冰山以上部分”和深藏的“冰山以下部分”。其中，“冰山以上部分”包括基本知识、基本技能，是外在表现，是容易了解与测量的部分，相对而言也比较容易通过培训来改变和发展。而“冰山以下部分”包括态度、价值观、社会角色、自我形象、特质和动机等，是内在的、难以测量的部分。“冰山以下部分”不太容易通过外界的影响而得到改变，但却对人员的行为与表现起着关键性的作用。21 世纪是心理学的世纪，一方面需要关注人的心理需要，另一方面需要开发人的心理潜能。基于这种背景，与人的心理密切相关的胜任力概念被广为接受。

目前，大部分企业开展人力资源管理活动时是以岗位为基础的，都是先通过岗位分析来确定岗位目的、岗位职责、岗位权限、任职资格等岗位要素，并形成岗位描述和岗位规范。然后在此基础上形成人力资源管理体系，包括以岗位任职资格进行招聘与选拔，以岗位职责为基础确定绩效计划，以岗位评价为基础确定薪酬等级等。

随着企业内外环境的巨大变化，基于“岗位”思想的人力资源管理体系在理论上和实践中日益受到挑战。首先，传统的人力资源管理体系越来越不适应现代企业的经营模式。传统的人力资源管理体系是在相对稳定的经济环境和企业战略长期不变的情况下，依据企业经营战略和运营模式而确定和实施的。相对稳定的环境对应相对稳定的企业战略和组织结构。但在知识经济时代，随着动荡环境下对组织灵活性的要求，企业组织结构调整日益频繁，以岗位为基础的人力资源管理就显得不合时宜了。其次，岗位分析对应的是过去的信息，以此为基础要求任职者，最后的结果可能是对任职者的要求与企业的实际期望相差甚远。再次，岗位分析只能确定一个岗位的主要职责，但很难清晰界定工作边界，以此为基础进行薪酬管理，并不能确保多劳者一定多得。

某公司花巨资聘请国际著名的人力资源公司对其岗位进行全方位梳理，确定了各岗位的岗位职责和任职要求，并为各岗位制定了业绩考核标准。岗位体系构建形成后不到1年，该上市公司的业务模式和业务流程发生了较大的变化，这时该公司人力资源总监发现，此前花巨资构建的岗位体系似乎一夜之间完全丧失价值。因为随着业务流程的调整，大部分岗位职责以及任职要求都发生了变化。

为此，该公司人力资源总监感到非常困惑，甚至怀疑此前是否有必要花巨资来构建岗位体系。

第二节　企业人力资源管理职能

企业人力资源管理主要包括人力资源规划、岗位分析、招聘与配置、绩效管理、薪酬管理、员工培训等职能。

一、人力资源规划

成功的事业来自成功的规划运筹，规划有助于预见未来，减少未来的不确定性，更好地帮助组织应付未来的各种变化，解决和处理各种复杂的问题。

（一）人力资源规划的内涵

人力资源规划是根据组织的战略目标，科学预测组织在未来环境变化中的人力资源供给和需求状况，制定必要的人力资源获取、利用、保持和开发策略，确保组织在人力资源数量和质量上的需求，使组织和个人获得长远利益。

根据这个定义，我们可以发现：(1) 人力资源规划是以组织的战略目标为依据的，当组织的战略目标发生变化时，人力资源规划也随之发生变化；(2) 组织战略目标的变化必将引起组织人力资源需求和供应的变化；(3) 一个组织必须制定必要的政策措施，以确保组织对人力资源需求的如期实现；(4) 人力资源规划可以使组织和个人都得到长期的利益。

（二）人力资源规划的作用

人力资源规划是人力资源工作的起点，是企业人事行动的指南和工作纲领。人力资源规划具有一般规划的作用，但其突出作用表现在以下几个方面：

1. 有助于管理人员预测员工短缺与过剩情况

从长期来看，组织在生存、发展过程中，由于受到各种外界因素的影响，常常处于不稳定的状态，人力资源的数量、质量和结构也在不断发生变化。在这种情况下，组织的人力资源需求和供给就不可能自动平衡人力盈余或人力缺口。因此，就要分析供求的差异，并采取适当的手段及时调整差异，保证组织在发展过程中人力资源的综合平衡。可见，预测供需差异是人力资源规划的基本职能。

2. 有利于人力资源管理活动的有序化

人力资源规划是人力资源管理的基础，由总体规划和各专项业务规划组成，为预测人员的需求和供给量、调整职务和任务、培训等管理活动提供可靠的信息和依据，以保证企业管理活动的有序化。

3. 有助于企业控制人力成本

营利性组织就是要有效使用组织的设备和各种资源，以最小的成本投入达到最大的产出。人力资源的成本是组织中最大的成本，工资是最大的支出，工资总额在很大程度上取决于组织中的人员分布状况。不同级别和职位的工资是不同的，当处于低职务的人比较多时，人工成本就较小。合理的人力资源规划能够合理控制当前的人力成本，在预测未来企业发展时有计划地逐步调整人员的分布，可以将人力成本控制在合理的范围内。

4. 人力资源规划的信息往往是人事决策的基础

在采取什么样的晋升政策、制定什么样的报酬分配政策等方面，人事政策对企业管理的影响非常大，而且持续的时间长，调整起来也困难。为了避免人事决策的失误，获得准确的信息是至关重要的。例如，一个企业在未来某一时段缺乏某种类型有经验的员工，而这种经验的培养又不可能在短时间内实现，那么如何处理这一问题？如果从外部招聘，有可能找不到合适的人员或者成本太高，而且也不能在短时间内适应工作。如果自己培养，就需要提前进行培训，同时还要考虑培训过程中人员可能流失等问题。显然，在没有确切信息的情况下，决策是难以客观的。

5. 有助于调动员工的积极性

人力资源规划重视生产过程中的人的因素，涉及很多与员工自身相关的计划，如人员提升计划、教育培训计划等。员工可以从一部完整详尽的人力资源规划中看到自己的发展前景，从而激励员工去积极努力地争取。人力资源规划还有助于引导员工职业生涯设计和职业生涯发展。

（三）人力资源规划的基本程序

企业的人力资源规划活动开展主要有以下步骤和内容：

1. 调查和分析企业人力资源规划信息

在调查分析阶段，要认清企业总体发展战略目标方向和内外部环境的变化趋势。首先要调查企业与人力资源相关的基本信息，比如，企业组织结构的设置状况、职位的设置及必要性；企业现有员工的工作情况、劳动定额及劳动负荷情况；企业未来的发展目标及任务计划，生产因素的可能变动情况等。同时需要特别注意对组织内人力资源的调查分析。这一部分通常包括企业现有员工的基本状况、员工具有的知识与经验、员工具备的能力与潜力开发、员工的普遍兴趣与爱好、员工的个人目标与发展需求、员工的绩效与成果、企业近几年人力资源流动情况、企业人力资源结构与现行的人力资源政策等。另外，对于企业外在人力资源相关调查分析，如劳动力市场的结果、市场供给与需求的现状、教育培训政策与教育工作、劳动力择业心理与整个外在劳动力市场的有关因素与影响因素均需作深入的调查研究。这些信息都是企业人力资源规划制定的基础。

2. 企业人力资源需求和供给情况预测

企业的人力资源需求预测主要是基于企业的发展实力和发展战略目标的实现规划。人力资源部门必须了解企业的战略目标分几步走，每一步需要什么样的人才和人力做支撑，需求数量是多少，何时引进比较何时，人力资源成本分析等内容。然后才能够做出较为准确的需求预测。

企业人力资源供给预测分为内部人力资源供给预测和外部人力资源供给预测。在进行内部人力资源供给预测时，要仔细地评估企业内部现有人员的状态和他们的运动模式，即离职率、调动率和升迁率。内部人力资源供给预测包括企业内部现有人员的状态，即年龄、级别、素质、资历、经历和技能。必须收集和储存有关人员发展潜力、可晋升性、职业目标以及采用的培训项目等方面的信息。其中技能档案是预测人员供给的有效工具，含有每个人员技能、能力、知识和经验方面的信息，这些信息的来源是工作分析、绩效评估、教育和培训记录等。人员在企业内部的运动模式，即人员流动状况，通常有以下几种形式：死亡和伤残、退休、离职、内部调动等。

外部人力资源供给预测包括本地区人口总量与人力资源比率、本地区人力资源总体构成、本地区的经济发展水平、本地区的教育水平、本地区同一行业劳动力的平均价格与竞争力、本地区劳动力的择业心态与模式、本地区劳动力的工作价值观、本地区的地理位置对外地人口的吸引力、外来劳动力的数量与质量、本地区同行业对劳动力的需求等。

3. 企业人力资源规划的制定

企业人力资源规划的制定是基于以上获得的信息来开展的，是与企业的发展战略相匹配的人力资源总体规划，是企业人力资源管理体系形成的基础和保证。企业的人力资源体系能否建立起来，建立得如何，取决于企业的人力资源战略规划制定的基本内容是否全面和水平的高低。人力资源战略规划的制定主要涉及的内容包括：与企业的总体战略规划有关的人力资源规划目标、任务的详细说明；企业有关人力资源管理的各项政策策略及有关说明；企业内外部人力资源的供给与需求预测的结果分析；企业人力资源净需求状况分析；企业业务发展的人力资源计划；企业员工招聘计划、升迁计划；企业人员退休、解聘、裁减计划；员工培训和职业发展计划；企业管理与组织发展计划；企业人力资源保留计划；企业生产率提高计划等相关内容。一份完整的人力资源战略规划是企业人力资源管理的基础和核心，企业的人力资源其他管理工作都会时刻围绕着它来不断展开。

4. 企业人力资源规划的实施与执行

人力资源规划的实施与执行实际就是构建或者规范企业的整个人力资源管理体系，即按照企业的人力资源战略规划来逐步建立或者完善企业现有的人力资源管理体系。把企业的发展战略和人力资源战略规划中的目标和计划进行分解和落实。主要包括企业组织机构的设计与优化、企业职务分析和评价、企业的人员招聘和管理、企业的绩效考核体系设计、员工工作表现评估和核心胜任能力模型塑造、企业薪酬激励和福利体系设计、员工培训管理体系、员工职业生涯发展体系等内容设计时需要把握的基本原则和相关政策的落实。

5. 企业人力资源规划的监控和评估

在企业人力资源规划的实施执行过程中，需要不断监控人力资源规划的具体落实情况，不断收集人力资源管理方面的资料和信息，查看人力资源规划是否与企业的发展战略相匹配，是否与企业的人力资源体系模块的设计相匹配、人力资源管理的各体系模块建立的合理性和可操作性，同时在企业人力资源管理体系实施和执行的一个相对周期内对人力资源战略规划实施情况进行必要的分析和评估，并根据企业内外部环境的变化来调整人力资源战略规划的内容以适应企业整个发展战略的变化。

二、工作分析

在基于岗位为基础的人力资源管理体系中，工作分析是人力资源开发与管理的基础。

（一）工作分析的内涵

工作分析是对组织中某个特定工作职务的目的、任务或职责、权力、隶属关系、工作条件、任职资格等相关信息进行收集与分析，以便对该职务的工作作出明确的规定，并确定完成该工作所需要的行为、条件、人员的过程。

一般来说，工作分析的内容包括两个方面，一是确定工作的具体特征，二是找出工作对任职资格的要求，前者称为职务描述，后者称为任职说明书。职务描述无统一标准，规范的职务描述包括工作名称、工作活动和工作程序、物理环境、社会环境及聘用条件等。任职说明书主要包括一般要求、生理要求和心理要求。

值得注意的是，这里任职资格一般只包含知识和技能方面的要求，而“冰山”以下的内在素质往往被忽略，而这部分恰恰是最重要的。我们以“技术人员岗位说明书”为例说明这个问题(见图 2-1)。

<table>
<tr><td colspan="6">岗位职责</td></tr>
<tr><td>序号</td><td>工作项目</td><td colspan="2">具体职责</td><td>工作权重%</td><td>绩效指标</td></tr>
<tr><td>1</td><td>技术服务工作</td><td colspan="2">向集团的有关部门提供技术支持服务，参与对项目施工单位进行技术资质评估，对给排水工程建设自控、电气问题等项目的技术问题进行调查研究，提供技术指导，帮助解决技术难题</td><td>35%</td><td>• 工作完成及时
• 主要任务完成情况
• 内部投诉有效</td></tr>
<tr><td>2</td><td>技术创新工作</td><td colspan="2">引进、试验、总结推广新技术、新工艺、新设备和新材料，负责给排水方面的自控、电气技术及项目的技术创新和新技术开发</td><td>30%</td><td>• 新技术的使用价值</td></tr>
<tr><td>3</td><td></td><td colspan="2"></td><td></td><td></td></tr>
<tr><td colspan="2" rowspan="2">工作协作关系</td><td>内部</td><td colspan="3"></td></tr>
<tr><td>外部</td><td colspan="3"></td></tr>
<tr><td rowspan="7">任职资格</td><td colspan="2">任职资格项目</td><td colspan="3">要求</td></tr>
<tr><td colspan="2">教育程度</td><td colspan="3">本科以上</td></tr>
<tr><td colspan="2">专业(工种)</td><td colspan="3">自控、自动化专业</td></tr>
<tr><td colspan="2">工作经验</td><td colspan="3">相关岗位工作 5 年以上</td></tr>
<tr><td colspan="2">知识与技能要求</td><td colspan="3">具备自控知识、供配电知识、计算机知识；有较强的创新意识与学习能力，从事技术开发的动手能力较强</td></tr>
<tr><td colspan="2">上岗证/资格证</td><td colspan="3">——</td></tr>
<tr><td colspan="2">对身体健康要求</td><td colspan="3">身体健康，无特殊要求</td></tr>
</table>

图 2-1　无素质模型的技术人员岗位说明书

无素质模型的岗位说明书主要包括两部分内容：岗位职责和岗位要求。前者主要包括工作项目和具体岗位职责；后者则包括教育程度、专业工种、工作经验以及知识与技能要求等。从岗位要求来看，对于能力素质的要求仅仅局限于知识和技能，对于内在素质则没有提出明确要求，而内在素质恰恰是极其重要的。因此，需要在岗位说明书中加入内在素质要求，如图 2-2 所示有素质模型的岗位说明书。

<table>
<tr><th colspan="10">岗位职责</th></tr>
<tr><th>序号</th><th>工作项目</th><th colspan="4">具体职责</th><th colspan="2">工作权重%</th><th colspan="2">绩效指标</th></tr>
<tr><td>1</td><td>技术服务工作</td><td colspan="4">向集团的有关部门提供技术支持服务，参与对项目施工单位进行技术资质评估，对给排水工程建设自控、电气问题等项目的技术问题进行调查研究，提供技术指导，帮助解决技术难题</td><td colspan="2">35%</td><td colspan="2">• 工作完成及时
• 主要任务完成情况
• 内部投诉有效</td></tr>
<tr><td>2</td><td>技术创新工作</td><td colspan="4">引进、试验、总结推广新技术、新工艺、新设备和新材料，负责给排水方面的自控、电气技术及项目的技术创新和新技术开发</td><td colspan="2">30%</td><td colspan="2">• 新技术的使用价值</td></tr>
<tr><td>3</td><td></td><td colspan="4"></td><td colspan="2"></td><td colspan="2"></td></tr>
<tr><td rowspan="9">任职资格</td><td>任职资格项目</td><td colspan="8">要求</td></tr>
<tr><td>教育程度</td><td colspan="8">本科以上</td></tr>
<tr><td>专业（工种）</td><td colspan="8">自控、自动化专业</td></tr>
<tr><td>工作经验</td><td colspan="8">相关岗位工作5年以上</td></tr>
<tr><td>知识与技能要求</td><td colspan="8">具备自控知识、供配电知识、计算机知识；有较强的创新意识与学习能力，从事技术开发的动手能力较强</td></tr>
<tr><td>上岗证/资格证</td><td colspan="8">——</td></tr>
<tr><td>对身体健康要求</td><td colspan="8">身体健康，无特殊要求</td></tr>
<tr><td>素质要求</td><td>寻求信息</td><td>思维能力</td><td>成就导向</td><td>团队合作</td><td>学习能力</td><td>坚韧性</td><td>主动性</td><td>指导</td></tr>
<tr><td>素质级别</td><td>03</td><td>04</td><td>03</td><td>03</td><td>03</td><td>02</td><td>02</td><td>02</td></tr>
</table>

图 2-2　有素质模型的技术人员岗位说明书

（二）工作分析的步骤

岗位分析一般要经过以下步骤：

1．各类职务信息的初步调查

浏览企业已有的各种管理制度文件，并和企业组织的主要管理人员进行交谈，对组织中开发、生产、维修、财务、销售、管理等职务的主要任务、主要职责及工作流程图有个大致的了解。准备一份提纲，并确定几个关键的工作岗位和事件，作为深入访谈和重点观察分析的参考、指南。列出各职务的主要任务、特点、职责、要求等。

2．工作现场的初步观察

对预先确定的关键或不太熟悉的工作岗位、现场进行初步观察，使分析者熟悉工作现场的工作环境、条件，了解工作人员使用的工具、设备、机器、一般的工作条件、工作内容、工作环境特点及工作岗位对工作人员的要求和工作职责。对复杂或不太熟悉的工作设备、流程、环境及条件亲自进行观察了解，便于进一步分析。最好由熟悉相关工作岗位的人员或由任职人员的上级陪同参加现场观察，便于了解各工作岗位的情况，并可随时得到有效的咨询。

3. 深入访谈

确定深入访谈的对象，主要是该职务的实际担任者，他有责任完成此工作岗位的各项任务，对调查人员了解职务信息最为直接详尽；其次，应选择职工中的典型代表作为访谈对象，如部门经理；当然，关键岗位的管理人员也是十分必要的，如总经理、总经理办公室主任等。根据初步的调查、了解和所应收集的职务分析信息要求，制定较为详细的结构化访谈提纲。第一次的谈话对象最好是基层的管理者，他们能更好地提供有关工作的情况，并能将职责与职务很好地联系起来，最好也是从事某一职务的具体工作人员。在这个访谈的过程中，要不断地与关键管理岗位的人员沟通。每天的谈话对象最好不要超过两人，谈话时间每人不超过三小时，谈话过程中最好有较为详细的记录，便于分析。针对某一关键事件，如顾客投诉公司的产品质量及售后服务，召集各部门关键人员进行座谈，就可以深入了解开发、生产、维修、销售等职务的职责要求及存在的问题等。

4. 工作现场的深入观察

深入观察工作现场，主要是为了澄清、明确或进一步充实通过前期调查和访谈获得的信息。深入观察工作现场之前，应拟定需明确的有关问题、信息。最好仍由最初陪同观察和访谈的基层管理人员一同参加观察。深入观察，不应仅仅停留在观察上，工作人员应多交流，并不断咨询相关人员。

5. 职务信息的综合处理

这一阶段的工作较为复杂，需要投入大量的时间对材料进行分析和研究，必要时，还需要用到诸如计算机、统计分析等分析工具和手段。对根据文件查阅、现场观察、访谈及关键事件分析得到的信息，进行分类整理，得到每一职务所需要的各种信息。针对某一职务，根据职务分析所要搜集的八点信息要求，逐条列出这一职务的相关内容，即为初步的职务说明书。职务分析者在遇到问题时，还需随时与公司的管理人员和某一岗位的工作人员进行沟通。

6. 完成职务说明书的撰写

召集整个职务分析工作中所涉及的人员，并给每位分发一份职务说明书初稿，讨论根据以上步骤所制定的职务说明书是否完整、准确。讨论要求仔细、认真，甚至每个词语都要认真斟酌。职务分析专家应认真记下大家的意见。注意文字简单明了，使用浅显易懂的文字，避免含混、晦涩的文字；该职务的职责与其他职务岗位职责内容要衔接。根据讨论的结果，最后确定出一份详细的、准确的职务说明书。

三、员工招聘

员工招聘是指组织为了发展的需要,根据人力资源规划和工作分析的数量与质量要求,从组织内部和外部吸收人力资源的过程。

(一) 员工招聘的意义

员工招聘对于企业来说,主要有以下作用。

1. 人才补充

通过招聘可以将合适的人放在合适的位置上。将不合格人聘任到企业,或者与更合适的人才失之交臂,是管理的失误;没有将合格的聘用者安插到合适的岗位上,也会前功尽弃。

2. 结构优化

当前我国已进入中速发展时代,更需要注重修炼内功。人才结构的优化是修炼内功的重要方面。

3. 人才激励

无论是内部选拔还是外部招募,对于员工都有一定激励作用。招聘的人才激励作用主要表现为内部提拔有奔头,外部招募有压力。公平、公正的内部选拔机制可以帮助组织选拔出符合实际需要的员工,激发现有职工的工作热情

4. 企业宣传

每年保洁公司(P&G)都要早早到全国各个著名的高校进行招聘,向学生们分发许多材料,介绍保洁公司,并进行严格的测试,几轮下来,虽然最终能有幸被录取的学生是少数,但通过招聘活动和宣传资料,许多学生因此了解了保洁公司,并成为该公司产品的忠实用户和义务宣传员。企业可以通过招聘扩大宣传,企业也应该注意招聘时维护自己的形象。企业要树立客户是上帝、关键客户是上帝、员工是上帝、求职者也是上帝的思想。

5. 竞争手段

通过招聘可以将行业内人才吸纳到企业中,对于竞争对手来说则形成一种竞争压力。

(二) 员工招聘的关键

企业在员工招聘时,需要注意选人标准(standards)、寻找渠道(sourcing)、筛选方法(selection)和确保加盟(securing)4 个关键问题。

1. 选人标准:知道自己想要什么人

员工是知识和能力的载体,员工招聘某种程度上是招聘能力。因此对于企业来说,知道自己要什么人包括知道要多少人、所要的人应该具有什么样的能力和素

质。因此,知道自己想要什么样的人需要企业人力资源规划、工作分析以及建立胜任力模型等加以解决。实践中很多企业不重视人力资源规划、工作分析和能力素质模型构建,临时用人时才让人力资源部门马上解决,这种情况下很难真正找到自己所需要的人才。

2. 寻找渠道:让别人知道自己要什么人

知道自己想要什么人其实就是画了"人才通缉令","人才通缉令"只有通过有效传播才能发挥作用。让别人知道自己要什么人即通过有效的招聘渠道发布招聘信息。员工招聘渠道包括外部招聘和内部招聘。外部招聘的渠道大致有人才交流中心、招聘洽谈会、传统媒体广告、网上招聘、校园招聘、人才猎取和员工推荐等。内部招聘就是将招聘信息公布给公司内部员工,员工自己可以来参加应聘。不同招聘渠道有不同特点,企业需要根据招聘对象选择合适的招聘渠道。

3. 筛选方法:知道应聘者是自己想要的人

招聘过程中要注重选择有效的人才测评工具,以确保应聘者在知识和技能、能力和素质以及职业倾向等方面与企业和岗位相匹配。所谓人才测评,通过应用心理学、管理学、测量学、考试学、系统论和计算机技术等多种学科的原理和方法,对人才的知识水平、能力结构、道德品格、个性特点、职业倾向以及发展潜力等多种素质进行测量和评价的一种选才方法体系。人才测评有不同的方法,但对应着不同的效度、成本和难易程度。从效度来看,按照效度从低向高主要有以下几种方法:(1) 审查个人简历(0.38);(2) 笔试法;(3) 面试法,其中行为描述面试(0.48—0.61)、非行为描述面试(0.05—0.19);(4) 心理测验法(0.39),包括心理量表、笔迹法、投射法等;(5) 评价中心法(0.65),包括公文筐模拟法、无领导小组讨论、角色扮演法等。

4. 确保加盟:能够留下自己想要的人

找到企业合适的人选之后,还要确保应聘者能够真正加入企业。在员工招聘过程中要树立相互招聘的思想,即企业在选择应聘者的时候,应聘者其实也在选择企业。企业应该通过有效方式向应聘者传递企业前景、薪酬待遇、制度文化等方面的内容。一般来说,应聘者在进入企业的 2 周和 3 个月内,容易产生离职念头,因此,在应聘者进入企业初期,要在工作上和生活上给予关心。当然,最终留住员工靠的是优秀的企业文化、完善的管理制度以及合理的薪酬待遇。

(三) 招聘的工作流程

招聘工作是一项复杂、完整、连续的程序化操作过程,只有规范而科学的招聘流程才能保证招聘的质量,达到招聘的效果。一般而言招聘工作可分为招募、选拔、录用、评估四个阶段。这四个阶段的具体步骤如图 2-3。

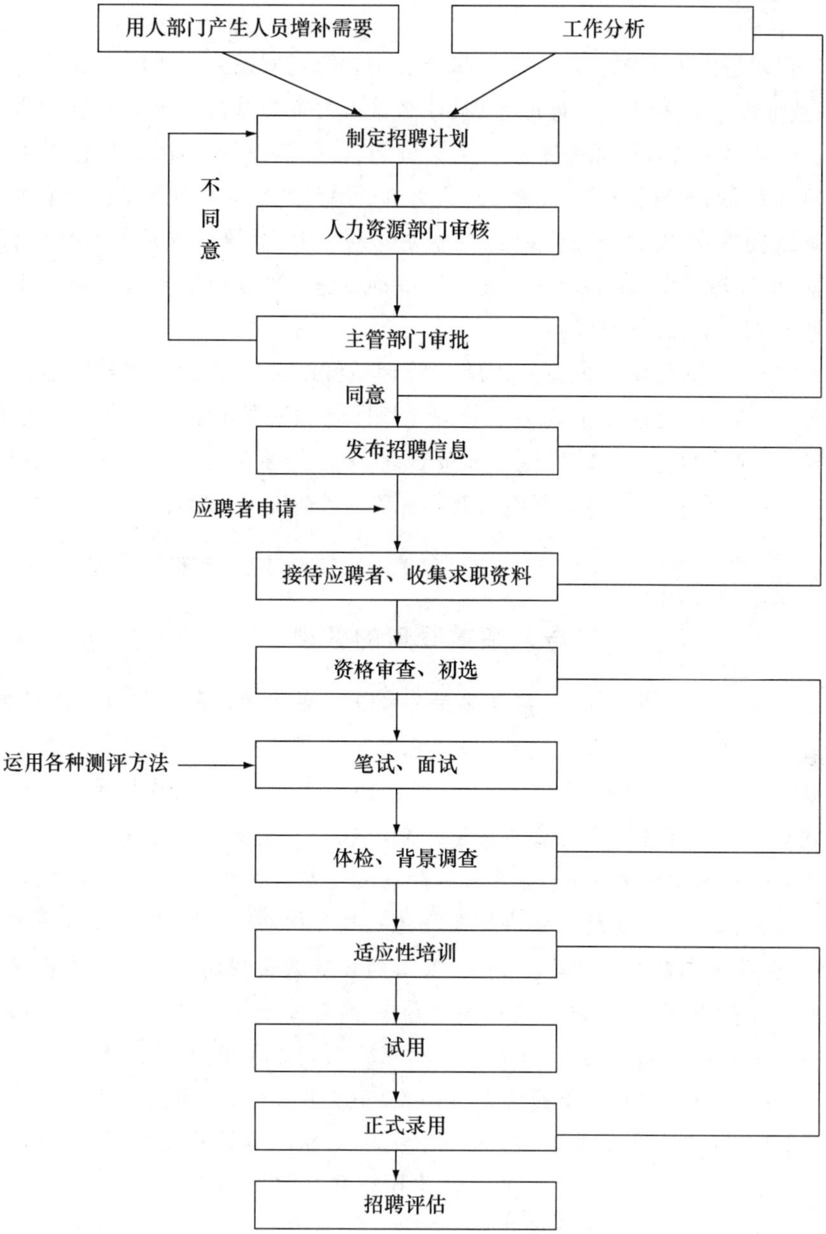
用人部门产生人员增补需要
工作分析
制定招聘计划
不同意
人力资源部门审核
主管部门审批
同意
招聘准备
发布招聘信息
应聘者申请
接待应聘者、收集求职资料
招募
资格审查、初选
运用各种测评方法
笔试、面试
体检、背景调查
选拔
适应性培训
试用
正式录用
录用
招聘评估

图 2-3 招聘的工作流程

四、绩效管理

绩效管理是人力资源管理的重要职能之一。摩托罗拉公司曾经有这样一个说法:什么是管理? 人力资源管理即管理;什么是人力资源管理? 绩效管理即人力资源管理。可见绩效管理的重要地位。人力资源管理学者玛丽·凯·阿什指出:“一家公司的好坏取决于公司的人才,而人才能量释放多少取决于绩效管理。”加里·P.莱姆认为,在人力资源管理的几个关键系统中,绩效管理是最重要的,是选拔与配置、培训与开发、薪酬管理等几个系统赖以建立的基础。费德列克·雷克海则强调考评体系是有效管理的基础。

调查表明,美国公司中正式使用绩效管理系统的公司财务表现要明显优于未使用的公司,同一公司执行正式绩效管理系统也比没有执行前的效果好。中国的情况是,绩效优秀的公司一定实施了绩效管理,但实施绩效管理的公司不一定改善了绩效。为什么会出现这种情况呢? 我们先看一个绩效管理案例。

导入绩效管理的教训

W 公司是一家外资公司,主要从事海外贸易。由于受国际竞争形势的影响,公司董事长为了提高员工的工作效率,决定在公司内部引入绩效管理来代替多年的单纯职级工资制度。听到这个消息,全厂员工无不欢欣喜悦,尤其是对于那些基层员工来说更是悦不可言。当月公司的生产效率就有了比较明显的提高。

因为按照以前的制度来讲,你在公司处在哪个层级直接决定你的薪水,基层员工处于公司中比较低的层级自然会影响到他们每月的薪水。但若是实行绩效管理体制,薪水除了与职级别挂钩之外,也与其工作绩效紧密相连。于是人力资源部门在董事长的授权下,开始紧锣密鼓地制定绩效管理制度。经过人力资源部门全体成员六个月的艰苦奋战,绩效管理制度终于在众人的期盼中“始”出来。

新制度规定为了对员工进行有效激励,提高工作效率,公司将每半年实施一次绩效考评,普通员工与主管及以上人员分开进行评估。考评成绩与奖金相连,绩效考评最优秀的普通员工可以获取其考评前 6 个月平均工资 3 倍的奖金,绩效考评最优秀的主管及以上人员可获得其平均工资 2 倍的奖金。董事长由于迫切想知道新制度的实施效果,要求人力资源部门依据新制度对全厂员工过去六个月的工作绩效进行评估,并依据评估结果发放奖金。人力资源部门原本以为这肯定会受到员工的欢迎,毕竟可以发奖金。然而,事与愿违,随着新制度逐渐地被人认识,人力资源部门面临的压力也越来越大,首先是有相当一部分普通员工抵制对其进行绩效考评，接着出现新来销售人员（公司销售队伍一直都很不稳定）离职。主管人员也有了不满情绪。

总之，由于实行新制度，公司可谓出现了人声鼎沸、怨言颇多的局面。最后在董事长的亲自干预之下，不断与员工沟通和许诺才稳住了这壶“沸腾的开水”，责令人力资源部门停止实施新制度，大手笔地修改和完善它。可以说这次所谓的改革弄得人力资源部门不知所措。正如后来人力资源组长半开玩笑半无奈地说：“我们得罪谁了，没有功劳也有苦劳啊？”

（一）绩效管理的意义

绩效是指对应职位的工作职责所达到的阶段性结果及其过程中可评价的行为表现。绩效可以是结果，也可以是技能、态度或行为。所谓绩效管理是指管理者与员工之间就目标与如何实现目标上达成共识的基础上，通过激励和帮助员工取得优异绩效从而实现组织目标的管理方法。这里我们必须明确一点，任何企业存在的目的都是追求绩效，但并非所有的企业都采用正式的绩效管理工具。

绩效管理是管理最有效的工具，是内涵丰富的“管理工具箱”。绩效管理被誉为管理领域中最重大、最具有积极意义的发展之一。绩效管理以其完善的体系、完美的流程和持续改进的良性循环深得管理者们的喜爱，被管理学家誉为管理者的圣杯。具体来说，绩效管理的意义主要表现在以下三个方面：

1. 绩效管理具有战略、管理和开发等三大功能

某培训公司接受题为“为什么员工的表现不尽如人意”调查时发现，列在前三位的原因分别是员工不知道自己应该做什么、员工不知道怎么做和员工不明白做和不做的区别。绩效管理能够有效化解这三个问题并衍生三种主要功能。一是针对缺乏目标，绩效管理具有战略功能。通过绩效管理系统确定和宣传组织的战略目标。绩效管理系统将员工的工作活动与组织的战略目标联系在一起。化战略为行动，通过提高员工的个人绩效来提高公司整体绩效。二是针对缺乏技能，绩效管理具有开发功能。发现不足之处，进行针对性培训，使员工能够更加有效地完成工作。提高员工的技能、能力，促进员工个人发展。不仅要指出绩效不佳的方面，更重要的是找出导致绩效不佳的原因。三是针对缺乏激励，绩效管理具有管理功能。对员工的绩效表现给予评价并加以奖惩，以激励员工。发现、培养和提拔专业骨干和管理人才。为薪酬决策、晋升决策以及降级和解雇等人力资源决策提供依据。

2. 绩效管理是人力资源管理的重要组成部分

人力资源管理系统包括选、用、育、留等功能，绩效管理是人力资源管理系统中的一个部分，也是一个核心部分，担负着重要作用。有人称绩效管理为“组织发动

机”,认为绩效管理是机器得以运转的核心力量。这种说法可以通过绩效管理与人力资源其他职能之间的关系来加以验证。从绩效管理与工作分析的关系来看,绩效管理的输出结果可以为职位分析提供更有效的依据。反过来,绩效考核的结果可以反映出工作分析中的问题,是对岗位设置、工作设计是否合理的一种验证手段。从绩效管理与招聘选拔的关系来看,通过分析员工绩效考核的结果,会发现组织中存在的问题。当问题表现为现有员工的能力不足和态度有所欠缺的情况下,如果培训成本和培训效果无法满足要求,组织就要实行招聘。从绩效管理与员工培训的关系来看,绩效管理的主要目的是了解员工在绩效考核中显示的优势与不足,进而改进和提高绩效,因此员工的培训开发是在绩效评估之后的重要工作。从绩效管理与薪酬管理的关系来看,绩效结果是薪酬变化的主要依据。只有将绩效管理的结果与薪酬体系相联系,员工才能认可其所得回报的公平性和合理性,否则绩效管理将无法起到其应有的作用。

3. 绩效管理能够实现企业与员工双赢

对于员工的好处表现为:目标激励促进能力提升;绩效辅导促进能力提升;绩效反馈促进能力提升;培训轮岗促进能力提升;优秀绩效获取财务利益;优秀绩效获得职位晋升和成功企业成就优秀员工等。绩效管理对于企业有好处主要有:将战略转化为行动;提升管理水平;提高工作绩效;做出正确的雇佣决策;降低员工流失率;发现企业中存在的问题以及改善上级和员工间的沟通等。

(二)绩效管理流程

绩效管理的过程通常被看做一个循环。这个循环的周期通常包含四个步骤:绩效计划、绩效实施和管理、绩效评估、绩效面谈反馈。

1. 绩效计划

绩效计划是绩效管理流程中的第一个环节,发生在新的绩效期间的开始。制订绩效计划的主要依据是工作目标和工作职责,另外还包括年度规划和预算、商业环境、客户的需求与期望等。绩效计划并不是在制定了后就一成不变,随着工作的开展,会根据实际情况不断调整工作计划。

在绩效计划阶段,管理者和被管理者之间需要在对被管理者绩效的期望问题上达成共识。在共识的基础上,被管理者对自己完成工作目标做出承诺。绩效管理需要员工参与和员工承诺,这是绩效管理顺利进行的基础。一般来说,一项制度或措施获得员工支持需要满足以下条件:员工知晓的、员工参与的、员工承诺的、员工认为合理的、员工认为有利的。

绩效指标体系是绩效计划的具体表现形式。绩效指标体系包括关键业绩考核指标、计划完成考核指标和能力态度考核指标。KPI(key process indication)即关键业绩考核指标,代表岗位的核心责任。计划完成指标主要反映被考核者考核周期内主要工作完成情况,主要包括部门重点工作、上级交办的工作以及其他比较重要的工作完成情况。能力态度指标根据情况进一步确定胜任素质模型,细分评价标准。

不合理的绩效评价比没有绩效评价更糟糕。制定绩效指标时需要注意以下问题:(1) 效度,指测量的有效性或正确性,尤其要注意避免绩效污染;(2) 信度,指测量的可靠性或一致性,包括评价者信度和再测信度;(3) 可衡量性,指信息可低成本获得、可验证、可衡量,要求可以用数量表示或可以用行为描述;(4) 战略性,即指标能够反映企业的战略目标;(5) 可接受性,要求设计简单的绩效指标;(6) 整体均衡性,企业各部门指标之间要相互协调。

另外,设计绩效指标体系的时候还需要注意以下问题:一是行为进步假象问题。"看上去好的"与"实际好的"是两个概念,有些数字看起来很好,其实并非一定代表高绩效,例如雇佣职工总数、培训项目数量、求助电话数量等数据,并非越高越好。二是考评重要的事情,而不是容易考评的事情。85%的执行官认识到无形资产的重要性;只有不到10%的人认为他们对无形资产进行了绩效管理。需要重点考核人才、领导、知识、动力、员工关系、客户关系、文化、创新性等。三是不同公司不同阶段考评重点不尽相同。四是凡事皆可考评,但不可过分追求精确。

2. 绩效实施与管理

制订了绩效计划之后,被评估者就开始按照计划开展工作。在工作的过程中,管理者要对被评估者的工作进行指导和监督,对发现的问题及时予以解决,并对绩效计划进行调整。在整个绩效期间内,都需要管理者不断地对员工进行指导与反馈。

在绩效实施与管理阶段,要做好两件事情。

一是绩效沟通与辅导。该阶段,沟通的目的主要有两个:一个是员工汇报工作进展或就工作中遇到的障碍向主管求助,需求帮助和解决办法;另一个是主管人员对员工的工作与目标计划之间出现的偏差及时进行纠正。

二是绩效信息的收集和分析。信息收集与分析的目的是:提供一份以事实为依据的员工工作情况的绩效记录,为绩效考核及相关决策作基础;及时发现问题,提供解决方案;对员工进行行为、态度的信息掌握,发现长处和短处,以便有针对性地提供培训和再教育。信息收集与分析的内容包括:目标和标准达成(或未达到)的情况;员工因工作或其他行为受到的表扬和批评情况;证明工作绩效突出或低下所需要的具体证据;对管理者和员工找到问题(或成绩)原因有帮助的其他数据;管理者同员工就绩效问题进行谈话的记录,问题严重时还应让员工签字。

3. 绩效评估

在绩效期结束的时候，依据预先制定好的计划，主管人员对下属的绩效目标完成情况进行评估。绩效评估的依据就是在绩效期间开始时双方达成一致意见的关键绩效指标，同时，在绩效实施与管理过程中，收集到的能够说明被评估者绩效表现的数据和事实，可以作为判断被评估者是否达到关键绩效指标要求的证据。

绩效考核有自我评估与直接上级考核两种考核方式。自我评估是指由员工对自己的工作绩效进行考核评估，可以提高员工对绩效考核的参与度和满意度，使员工自我总结绩优和绩劣之处，并且能够帮助管理者了解员工的培训和发展需求。但是自我评估的结果往往过高。因此，自我评估成绩一般不计入绩效考核成绩中，而是作为培训发展的依据之一。自我评估的主要方式是员工在考核期结束时结合岗位职责和绩效指标，对工作完成情况进行总结。直接上级考核是最常用的监督和引导员工工作行为的考核方法。直接上级是最熟悉下属工作的人，因此，他是绩效考核的最佳人选，他们不仅要在日常观察员工的工作情况，而且还要依靠日常的工作记录。

4. 绩效反馈面谈

沟通与反馈是绩效管理发挥作用的重要内容。在推行绩效管理的时候，需要通过宣传、培训等方式对绩效管理的概念、流程和功能进行广泛宣传。在绩效管理周期结束后，也需要对绩效管理进行总结，并将存在问题和主要成效在企业内部进行宣传沟通。在绩效管理周期内，在绩效计划阶段、绩效实施阶段以及绩效面谈阶段，都涉及绩效反馈和沟通。绩效计划阶段沟通的主要目的是上下级之间就工作目标和标准达成一致。绩效辅导阶段沟通非常重要。对于管理者来说，可以了解影响员工绩效的因素，提供辅导和资源；可以将员工的表现反馈给员工；可以全面了解员工的工作情况；可以及时帮助员工调整目标。对于员工来说，则包括：(1) 获取信息，改进技能；(2) 了解组织目标、工作重点、工作方法；(3) 得到上司的帮助和支持；(4) 感觉被关注，坚定努力的方向。绩效面谈阶段的沟通主要包括工作业绩、行为表现、改进措施和新的目标四个方面。

完成绩效评估后，主管人员还需要与下属进行一次面对面的交谈。通过绩效反馈面谈，使下属了解主管对自己的期望，了解自己的绩效，认识自己有待改进的方面；并且，下属也可以提出自己在完成绩效目标中遇到的困难，请求上司的指导或帮助。

(三) 企业绩效管理注意事项

对于前面提及的案例，有几点值得引起注意。一是绩效管理需要广泛参与。案例中人力资源部门在董事长授权下经过艰苦奋战，最终出台了绩效管理制度。

吃力不讨好的原因是没有一线经理和广大员工的共同参与。二是绩效管理需要完善流程。案例中用新制定的制度对过去6个月进行考核,显然是一种绩效考核思想,而非绩效管理思想。绩效管理需要注重过程管理,应该包括绩效计划、绩效实施、绩效考核和绩效沟通等环节。三是绩效管理需要共同理解。实施绩效管理策略之一:公司上下对于绩效管理的概念、流程和功能具有相同的认识。四是绩效管理需要综合运用。案例中人力资源部门自身对于绩效管理的功能缺乏清晰的认识。事实上绩效管理的作用绝非仅限于为薪酬决策提供依据。据统计,财富100家公司的绩效评价信息应用范围包括:(1) 改进工作绩效;(2) 管理绩效工资;(3) 对员工的工作期望提出建议;(4) 评议员工;(5) 制定晋升决策;(6) 激励员工;(7) 评估员工潜力;(8) 识别培训需求;(9) 改善工作关系;(10) 帮助员工设立职业发展目标;(11) 更有效地分配工作;(12) 制定转岗政策;(13) 制定辞退和解雇决策;(14) 协助人力资源长期规划;(15) 提高聘用程序的有效性;(16) 为其他管理行动提供证据。

五、薪酬管理

薪酬问题是劳动力市场和人力资源管理的核心问题之一,它涉及劳动者、组织、市场、政府和社会。政府关注,因为薪酬与社会公平和国民经济增长等密切相关。企业关注,因为薪酬既是成本,也是投资。个人关注,因为薪酬不仅是生活保障,还是体现个人价值的重要内容。对于企业来说,薪酬管理有一定难度,主要表现在以下几个方面:一是缺乏固定的模式。企业薪酬管理是与特定企业特征相对应的,具有个性化特征。二是好处不明显,坏处立竿见影。三是好的薪酬制度缺乏衡量标准。有人指出好的薪酬制度应该使员工满意度保持在60%—75%,核心员工流失率不超过3%,利润增长率超过20%。但实践中很难测量薪酬制度与上述变量之间的关系。四是员工高度关注,不仅关注自己,而且关注别人。

(一) 薪酬的内涵和特征

薪酬就是企业对它的员工给企业所做的贡献,包括他们的绩效、付出的努力、时间、学时、技能、经验与创造所付给的相应的回报或答谢。随着薪酬管理的发展,薪酬有不同的表述,主要有以下几种:(1)工资(wage),一般指根据工作量而付给的报酬。(2) 薪水(salary),指脑力劳动者的收入。(3) 报酬(compensation),指员工为组织付出劳动,组织支付给他们报酬。(4) 总体薪酬(total rewards),指员工因完成工作而获得的内在和外在奖励,包括内在薪酬和外在薪酬。内在薪酬包括安全感、成就感、满意感、公平感等心理或社会性报酬。外在薪酬包括直接薪酬和间接薪酬。直接薪酬包括基本工资和奖金;间接薪酬包括福利待遇。

理解薪酬概念应该注意以下方面:(1) 薪酬具有多种名称,如前面所述的工资、薪酬、报酬等;(2) 薪酬具有多种形式,包括货币报酬、实物报酬、精神报酬、心理报酬等;(3) 薪酬体现雇佣关系,薪酬是付给具有雇佣关系的员工的报酬;(4) 薪酬需要支付等价物,员工通过工作、服务等为企业做出贡献;(5) 薪酬应该由劳资双方约定。

(二) 薪酬的构成

薪酬分为显性薪酬和隐性薪酬。显性薪酬主要包括基本工资、加班费、奖金、津贴和补贴、股权、福利,而隐性薪酬则主要包括工作环境、学习成长机会等。

根据货币支付的形式,可以把薪酬分为两大部分:一部分是直接货币报酬的形式支付的工资,包括基本工资、奖金、绩效工资、激励工资、津贴、加班费、佣金、利润分红等;一部分则体现为间接货币报酬的形式,间接地通过福利(如养老金、医疗保险)以及服务(带薪休假等)支付的薪酬。具体来说,薪酬构成包括三个方面:

1. 基本薪酬

基本薪酬是根据员工所承担或完成的工作本身或者是员工所具备的完成工作的技能向员工支付的稳定性报酬,是员工收入的主要部分,也是计算其他薪酬性收入的基础。

2. 奖金

奖金就是为了奖励那些已经(超标)实现某些绩效标准的完成者,或为了激励追求者去完成某些预定的绩效目标,而在基本工资的基础上支付的可变的、具有激励性的报酬。它可以从两个角度去理解,即奖金被用于:对已完成的超额、超标准的绩效进行奖励;对预定的绩效目标进行激励。简单地说,奖金就是为了奖励完成者和激励追求者所支付的报酬,其支付依据主要是绩效标准。

3. 福利

这部分薪酬通常不与员工的劳动能力和提供的劳动量相关,而是一种源自员工组织成员身份的福利性报酬。福利因国家的不同而不同,像亚洲的韩国、日本、中国等都会发放各种津贴和补贴作为福利。津贴是指工资无法全面、准确反映的由劳动条件、社会环境、社会评价、物价浮动等对员工造成伤害的可能性较大,在社会看来不够体面的工作等;而把与生活相联系的补偿称为补贴,如住房补贴等。这在欧美是较少的,他们的福利更多地表现为非货币形式,比如休假、服务(医疗咨询、员工餐厅)和保障(医疗保险、人寿保险和养老金)等。当前,福利和服务已日益成为薪酬的重要形式,它对于吸引、保有员工有着不可替代的作用。

（三）薪酬管理

薪酬管理是在组织发展战略指导下，对员工薪酬支付原则、薪酬策略、薪酬水平、薪酬结构、薪酬构成进行确定、分配和调整的动态管理过程。

随着人力资源管理理论和实践的发展，目前薪酬管理呈现以下趋势：(1) 工作价值论受到挑战；(2) 注重能力工资和市场工资；(3) 宽带薪酬结构逐渐受到青睐；(4) 薪酬福利更富有弹性；(5) 薪酬支付方式多样化；(6) 薪酬集体谈判逐步受到认可；(7) 薪酬管理人员专业化；(8) 薪酬分配形式由货币型向资本型过渡。

然而，我国一些企业在薪酬管理仍然存在许多问题。一是战略功能缺失。表现为缺乏战略，或企业薪酬目标与企业战略目标不相吻合。二是薪酬基础薄弱。薪酬支付的依据主要有劳动的使用价值、劳动的潜在价值、劳动的市场价值和劳动的市场价格等几种依据，对应着岗位工资、能力工资、绩效工资和市场工资。准确核算薪酬支付则需要岗位评价、能力评估、绩效考核以及薪酬调查等技术手段支撑，而很多企业在这些方面还存在不足。三是薪酬理念模糊。管理人员不知道是应该按照员工所承担的责任和风险为基础来支付和调整工资，还是应该按照员工的行政级别、服务年限、技能水平、工作业绩等其他因素为基础来支付和调整工资。四是薪酬构成失衡。薪酬构成项目残缺会致使企业的薪酬体系在运行过程中缺乏足够的灵活性，无法满足多数员工在薪酬方面的不同需求。薪酬构成比例失调，如固定工资比例过高，绩效工资比例过低则容易导致薪酬的激励作用无法有效发挥。五是升薪通道单一。增加工资一般可以通过薪酬水平增加、薪酬等级增加、等级内薪酬增加以及薪酬结构增加等方式，而一些企业多数情况下只能是薪酬等级增加，导致“只有升官，才能发财”现象。六是绩效导向不足。一些企业岗位工资所占比例较高，薪酬的绩效导向明显不足。还有一些企业奖金有工资化倾向，激励作用明显减弱。七是忽视精神价值。随着薪酬水平的提高，货币薪酬的边际激励作用下降。按照全面薪酬理论，需要注意发挥精神价值的作用，例如通过精神奖励如表扬、问候、握手、聚餐，兴趣培养如目标设置、工作设计，人际关系如工作生活环境等，都可以发挥薪酬中精神价值作用。八是薪酬沟通不足。零和博弈与双赢博弈对于信息的处理方式不同，零和博弈需要注意信息的保密，而双赢博弈则需要注意信息的分享。薪酬管理应该视为对于企业和员工双赢的博弈，应该注重信息的沟通和分享。九是缺乏薪酬创新。国外许多企业在薪酬管理方面不断创新，例如日本汉堡包总裁的太座奖金，奖金发到太太的账户；美国连锁医院公司有氧运动挑战，奖励游泳、跑步/疾走、骑自行车、有氧舞蹈、壁球等。我国一些企业不注重薪酬管理的创新，在薪酬支付内容和方式上不能给员工“喜出望外”之感，也不能针对员工需求设计弹性薪酬和福利。

（四）薪酬体系的设计

薪酬体系设计的要点，在于“对内具有公平性，对外具有竞争力”。设计出一套合理科学的薪酬体系和薪酬制度，一般要经历以下几个步骤：

1．职位分析

职位分析是确定薪酬的基础，结合公司经营目标，公司治理层要在业务分析和人员分析的基础上，明确部门职能和职位关系，人力资源部和各部门主管合作编写职位说明书。

2．职位评价

职位评价（或称职位评估）重在解决薪酬的对内公平性问题，即达到企业内部均衡。职位评价是职位分析的自然结果，同时又以职位说明书为依据。职位评价的基本程序是对每一个职位所包含的内容进行相互比较。现在国际上有一种趋势，即企业内的职位等级逐渐减少，而工资级差变得更大。

3．薪酬调查

薪酬调查重在解决薪酬的对外竞争力问题，企业在确定一个或更多职位的薪酬水平时，需要参考劳动力市场的薪酬水平。公司可以委托专业的咨询公司进行这方面的调查。薪酬调查的对象，最好是选择与自己有竞争关系的公司或同行业的类似公司，重点考虑员工的流失去向和招聘来源。薪酬调查的数据要有每年度的薪酬增长状况，不同薪酬结构对比，不同职位和不同级别的职位薪酬数据，奖金和福利状况，长期激励措施以及未来薪酬发展趋势分析等。只有采用相同的标准进行职位评估，并各自提供真实的薪酬数据，才能保证薪酬调查的准确性。在报纸和网站上公布的数据，其数据多含有随机取样的成分，准确性很值得怀疑。即使是国家劳动部门的统计数据，也不能取代薪酬调查用作定薪的依据。另外，应该注重的是，由于一些行业人员流动比较频繁，可以利用招聘方式，人员跳槽的机会，了解竞争者的薪酬水平，但要防止以偏概全。

4．薪酬定位

在分析同行业的薪酬数据后，需要做的是根据企业状况选用不同的薪酬水平。影响公司薪酬水平的因素有多种。从公司外部看，国家的宏观经济、通货膨胀、行业特点和行业竞争、人才供给状况甚至外币汇率的变化，都对薪酬定位和工资增长水平有不同程度的影响。在公司内部，决定薪酬水平的要害因素是工作的价值、公司的盈利能力和支付能力、人员的素质要求。而企业发展阶段、人才稀缺度、招聘难度、公司的市场品牌和综合实力，也是重要影响因素。

5．薪酬结构设计

在进行完薪酬定位之后，企业就可以根据自身的实际情况，确定出一个合理的薪酬结构。薪酬结构,又称薪酬构成,是关于薪酬的构成要素以及各要素在总量中所占的比重。薪酬的构成要素主要有基本工资、奖励工资、津贴、福利和服务、可变薪酬等。薪酬结构,在不同国家,不同企业由于劳动特点、工作性质、工作任务以及薪酬支付传统习惯的不同而不尽相同。在不同时期随着生产力的发展、经济治理体制的变动以及生产或工作需要的变化,薪酬结构也会不同。在确定人员薪酬时,往往要综合考虑三个方面的因素:一是其职位等级;二是个人的技能和资历;三是个人绩效。在薪酬结构上与其相对应的,分别是职位工资、技能工资、绩效工资。企业可以从薪酬调查中选择一些数据作为这个区间的中点,然后根据这个中点确定每一职位等级的上限和下限。相同职位上不同的任职者由于在技能、经验、资源占有、工作效率、历史贡献等方面存在差异,导致他们对公司的贡献并不相同,因此技能工资有差异。所以,同一等级内的任职者,基本工资未必相同。

6. 薪酬体系的实施和修正

在确定薪酬调整比例时,要对总体薪酬水平做出准确的预算。在制定和实施薪酬体系过程中,及时的沟通、必要的宣传和培训是保证薪酬改革成功的因素之一。可以利用薪酬制度问答、员工座谈会、满足率调查、内部刊物等形式,充分介绍公司的薪酬制定依据。薪酬沟通要有所侧重,高层重点沟通薪酬的战略含义,中层重点沟通薪酬的管理功能,基层和员工重点解释薪酬结构、薪酬制定过程和奖金情况。另外,为保证薪酬制度的适用性,公司应该对薪酬的定期调整做规定。

六、员工培训

(一) 员工培训概述

员工培训是指一定组织为开展业务及培育人才的需要,采用各种方式对员工进行有目的、有计划的培养和训练的管理活动,其目标是使员工不断地更新知识,开拓技能,改进员工的动机、态度和行为,是企业适应新的要求,更好地胜任现职工作或担负更高级别的职务,从而促进组织效率的提高和组织目标的实现。

(二) 员工培训的发展

企业员工培训的发展是一个不断发展的过程,需要逐步从低级阶段向高级阶段不断递增。一般来说,企业员工培训的发展需要经历离散阶段、整合阶段和聚焦阶段等阶段。在离散阶段,员工培训的特征表现为:培训与组织目标无关;培训被看成是浪费时间;培训的运作非常不系统;培训是功利性定向的;培训是 HR 部门的事务和注重基础性知识的培训等。在整合阶段,员工培训的特征表现为:培训开始和需求相结合;培训体系系统化了;强调技能性的内容;关注员工的长远发展问题;LM 参与培训以及脱产加上更多的在职培训等。在聚合阶段,员工培训的特征表现为:学习被认为是一种需要;培训与战略结合;培训与职业发展相结合;注重培训多维度评估等。

通过多年的领域研究与咨询实践,凯洛格发现,企业的学习与发展体系一般经历非系统化、体系化、业务化以及战略化四个发展阶段。

国内绝大多数企业的学习与发展体系都处于"非系统化"的发展阶段,他们将培训与学习视为一种辅助性、福利性的活动,由人力资源部下属的培训部门提供零散的、应急式的培训。处于该阶段的企业不关注员工能力要求以及能力差距分析,培训需求主要来自员工对已有培训课程资源的自主选择。培训课程通用性强,与企业实际业务相距甚远,且缺乏系统性。企业培训与员工的绩效、职业晋升没有关联,而这也往往成为培训部门用于解释员工培训积极性差的最常用理由。培训部门对于培训效果的评估主要来自员工是否觉得培训经历是令人满意和愉快的。这种反馈机制使得培训活动的组织变质成为以取得员工满意与愉快为导向,那些产生压力或令员工不舒服的学习或绩效提升干预往往被视为是不可取的。所有这一切,不但使得员工逐渐丧失培训的积极性,更使培训部门散失自身的权威与专业性,也由此失去了与业务部门间平等的伙伴关系。

从"非系统化"到"体系化"发展阶段,最大的转变在于企业通过员工的能力发展要求与差距分析,构筑了系统的培训课程体系。同时企业的培训活动与员工的绩效管理、职业生涯发展等紧密关联。处于"体系化"发展阶段的企业组建了学习发展中心(learning & development center,LDC),致力于成为员工学习与发展的专业顾问。基于行为化描述的员工能力模型,LDC 实施企业员工的能力测评与反馈,并由此作为培训效果的评估参考以及培训需求的重要输入。在学习项目设计与课程传授上,LDC 积极引入多样化的学习方式,包括电子化学习、课堂面授、企业教练、导师辅导以及行动学习等。企业内部讲师的平台开始构建,完成包括讲师选拔、培养、使用以及激励的体系建设。与外部合作伙伴建立了长期的合作关系,开始为企业提供针对性的学习服务。从"非系统化"到"体系化",企业的学习发展体系建设前进了一大步。然而,局限关注于个人能力的提升,缺乏对公司业务问题、员工绩效问题的有效干预,以及难以衡量培训对公司经营带来的收益,使得越来越多的企业选择跨入"业务化"的发展阶段。

在"业务化"发展阶段,企业学习无论在理念定位还是在效用价值上,均有质的飞跃。在这个阶段,企业开始关注学习与战略的真正关联,将"学习"视为重要的管理工具,可以帮助解决实际业务问题,提升企业的组织能力。企业的培训与学习活动带来可衡量的组织收益。在这个阶段,企业的学习发展顾问开始转型为绩效咨询顾问,通过识别并分析员工的绩效差距,设计相应的学习或绩效干预解决方案,帮助提升企业员工绩效,解决实际业务问题,成为业务部门的伙伴与助手。而企业的管理人员也逐渐意识到员工发展是重要的管理职责，能够运用培训与学习解决员工绩效问题，培训的结果能够快速转化为业务部门的实际行动。

在“战略化”阶段，企业学习被直接用来面对未来发展的不确定性。通过学习与研讨，企业高管层对共同风暴未来可能的变化做出相应的规划。同时，利用大量的培训与学习，可为企业未来的组织能力转型做好准备，以应对可能的变数。

从“非系统化”到“战略化”，企业学习逐渐发展成为公司的战略核心，成为组织的核心竞争力。企业在规划学习与发展体系时，可参考以上不同的发展阶段，明晰当前所处阶段，并设定未来的发展方向。

（三）员工培训体系的建立

企业培训体系，是指在企业内部建立一个系统的、与企业的发展以及人力资源管理相配套的培训管理体系、培训课程体系以及培训实施体系。培训管理体系包括培训制度、培训政策、管理人员培训职责管理、培训信息搜集反馈与管理、培训评估体系、培训预算及费用管理、培训与绩效考核管理等一系列与培训相关的制度。培训制度的作用在于规范公司的培训活动，作为保证培训工作顺利进行的制度依据。培训制度应当包括培训管理办法、培训计划、相关的表单、工作流程、培训评估办法及内部讲师制度等几个部分。

培训课程体系是指建立并完善包括企业文化培训、入职培训、岗位培训、专业知识和专业技术培训、营销培训、管理和领导技能培训等一系列具有本企业特色的培训课程。

培训实施体系则包含了确保企业培训制度实施，并通过培训活动的有效组织和落实、跟踪和评估、改善和提高，体现培训价值的一整套控制流程。

为解决长期以来在员工教育培训工作中存在的“压力不够、动力不足”和“工学矛盾、以学促工难”等现实问题，四川小河嘴煤矿立足实际，从建设高素质员工队伍出发，坚持以制度立训、以制度管训、以制度强训，突出制度建设在员工教育培训中的关键作用，用先进的理念、创新的办法，建立健全了员工教育培训积分管理制度。

小河嘴煤矿创新制定了《员工培训积分管理办法》，积极构建一套适合提高员工培训教育水平的“培训积分”体系。“培训积分”主要划分为管理、技术、技能三个等级。员工可通过参与培训、兼职授课、师带徒、发表论文或心得体会、竞赛调考、参与技术创新发明等可获得相应的积分。制定员工培训学习积分档案，旨在鼓励员工参加多种形式的学习，只要符合教育培训的内容都可以记录在档，计算积分。多种学习形式相结合，发挥学习的自主性和积极性。

该矿把培训积分作为一个衡量标准之一，积分结果直接与员工的年度任职考核业绩挂钩,不存在扯皮现象,且各个环节都细化了分值。“按照培训积分体系的管理办法,每季度对员工的培训积分进行统计,排名前十位的员工进行奖励,前三名每人奖励200元,第四至六名每人奖励100元,第七至十名每人奖励50元。而当月培训积分未满5分的则扣罚当月绩效奖金200元。我们还将培训积分作为以后评优、晋升的主要依据之一。”

积极参与培训教育既能拿到全额绩效奖金,又能多学一点专业知识和专业技能,对员工来说是一项绝对的双向收益。

第三章　员工心理健康与调适

健康对于人类的发展、社会的变革、文化的更新、生活方式的改变有着决定性的作用，是人类生存极为重要的内容。随着社会的发展和人类对自身认识的深化，人们对健康的认识不断丰富和完善。在现代社会中，健康不仅指生理健康，还包括心理健康和良好的社会适应，三者和谐统一构成了健康的基础。随着社会进步和人民生活水平的提高，人们对自己的身心健康愈加关注，企业及员工也不例外。本章围绕员工心理健康与工作绩效的相关内容进行阐述，从组织及个体的角度介绍员工心理调适的不同方法。

第一节　心理健康概述

心理健康是一个十分复杂的综合概念，它涉及医学现象、心理现象和社会现象。不同学科的学者由于所处的位置和角度不同，对心理健康有着不同的观点和看法。

一、心理健康的概念与标准

（一）心理健康的概念

人是生理与心理的统一体，生理和心理的素质决定了人的健康程度和发展水平。对于心理健康的概念，不同的学者有不同的定义。世界心理卫生联合会将其定义为：身体、智力、情绪十分调和；适应环境，人际关系中彼此能谦让；有幸福感；在工作中和职业中充分发挥自己的能力，过着有效率的生活。简言之，心理健康就是指一个人的生理、心理与社会处于相互协调的和谐状态。

（二）心理健康的标准

人的生理是否健康可以通过各种检查确认，但要确认人的心理是否健康就有一定的难度。怎样衡量心理健康及其水平，许多心理学家从多种不同行为表现的角度进行观察，得出了不同的标准，如司柯特(Scott)的衡量心理健康的十项标准和区别正常与异常心理的六项标准；马斯洛和麦特曼关于正常心理的十项标准等。

综合以往的各种标准,大致可分为以下三类:第一类,认为社会中绝大多数人的行为和心理活动有一个平均值,这个平均值就是正常的标准;第二类,认为考察心理行为的异常主要是与自身做比较,每个人在以往生活中所形成的那种相对稳定的行为模式,就是正常标准;第三类,认为人的心理行为应该有一个理想标准,就像正常的生理指标那样可以用量化来表示。事实上,企求绝对客观地划分标准是困难的,心理健康与否的界限只是相对的。

根据各方面的研究结果,总结归纳起来,判别一个人的心理是否健康,一般包括以下七个方面:

(1) 智力正常。智力主要包括观察力、记忆力、思维能力、想象能力与实践活动能力,是人们利用经验、知识和阅历解决实际问题的综合性能力。一般分为超常、正常和低下三个等级。智力水平正常,是人们生活、学习、工作、劳动的最基本的心理条件。

(2) 情绪稳定。情绪稳定是心理健康的重要标志,它表明一个人的中枢神经系统处于相对平衡的状态,意味着机体功能的协调。情绪稳定包括情绪的反应强度和引起情绪的刺激强度相适应,情绪反应的时间和引起情绪的客观情境的转移相适应,情绪反应的特点与年龄阶段相适应三个方面。

(3) 行为协调统一。心理健康的人,行为受意识支配,思想与行为是统一协调的,目的性明确,在行动中有较高的自觉性和良好的自我控制能力。

(4) 自我意识客观。自我意识是对于自我以及自己与外界的关系的认知。心理健康的人能够客观地进行自我评价和自我接纳,既不贬低又不高估自己的能力,而且能够接受自己的缺点。拥有适度的自信心、自尊心、自制力和一定的社会责任感与义务感。

(5) 人际关系和谐。人生活在社会中,要善于与他人友好相处。人的安全、归属、爱和尊重等多种需要的满足都是依靠良好的人际关系来维持。人们可以借助和谐持久的人际关系获得心理上的慰藉、支持和激励,也能够给予他人关爱与体谅。

(6) 环境适应良好。对自然环境和社会环境的适应能力,是个体赖以生存的最基本的条件。人类除了能被动消极地去适应环境外,还能通过实践和认识去改造环境。当人们不能左右自己的生存环境,比如工作环境、生活环境、人际关系等,甚至无力控制其变化时,就必须采取主动的适应和被动的适应。因此,对环境的适应,特别是对生活环境突然发生变化时的良好适应,往往标志着一个人的心理健康水平。

(7) 心理康复能力良好。心理康复能力是指在遭受精神刺激后心理创伤的复原能力。人的一生中,每个人都不能避免遭受精神刺激,只是程度不同和频率不同而已,但心理创伤却有轻有重。当个体遭受精神刺激后,可能呈现出情绪的极大波动、心境的急剧变化、行为的暂时改变甚至出现某些躯体症状。由于人们的认识能力、个人经验、气质与性格的不同,心理创伤的复原时间和复原程度也各不相同。心理康复能力较好的人,恢复快且不留什么痕迹,以后回忆这次创伤时,表现得比较平静,对以后的心理及行为并不产生明显的影响。心理康复能力较低的人,则截然相反。所以,心理康复能力也是心理健康水平的一项重要标准。

二、影响心理健康的因素

人的心理活动是一个极为复杂的动态过程,因此,影响心理健康,造成心理障碍的因素也是复杂多样的。概括而言,主要包括生物因素、社会因素和个人因素等。

(一) 生物因素

1. 遗传因素

后天环境的影响对于人的心理形成和发展至关重要,那么遗传因素与人的心理发展之间是否相关? 根据统计调查及临床观察,许多精神疾病的发病原因确实具有血缘关系。同时,遗传上的易感性在一些人身上也是存在的,以遗传素质为基础的神经类型及各个年龄阶段所表现的身体特征也影响着人的心理活动。

2. 病毒感染

由病菌、病毒等引起的中枢神经系统的传染病会损害人的神经组织结构,导致器质性心理障碍或精神失常。这一点对儿童的影响尤为严重,是造成智力迟滞或痴呆的重要原因。

3. 脑外伤及其他因素

脑外伤或化学中毒,以及某些严重的躯体疾病、机能障碍等,也会造成心理障碍与精神失常。

(二) 社会因素

1. 环境因素

生活条件恶劣、生活习惯不当、工作环境差、劳动时间长、工作不胜任、工作单调以及居住条件、经济收入差等,都会使人产生焦虑、烦躁、愤怒、失望等紧张的心理状态,从而影响人的身心健康。此外,生活环境的巨大变迁也会使个体产生心理压力,导致心理的不适。

2. 重大变故

生活中遭遇的各种变化,尤其是一些突发事件,常常是导致心理失常或精神疾病的原因。如果在一段时间内发生的不幸事件太多或事件较严重、突然，都会给个体带来巨大压力，个体的身心健康就很容易受到影响。

3. 教育因素

教育因素包括家庭教育和学校教育。对个人心理发展而言，早期教育和家庭环境是影响心理健康的重要因素之一。研究表明，个体早期环境如果单调、贫乏，其心理发展将会受到阻碍，其潜能的发展也会受到抑制。而受到良好照顾、接受丰富刺激的个体在成年后获得成功的几率会更高。

(三) 个体因素

在诸多影响心理健康的因素中，个体心理素质因素具有决定性的作用。这些因素主要包括性格与情绪等。

1. 性格

性格决定命运，是因为性格是人格中最重要的核心，它可以决定一个人的心理特点及处理问题的态度和能力。内向的人不能很快地适应环境的变化；冲动型的人很难控制自己的行为；活泼型的人很难集中注意力来长时间专注到一个问题上。这些性格都有各自的优势和劣势，如果碰到不适应的环境，可能导致心理失调，出现障碍。

2. 情绪

情绪影响身心健康，无论其积极与否。只有适度的情绪对心理健康才是有利的。如过度的兴奋和高兴可能会导致神经系统出现障碍，严重的可能导致精神性疾病。适度的愉悦可以减少心理的压力感和紧张感，使人放松、身心和谐。

第二节　员工心理健康与调适

员工的心理健康问题过去一直都不被企业重视，对职业心理保健的投入，企业做得就更少。近年来，随着全球化竞争时代的到来，人们的工作、生活节奏越来越快，就业、生存、发展、对未来的不确定等带来的压力，使劳动者的心理健康出现了不同程度的问题。心理亚健康、不健康的状况，压抑、苦闷、焦虑、无助等不良的心理反应就像梦魇一样，困扰着普通员工，也困扰着管理层。如果情况严重，企业很可能会因此而停滞不前，甚至在严重的“内耗”中走向灭亡。在这种情势下，越来越多的企业管理者开始关注员工心理健康问题。如何针对员工心理健康问题进行有效的调适，已成为现代企业管理的重要内容。本节将就情绪、压力与挫折的管理以及如何提升员工幸福感等相关内容进行阐述。

一、情绪管理

20 世纪中叶以前,受限于生产力发展的水平,劳动往往仅被看作一种体力的付出过程,而情绪这一影响人们生活和工作的重要心理因素并没有得到足够的关注。到了 20 世纪 70 年代,随着心理学界对情绪展开广泛而深入的研究,组织中的情绪问题也开始得到理论界及实践工作者的青睐。神经科学研究表明,我们的观念、态度、决策和行为都受到认知和情绪的共同影响。而事实上,情绪可能比认知更具影响力,因为情绪的过程通常发生在意识认知过程之前。因此,我们可以肯定地说,我们在工作场所做的所有事情都会受到情绪的影响,只是程度不同而已。

(一) 情绪的概念与维度

情绪,是一种心理和生理经历,它直接指向人或物,是对客体的反应。当你对某个人或某件事感到快乐或害怕时,你就是在表达你的情绪。

情绪具有三个主要的特征:第一,情绪是短暂的经历,而非特质。通常从发生到消失只持续几毫秒到几分钟,不会成为个体的某种特征而长期存在。第二,情绪直接指向客体,直接地与具体的人和事物相关。与心情不同,心情是强度更低且持续时间更长的情绪状态,并不与具体的事物直接相关。第三,情绪是一种亲身体验,代表着我们生理、心理和行为的变化。我们每时每刻都在体验着情绪,但绝大多数的情绪我们却无法意识到。因为大部分的情绪反应都很细微,而且是在我们的意识之外发生的。

情绪有三个维度:第一,情绪种类。情绪种类有几十种之多,但有六种基本情绪可以涵盖所有情绪,它们是快乐、惊奇、害怕、悲伤、愤怒和厌恶。第二,情绪强度。情绪表达的强度因人而异,这种差异通常是由个体的人格特点造成的,有时则是工作需要的结果。例如,作为公司总裁,面对变化莫测的经营环境时,你的工作要求你要表现出镇定。第三,情绪频率和持久性。不同的工作对情绪的频率和持久性要求也不同。例如,餐厅负责点餐的服务人员被要求对每一位顾客报以微笑,因此对其快乐情绪的频率要求就高。

(二) 工作中的情绪、态度和行为

情绪在工作场所中是如何影响我们的思维与行为的呢? 想要了解,我们必须先了解什么是态度。

态度是人们对人、事物或事件的信念、情感和行为倾向的集合体。态度是一种判断,需要运用有意识的逻辑推理能力。当人们对人或事的态度一旦形成,其持续时间会更持久也更稳定。虽然情绪是自然而然发生的,属于体验,而且大部分情绪持续的时间都很短暂,但大量关于情绪、态度的研究表明,情绪在塑造和改变员工

态度的过程中发挥着重要作用,在理解态度和行为中扮演着重要角色。那么这三者是如何发生作用的?

情绪反应的过程首先从感受周围环境开始。大脑的情绪中枢会判断接收到的感觉信息是支持还是威胁我们的内驱力,从而迅速但不精确地给该信息贴上情绪标签。情绪标签并不是情感,而是一种自发的、无意识的、基于单薄感觉信息的情绪反应。这些情绪反应将被传递到逻辑推理过程,和其他与态度对象有关的信息一起接受逻辑分析。当你对一件事进行评价时,其实,你的情绪早已形成一种能够影响你评价的看法。事实上,决定是否支持或反对某件事时,我们常常是谨慎地“听从”于情绪的指引的。

工作态度是人们在工作中受到连续不断的情绪经历的冲击而塑造出来的。也许员工无法意识到这些情绪,但经历较多正面情绪的员工更倾向于喜爱他们的工作和公司。如果需要员工认真思考自己对工作的感觉时,过去在工作中产生的积极或消极的情绪会直接影响员工做出判断。

当情绪与认知推理不一致时,二者对态度的影响最为显著。人们有时会经历一种精神上的激烈竞争,比如,没有任何逻辑理由可以支持对某些事情不好的判断,但人们仍会固执地认为某些事情就是不好。这种矛盾表明,对情况的逻辑分析无法认同自发的情绪反应。那么,是该认可情绪反应,还是该注重逻辑分析?这个问题并不容易回答。不过,有些研究表明,尽管当事人很容易根据直觉(情绪反应)迅速做出决策,但最优的决策一般是在当事人对情况进行逻辑分析后得出的。所以,我们不仅要重视态度的认知过程,也要重视其情绪过程,希望认知和情绪能够达成一致。

(三)情绪管理的方法

1. 改变认知角度

心理学家认为,发生的事情本身不是导致情绪障碍的原因,人们对所发生的事情所持的看法、解释、信念才是引起人们情绪和反应的直接原因。合理、积极的信念能引起人们对事物恰当、适度的情绪和行为反应;不合理、消极的信念则往往会导致不适当的情绪和行为反应。如果人们长期坚持某些不合理的信念,总是处于不良的情绪状态中,那必然会产生情绪障碍。以下是三种典型的不合理信念:

(1)要求绝对化。要求绝对化是指人们以自己的意愿为出发点,对某一事物怀有认为其必定会发生或不会发生的信念。它通常与“必须”、“应该”这类字眼连在一起,如“我必须表现优异”、“我不应该求人帮助”等。

(2)评价概括化。这是一种以偏概全的不合理思维方式的表现。评价概括化的一个方面是人们对其自身的评价不合理。以自己做的某件事或某几件事的结果来评价自己整个人以及自己的价值，其结果常常会导致自责自罪、自卑自弃的心理及焦虑和抑郁情绪的产生。另一个方面是对他人的评价不合理，即别人稍有过错就对其全盘否定，这会导致对他人一味地求全责备，极易产生敌意和愤怒等情绪。

（3）体验极端化。体验极端化即认为某事一旦发生就是灾难性的，以至于个体会陷入极端不良的情绪体验（如耻辱、自责自罪、焦虑、悲观、抑郁）的恶性循环中，难以自拔。

因此，要想改变人的情绪和反应，就要改变人们对所发生的事件所持的看法和解释，改变认知角度，调整自己所持有的不合理信念，从而避免不良情绪的产生，保持良好的心境。

2. 掌握情绪劳动的自我管理策略

所谓情绪劳动，是指当组织中的员工与其他人进行面对面或语音（如电话或邮件）沟通和交往时，为完成组织任务，根据组织有关规则和要求做出特定情绪表现的过程。

在工作中，员工需要与同事、客户或其他人交往，这就要求员工能够遵守行为规则，其中就包含了对员工表现出某种情绪并克制其他情绪的规范。几乎所有的工作都要求和期望员工加入某种程度的情绪劳动。当一项工作需要更多地与人交流和接触时，情绪劳动则要求更多。对于服务业员工而言（如公务员、空姐、义工、餐饮业员工、护士、教师等），情绪劳动扮演的角色日益重要。不论员工真实的情绪感受是什么，这些工作不仅要求员工管理好自己的情绪，表现出令组织满意的情绪状态，同时还要管理好客户的情绪。当个人被要求的情绪与真实情绪之间产生冲突时，我们称之为情绪失调。两者之间的冲突越大，员工越容易感受到压力、倦怠，甚至产生对自身的心理疏离感。

面对高要求的情绪劳动时，员工必须掌握情绪劳动的自我管理策略，以降低情绪失调对身心健康的损害。研究者提出了以下四种策略：

（1）自主调节。自主调节不需要意志努力，表情行为是自然发生的，是人的自然反应。

（2）表面扮演。员工尽量调节自己的表情以表现组织所要求的情绪，而内心的感受并不发生改变，比如我们常说的“陪笑脸”。

（3）深层扮演。为了按照组织制定的情绪进入角色，员工尽量去体验要求必须产生的情绪。深层扮演是一个积极主动的过程，要求员工尽可能努力地去激活那些能够引起某种情绪的思想、记忆和想象等心理活动，精心调控情绪，做到表里如一。在这种情况下，表情行为是发自内心的。比如，通过想象快乐的事来调整自己的愤怒，当内心能够真正体验到快乐时，就能笑对顾客。

（4）失调扮演。员工满足了组织制定的情绪行为要求，表达出了适当行为，但员工的内心情绪感受仍保持中性和独立。这种内心的体验与外部的情绪表达不一致,内外失调的行为反而更有利于工作,这就是常说的“职业性公关”。比如,企业高管在项目谈判时,尽管在谈判过程中有各种表情,但其内心一直保持镇静和中性,“任尔东西南北风,我自岿然不动”。

3. 提高情绪智力

情绪智力的概念是由美国心理学家彼得·萨络维(Peter Salovey)、迪巴洛(Maria Dipaolo)和约翰·梅耶(John D. Mayer)于1990年提出的。他们认为情绪智力是指感受和表现情绪、促进情绪思考、理解和分析情绪以及调节个人和他人情绪的能力。丹尼尔·戈尔曼(Daniel Goleman)将情绪智力划分为四个维度,即自我意识、自我管理、社会意识和关系管理。对于情绪智力的测量,我们通常使用情商(EQ)来衡量被试者情绪智力分数的高低。目前使用的情绪智力测量量表主要有EQ-I量表、多因素情绪智力量表和情绪能力调查表三种。

情绪智力与人格特质有关,是个逐渐成熟的过程,会随着年龄的增长而提高。虽然情绪智力与父母的情绪智力水平有关系,但是,情绪智力并不完全是与生俱来的,也可以通过后天的学习来获得。情绪智力与工作绩效存在一定程度的正相关,正是这个原因,一些公司会对应聘者进行情绪智力水平测试。在组织情境中,为了帮助员工提高情绪智力,更好地服务于企业发展,企业管理层可以考虑实施一些技巧训练或培训计划,比如,实施人际交往技巧训练、情绪智力培训计划等。其中,一对一的个人指导、大量的练习以及经常性的反馈对于提高情绪智力十分有效。

4. 学会放松与疏泄

对于不良情绪的应对,放松与疏泄是非常有用的方法。放松训练简便易行,不需要花很多时间学习。常用的放松方法有呼吸放松法、肌肉放松法、想象放松法、音乐放松法等。而疏泄就像清除体内垃圾一样,是消除心中不快的极为有效的手段。疏泄可以减轻精神疲劳,使人变得轻松愉快。但是,疏泄不良情绪要注意选择恰当的方式,否则可能会导致令人不快的后果,甚至会使事情更糟。比如,可以选择高强度的体育运动或找个隐蔽的地方跺脚、尖叫、大喊、大哭、捶枕头等方式来发泄愤懑。

二、压力管理

我们知道,情绪对个体的身心健康和工作质量有很大影响。但是,情绪并非空穴来风,它常常来自工作和生活中的压力与挫折。面对生活工作中林林总总的坎坷磨难,很多人会产生各种各样负面的情绪,这些负面情绪如果不能及时得到有效缓解,就会转化为一种无形的压力,让人无法呼吸。

(一) 压力的概念与来源

1. 压力的概念

“压力”这一概念最早是由赛耶(Selye)等在20世纪30年代提出并进行研究的。之后,许多领域的研究者从不同角度对压力进行了研究和定义。综合来看,研究者们对压力的定义可以归结为以下三种:

第一种,压力指的是一种刺激物,具体就是指那些使人感到紧张的事件或环境刺激。

第二种,压力是指人的一种主观性的感受,是人们对压力的体验和认知,它是一种主观反应,这些反应具体包括焦虑、疲劳、紧张等。

第三种,压力是人体对内部需要或伤害性侵入的一种生理反应,也就是外界的刺激所引起的个体生理上的心跳加速、血压升高、头痛、呼吸困难等各种反应。

2. 压力的来源

一般来说,压力主要来自工作与生活。在此,我们着重阐述工作压力源。所谓工作压力源,是指与组织或工作相关的压力源。根据压力来源方向的不同,可分为工作层面的压力源、组织层面的压力源和个体层面的压力源三大类。

(1) 工作层面的压力源,主要包括工作负荷、工作条件和工作的复杂程度。

工作负荷分为工作超负荷和工作负荷不足两种。工作超负荷主要表现在工作的数量和质量上。在基层和中层管理者身上表现比较突出。工作负荷不足主要表现为工作高度单调、乏味。据美国密歇根大学一项涉及23个职业2 000多人的调查显示,对工作单调乏味抱怨最多的流水线装配工人,要比其他一些职业的工人更为经常地出现焦虑、压抑和郁闷等精神压力症状。有人将类似工作导致的压力症状称为“生产线歇斯底里症”。

工作条件是与工作压力密切相关的一个重要因素。一般来说,恶劣的、令人不适的、危险的工作环境,都会使人产生不安全感、焦虑甚至恐惧,导致一定的工作压力。

工作复杂程度是导致工作压力的又一重要因素。当工作岗位需要个体具备极其丰富的知识和娴熟的技能时,对大部分人而言,面对这种工作的高度复杂性,个体会觉得自己不能胜任而产生责任恐惧,或害怕工作绩效低下、失败,或害怕自己被人取代、失业,从而构成心理上的压力。此外,新技术的引进和使用也会增加工作的复杂性,给员工带来不小的压力,我们称之为“技术压力”。

(2) 组织层面的压力源,主要包括角色模糊和角色冲突、职业生涯发展、人际关系和组织系统四个方面。

角色模糊是指个体在工作中由于没有明确的任务事项、权利责任以及工作的要求与标准,导致不知如何开展工作的状况。这种状况在现代组织中是十分常见的。角色冲突则是指当个体在工作中面临多种角色期待时,如果服从了一种角色的要求,就很难满足另一种角色的要求,这时便产生了角色冲突。

职业生涯能顺利发展达到预期是每个员工的愿望和梦想。伴随职业生涯发展的压力主要包括工作的稳定性、安全性、晋升、发展机会等。当员工对职业生涯的期望和需求无法得到如期的实现和满足时,个体就会感到压力,从而降低对工作的满意度。

工作中最普遍的压力源于人际关系。比如冲突的人际氛围、办公室政治等都会使人感到不同程度的压力,最终导致个体产生抑郁、苦闷、孤独、人际退缩等不良的情绪和行为反应。

组织系统本身存在的问题也是工作压力的一个重要来源。具体表现为组织结构设计不合理、规章制度不健全、缺乏参与决策的机会等。

(3) 个体层面的压力源,主要包括生活因素和个人因素两类。

生活因素具体包括工作与家庭冲突、家庭问题、经济问题和生活条件。

员工个性方面的种种不足也是造成工作压力的重要来源,具体表现在过于追求完美、过于规避风险、缺乏自信和自我期望过高等。

值得注意的是,上述组织情境中三个层面的压力并非是工作压力的唯一来源,发生在组织情境以外的社会生活事件产生的持久压力也会被带到工作中来,从而给个体造成工作压力。例如,亲人的生病或亡故、离婚、结婚等,这些突发性、重大的生活事件会对人们的身心健康产生重要影响。

(二) 压力带来的后果

1. 影响身心健康

对压力给个体造成的生理症状,医学领域很早就开始了关注。研究发现,压力感能使个体出现新陈代谢紊乱、心率加快、呼吸频率加快、血压升高、头痛、易患心脏病等。这类疾病可统称为"压力性疾病"。在现代社会中,因紧张压力而引起身体生病甚至死亡的现象较之从前变得更加普遍,大家所熟知的"过劳死"就是压力影响身体健康的最好体现。

压力对个体心理健康的影响也十分明显。多数人在面对压力时会出现身心紧张反应,极易出现紧张、焦虑、易怒、烦躁和情绪低落、记忆力减退等心理症状。如果这些症状得不到有效缓解,会导致不满意度的上升。与工作相关的压力感就会导致与工作相关的不满意度上升,持续下去,就可能会出现对工作的倦怠感。

2. 影响工作绩效

压力影响工作绩效,在对压力与工作绩效二者关系的研究中,引用最广泛的是压力与工作绩效的倒 U 形关系,如图 3-1 所示。图 3-1 表明:工作压力水平过高或过低,都未能达到工作绩效的最佳状态,只有在适度的工作压力水平上,个体的工作绩效才能达到最高。

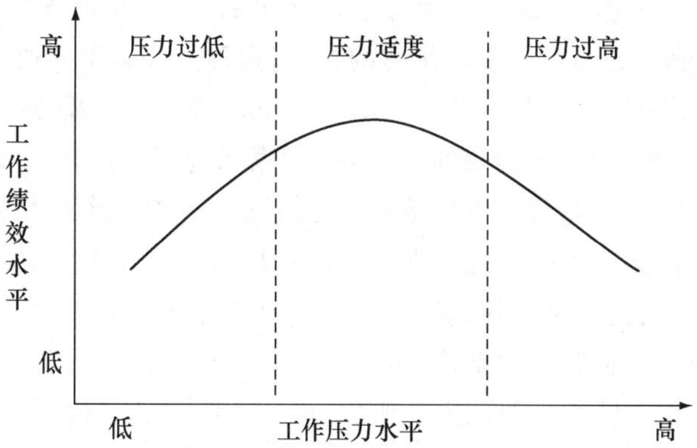

图 3-1 工作压力与工作绩效的关系图

适度的压力在管理心理学中又称为良性压力,它会充分调动员工的工作积极性和主动性,具有很强的动力作用。例如,我们常说的“鲶鱼效应”,就是组织引进新员工,借此给老员工增加适度的压力,以激发其活力和积极性,从而打破固有的僵化和惰性,最终达到提高工作绩效的目的。

(三) 压力管理的方法

1. 个体压力管理

个体压力管理主要是指个体从自身的角度出发,去寻求有效的管理压力和降低其负面影响的一系列策略和方法。个体压力管理的第一步,在于发现影响个人工作生活的压力源。其次,根据个人需要确定应对压力的方式。具体可以采取以下方式应对:

(1) 合理管理时间。工作超负荷或工作紧张,特别容易导致时间压力和超时工作。因此,员工应合理安排自己的事情,合理管理时间,努力使自己有效地工作,愉快地生活。要实现这个目标,个体要具备有效管理时间的知识、技能和能力。

合理管理时间最常用的方法是,按照事情重要性和紧急性的高低,将事情分成四类:紧急且重要的、紧急但不重要的、不紧急但重要的、不紧急且不重要的。现实中,人们往往会先解决紧急但不重要的事情,其实,正确的做法应该是把时间优先分配给最重要的事,学会放弃一些不重要的事,为自己减轻负担。另外,面对请求时,大多数人很难拒绝,结果就将自己置于千头万绪的繁杂事务中难以脱身。因此,要学会说“不”,这样会让自己轻松许多。

(2) 控制压力后果。控制压力产生的后果是压力管理的一种常见策略。它包括两种可操作的方法:第一种,体育锻炼。体育锻炼是专家首推的应对压力的一种重要措施。体育锻炼可以减轻压力的生理后果，帮助员工调整呼吸、降低肌肉紧张、调节心律及胃酸的水平。第二种，放松和冥想。通过放松活动，比如深呼吸、听音乐、看笑话书等，个体可以充分化解脑力和体力的紧张，放松身心，松弛肌肉，从而让人变得平和。冥想也是一种缓解压力的技巧，这种方法是由一位指导者说出一个神秘的词或短语，个体舒适而坐，并在心里重复，从而把个体的注意力从工作压力中转移开来，最终达到应对压力的目的。如果个体每天能用一点时间做冥想和放松，那么困扰大家的紧张、焦虑等诸多不良情绪和压力反应就可得到及时的缓解。

(3) 寻求社会支持。寻求社会支持是应对压力的一种重要方式。家人、朋友、同事、专业机构都能提供相应的帮助。向他人倾诉就是一种很有效的压力管理策略。如果能得到家人和朋友的支持，个体就不容易产生孤独感和恐惧感，也不容易感受到一些潜在压力源带来的压力。假如，家人和朋友的支持不十分奏效，还可以寻求专业人士的帮助或临床咨询，像心理咨询师之类的专业人士或心理诊所等专业机构，可以提供更专业的帮助。

2. 组织压力管理

由于工作压力的产生是个体与组织相互作用的结果，因此，在组织情境中，压力的应对与管理仅仅依靠个体的努力是远远不够的，有时它还需要组织采取一些必要的措施和方法来弥补个体应对的不足，以此使得个体和组织两个层面的策略相互作用、相互影响，最终实现成功管理压力的目标。从组织的角度出发去管理压力，可以采用以下策略：

(1) 改善工作设计。改善工作设计是一种对压力的预防策略，其关注点在于提高员工的控制力，以降低忧虑和紧张。主要是通过调整与重新设计工作活动以实现工作特征的改进，满足员工的需求。首先，可以提高工作决策的范围，让员工对工作顺序、工作时间安排、工具选择、工作小组的选择等具有更大的决策权；其次，减少工作场所的不确定性，达到减轻工作压力的目的。

(2) 运用目标管理。角色冲突和角色模糊是造成工作压力的重要原因。从组织的角度来看，运用目标管理可以使这种状况得到有效改善。组织不仅要为管理者和员工设置明确的、特定的、具有挑战性的工作目标，而且要及时提供目标完成程度的反馈信息。因为，明确的目标不仅对管理者和员工具有激励作用，而且也可以使他们清楚地了解组织的期望、消除角色冲突、降低工作压力水平。同样，及时地反馈信息，也可以使管理者和员工更清楚地了解自己的实际工作绩效，有助于减少角色模糊与冲突现象的发生。

(3) 加强组织内部沟通。组织内部沟通包括正式沟通与非正式沟通两种。管理者和员工之间可以通过坦诚的双向沟通增强彼此的信任与理解。通过了解员工对工作的真实想法以及心中存在的困惑，管理者可以找到问题的症结所在，帮助员工解决困难，减少工作压力，进而提高工作效率。非正式沟通是自发的、随意的，但员工往往更倾向于在非正式沟通中表达自己的真实想法。因此，组织应努力营造信任、合作、融洽的文化氛围，合理地引导员工的思想与行为。

(4) 帮助员工规划职业生涯。对于员工职业生涯规划，组织应当给予相应的辅导与必要的支持，应将员工的发展纳入组织总的发展目标之中，从而实现双赢目的。目前，许多知名的国际大企业在这方面都已经形成了一些成熟的做法。比如，为员工提供职业生涯规划、专业咨询、解决问题技能培训和压力管理培训等，这些服务的提供，不仅能够缓解员工过重的压力，而且能够提高组织绩效。

案例

美国第一银行

美国第一银行在企业内部成立了职业生涯资源中心，该中心以5P原则帮助员工发展职业生涯。

个人(person)：帮助员工了解自己，包括自己的技能、价值观、兴趣，并且知道如何综合运用这些特质，找到适合自己的职业生涯路径。

看法(perspective)：员工必须了解别人对他们的看法，并获得他们的主管、同事以及其他工作相关人士的意见反馈。

位置(place)：员工必须了解自己所在的位置，包括自己的职务、企业、产业，掌握变化的趋势，并且知道自己需要增加哪些技能以适应形势发展的要求。

可能(possibility)：员工必须了解职业发展的可能性，在企业里，员工发展成长有三种方式：第一种是垂直移动，也就是升迁；第二种是水平移动，虽然在同一级别里，但是更换不同的职务；第三种是不移动，虽然是同样的职务，但是让员工的工作内容丰富多元化和挑战性更高。

计划(plan)：员工必须针对以上四方面拟订计划，决定自己需要增加哪些能力和技巧，以达到目标。

资料来源：http://club.hr.com.cn/bbs/thread-17172-1-1.html。

(5) 实施员工援助计划(EAP)。工作压力不仅对个体有损害，对组织健康也不利，最终会导致工作绩效的降低。员工援助计划(employee assistance program, EAP)是组织为其成员设置的一套系统的、长期的福利与支持项目，在美国、英国、日本等国使用普遍，是很好的压力解决方案。主要通过专业人员对组织进行诊断，从而对员工及其直系亲属提供专业指导、培训和咨询,以帮助员工及其家庭成员解决各种心理和行为问题,提高员工在组织中的工作绩效。目前,国内不少组织已经开始逐步引入并实施EAP,也取得了较好的效果。

知识小贴士

员工援助计划(EAP)

EAP(employee assistance program),直译为员工援助计划,又称员工心理援助项目、全员心理管理技术。它是由企业为员工设置的一套系统的、长期的福利与支持项目,用来解决员工及其家人的心理和行为等问题,以促进员工个人成长,提高组织绩效,实现组织目标。EAP国际协会主席Donald G. Jorgensen认为EAP不仅仅是员工的一种福利,同时也是对管理层提供的福利。

1. EAP的起源

EAP起源于20世纪二三十年代的美国。当时美国一些企业注意到员工酗酒问题影响个人和企业绩效,而且人们已了解酒精依赖是一种疾病,不是精神或道德问题,于是有的企业聘请专家帮助员工解决这些问题,建立了职业酒精依赖项目(Occupational Alcoholism Program,OAP),诞生了员工帮助计划的雏形。到了六七十年代,美国社会酗酒、吸毒、滥用药物等问题日益严重,家庭暴力、离婚、精神抑郁越来越影响员工的工作表现,于是很多OAP项目扩大范围,把服务对象扩展到员工家属,项目增多,内容也更丰富。

随着跨国公司扩张、军队外驻、学术交流以及商学院留学生的培养,美国的EAP被引入欧洲及其他地区。特别是20世纪80年代以来,随着社会进步、企业壮大、管理思想的革新,EAP在英国、加拿大、澳大利亚等发达国家都有了长足发展和广泛应用。目前世界500强中,有80%以上建立了EAP,美国有将近四分之一企业的员工享受EAP服务。

2. EAP在我国的发展

EAP虽然已经在发达国家流行起来,但在我国还需要人们的认可。发达国家的员工把心理咨询看作公司的福利,看作自身成长发展的有益帮助;而我们国家的员工可能还存有心理问题不算病、难以启齿、害怕被别人知道等观念,要改变这种看法需要很长的时间。从组织行为的角度,采用EAP服务模式还只是近年来才开始的,而且主要是从进入中国市场的外资企业开始的。外资企业带来了包括EAP在内的现代管理理念和方法。目前,EAP的市场还处于粥少僧多的局面,有很大的发展潜力,一些外资、港资的EAP服务公司已经进军国内市场,需要本地EAP企业的呼声也越来越高。

3. EAP的分类

根据实施时间长短可分为长期EAP和短期EAP。EAP作为一个系统项目,应该是长期实施,持续几个月、几年甚至无终止时间。但有时企业只在某种特定状况下才实施员工帮助,比如并购过程中由于业务再造、角色变换、企业文化冲突等导致压力和情绪问题;裁员期间的沟通压力、心理恐慌和被裁员工的应激状态;又如空难等灾难性事件,部分员工的不幸会导致企业内悲伤和恐惧情绪的蔓延……这种时间相对较短的EAP能帮助企业顺利渡过一些特殊阶段。

根据服务提供者可分为内部EAP和外部EAP。内部EAP是建立在企业内部,配置专门机构或人员,为员工提供服务。比较大型和成熟的企业会建立内部EAP,而且由企业内部机构和人员实施,更贴近和了解企业及员工的情况,因而能更及时有效地发现和解决问题。外部EAP由外部专业EAP服务机构操作,企业需要与服务机构签订合同,并安排1—2名EAP专员负责联络和配合。

一般而言,内部EAP比外部EAP更节省成本,但是员工由于心理敏感和保密需求,对内部EAP的信任程度可能不如外部EAP。外部专业EAP服务机构往往有广泛的服务网络,能够在全国甚至全世界提供服务,这也是内部EAP难以企及的。所以在实践中,往往将内部和外部的EAP结合使用。此外,在没有实施经验以及专业机构指导、帮助下,企业想马上建立内部EAP会很困难,所以绝大多数企业都是先实施外部EAP,最后建立内部的、长期的EAP。

4. EAP的功能

EAP的发展历史和实践证明,EAP不仅能够帮助企业解决具体的、现实的员工心理和个人问题,而且是帮助企业发现并解决问题、改进生产管理、提高生产效率、改善组织气氛和企业文化的有效途径,对企业有重要的实施价值。

EAP帮助解决的个人问题主要有压力、情绪、人际关系及心理困扰等。具体表现在:减轻工作压力,改善工作情绪,预防过激事件的发生,提高工作积极性;学会有效协调工作与家庭生活的关系,促进家庭和睦,提高心理健康水平;增强员工自信心,提高适应能力,并且改善沟通和人际关系;掌握解决下属个人心理困扰的实用技术。

EAP对企业问题的帮助涉及裁员心理危机、灾难性事件、降低意外事故出错率、减少缺勤率、提升满意度指标、降低离职率、协助进行绩效沟通等多个方面。具体说来,主要体现在四个方面:建立有效的员工心理管理机制,改进生产管理,提高生产效率,降低企业运营成本;提高组织的公众形象,增强员工对企业的认同感;促进各部门、各层次员工间的沟通,改善组织氛围;提升管理者“员工心理管理”技能,实现从传统管理者向教练型管理者的转变。

5. EAP的内容及组织实施

EAP不等同于心理咨询，心理咨询仅对个体负责，而EAP更倾向于针对企业现状。它不仅服务于个体，更重要的是要通过解决个体遇到的问题，完善个体心理和行为方式，使个体更好地服务于组织，促进组织绩效的提高。其内容主要包括工作环境设计与改善、心理压力应对、沟通和人际关系改善、职业心理健康问题、职业生涯规划和心理危机干预六个方面。

EAP组织实施的具体过程包括建立EAP项目、分析项目需求、制订方案、项目实施四个步骤。首先要与目标企业的相关部门和员工进行多方面的沟通，初步了解企业的需求，明确EAP服务的目标，并正式建立项目。其次对管理层、职员、核心或关键人物进行调查访谈，并进行需求问卷调查。在系统分析企业员工的心理现状和导致问题产生的原因后，对员工进行专业分析评估。提交项目方案的初稿后，双方将作进一步的沟通，修改完善项目方案。最终方案确定后，即可制订具体的时间计划。在EAP实施过程中，必须定期评估项目的实施效果。

6. EAP的推广价值

身心健康对于企业员工来说是非常基本的需要。EAP作为一种新兴的心理咨询模式，不仅是解决企业员工心理和个人问题的有效途径，开辟了一条心理咨询事业职业化与商业化的光明道路，而且还是一种基于心理学的人力资源管理新模式。EAP涉及与员工心理问题相关的组织和工作设计、企业文化、管理风格、员工发展等方面，越来越多地与企业的人力资源管理联系在一起。

EAP不仅可以为企业提高留职率，提升员工士气，改善组织氛围，建立尊重员工价值、关心员工困境的文化，而且还可为企业培养注重解决问题和个人发展的学习型文化。EAP能够帮助企业更好地应对业务重组、并购、裁员等变革和危机。对企业的管理风格、组织关系沟通、工作设计谋划等也能起到积极的改善作用。其实施结果与人力资源管理目标是一致的，在企业中值得推广。

资料来源：根据EAP相关资料进行的归纳整理。

三、挫折管理

在实际工作中，员工甚至组织也常常会遭遇到挫折的困扰。与压力一样，挫折同样会对员工的身心健康和工作绩效产生严重的负面影响。因此，作为组织，要重视对员工的挫折管理。

（一）挫折的来源

挫折是一种情绪状态。心理学上将挫折解释为个人从事有目的的活动时，在环境中遇到障碍或干扰，其动机不能获得满足时的情绪状态。挫折会带来种种不利于工作的消极因素和消极行为，直接影响员工工作积极性的充分调动，间接影响组织的效率及员工的生活质量。

挫折的产生受外在因素和内在因素的影响。外在因素包括自然因素和社会因素，自然因素指个人能力所不能控制的自然条件，社会因素指个人所处社会的政治、经济、道德、宗教、风俗习惯等人为条件。在现代文明社会里，社会环境对个人动机所产生的阻碍，往往比自然环境所引起的阻碍来得多，影响也更为深远。内在因素则包括个人的生理条件和动机冲突。

除上述一般性的因素外，属于组织特有的几种重要因素也容易导致员工产生挫折感，主要包括组织的管理方式、组织内的人际关系、工作性质、工作环境等。

（二）挫折行为表现

人们受到挫折会产生各种行为，一般有如下表现：

1. 情绪上的反应

一个人受到挫折后，不论原因是属于外在因素还是内在因素，在情绪上可能产生的反应有如下四种：

（1）愤怒的攻击。个人受到挫折后，容易引起愤怒的情绪，对构成挫折的人或物会进行直接攻击或转向攻击。或者把攻击对象转向自己，或者把愤怒的情绪发泄到其他人或物上，此时遭受攻击的对象便成了替罪羊。

（2）不安。如果一再地受挫或失败，即使是一个充满自信的人，也会慢慢失去信心，在情绪上会出现不稳定、忧虑、焦急和不安。

（3）冷漠。当对引起挫折的对象无法攻击，又无适当的替罪羊可以攻击时，个人便会将其愤怒的情绪压制下去，在表面上表现出一种冷淡、无动于衷的态度，表情也失去了喜怒哀乐。

（4）退化。个人的行为随着发展的过程会具有一定的模式，但当一个人受到挫折时，其行为的表现往往比其年龄应有的表现要显得幼稚，尤其是情绪方面的表达，这种成熟的倒退现象，称为退化。

2. 挫折的心理防御机制

在遭遇挫折、冲突和严重的生活事件时，人们都有一种摆脱困境、减轻不安、稳定情绪、重新达到心理平衡的倾向，总会有意无意地用到挫折的心理防御机制。

挫折的心理防御机制，又称心理防卫方式，是指个体在经受挫折后，保持情绪平衡和稳定的心理机能。由于每个人的个性特征、生活态度及面对的情境不同，所使用的防御机制也有差异。常见的自我防御机制有以下八种：

（1）合理化。合理化又称“文饰”，指既定目标未达到时，寻找各种理由或值得原谅的借口来替自己辩护或争取社会认可。这个理由未必是真理由，而且第三者看了往往是不合乎逻辑的，但本人却能以此说服自己，感到心安理得。虽然具有自欺欺人的味道，但能使个人的性格保持安全。比如，酸葡萄心理、甜柠檬心理和援例。

(2) 压抑。个人在受挫后，用意志的力量压制住愤怒、焦虑的情绪反应或把意识所不能接受的使人感到困扰、痛苦的思想、欲望、体验等，不知不觉中自动地压抑到无意识中或通过延期来满足，使自我避免痛苦，保持心境的安宁。但压抑久了，可能使人变得性情暴躁或孤僻，甚至形成心理疾病，对身心危害较大。

(3) 投射。以自己的想法、感受去推想别人也是如此，把自己的过失行为或内心存在的不良动机和思想观念转移到别人身上，以此来减轻自己的内疚和焦虑，化解自己的心理困境，比如"以小人之心度君子之腹"。

(4) 补偿。个体在追求目标、理想的过程中受到阻碍，或因个人本身的缺陷无法达到目标时，以另一种可能成功的活动来代替，以弥补因失败而丧失的自尊和自信，以减轻挫折造成的痛苦，达到"失之东隅，收之桑榆"的目的。

(5) 认同。个人在生活中无法获得成功感时，把别人具有的、使自己感到羡慕的品质加在自己头上，或是将自己比拟成其他成功人士，借以在心理上分享他人的成功感，提高自己的信心和声望，从而消除因挫折而产生的痛苦。例如，渴望成为明星却不能如愿的人，模仿明星的发型、姿态等，宛如自己也成了众人仰慕的明星。

(6) 逃避。个人不敢面对自己预感的挫折情境，逃避到较安全的地方。逃避有三种方式，其一是逃向另一现实，比如回避自己没有把握的工作，埋头于与此无关的嗜好或娱乐。其二是逃向幻想世界，如此不但能避免痛苦，还可以使许多欲望得到满足。幻想偶尔为之，确能减轻紧张与不安，也能带来某些希望，但过度则会无法分清现实与幻想，徒增适应现实的困难。其三是逃向生理疾病，例如学生害怕考试失败，考试当天竟然发烧。这种借助生理上某种机能的障碍以避免面对困难而产生的疾病往往是无意识的，不同于假病。

(7) 反向。又称"矫枉过正"，指个体为了防止自认为不好的动机外露，于是以相反的行为取而代之，这种内有动机与外在行为不一致的现象，称为反向。比如，过分的亲切及屈从，背后可能隐藏有憎恶或反抗的动机。

(8) 升华。将遭遇的失败导向比较崇高的方向，将理想转移到另一更有价值的事业上去，比如高端的艺术或运动，使其具有建设性并有利于本人和社会时，便是升华。升华是一种非常积极的心理防御机制。例如，司马迁遭受凌辱，身陷囹圄，却以《史记》名传千古。

(三) 挫折管理的方法

现实社会生活充满各种矛盾，人们生活其中，随时都有受到挫折的可能。挫折不可避免，企业员工会因此而出现降低工作积极性、怠工、士气低落的现象，甚至缺勤、闹事、罢工等事故，严重的还会采取极端的自杀行为。

对于挫折的管理，传统理论建议企业管理者一方面应尽量消除引起员工受挫的环境，避免员工遭受不应有的挫折；另一方面，当员工受挫时，应尽量减低挫折引起的不良影响，提高对员工受挫后行为表现的宽容度。除此之外，还有许多学者从不同角度对挫折管理进行了研究，现选择其中两种应对策略介绍如下。

1. 克斯和夫格森的应对策略

克斯和夫格森(Cox & Ferguson)结合应对的两种功能和两种形式，提出了较为全面和具体的应对策略。

(1) 针对问题的应对策略。行为方面要设法控制、解决问题，而不是回避、逃跑、消极应对。比如，学会升华或替代，学会正确归因；创造条件，改变挫折产生的情境；改善组织管理等。认知方面则要加强引导，提高认识，变换视角和出发点，正确对待挫折。比如，重新描述环境，重新组织调整认知，吸取经验教训等。

(2) 针对情绪的应对策略。行为方面主要是进行情绪调整，行为训练，如放松训练、情境转移法等，寻求社会支持。认知方面要正视情绪，进行情绪疏泄，而不要否认、压抑情绪。企业可组织员工进行心理辅导和咨询。

2. 黄步琪的应对策略

员工的每一个挫折都有目标和结果两大部分，黄步琪针对员工咨询的特点，从内容角度，将挫折防御机制分成两大类：目标调整机制和结果再解释机制，如图 3-2 所示。两者分别针对受挫者的目标和结果，提出了相应的应对建议，即通过对目标的重新调整或对结果的重新解释，达到心理的平衡和稳定。

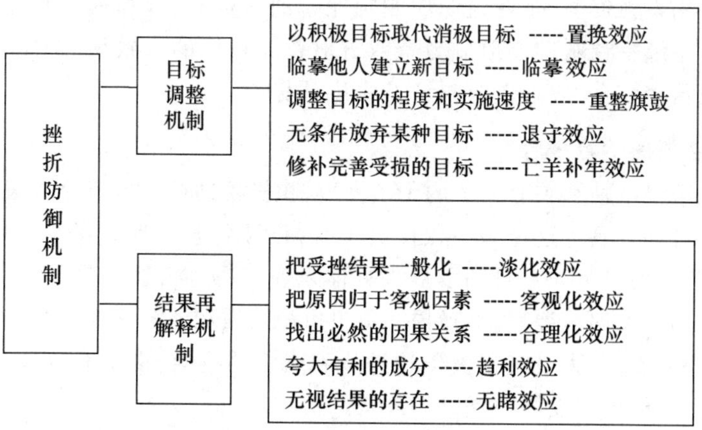

图 3-2　挫折防御机制图

根据图3-2,若要消除员工受挫的不良体验,员工与组织可在分析员工所面对的挫折的具体状况后,采用不同的防御机制组合,以达到挫折管理的最优化。比如,员工在遇到工作或学习挫折后,因为不能放弃目标而形成不良心理,可通过"重整旗鼓"将其目标调整到他能适应的程度,并通过"合理化效应"合理地解释不满意的结果,从而消除挫折带来的不良感受。

四、提升员工幸福感

组织的目的除追求绩效的提升外,还应包括重视员工所共有的心态和需求,追求员工满意度的提升,以及组织全体人员幸福感的提升。唯有此,企业管理者才能更好地调动员工的生产积极性,进而提高组织绩效,维护组织健康,创造出更多的物质财富。

如何提升员工的幸福感?除帮助员工进行情绪管理、压力管理、挫折管理,给予员工良好的心理保健服务外,还可以从以下几个方面进行改善和提高。

(一)营造良好的工作环境

整体工作环境的满意度对工作绩效有着明显的正面影响。良好的工作环境除能提高工作效率外,更能创造出良好的工作气氛,凝聚员工向心力,使员工即使在较大的压力下也能保持健康平衡的心理。良好的工作环境不仅包括人性化的办公设施、安全和卫生的工作条件、防止意外发生及职业病伤害等硬环境,还包括和谐的人际关系、相互帮助的工作氛围、顺畅有效的沟通等软环境。

(二)制定完善的薪资制度

科学合理的工资报酬与福利体系对员工队伍的稳定有重要的影响。为提升工作绩效并善用人力资源,企业组织应制定完善的薪资、奖金和福利制度,力求在提供良好的可持续平台基础上形成劳资双方对奋斗目标的一致认同,使人员的发展与组织发展紧密配合,实现企业与员工的共同发展。

(三)提供必要的学习平台

企业组织要鼓励和关心员工的个人发展,积极帮助员工制订个人发展计划,并及时进行监督和考察。这样做不仅使员工有归属感,进而激发其工作积极性和创造性,也有利于促进组织自身的发展。具体来说,一方面,要给员工提供现有工作领域的培训和相关训练课程,不断提升员工道德素质和业务素质,强化对员工队伍的管理;另一方面,要为员工积极创造进修和交流的机会,提供充分展示他们才华的平台,为员工的未来发展与提升做准备。

(四)实施科学的人性化管理

企业要发展,必须转变其经营方式与管理方式。在管理方式上必须实现从传统人事管理向组织管理的转变,也就是实现从过去注重规章管理向如今强调人力资源管理"人性化"的转变。人性化的管理方式的两个重要方面是尊重和信任。尊重,可以使员工在工作中有更多的自豪感、自信心和责任心;信任,可以使员工获得更多企业所赋予的工作自由与权利。这种自由与权利给员工带来的责任感,以及由此产生的被信任感和工作效率,较之管理者的严厉督促,更会给组织带来意想不到的惊喜。

案例

海底捞你学不会

海底捞成功的奥秘在哪里?我认为黄铁鹰的总结重点在一段话:养而不爱如养猪,爱而不养如养狗。而人呢,只给吃和爱是不够的,还需要尊敬。对人的尊敬是信任。信任你的操守,就不会把你当贼防;信任你的能力,就会把重要的事情委托给你。人被信任了,才会有责任感。而信任的唯一标志就是授权——海底捞不仅给予火锅店的普通员工物质回报,还给他们"信任"与"授权",让他们一同收获幸福感和成就感。信任不是说出来的,而是做出来的。张勇在海底捞公司的签字权是100万元以上;100万元以下由副总、财务总监和大区经理负责;大宗采购部长和小区经理有30万元的签字权;店长有3万元的签字权。海底捞最重要的授权给予了基层的服务员:不论什么原因,只要员工认为有必要,都可以给客人免一个菜或加一个菜,甚至免一餐。这个小细节体现了海底捞管理的奥秘。

资料来源:黄铁鹰,《海底捞你学不会》,中信出版社,2011。

(五) 建设积极的企业文化

企业作为一个经济组织,其成长与发展永远处于一个动态的过程中。企业人力资源的物理状态和心理状态在这个过程中也处于不断地流变中。保证企业的人力资源长期有效地为企业的发展服务,而不至于随着企业的变动成长而发生人心离散的情况,既是企业人力资源管理的目标,也是企业文化建设的价值所在。

建设积极的企业文化,需要企业根据自身的实际情况,慎重选择自己认可的积极的核心价值观,发挥自己的特色优势,以形成自己独有的企业文化。企业文化所包含的价值观念、行为准则等意识形态和物质形态均为该组织成员所共同认可。

要使员工认可企业文化,并内化为员工自觉行为,主要的实现途径有:一是宣传,向员工宣传统一的企业价值观、统一的经营宗旨、统一的管理理念、统一的规章制度。二是引导,利用公司文化环境的潜移默化,积极引导员工的生活方式、行为方式和价值信念,使之符合企业的发展目标。三是认同,通过文化效应,让员工对企业产生认同感,促使员工积极地投身于所从事的事业,为企业和自身创造价值。

第四章　企业财务与筹投资管理

财务管理就是以资金运动为对象，利用价值形式对企业各种资源进行优化配置的综合性管理活动。它通过对企业各项资金的筹集、使用、收入和分配进行预测、决策、计划、控制和分析，优化生产要素配置，提高资金使用效率，促使企业价值的不断增长。

本章以财务管理的目标、内容为主线，全面、系统、科学地阐述了企业财务管理的基本理论和方法。着重阐述企业资金筹集、投放、营运、分配等方面的管理理论与实务。

第一节　财务管理的目标与内容

一、财务管理的基本概念

（一）财务活动与财务关系

财务，顾名思义是理财的事务，即企业在生产过程中的资金运动及其体现的经济利益关系。

企业的资金运动又称财务活动，它是经营实体涉及资金的活动，即开展投资、生产经营活动所涉及的筹资、运用和分配资金的活动。

在生产经营过程中企业根据需要不断地调整资本，使资本处于持续的营运状态。企业财务活动过程的各环节，既相互区别又相互联系。它们统一于企业的整个财务活动过程之中。企业资金运动过程如图 4-1 所示。

企业在财务活动中与利益相关者的经济利益关系称为财务关系，主要有企业与股东之间、企业与债权人之间、企业与经营者之间、企业与债务人之间、企业与税务机关之间、企业与职工之间等。

（二）财务管理的概念及特征

财务管理是一项以资金运动为对象，利用资金、成本、收入等价值形式组织企业生产经营活动中的价值形成、实现和分配，并处理在这种价值运动中的经济关系

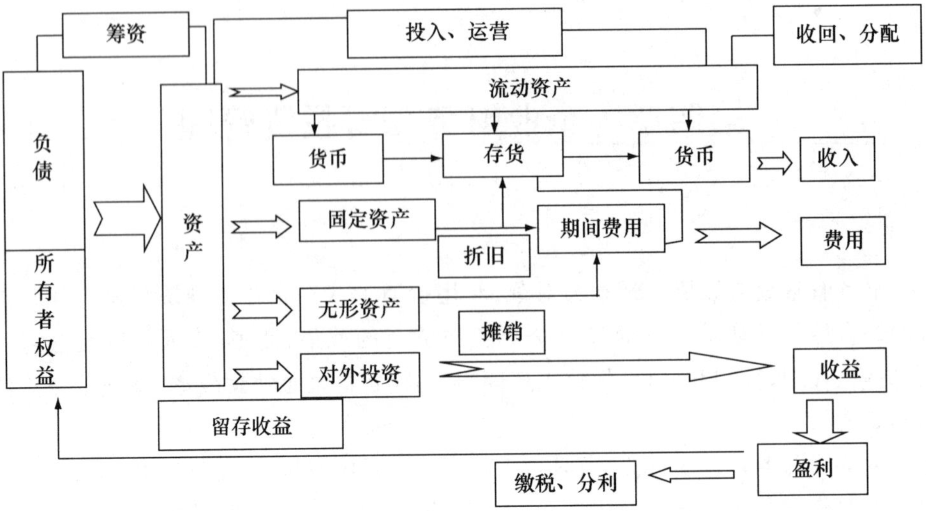

图 4-1　企业资金运动过程图示

的综合性管理活动，是研究企业在当前和未来经营中所需资源的取得与分配，以实现企业价值最大化为目标的一种价值管理活动。

财务管理的特点在于它是一种价值管理，利用价值法则和货币关系配置经济资源，通过对企业各项资金的筹集、使用、收入和分配进行预测、决策、控制、核算、分析与考核，以提高资源配置效率，促使企业以尽可能小的资源占用，取得尽可能大的经济效果。

二、财务管理的目标

企业财务管理作为企业管理的一部分，其目标取决于企业的基本目标和社会责任。

企业是营利性组织，其出发点和归宿是获利。企业一旦成立就会面临竞争，并始终处于生存和倒闭、发展和萎缩的矛盾之中。企业必须生存才可能获利，只有不断发展才能求得生存。因此，企业的基本目标可以概括为生存、发展和获利。

企业作为一种社会经济组织，在其生存、发展和获利的整个过程中必须承担一定的社会经济责任，包括保障员工、债权人和消费者权益的责任以及保护自然环境的责任。

财务管理目标是指企业财务管理预期实现的结果，它决定着企业财务管理的基本方向。在理论界和实务界，对财务管理目标主要存在利润最大化、股东（投资者)财富最大化和企业价值最大化三种认识。

(一) 利润最大化

利润最大化是指企业通过合法经营,增收节支,使企业利润达到最大。这种观点认为,利润代表了企业新创造的财富,利润越多说明企业的财富增加得越多,越接近企业的目标。当然,利润是通过会计计量而得到的,有其不足,主要是没有考虑利润取得的时间,没有考虑所获利润和投入资本额的关系,没有考虑利润和风险之间的关系,容易造成财务虚假和急功近利。

(二) 股东财富最大化

股东财富最大化或称股东价值最大化,是指企业通过合法经营,采取有效的经营和财务策略,使企业股东财富达到最大化。所谓股东财富,就是股东所持有的股票价值,通常按照股东持有的股份乘以股票的市场价格来确定。它将利益主体放在股东身上,股东投资于企业就是要扩大财富,所以企业的财务管理也应该以股东的财富最大作为目标,这正是它的合理性所在。不仅如此,按股票价格来衡量股东财富比较客观。其不足在于只表现股东的利益,未能很好地顾及企业其他利益者的利益;股票的市价受到企业内外各种因素的影响,不利于评价企业的管理业绩。

(三) 企业价值最大化

企业价值最大化是指企业通过合法经营,采取有效的经营和财务策略,使企业总价值达到最大。考虑到现代企业的多边契约关系,用企业价值最大化替代股东财富最大化就不仅仅局限于股东的利益,还包括债权人、政府、员工和公众等一系列相关者的利益。

三、财务管理的内容

2006 年 12 月 4 日财政部修订颁发的《企业财务通则》,将企业财务管理内容进行了科学的界定和划分,权威性地规定了企业财务管理的六大要素,即资金筹集、资产运营、成本控制、收益分配、信息管理、财务监督。据此,可以将财务管理的内容归纳为筹资、投资、分配。

企业应当根据风险与收益均衡等原则和经营需要,确定合理的资本结构和资产结构,并实施动态管理。

综上所述,可以将企业财务管理的总体思路概括为明确一个目标、围绕一个对象、抓住三个内容、履行四项职能,如图 4-2 所示。

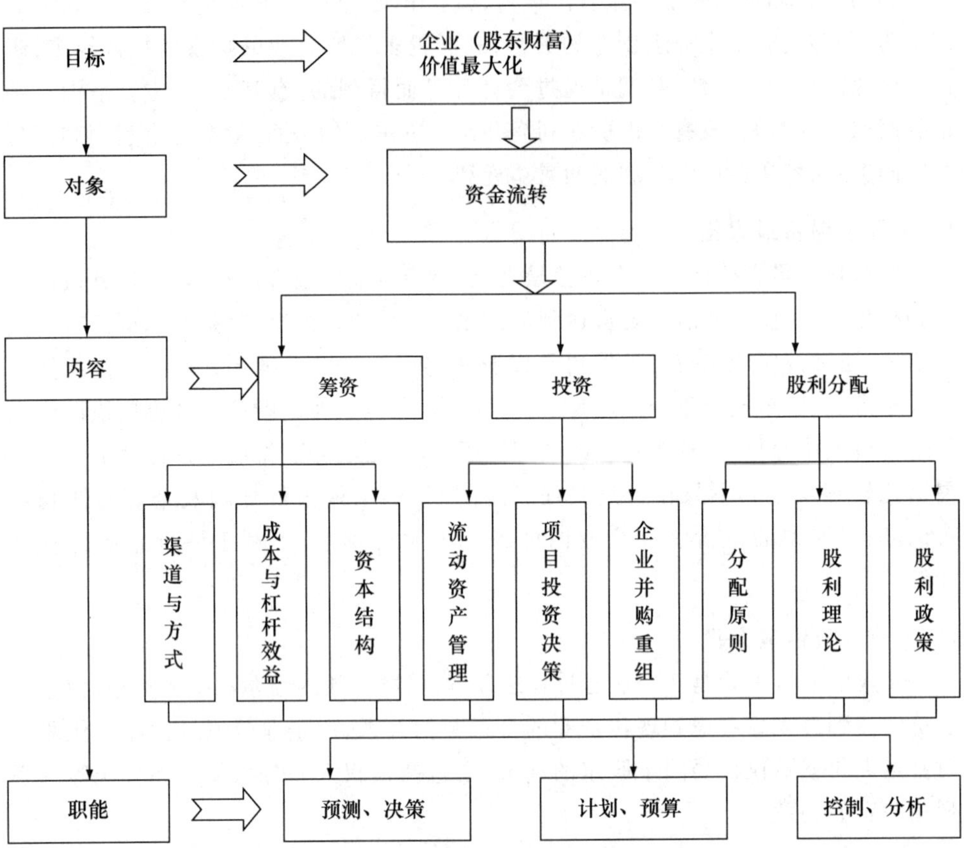

图 4-2 企业财务管理基本思路图示

第二节 企业筹资管理

一、企业筹资的含义

所谓筹资，是指企业根据其生产经营、对外投资以及调整资本结构等需要，通过资本市场，运用一定方式，有效地为企业筹措和集中所需资金的一种行为。企业在筹资过程中，一要合理确定资金需要量，使其与投资规模相适应；二要认真选择筹资渠道与方式，力求降低资金成本；三要保持权益资金与负债资金的比例关系，防范财务风险；四要把握投资机会确定筹资时机，优化资金期限结构。

二、企业筹资的主要方式

企业资本筹集主要包括权益资本筹集和债务资本筹集两大方式。

企业创立最初的资本来自所有者投入,进而形成资本金。资本金是指企业在工商行政管理部门登记的注册资金,即企业进行生产经营活动的本钱。企业资本金按投资主体不同分为国家资本金、法人资本金、个人资本金和外商资本金。权益资本形成方式有三种:一是企业接受投资者以货币或非货币资产的直接投资;二是发行股票;三是利用留存收益。也就是说,企业可以通过吸收投资者依法投资的任何财产筹集资本金,但企业无论采取什么方式,都必须符合国家法律、法规以及合同、章程的规定。

除权益资本外,债务资本也是企业经营中不可或缺的重要的资金来源。债务资本按偿还期限分为长期债务资本和短期债务资本。本节主要介绍长期债务资本。

一般而言将期限超过一年以上的债务资本统称为长期债务资本。长期债务资本筹集的主要方式有发行债券(普通债权和可转换债券)、长期借款、租赁(业务租赁和融资租赁)。

三、资本成本和资本结构

(一)资本成本的含义

资本成本,也称资金成本,是企业为筹集和使用资金而付出的代价。

资本成本包括筹资费用和资金使用费用。筹资费用指企业在筹集资金过程中为获取资金而支付的费用,如向银行借款支付的手续费,发行股票、债券支付的印刷费、发行手续费、律师费、资信评估费、广告费等。资金使用费用指企业在生产经营、投资过程中因使用资金而支付的费用,如向股东支付的股利、向银行和债券持有者支付的利息等。在财务管理中,资本成本一般用相对数表示,即资本成本率,是指企业用资费用与有效筹资额之间的比率。资本成本的计算公式为:

$$资本成本 = 每年的用资费用/(筹资总额 - 筹资费用)$$

资本成本分为个别资本成本、综合资本成本和边际资本成本三种。个别资本成本是企业选择筹资方式的参考标准;综合资本成本是确定最优资本结构的主要参数;边际资本成本是影响企业筹资总额的重要因素。

(二)杠杆效应

杠杆效应在自然界中,指的是人们通过利用杠杆,可以用较小的力量移动较重物体的现象。在企业财务管理中也存在着类似的杠杆效应:由于特定费用(固定成本或固定财务费用)的存在而导致的,当某一财务变量以较小幅度变动时,另一财务变量会以较大幅度变动。

在企业财务管理中的杠杆效应有三种:经营杠杆、财务杠杆和总杠杆。

(1) 经营杠杆。固定成本的比重,对企业经营风险有重大影响。在其他条件不变的情况下,产销量的增加会降低单位产品的固定资产比重,提高了单位产品的利润,使息税前利润的增长率大于产销量的增长率。反之,产销量的降低会增加单位产品的固定资产比重,降低单位产品的利润,使息税前利润的下降率大于产销量的下降率。这种在某一固定成本比重的作用下,销售量变动对息税前利润产生的效应,称为经营杠杆。经营杠杆具有放大企业风险的作用。

(2) 财务杠杆。在资本总额及其结构既定的情况下,企业需要从息税前利润中支付的利息通常是固定的。当息税前利润增加时,每一元收益所负担的利息就会相对地减少,就能给普通股股东带来更多的收益;反之,每一元收益所负担的利息就会相对增加,就会大幅度减少普通股股东的收益。这种由于固定财务费用的存在而导致普通股每股收益变动率大于息税前利润变动率的杠杆效应,称为财务杠杆。

(3) 总杠杆。如前所述,经营杠杆通过扩大销售影响息税前利润,而财务杠杆通过扩大息税前利润影响投资者收益。如果两种杠杆共同作用,那么销售稍有变动就会使每股收益产生更大的变动。通常把这两种杠杆的连锁作用称为总杠杆作用。它是指由于固定成本和固定财务费用的共同存在而导致的普通股每股收益变动率大于产销量变动率的杠杆效应。

(三) 资本结构决策

资本结构是企业筹资管理的核心问题。有广义和狭义之分,广义的资本结构是指企业各种资金筹集来源的构成和比例关系,狭义的资本结构是指企业各种长期资金筹集来源的构成和比例关系,即长期债务资本和权益资本各占多大比例。这里所指的资本结构是指狭义的资本结构。

不同的资本结构有着不同的资本成本,也会带来不同的财务风险,产生不同的收益。企业必须权衡财务风险和资本成本,确定最佳资本结构。确定最佳资本结构一般有以下三种方法:

(1) 每股收益无差别点分析。这种方法假定能提高每股收益的资本结构是合理的;反之,则不合理。每股收益分析是利用每股收益无差别点进行的。所谓每股收益无差别点,是指每股收益不受融资方式影响的销售水平,即在某一销售水平下,无论是采用债务筹资还是采用权益筹资,这两种筹资方式下的每股收益相等,这时的销售水平就称为每股收益无差别点。根据每股收益无差别点,可以分析判断在什么样的销售水平下适用于何种资本结构。

(2) 企业价值最大化。从根本上讲,财务管理的目标在于追求公司价值的最大化。然而只有在风险不变的情况下,每股收益的增长才会直接导致股价的上升,实际上是随着每股收益的增长,风险也加大。如果每股收益的增长不足以补偿风险增加所需的报酬,尽管每股收益增加,股价仍然会下降。所以,公司的最佳资本结构应当是能够使公司的总价值最高,而不一定是每股收益最大的资本结构。同时,在公司总价值最大的资本结构下,公司的资本成本也是最低的。

(3) 加权平均资本成本最低。该方法认为加权平均资本成本最低的资本结构为最佳资本结构。其主要思路是:决策前先拟订若干个备选方案,分别计算各方案的加权平均资本成本,并根据加权平均资本成本的高低来确定资本结构。

第三节 企业投资管理

一、企业投资的含义

企业投资是指企业将资金投放于一定对象,以期望在未来获取收益的一种财务行为。在市场经济条件下,企业能否把筹集到的资金投放到收益高、回收快、风险小的项目上去,对企业的生存和发展是十分重要的。

二、短期投资与管理

短期投资又称流动资产投资。其所形成的资产为流动性资产,包括现金、短期投资、应收账款、存货等。

(一) 现金管理

现金是可以立即投入流动的交换媒介。它的首要特点是普遍的可接受性,即可以有效地立即用来购买商品、货物、劳务或偿还债务。因此,现金是企业中流动性最强的资产。企业置存现金的原因,主要是满足交易性需要、预防性需要和投机性需要。

企业缺乏必要的现金,将不能应付业务开支,使企业蒙受损失。但如果置存过量的现金,又会因为这些资金不能投入周转,无法取得盈利而遭受另一些损失。此外,在市场正常的情况下,一般来说,流动性强的资产,其收益性低,这意味着企业尽可能少置存现金,即使不能将其投入本企业的经营周转,也应该尽可能多地投资于能产生高收益的其他资产,避免资金闲置或用于低收益资产而带来的损失。这样,企业便面临现金不足和现金过量两方面的威胁。企业现金管理的目标,就是要在资产的流动性和盈利性之间做出抉择,以确定最佳现金持有量,获取最大的长期利润。

确定一定时期企业现金持有量的方法主要有成本分析模式、存货模式、随机模式等。

(二) 应收账款管理

应收账款是指因对外销售商品、材料、供应劳务及其他原因,应向购货单位或接受劳务的单位及其他单位收取的款项,包括应收账款、其他应收款、应收票据等。

企业发生应收账款的主要原因是扩大销售,增强竞争力,那么其管理的目标就是求得利润。应收账款是企业的资金投放,是为了扩大销售和盈利而进行的投资。投资肯定要发生成本,如机会成本、管理成本、坏账损失成本等。这就需要在应收账款信用政策所增加的盈利和这种政策的成本之间做出权衡。只有当应收账款所增加的盈利超过所增加的成本时,才应当实施赊销;如果赊销所形成的应收账款有着良好的盈利前景,就应当放宽信用条件增加赊销量。可见,制定合理的信用政策是加强应收账款管理、提高应收账款投资效益的重要前提。

(三) 存货管理

存货是企业一项重要的资产,是指企业在日常活动中持有以备出售的产成品或商品、处在生产过程中的在产品以及在生产过程中或提供劳务过程中耗用的材料和物料等。

企业持有充足数量的存货,不仅有利于生产过程的顺利进行,节约采购费用与生产时间,而且能够迅速地满足客户各种订货的需要,从而为企业的生产和销售提供较大的机动性,避免因存货不足带来的损失。然而,存货的增加必然要占用更多的资金,这样不仅使企业付出更大的持有成本(即存货资金占用的机会成本),而且存货的储存与管理费用也会相应增加,影响企业获利能力的提高。因此,如何在存货的成本与收益之间进行利弊权衡,实现二者的最佳组合,成为存货管理的目标。存货的总成本等于订货成本、储存成本、缺货成本之和,使存货的总成本最小是企业存货有效控制的主要内容之一。

三、长期投资与管理

长期投资是指一年以上才能收回的投资,主要指对厂房、机器设备等固定资产的投资,也包括对无形资产和长期有价证券的投资。由于长期投资的回收期长、耗资多,因而变现能力差。长期投资的投向是否合理,不仅影响企业当期的财务状况,而且对以后各期损益及经营状况都会产生重要影响。

(一) 项目投资决策方法

项目投资决策评价所采用的指标按照是否考虑资金时间价值可分为两类:静态指标和动态指标。

1. 静态指标

静态指标又称为非贴现指标。它是一种不考虑资金时间价值因素的指标，如投资回收期、投资收益率等。

(1)投资回收期是指收回全部投资总额所需要的时间。利用投资回收期指标的大小进行投资决策时，要将投资回收期与期望的投资回收期相比较，如果投资回收期小于期望的投资回收期，则应接受投资方案；如果方案的投资回收期大于期望回收期，则应拒绝接受投资方案。利用投资回收期评价投资方案，关键就是计算投资回收期。它的计算可分为两种情况。

每年现金净流量相等，其计算公式为：

$$\text{投资回收期} = \frac{\text{投资总额}}{\text{年现金净流量}}$$

每年现金净流量不等，也可以用公式计算：

$$pp = (\text{累计现金净流量第一次出现正值的年份} - 1) + \frac{|\text{该年年初尚未回收的投资}|}{\text{该年现金净流量}}$$

(2)投资收益率又称投资报酬率，是指投资项目生产经营期正常年度的年平均利润占原始投资总额的百分比。投资收益率的决策标准是，投资项目的投资收益率越高越好，低于必要的投资收益率的方案为不可行方案。

投资收益率的计算公式为：

$$\text{投资收益率} = \frac{\text{年平均利润}}{\text{原始投资额}} \times 100\%$$

2. 动态指标

动态指标又称为贴现指标，它是一种考虑资金时间价值因素的指标，如净现值、获利指数、内部收益率等。动态评价指标不仅考虑了资金的时间价值，而且还要考虑项目周期内现金流入与现金流出的全部数据，因此，要比静态评价指标更全面、更科学。

(1) 净现值是指投资项目投产后预期未来每年现金净流量的现值减去初始投资现值后的余额，其表达式为：

$$\text{NPV} = \sum_{t=1}^{n} \frac{\text{NCF}_t}{(1+i)^t} - C$$

式中，NPV 为净现值，NCF_t 为第 t 年的净现金流量，i 为基准折现率。

(2) 获利指数是指投资项目预期未来每年现金净流量的现值之和与初始投资现值的比率。其计算公式为：

$$\text{PI} = \frac{\frac{\text{NCF}_t}{(1+i)^t}}{C}$$

式中，NCF_t 为第 t 年的净现金流量，i 为基准折现率，C 为投资总额。

评价方法：对于一个方案，获利指数大于1，可以采纳，否则拒绝；有多个方案时应选择获利指数最大的方案。

(3) 内部收益率又称为内含报酬率，是指当投资项目预期未来每年现金净流量的现值之和与初始投资现值相等时的贴现率，也就是投资项目的净现值等于零时的贴现率。其表达式为：

$$\sum_{t=1}^{n}\frac{NCF_t}{(1+IRR)^t}=C$$

即

$$NPV=\sum_{t=1}^{n}\frac{NCF_t}{(1+IRR)^t}-C=0$$

式中，IRR 为内部收益率，其他字母含义同前。

根据上述公式在运用内部收益率法进行互斥选择投资决策时，应选择内部收益率高的方案。运用内部收益率法进行单项目选择与否投资决策时，与设置的基准贴现率（折现率）比较，$IRR>i$ 则方案可行；$IRR<i$ 则方案不可行。

（二）证券投资评价方法

证券投资是指企业将资金用于购买股票、债券等金融性资产，以获得投资收益或达到其他目的。金融性资产具有流动性、收益性和风险性的特点。

1. 债券投资

债券投资是指企业通过证券市场购买各种债券（如国库券、金融债券、公司债券及短期融资券等）进行的投资，以期获得利益的行为。

(1) 债券投资的评价。债券价值是评价债券投资的重要指标，它是由其未来现金流入量的现值决定的。一般债券都有规定的年利率，债券价值便等于债券各期利息收入的现值加上债券到期偿还本金的现值之和。由于债券利息的计算方法不同，债券价值的计算就不同。债券价值的一般确定方法是：

$$V=\sum_{t=1}^{n}\frac{I}{(1+i)^t}+\frac{B}{(1+i)^n}=I(P/A,i,n)+B(P/F,i,n)$$

式中，V 为债券价值，I 为各期利息收入，B 为债券面值，i 为折现率（可能是市场利率或投资者期望利率），n 为债券到期的期限，$(P/A,i,n)$ 为年金现值系数，$(P/F,i,n)$ 为复利现值系数。

投资债券的目的是到期收回本金的同时持有期间可以获得固定的利息收入。衡量债券收益水平的尺度为债券收益率，决定债券收益率的因素很多，包括票面收益率、期限、票面价值、持有期间以及购买价格和出售价格等。

票面收益率又称名义收益率，是指债券票面上的固定收益率，即年利息与债券面值的比率。公式为：

票面收益率 = 债券年利息/债券面值 ×100%

票面收益率只适用于投资者按票面金额买入债券并持有到期收回本金的情况。

本期收益率又称直接收益率，是指债券年利息收入与购入债券的实际价格的比率。公式为：

票面收益率 = 债券年利息/债券买入价 ×100%

本期收益率可以衡量投资者的投资成本带来的收益。

持有期收益率是指投资者买入债券后持有一段时间，又在债券尚未到期时将其出售的收益率。公式表示为：

持有期收益率 = [债券年利息 +（债券卖出价 - 债券买入价）÷持有年限] ÷ 买入价 ×100%

（2）债券投资的风险。债券投资和其他投资一样是有风险的。风险与报酬是相对的，高报酬则意味着高风险；低报酬则意味着低风险。因此，在进行债券投资时应考虑风险的构成因素。债券投资的风险包括违约风险、利率风险、购买力风险、变现力风险和再投资风险等。

2. 股票投资

在现实生活中，大部分投资者并不准备长期持有某种股票，而是准备持有一段时间后将其抛售出去，并期望获取收益，而不是亏本。股票投资一般是指投资人在股票交易市场的二级市场上所进行的炒作，即“炒股”。

购入股票可在预期的未来获得现金流入，股票的未来现金流入包括每期预期股利和出售时得到的价值收入。股票的价值是指其未来现金流入的现值，并区别于股票的市价，也称之为“股票的内在价值”。股票价值的基本计算公式为：

$$V = \sum_{t=1}^{n} \frac{D_t}{(1+i)^t} + \frac{V_n}{(1+i)^n}$$

式中，V 为股票价值，V_n 为未来出售时估计的股票价格，V_t 为第 t 期的预期股利，i 为预期收益率，n 为持有股票的期数。

第四节　收益及其分配管理

一、利润及其构成

利润是指企业在一定会计期间的经营成果，包括收入减去费用后的净额、直接计入当期利润的利得和损失等。直接计入当期利润的利得和损失，是指应当计入当期损益、会导致所有者权益发生增减变动的、与所有者投入资本或者向投资者分配利润无关的利得或者损失。企业的利润总额由营业利润、投资净收益、营业外收支净额等构成。其计算公式为：

利润总额 = 营业利润 + 营业外收入 - 营业外支出 + 补贴收入

其中，营业利润是指企业在一定时期内从事生产经营活动所取得的利润。它是企业利润总额的最主要来源，包括主营业务利润和其他业务利润。其计算公式为：

营业利润 = 营业收入 - 营业成本 - 营业税金及附加 - 营业费用
- 管理费用 - 财务费用 - 资产减值损失
+ 公允价值变动收益 + 投资收益

企业投资净收益是指企业对外投资所获取投资收益扣除投资损失后的净额。它由企业的股票投资、债券投资、联营投资和其他投资的净收益组成。

补贴收入是指企业收到的各种补贴收入，包括国家拨入的亏损补贴、退还的增值税等。

营业外收入是指与企业生产经营活动没有直接关系的各项收入，包括企业固定资产盘盈和出售的净收入、罚款收入、因债权人原因确定无法支付的应付款、教育费附加返还款等。

营业外支出是指不属于企业生产经营费用，与企业生产经营活动没有直接关系，但按照有关规定应从企业实现的利润总额中扣除的支出。包括固定资产盘亏、报废、毁损和出售等情况的净损失，以及企业非季节性和非在修理期间的停工损失、职工子弟学校和技工学校经费、各种自然灾害等原因造成的非常损失、公益救济性捐赠支出、企业因未履行合同和协议而向其他单位支付的赔偿金、违约罚息罚款等。

二、利润分配

利润分配有两层含义：一是指企业利润总额的分配；二是指企业缴纳所得税后利润（即净收益）的分配。企业利润分配体现着国家、投资者、经营者和职工之间的经济关系。这里主要指对税后利润的分配。

利润分配是指分配主体对分配对象（即企业经营收益）在各个分配参与者之间进行的分割和平衡。具体讲就是企业将净利润在投资者、经营者以及其他有特殊贡献的职工、企业留存之间进行的合理有效的分配，企业应遵循依法分配、利益兼顾、资本保全、分配与积累并重的利润分配原则。

企业年度净利润，除法律法规另有规定外，分配顺序为弥补以前年度亏损、提取法定公积金、提取任意公积金、向投资者分配利润。

三、股利政策

股利政策是公司将其实现的利润向股东进行分配的政策，包括是否支付股利、以何种方式支付、支付多少等具体问题。股东投资于公司有两个基本利益，即股利收益和资本利得收益。其中，股利收益尤其是现金股利是股东的基本权益，公司期末未能向股东支付股利，应向股东做出明确解释。

公司一定时期实现的利润主要有两个用途，或者作为股利支付给股东，满足股东的股利要求权；或者留存公司作为内部融资，进行再投资，满足公司未来发展的需要。因此，如何将公司实现的收益在股东和公司内部留存之间进行合理的分配，制定合理的股利政策，是公司管理者每期都要面临的棘手问题。

股利政策是股份公司财务管理的一项重要内容，它不仅是对投资收益的分配，而且关系到公司的投资、融资以及股票价格等方面。因此，制定一个正确、稳定的股利政策是非常重要的。一般来说，在制定股利政策时，应当考虑到以下因素的影响：

(1) 法律因素。为保护投资者利益，《中华人民共和国公司法》《中华人民共和国证券法》等都对公司的股利分配有一定的限制。影响公司股利政策的主要法律因素有资本保全的约束、企业积累的约束、企业利润的约束、偿债能力的约束等。

(2) 债务契约因素。债务契约是指债权人为了防止企业过多地发放股利，影响其偿债能力，增加债务风险，而以契约的形式限制企业现金股利的分配。这种限制包括：规定每股股利的最高限额，规定未来股利只能用贷款协议签订后的新增收益来支付，不能用签订协议前的留存利润，当企业流动比率和利息保障倍数低于一定标准时不得分配现金股利。

(3) 公司自身因素。股份公司内部的各种因素及其各种环境等对股利政策产生的影响，主要包括现金流量、举债能力、投资机会、资本成本、留存收益。

(4) 股东因素。一般来说，影响股利政策的股东因素主要有追求稳定的收入、规避风险、担心控制权的稀释、规避所得税。

股利政策会受各种因素影响，同时合理的股利政策对公司的生产经营活动的顺利进行，创造良好的内外部环境有着非常重要的作用。在实务中，股份公司较常用的股利政策类型有剩余股利政策、固定或持续增长的股利政策、固定股利支付率政策、低正常股利加额外股利政策。

四、股利支付程序与方式

股份公司向股东支付股利一般经历股利宣告日、股权登记日、除息日和股利发放日等程序。

股利的支付方式主要有：

现金股利,是以现金形式将股利支付给股东,它是股利支付的常见及主要方式。现金股利是最易使投资者接受的股利形式,但这种股利支付方式要求企业不仅累计盈余,而且要有足够的现金。因此,它最适合于成熟期的企业,有大量的留存收益和现金,而没有好的投资项目时采用。

财产股利,是以现金之外的其他资产支付的股利,主要是以公司自己所有的产品或持有其他公司的债券、股票等证券作为股利发放。这种股利形式并不增加公司的现金流出,适用于现金支付能力较低的时期。

负债股利,是公司以负债支付的股利,通常以公司的应付票据支付给股东,不得已的情况下也可发行公司债券抵付股利。这种股利方式对公司来说,财务风险同样较大,只能作为现金不足时的权宜之策。

股票股利,是公司以增发股票的方式支付应付的股利。股票股利并不增加股东的财富,也不会导致公司资产的流出或负债的增加,但会引起所有者权益各项目的结构发生变化。

财产股利和负债股利在我国公司实务中很少使用,而多采用现金股利及股票股利。

第五章　投资风险与防范

市场经济环境下,企业竞争越来越激烈,企业面临的投资风险更加多样化和复杂化,需要对企业投资的风险进行控制与管理,将风险导致的损失减少到最低限度,以实现企业价值最大化的目标。

第一节　企业风险

风险贯穿于企业管理的始终,可以说企业管理的过程,就是风险管理的过程。在新的形势下,正确地认识风险,把握风险的特征,洞悉风险与环境变化的辩证关系,掌握风险管理的方法,是事关企业生死存亡的大事。

一、企业风险概念

(一) 风险的含义

风险是指只有损失的可能而无获利可能的风险。损失的不确定性是风险的本质。对风险定义的理解应把握以下几个方面:

(1) 时空观。在特定的环境和限定时期内,观察某一风险的存在。当客观环境变化时,风险内容也会发生变化。

(2) 不确定性。风险损失是不确定的,风险损失已经存在或风险损失肯定不存在均不定义为风险,因为其事件的结果是已经确定的,而无不确定性可言。

(3) 风险是客观存在的。

(4) 风险伴随人类活动。人类活动始终相伴各类灾害事故,没有人类活动,事件发生也无损失可言,只有在人的社会经济活动中出现的灾害事件才算得上风险,这正是风险的社会性、经济性特征。

(二) 企业风险

企业风险一般又称经营风险,是指由于意料不到的变化或波动,引起公司当前或未来一定时期内收益发生变化的一种潜在性的风险。收益变化的大小,主要取决于主客观因素变动对本企业产品成本、价格、生产数量、质量以及市场销售等结果的影响程度。

二、企业风险主要类型

分类的方法也是认识论的基础。对事物依据不同的标准进行分类,便可以获得对事物的各种角度的认识,从而掌握事物的发展规律,为人们所利用。

(一) 依据风险的内容和来源

依据风险的内容和来源,企业风险分为战略风险、财务风险、市场风险、运营风险和法律风险。

(二) 依据能否带来盈利机会

依据能否为企业带来盈利等机会,将风险分为纯粹风险和机会风险。纯粹风险是指只为企业带来损失这一种可能性的风险;而机会风险则是指既有为企业带来损失的可能性,也有为企业带来盈利的可能性。

(三) 依据风险的来源以及范围

依据风险的来源以及范围,将风险分为外部风险和内部风险。

(1) 外部风险,包括法律风险、政治风险和经济风险。法律风险、政治风险和经济风险是相互影响、相互联系的。一个国家的法律健全稳定,政治也会相应比较稳定,同时,市场竞争也会处在法律法规的框架内运行,竞争会更公平和规范,企业的整体经营环境会更好一些,决策和行动具有可预期性。

(2) 内部风险,包括战略风险、财务风险、经营风险等。企业的内部风险来自企业自身的经营业务,包括企业战略的制定、财务的运行和经营的活动等方方面面的风险。与外部风险相比,内部风险一般更容易识别和管理,并可以通过一定的手段来降低风险和控制风险。

(四) 依据风险管理的职能

依据风险管理的职能划分,可将企业风险分为经营风险、管理风险、财务风险、投资风险和法律风险。

(五) 依据风险产生的后果对象

依据风险产生的后果对象的不同,将企业风险分为人身风险、财产风险、责任风险和信用风险。

(1) 人身风险。在金晓彤主编的《经营理财与风险防范实务》中,人身风险是指作用于人体,影响人们身心健康所引起的风险。这类风险的产生来自两个方面:一方面,人的生理规律,即生、老、病、死引起的风险,这种风险一般是不可避免的;另一方面,是由自然、社会政治、军事、治安等原因所引起的人身伤、残、亡等风险。

人身风险的特点是直接作用于人体，一旦发生即刻造成对人的某种伤害，会给人体、家庭和经济单位带来很大损失和危害。而企业经营中的人身风险，是指在企业运营过程由于各种原因产生的人体生命和健康受到损害的风险。

（2）财产风险是指对财产发生毁损、灭失、贬值和减少的风险。企业财产风险是企业在运营过程中，由于发生自然灾害、意外事故、工作疏忽或者其他原因而发生的财产的毁损、灭失、贬值和减少的风险。

（3）责任风险是个人或者团体违反法律、合同或者道义上的规定，构成侵权行为或者违法行为从而造成国家的、集体的、他人的人身伤害和财产损失，需要负担的经济赔偿或者法律责任的风险。通常这种责任风险表现为民事责任、行政责任和刑事责任。

（4）信用风险是指企业或企业中的个人在经营过程中，由于违反约定或者违反公共信用，而导致企业信用降低而影响企业其他的经营活动的风险。通常表现为因为不遵守合同约定而发生的合同违约行为。

第二节 企业投资风险

一、投资风险的内涵

企业投资是企业发展的需要，是企业进行价值创造的必经途径。投资的正确与否决定着企业的生存与发展。由于企业内、外部环境的不确定性，投资不可避免地存在着风险。

投资风险是指在投资过程中或投资完成后，投资者发生经济损失和不能收回投资，无法实现预期收益的可能性。

投资风险又是指对未来投资收益的不确定性，在企业投资活动中可能会遭受收益损失甚至本金损失的风险。例如，股票可能会被套牢，债券可能不能按期还本付息，房地产可能会下跌等都是投资风险。

二、投资风险的分类

（一）企业共性投资风险

1. 购买力风险

资本社会及经济繁荣的社会，通货膨胀显著，金钱购买商品或业务都会渐渐降低。人们将现金存入银行收取利息，就会担心物价上升，货币贬值。早在 1983 年 10 月，港元与美元以 7.80 挂钩开始，港元的购买力迅速减弱，这种购买力的降低，是典型的购买力风险。因为有此种风险，所以人们要投资股票、地产或其他投资方式,以保持货币的购买力。

2. 财务风险

当购入一种股票后,该公司业绩欠佳,派息减少,股价下跌,这就是财务风险。因为有此风险,有些人将资金存入银行,收取利息,以减少财务风险。

3. 利率风险

当买入债券后,其价格受银行存款利息影响。当银行存款利息上升时,投资者就会将资金存入银行,债券价格也会下跌。这种因利率水平改变,而遭受损失的,称为利率风险。

4. 市场风险

市场价格常常会出现波动。每天都有不同的市价。市价的波动,受经济因素、心理因素、政治因素影响。例如,购买了股票后,其股价下跌,遭受损失,这就是市场风险。

5. 变现风险

当买入的股票未能在合理价格下卖出,不能收回资金,就是一种风险。很多一向成交疏落的股票,在有消息的情况下,例如收购消息,令股票突然旺盛,这时候会有大量追进购入,一旦消息完结,其成交量会还原,于是承受了变现风险。投资目标要能随时在合理价格下收回资金,这是变现性强的股票。如果某股以 10 元买入,以 5 元的价格才能迅速售出,就不能算是一只好的变现股票。

6. 事件风险

事件风险与财政及大市完全无关,但事件发生后,对该股价有沉重打击。这种事件风险通常都是突如其来的。

(二) 系统风险与非系统风险

企业投资风险又可分为系统风险与非系统风险。

系统风险是指那些影响所有企业的因素引起的风险。例如,战争、经济衰退、通货膨胀、高利率等发生意外的、非预期的变动,对许多资产都会有影响。它具有难以分散、难以规避的特点。

非系统风险是指发生于个别企业的特有事件造成的风险。它只对个别企业产生影响,往往产生于企业本身的某些因素,包括:(1) 经营风险,指企业在生产经营活动过程中,因生产成本的变化、市场需求的变化、价格的变化、替代产品的出现等带来一定的风险;(2) 管理风险,指由于管理者素质和经验、企业组织的合理性、决策的科学性、项目管理机制等因素是否符合投资项目的要求而产生的风险;(3) 财务风险,包括筹资风险、资金回收风险和收益分配风险等。

三、投资风险分析

企业有各种类型的投资,存在不同形式的投资风险。大多数企业的投资风险隐藏在资本投资的项目投资中。围绕企业资本投资中的项目投资风险相关因素进行分析,找出产生投资风险的主要因素,从而有目的地管理和防范控制投资风险。影响项目投资风险的因素分为直接风险因素和间接风险因素。直接风险因素是指与项目微观投资效益指标有直接联系的因素,都可以量化描述,如产品价格、销量、成本等;间接风险因素是企业投资的客观环境,是影响企业投资效益的各种外部因素的总和。投资环境的变化会带来直接风险因素的变化,因此投资环境的不确定性是产生项目投资风险的主要根源。

(一) 直接风险因素分析

企业客观投资环境的变化,影响着销量、成本、价格等直接风险因素的变动,从而导致投资收益的不确定性,产生项目投资风险。在环境因素分析的基础上,对直接风险因素进行定性与定量相结合,是分析项目投资风险的基本程序,其分析的最终目的是对直接风险因素的变化状况进行定量描述。可以通过敏感性分析了解有关因素在不影响方案可行性的情况下允许变动的范围,找出对投资效益影响最大的因素,并揭示其产生的原因和风险的大小,提高投资分析评价的可靠性和灵活性。

敏感性分析的具体方法如下:

(1) 寻找敏感性因素。从诸多不确定因素中找出对投资方案有重大影响,而且在项目寿命周期内可能发生较大变化的主要不确定性因素。

(2) 假定其他因素不变。测定敏感性因素的变化对投资效益的影响值或计算出敏感性因素的变动范围。

(3) 计算出敏感系数。敏感系数是分析评价投资项目(或方案)中各因素风险大小的重要指标。敏感系数等于 1 说明该因素引发的风险一般;敏感系数越趋近于 0,说明风险越小;敏感系数等于 0,说明没有风险;敏感系数为正值,表明与利润同向增减,反之表明与利润反向增减,敏感系数越大,说明该因素引发的风险越大。

(二) 间接风险因素分析

投资环境包括国内外政治、经济、法律、文化教育、科学技术等,内容十分广泛。每一项因素的变动都会使投资活动有遭受风险的可能性。在分析环境风险因素时应着重分析以下两个方面:

(1) 投资的一般环境,指政治形式和经济形式。政治形式主要包括政局是否稳定,有无战争或发生战争的风险,有无国家政权和社会制度变革的风险等。经济形式主要包括经济发展状况、经济发展水平、经济增长稳定性、国民经济结构和国家产业政策等,决策者要在对经济形式变动风险充分预测的基础上,决定企业投资规模和类型。

(2) 投资的相关环境,指与特定投资项目有关的一系列因素,包括相关市场、相关资源、相关科学技术、相关地理环境,相关基础设施,相关政策优惠等。

企业进行投资环境分析,对合理准确的预测项目投资风险状况,做出正确的投资风险决策有重要的意义:首先,通过对投资环境的研究,可以使企业充分了解市场供求状况、国家经济政策、资源的供应情况以及国内外政治经济和技术发展动向。只有了解了这些因素,才能预测投资项目的发展形势,保证做出正确的投资决策。其次,不断地进行投资环境的研究,能使企业及时掌握环境的变化情况,及时抓住有利条件,增加收益,或避开不利因素,减少损失。最后,投资环境是不断变化的,这是投资风险的根源所在,企业必须适应这种变化,减少风险发生的概率,这就要求决策者允分预见未来投资环境的变化情况,做出最大可能趋利避险的投资决策。

项目投资风险分析是一项极其复杂的工程,投资风险决策正确与否,与企业命运息息相关。但无论怎样对风险分析方法进行完善,其结果仍摆脱不了风险性,风险的客观存在性决定了我们在投资过程中只能尽量充分地而不能完全地认识和避免风险。

(三) 企业投资风险成因分析

企业项目投资决策出现错误有多种原因,导致各种严重后果,主要有以下方面:

(1) 投资决策机制不健全,责任不明。企业投资行为容易出现受“长官意志”的影响,或者领导人一时头脑发热而盲目拍板,造成投资决策的随意性、主观性、盲目性和独断性。

(2) 投资项目论证可行性变成“可批性报告”。很多企业为了争上项目,项目的实施者故意把可行性研究报告做成“可批性报告”,有些项目审批部门从地方利益出发,没有从严把关,从而造成重复建设、盲目建设,使项目建成投产后没有市场,企业处于亏损状态。

(3) 缺乏风险意识,盲目追求“热门”产业或产品。在某些行业处于最“热门”的时候才决定进入,结果投资后行业转向低迷,企业深陷其中,进退两难。

(4) 对项目仅侧重于技术可行性的研究,对经济可行性的论证不够重视,对投资成本及项目建成后的成本费用和效益测算不准确,从而根据过于乐观的经济估算做出错误的决策。

第三节　企业投资风险管理

一、企业投资风险管理的主要程序

投资风险管理的程序主要包括投资风险的识别、投资风险的衡量、投资风险的评价、投资风险的应对和投资风险的监控。

1. 投资风险的识别

投资风险的识别是投资风险管理的第一个环节,是对风险的感知和发现。投资风险识别需要管理人员在进行实地调查研究之后,运用各种方法对潜在的及存在的各种风险进行系统归类,并总结出企业投资项目面临的所有风险,是投资风险衡量的前提与基础。

2. 投资风险的衡量

投资风险的衡量是在风险识别的基础上,通过对大量的、过去损失资料的定量分析,估测出风险发生概率和造成损失的幅度。投资风险的衡量以损失频率和损失程度为主要预测指标,并据此确定风险的高低或者可能造成损失程度的大小。

3. 投资风险的评价

投资风险的评价是在风险衡量的基础上,对引发风险事故的风险因素进行综合评价,以此为根据确定合适的风险应对策略。投资风险评价的目的是为选择恰当的风险处理方法提供依据,风险评价也是风险管理部门对风险综合考察的结果。

4. 投资风险的应对

在对投资风险进行衡量、评价以后,必须选择适当的应对风险的策略和方法,即根据风险评价选择风险应对策略。风险应对策略选择的原则是选择所付费用最小、获得收益最大的管理方法和策略。选择合适的投资风险应对策略,可以减少投资风险的发生,可以控制损失、降低损失。

5. 投资风险的监控

投资风险的监控是通过对风险识别、衡量、评价和应对全过程的监视和控制,从而保证投资风险管理达到预期的目标,是风险管理过程中的一项重要工作。投资风险监控的主要任务有两个:一是跟踪已识别风险的发展变化情况;二是根据风险的变化情况调整风险管理的相关内容,并关注对新增风险的应对。

二、投资风险的评价方法分类

常用的企业投资风险评价方法有五种:

(1) 成本效益分析法。研究在采取某种措施的情况下需要付出多大的代价,以及可以取得多大的效果。

(2) 权衡分析法。将各项风险所致后果进行量化比较,从而确定各项风险的存在与发生可能造成的影响。

(3) 风险效益分析法。研究在采取某种措施的情况下,取得一定的效果需要承担多大的风险。

(4) 统计型评价法。对已知发生的概率及其损益值的各种风险进行成本及效果比较分析并加以评价的方法。

(5) 综合分析法。利用统计分析的方法,将风险的构成要素划分为若干具体的项目,由专家对各项目进行调查统计评出分值,然后根据分值及权数计算出各要素的实际评分值与最大可能值之比,作为风险程度评价的依据。

三、投资风险评估

投资风险评估一般是围绕项目展开。投资项目的风险评估是项目评估的一个重要环节,项目的抗风险能力是影响投资项目成败的关键性因素之一。准确地度量和评估投资项目的风险,是保障投资各方利益的基础。

1. 投资风险评估的概念

投资风险评估是在对投资风险进行识别和衡量的基础上,从整体考虑投资所面临的各方面风险以及不同风险之间可能存在的相互作用、相互影响和对投资活动所带来的影响,是对投资风险的综合状况进行总体的认识、评价的过程。

2. 识别投资风险的方法

识别投资风险的方法有很多,主要有流程图法、财务报表分析法、专家论证法和现场调查法、事故树分析法等,这些方法各具特色,又同时拥有自身的优势和不足,在具体的投资风险识别中,需要灵活运用各种投资风险识别方法,及时发现各种可能引发风险事故的风险因素。

(1) 流程图法。将风险主体即投资活动按照其工作流程以及各个环节之间的内在逻辑联系绘成流程图,并针对流程中的关键环节和薄弱环节调查风险、识别风险的方法。

(2) 财务报表分析法。通过一定的方法分析企业的资产负债表、利润表、现金流量表等相关的支持性文件,以分析企业的财务状况,以此来识别投资活动的潜在风险。利用财务报表分析法识别投资风险主要有趋势分析法、比率分析法、因素分析法。

(3) 专家论证法。采用匿名发表意见的方式,即专家之间不得互相讨论,不发生横向联系,只能与调查人员发生关系,通过多轮次调查专家对问卷所提问题的看法,经过反复征询、归纳、修改,最后汇总成专家基本一致的看法,作为投资风险识别和预测的结果。这种方法具有广泛的代表性，较为可靠。

（4）现场调查法是一种常用的识别投资风险的方法。现场调查法是风险管理人员亲临现场，通过直接观察风险管理单位的设备、设施、操作和流程等，了解风险管理单位的投资活动，调查其中存在的风险隐患，并出具调查报告书。调查报告书是风险管理单位识别投资风险的重要参考依据。

（5）事故树分析法是识别投资风险的另外一种比较有效的方法，常常能够提供防止风险事故发生的手段和方法。事故树分析法就是从某一事故出发，以图解的方式来表示，运用逻辑推理的方法，寻找引起事故的原因，即从结果推到引发风险事故的原因。

3. 评估投资风险的方法

评估投资风险的方法主要包括风险度评价法、检查表评价法、德尔菲法、决策树法。

（1）风险度评价法是对投资风险事故造成损失的频率或者损害的严重程度进行的综合评估。风险度评价可以分为风险事故发生频率评价和风险事故造成损害程度的评价两种。一般来说，风险度评价可以分为1到10级，级别越高，危险程度就越大。

（2）检查表评价法。根据检查表，将检查对象按照一定标准给出分数，对于重要的项目确定较高的分值，对于次要的项目确定较低的分值，再按照每一检查项目的实际情况评定一个分数，每一检查对象必须满足相应的条件时，才能得到这一项目的满分。当不满足条件时，按照一定的标准将得到低于满分的评定分，所有项目评定分的综合不超过100分，由此，就可以根据被调查投资活动的得分，评价风险因素的风险度和风险等级。

（3）德尔菲法本质上是一种反馈匿名函询法。其大致流程是，在对所要预测的问题征得专家的意见之后，进行整理、归纳、统计，再匿名反馈给各专家，再次征求意见，再集中，再反馈，直到得到稳定的意见。

（4）决策树法是利用树枝形状的图像模型来表述投资风险评价问题，投资风险的评价可直接在决策树上进行。其评级标准可以是收益期望值、效用期望值或其他指标。采用决策树法来评价投资风险，往往比其他评价方法更直观、更清晰，便于投资管理人员思考和集体讨论，因而是一种形象和有效的投资风险评价方法。

四、企业投资风险评估指标体系

投资项目主要受到六个风险源的影响，分别为技术风险、资金风险、市场风险、管理风险、社会与政策风险以及退出与中止风险。

（1）技术风险是由于项目技术本身的不足及可替代的新技术出现等给投资所

带来的风险。可以从技术的成熟性、替代技术、技术生命周期、技术的适用性等维度进行判断。

(2) 资金风险是投资者最为关注的。财务状况的混乱可能会直接影响企业的经营业绩和发展实力。在进行评估时,主要考量项目操作方的财务状况、融资能力、资金流动情况等方面。

(3) 市场风险指由于各种内外部因素导致能否赢得市场竞争优势的不确定性。具体考察因素包括市场规模、市场竞争力以及项目操作方的销售能力等。

(4) 管理风险主要指因为管理不善导致投资失败的可能性。管理水平的高低是导致项目成败的关键,这部分指标主要考察的是管理者的背景、素质、经验及各方面能力等。

(5) 社会与政策风险是由于国家政策、法规、政治经济环境的变动导致市场需求发生改变所引发的风险,重点考察国家产业政策、地方政府政策以及政治经济环境等。

(6) 退出或中止风险主要考察的是投资回收期、项目移交和清算、资本的退出方式等方面。

五、企业投资风险管理措施

在企业投资项目的实际运作过程中,项目风险的处理应采取以下几种对策:

(1) 风险回避。当投资项目风险潜在威胁发生的可能性很大,不利后果也比较严重,而且又无其他策略可采用时,主动放弃项目、改变项目目标与行动方案来规避风险。

(2) 风险控制。在实施风险控制策略时,最好将项目每一具体风险都控制在可以接受的水平上,单个风险减轻了,整体风险就会相应降低,成功的概率就会增加。

(3) 风险转移。通过若干技术手段和经济手段将风险部分或全部转移给其他人承担。

(4) 风险自留。对一些无法避免和转移的风险,采取现实的态度,在不影响投资者根本或局部利益的前提下,将风险自愿承担下来。

六、防范企业投资中财务风险

1. 企业投资中财务风险存在原因

(1) 企业投资行为的宏观环境复杂多变,而企业财务管理系统不能适应其宏观环境。宏观环境包括经济、法律、市场、社会文化、资源等因素。这些因素存在于企业之外,但对企业财务管理产生重大的影响。例如,世界原油价格上涨导致成品油价格上涨,使运输企业增加了营运成本,减少了利润,无法实现预期的财务收益。

(2) 企业财务管理人员对财务风险的客观性认识不足。

(3) 财务决策缺乏科学性导致决策失误。我国企业的财务决策普遍存在着经验决策及主观决策,由此而导致的决策失误经常发生,从而产生财务风险。

(4) 企业内部财务关系混乱。企业与内部各部门及上级企业之间,在资金管理及使用、利益分配等方面存在权责不明、管理混乱的现象。造成资金使用效率低下,资金流失严重,资金的安全性、完整性无法得到保证。

2. 企业投资中财务风险防范

防范并化解企业投资中的财务风险,以实现财务管理目标,是企业财务管理的工作重点。

(1) 认真分析财务管理的宏观环境及其变化情况,提高适应能力和应变能力。为防范财务风险,企业应对不断变化的财务管理宏观环境进行认真分析研究,把握其变化趋势及规律,并制定多种应变措施,适时调整财务管理政策和改变管理方法。

(2) 不断提高财务管理人员的风险意识。必须将风险防范贯穿于财务管理工作的始终。

(3) 提高财务决策的科学化水平,防止因决策失误而产生的财务风险。在决策过程中,应充分考虑影响决策的各种因素,尽量采用定量计算及分析方法并运用科学的决策模型进行决策,对各种可行方案要认真分析评价,从中选择最优的决策方案,切忌主观臆断。

(4) 理顺企业内部财务关系,做到责、权、利相统一。要明确各部门在企业财务管理中的地位、作用及应承担的职责,并赋予其相应的权力,真正做到权责分明,各负其责。

七、企业人力资本投资风险与防范

1. 人力资本投资的风险产生

人力资本投资的风险产生于投资者人为风险与被投资者人为风险。

(1) 投资者人为风险。企业长期以来就以"重使用、高消费、轻开发"的理念进行人力资源管理,根本不进行人力资本投资,直至近年,随着市场的激烈竞争,企业为了谋求持续发展,逐步从战略高度认识到企业的竞争归根到底是人才的竞争,尤其是加入 WTO 后,各企业广集人才,开始进行人力资本投资,但经验缺乏,不可避免地面临投资风险。

(2) 被投资者人为风险。人力资本投资效益产生于投资者与被投资者的互动过程,即使在理想中完全规避所有投资者人为风险,因人力资本产权的非独占性,被投资者人为风险仍然可使人力资本投资无效,其中,流动风险与“干中学”风险是最大的被投资者人为风险。

2. 企业人力资本投资风险防范对策

(1) 做好工作分析。工作分析是确定完成各项工作所需技能、能力、知识、任务、责任和职责的系统过程。企业只有使这项基础性工作规范化、系统化,才能避免因聘用不合适员工而造成人职不匹配和无效人力资本投资。

(2) 建立科学的人力资本投资对象测评体系。由于人力资本投资的过程较长,选择对象时应当注重员工的成长性,这样投资才会有效果。通过测评准确了解人力资本投资对象的成长性,从而避免人力资本投资对象选择的风险。

(3) 建立严格、公正、准确的业绩考核体系。

(4) 签订人力资本投资协议。投资协议中不一定仅以被投资者的服务年限为条件,而应规定投资对象为企业创造的业绩下限,同时将人力资本投资与其他各种投资分别处理,单独做账,并对这部分投资要求一个比企业平均收益率稍高的回报率。一旦人力资本流动的风险发生,企业就可以根据初始投资和所要求的回报率计算应追偿值,据此向人力资本投资对象追偿,从而使风险损失降到最低限度,一定程度地规避被投资者的流动风险。

(5) 建立企业与员工利益共同体。企业为规避被投资者流动与“干中学”风险及投资者激励风险,可通过建立企业与员工利益共同体来实现,让企业核心层和骨干员工拥有企业的股份,建立“分享报酬”体系和“持续激励”机制。

第四节　企业投资危机管理

一、企业投资危机管理

危机管理是专门的管理科学,它是为了应对突发的危机事件,抗拒突发的灾难事变,尽量使损害降至最低点而事先建立的防范、处理体系和应对措施。对一个企业而言,可以称之为企业危机的事项是指当企业面临与社会大众或顾客有密切关系且后果严重的重大事故。而为了应付危机的出现在企业内预先建立防范和处理这些重大事故的体制和措施,则称为企业的危机管理。

1. 企业投资可能遭遇的危机风险类型

(1) 员工解雇 / 流失。几乎所有的公司每一次解雇行为、员工的重新安置和流失都会导致员工的焦虑,使员工丧失忠诚度,并对未来产生不稳定感。

(2) 财务指标低于预期值。当公司财务指标没有达到所有者、股东、员工、市场分析家或媒体的预期值时,企业就会面临危机。如果公司让公众感到非常意外,其代价通常是公众信任的丧失。信用受损、员工的士气直线下降。如果是公开上市的公司,其股价也会大幅度下降。当对公司的不信任逐渐扩大、公司的市场价值不断下降、管理层发生变动、公司努力的目的只是恢复原有的模样的时候,情况就会发生变化,危机就会发生。

(3) 员工士气低下。这一点会对所有的企业产生影响。当员工感到工作压力大或不信任时,其士气就会受到打击。某些员工甚至是所有的员工可能会感到他们应该得到更好的待遇并在工作中受到赞赏。他们也会强烈地希望有更多定期的能够持续下去的同企业管理层的沟通。尽管很多企业不承认,但实际上每个企业都会遇到这种情况。当问题严重到会影响企业的生产力、盈利能力甚至工作场所的安全时,就会发生危机。

(4) 企业诉讼。每个企业都对诉讼敏感。就拿你所在企业来讲,以前的员工、顾客、投资方、竞争对手、社区居民等都可能会对之提起诉讼。走上法庭对每个企业来说都是一件不舒服的事情,它会让公司在公众心目中的形象受到极大的损害。

(5) 歧视/骚扰索赔。随着人们逐渐意识到能使他们成为不公正的牺牲品的方式愈来愈多,公司的运营也会受到这方面的影响。主要包括性别歧视、年龄歧视、宗教歧视、外貌歧视、种族歧视、性倾向歧视以及艾滋病毒携带者的歧视。骚扰索赔也具有同样的敏感性,其种类也越来越多样性。如果企业不能以最大的同情心和自信来管理或预防这些情形的发生,会导致严重的危机,造成的后果恐怕需要很长时间才能弥补。

(6) 负面影响的媒体报道。成功的企业意味着一切都在企业控制之中。所以当高层决策者发现他们无法控制新闻媒体——媒体能在任何时候报道他们愿意报道的任何事情的时候,往往会感到非常沮丧。一个在日报或月刊杂志、地方电视台、广播电台上的具有负面影响的报道可能会与一些情况有关,如企业如何对待顾客和有不满情绪的员工的抱怨、有关公司财务上的传闻以及某高管的言论。

(7) 破坏性的传闻。一些想象、误解和传闻,也会给企业带来危机。它们一般同企业的销售,顾客对企业或企业产品的不好评论,对高层决策者行为的推测,或者是对主要生产线可靠性的担忧有关。有些也许仅仅是无意伤害企业的微小问题,但是也有一些是前雇员或者主要竞争对手为了损害公司而蓄意传播的。

(8) 产品缺陷或质量问题。这些问题可能是一些能够加以补救的小问题,后果是使公司在公众心中的形象受到损害。但它也可能是一些灾难性的问题,很难得到弥补或修正。这些问题往往会导致产品退货,甚至有可能扼杀一个产品线或品牌。

(9) 技术上的失误。在大多数企业里,技术方面的问题也能够引发危机。在公司计算机的日常使用中,病毒和使用程序中的一些微不足道的问题都会造成系统数据损坏,甚至瘫痪。发生错误的计算机会提供错误的数据。同时上网也可能失败,使你无法与特定的客户联系。随着技术的不断进步,各种各样的企业都在充分利用技术进步所带来的优势,但对其的依赖性也越来越大。因此,大多数的企业在这方面的脆弱性也在逐步增大。

(10) 有不满情绪的现任或前任员工引发的暴力威胁行为。个人或整个公司的士气的低落也会发生更严重情况的征兆。一个或几个员工可能会由于不满意而非常愤怒,甚至会在特殊情况下变为暴力倾向的员工。这是一个不易觉察、容易忽视的警告信号。这种危机给企业及其员工造成长期无法愈合的伤痕,也是最难管理或恢复的一种。

(11) 工作事故。制造业企业和高风险的企业经常会发生事故。其中,大部分是一些日常的事故,很少会对企业生产造成长期的危害。但当某位员工或顾客是在企业内致残或死亡,或者是由于公司所犯错误及产品缺陷造成的伤害,这些事故往往就会转变成危机。这是另外一种可能削弱对公司的信心、信任和信用的形式。如果管理不当,情况会越来越糟,长时间会影响到企业的经营与发展。

(12) 某位高管突然死亡。每个企业都会拥有至少一位对企业目前或未来的成功起着至关重要作用的决策者,特别是企业的 CEO(首席执行官)、COO(首席运营官)、执行副总裁、分支机构副总裁,甚至公司的高级销售人员。当这些主要领导人中的一位或几位突然死亡时就会引发企业危机。死亡原因通常是车祸、心脏病突发或飞机失事。这种情况下每个企业都必须考虑,一旦发生此类危机时,要能够迅速做出反应,避免在领导层、公司发展方向和股东信心方面出现空白。

(13) 丢失重要(或主要)客户。丢失某位在企业销售总额中占有很大比例的重要客户,会立即引发危机。当员工、其他的顾客、厂商、新闻媒体以及其他的人开始对公司的能力和运营健康情况产生怀疑的时候危机就开始发生了。公司的信誉会因此下降,声誉也会受到损害。对此类事件的管理方式决定它是会很快消失的小事情还是一直会拖延下去使企业逐渐衰弱的危机。这种管理的观念正是企业危机管理所需掌握的关键技术与能力。

(14) 政府调查或罚款。当政府机构开始对公司可能出现的错误做法展开调查时,危机就隐约出现了。开始初步检查会引发对公司全面的调查,从而导致一些有严重影响的惩罚。任何司法机关进行的调查都会引起这种情形的发生。如果事情很大,惩罚持续时间长,一定会对企业产生很大的负面影响。

除此以外,天灾人祸、经济波动、企业成为并购目标等都可能成为企业危机发生的因素。

2. 企业危机所带来的风险与影响

(1) 声誉受到明显损害。这种情况发生时,通常既会损害公司的声誉,也会损害对引起问题或没有及时采取行动来补救的负有直接责任人的声誉。许多企业根本无法从这些混乱的危机中恢复过来。由于被认为是“引起危机”或是“未妥善处理问题”,许多企业高管也为此被迫下班或更换职业。

(2) 损害企业的信用以及对企业的信任和信心。危机一般都会影响到企业的声誉。企业也会花费很长时间向员工、顾客、厂商、媒体、主管部门和其他人不断证明他是有信用的、值得信赖的、可靠的。而不幸的是,只需要几个小时或几天时间,企业的品质就会由于缺乏危机管理而破坏殆尽。一旦企业与其他方失去了彼此之间的信任,恐怕需要很长时间才能弥补这种损失。

(3) 员工忠诚度下降。危机管理不当是丧失员工忠诚度和支持的最快的原因之一。危机能够从一个侧面展示出企业的领导能力。管理层所采取的各种行动都会在员工的眼里放大,并得到评判。对企业领导者来说,正是一个在员工中增强领导威信,提高效果的绝好机会。危机处理不当往往意味着员工忠诚度灾难性地下降,对企业及其领导团队来说是无法挽回的损失。

(4) 销售下降。爆发大范围的危机,声誉受到损害以后,随之而来的往往就是销售的下降。顾客不一定就认为只有这一家企业的产品或服务对之有吸引力,他们很容易在他处找到替代。即使这些客户依然喜欢该企业的产品与服务,他们也会认为危机已经使企业焦头烂额了,恐怕也无暇顾及客户需求了。

(5) 利润减少。大多数正处于危机中企业,由于收益减少,成本上升,利润通常都会减少。危机的发生会使许多原本不会产生的费用大幅度增加。

(6) 使危机造成的损失最小化的必要成本。这些成本可能用于以下支出,包括聘用危机管理人员或公关公司、召开新闻发布会、向客户派发紧急通知、召开电视电话会议、长途电话、大量文印与传真、同顾客进行特别碰面的差旅费以及信用评级降低的后果等。

(7) 员工生产力下降。对于一个企业来讲,在危机发生的过程中及危机发生以后,所有员工的生产力几乎都会有不同程度的下降——除非企业能够利用危机来激励员工,使他们更加集中精力于工作。在大多数的情况下,员工的心神都会被危机情绪占据着。他们彼此之间往往会相互埋怨,企业中各种声音议论纷纷,谣言四起。员工们也许不再愿意为这样一个让他们感到受骗的企业而努力工作。

(8) 全神贯注于危机的解决,占用了时间和预算,从而减少了盈利性活动。

(9) 高层人事变动。

(10) 改进主要产品或服务。

(11) 企业名称改变。

二、企业危机管理

企业通过危机监测、危机预警、危机决策和危机处理,达到避免、减少危机产生的危害,总结危机发生、发展的规律,建立一种新型的科学化、系统化的危机管理体系。危机管理的要素主要包括:

(1) 危机监测。危机管理的首要一环是对危机进行监测,在企业顺利发展时期,企业就应该有强烈的危机意识和危机应变的心理准备,建立一套危机管理机制,对危机进行检测。企业越是风平浪静的时刻越应该重视危机监测,在平静的背后往往隐藏着危机。

(2) 危机预警。许多危机在爆发之前都会出现某些征兆,危机管理关注的不仅是危机爆发后各种危害的处理,而且要建立危机警戒线。企业在危机到来之前,把一些可以避免的危机消灭在萌芽之中,对于另一些不可避免的危机通过预警系统能够及时得到解决。这样,企业才能从容不迫地应对危机带来的挑战,把企业的损失降到最低的限度。

(3) 危机决策。企业在调查的基础上制定正确的危机决策。决策要根据危机产生的来龙去脉,对几种可行方案的优缺点进行对比后,选择出最佳方案。方案定位要准、推行要迅速。

(4) 危机处理。第一,企业确认危机。确认危机包括将危机归类、收集与危机相关信息、确认危机程度以及找出危机产生的原因,辨认危机影响的范围和影响的程度及后果。第二,控制危机。控制危机需要在确认某种危机后,遏止危机的扩散,使其不影响其他事物,紧急控制如同救火兵刻不容缓。第三,处理危机。在处理危机中,关键是速度。企业能够及时、有效地将危机决策运用到实际中化解危机,可以避免危机给企业造成的损失。

危机管理是企业为应对各种危机情境所进行的规划决策、动态调整、化解处理及员工培训等活动过程,其目的在于消除或降低危机所带来的威胁和损失。通常可将危机管理分为危机爆发前的预防管理和危机爆发后的应急善后管理两大部分。

三、企业危机管理的着力点在化危为“机”

中国古代《兵经一百》里说:“目前为机,转瞬为机;乘之为机,失之无机。”“危机”两字,着力在“机”字,能够转“危”为“机”,力挽狂澜,扭转局面,方显沧海本色,才是真英雄的气度;在动态不平衡中取得平衡,在逆境中变劣势为优势,才是真本事。

企业处在开放的环境中,不管大小、潜在突发、行业的还是自己的,都不可能一次都不遭遇危机。谭小芳认为,作为客观存在的企业危机,具有多棱性和互相转化性。

比如,2008年发生的三聚氰胺事件,本来是行业的一种潜规则,是一种潜在危机,然而因为企业的忽视,就变成了三鹿的突发危机。在这场危机中,三鹿由于对举报的漠视和推诿,在经济利益推动下继续任意妄为,于是变成了大危机。然后又从一个企业的大危机,转变成了行业的大危机,但在行业的大危机中,相对于三鹿,伊利因为面对危机,积极承担了自己的责任,相对就成了小危机。而相对于这些企业的大危机和小危机,三元则因为积极面对行业的危机,这场行业危机反而变成了其扩大市场、重塑企业品牌的机会。

由此可见,危机与机会总是互相包含,小危机和大危机须臾不可分,行业危机与企业危机也能互相转化,潜在危机不正确处理与突发危机其实只有一纸之隔。

老辈人说风险与机会并存,企业投资风险管理则进一步认为——危机即转机。股神巴菲特有句名言:别人冷静时我疯狂,别人疯狂时我冷静。纵观全球,每次经济危机之后,都会造就新的高速增长和新的技术领域。20世纪70年代,西方"能源危机"、"金融危机"同步爆发,企业界哀鸿遍野,但就是这一阶段孕育了接下来三十年的繁荣和商业规则的全面升级。

2008年席卷全球的金融危机也未必只是一场灾难,任何成功的企业都应该懂得顺应市场规律经营企业,在这样一个转折时期,如果宏观环境发生巨大变化,每个企业都应该抓住大趋势,把握规律,及时调整企业的商业模式,最好能把握住有效时点,做点什么,从而获得商机。

中国大部分企业品牌形成的时间都很短,它们更多经历过的是品牌的成功,或者说品牌的速成——而对于处理品牌的危机却少有经验,而成功与危机基本是同时存在的,有人甚至认为"没有经历过危机的企业称不上是成功的企业"。所以,企业危机管理是中国企业管理急需补上的一课。

既然我们说处理危机、解决危机是所有企业危机管理必上的一课,那么开宗明义地讲,管理危机的根本在于企业能否转化危机,使危机为企业所用,危机的反面是机遇,这是辩证的,也是高超的管理艺术。在企业危机中,一般是企业最受关注的时候,一方面企业如果不能及时解决危机,会导致企业生存危险,但解决问题只是危机管理的第一步,转化危机,主动牵引危机的关注点,到让危机为企业品牌宣传所用,这往往只是一步之遥。从这个角度分析,三鹿乳业危机管理尚缺火候,他们解决危机的能力较好,而转化危机却缺乏远见。

如果危机是百年一遇,那么机遇也是百年一遇。前中国政府总理温家宝在英国剑桥演讲时也形象地解释了中国人对危机的理解。金融危机不可怕,危机就是转机,危机就是机会。一片森林,如果大树倒了,很多小树也被倒下的大树压死了,那些新种下的树苗以及没有被压死的小树,由此可以获得一片宽阔的天空,很快就可以长成大树了。研究表明在1998年的亚洲金融危机中,海尔的应对之策就可圈可点,值得更多企业借鉴。

1998年东南亚金融危机时,海尔在印尼和马来西亚都有企业,都不景气。海尔经过严格的市场分析发现,东南亚的家电消费降低,是因为发生了金融危机人们不敢消费,并不是说市场饱和、消费者家中不需要电器。于是,海尔便不失时机地在这些国家做了许多的广告,而且都在非常优良的广告位置,广告的价钱还不到金融危机前的三分之一。等到金融危机过去之后,市场对家电的需求量很快直线上升。正如海尔集团所预言的那样:当东南亚金融危机过去之后,市场重新启动时,人们看到最多的便是海尔,海尔已深深扎根东南亚。

看到海尔集团在东南亚各国首都树起了巨大的广告牌,日本贸易官员立即认识到这种变化,担心这是日本长期独霸东南亚市场的地位受到动摇的前奏。《贸易风》对海尔客观的评述,成功地预见了海尔在东南亚的崛起,海尔已经依靠超前的战略眼光和优质的产品质量与日本、韩国等雄踞东南亚市场的老牌劲旅形成分庭抗礼之势。正如海尔的掌门人张瑞敏所说的:我既然能在冬天的严酷环境中生存下来,我们在春天就可能成为最漂亮的。

可以说,大多数人认为冬天是可怕的,只有少数人看到了冬天的好处:可以淘汰弱者,增强免疫力、提高竞争力!大多数人认为冬天要保护自己,少数人认为冬天是播种的时候。你的企业愿意做哪一部分?

每一次危机既包含导致失败的根源,又孕育着成功的种子。发现、拯救、培育,以便收获这个潜在成功的机会,便是危机管理的精髓。

四、企业危机管理中的细节艺术

事件一:霸王洗发水含有致癌物二恶烷

调查结论:经国家质检部门等抽样检查,霸王洗发水的确含有二恶烷,但是几乎所有品牌洗发水都含有二恶烷,只要不超标,对人体伤害忽略不计。

结果:(1) 成龙、王菲继续高调代言;(2) 霸王洗发水从因为此事件带来的负面影响,到更多人通过此事件开始关注霸王洗发水,可谓始料未及。

不管“霸王集团”是公关不慎,处理危机事件的方式方法需要提升,还是竞争对手卑劣的竞争手段,但有一个不争的事实就是:霸王洗发水并未下架,且销售保持稳中有升的增长态势。

整个事件据说有商业攻击的嫌疑,但是不管是传说还是真实都不重要,重要的是,从此类事件中可以理出应对危机事件管理的心得;可以吸取霸王集团处理不妥的经验教训;可以学到如何通过危机事件得到有利的方法、手段。当然,也有一些人唯恐天下不乱,或是四处起哄,或是隔岸观火。作为企业管理者如何把不利的因素转化成对自己有利的局面,如何通过细节让危机软着陆,从而让事态向有利的一面发展,很值得研究。

霸王集团不能说是从此次事件中获利,但至少没什么大的损失,企业依然,品牌依然。要是霸王集团在细节方面做得更好一点,精心应对,也许会有意想不到的收获。比如,不要把整个行业的神经都牵动;还比如,把民族品牌在众多洋货围追堵截的夹缝中生存之不易表达出来;又比如,把霸王洗发水是国粹中药理论和时尚行业最完美的嫁接淋漓尽致地展示出来;再比如,质量没有问题,人品没有问题,良心没有问题,霸王洗发水就永远没有问题,等等,可能会更得民心。

事件二:圣元奶粉导致女婴性早熟

调查结论:经国家卫生部、质检等相关专家抽样研究表明,圣元奶粉符合国家(国际)标准,未发现可导致婴幼儿性早熟的外源性性激素。

结果:圣元奶粉挽回声誉,不曾下架,没有成为乳业第二个"三鹿"。

无论此事件对圣元奶粉的冲击有多大,或是影响甚微,人们都看到"三鹿"悲剧不曾上演,圣元奶粉依然是婴儿信得过的品牌。

圣元奶粉在细节方面就比霸王做得好。

细节一:致全国广大消费者及社会各界的两封公开信打消消费者疑虑。

细节二:为此专门拿出1000万元做专项慈善基金。用于婴幼儿性早熟研究、科普知识讲座等方面,可以说在消费者心中建立了负责任的企业形象。

圣元的做法是危机化解于无形,且树立起良好的大企负责任的社会形象。这种对细节的把握,明显是经过深思熟虑的,也是霸王应该学习的地方。

很多人或企业在危机来临之际总是一味辩解或逃避,其实是给了危险可乘之机,如何转危为安?如何四两拨千斤?这是留给更多企业管理者在市场竞争舞台上的一个新课题,无论如何,首要是处理好细节,让危机得到缓冲,甚至化解于无形。

当然,还有很多技巧需要总结,切不可轻易地做出决定,因为面对危机,应对的好就会带来迅猛发展,一统江湖;应对不好就可能带来灭顶之灾,陷入万劫不复之境地。

值得庆幸的是:"霸王事件"和"圣元事件"都与产品质量无关,这让人多少对民族品牌树立信心。清者自清,只要把品质、良心放在第一位,就是遇到突如其来的危机,国人也会给品牌生存、发展应有的信任和空间。

案例

中航重机副总吴浩被“双规”当天股票暴跌

2014年6月3日下午，中航重机副总吴浩被“双规”，中航重机发布公告称，“公司近日接到上级纪检部门的通知，决定对副总经理吴浩采取‘两规’措施。”此前有关吴浩被双规的消息就在坊间流传。

受此消息影响，中航重机股价当天下午便急剧转下。6月4日，其股价再度大跌7.63%，收于10.66元，盘中更是几近跌停。

从航天控股(00031.HK)子公司常务副总李国雷因遭调查在香港跳楼自杀，到中航重机副总吴浩被“双规”，反腐风暴已深度介入隐秘的航天系统。

吴浩在中航工业集团的巅峰时刻担任了多达7家公司的高管，多年掌管着“锻铸”核心业务，“个人能力非常强”。中航重机2013年年报显示，公司第二大应收账款方竟是一家民营投资公司，其与中航重机之间千丝万缕的关系也开始为外界所关注。

被誉为“中国航空工业第一股”的中航重机，1996年便登陆上交所，其前身为贵州力源液压股份公司，是中国航空工业企业首家上市公司，控股股东是中国贵州航空工业(集团)公司，实际控制人是中国航空工业集团公司。

2014年49岁的吴浩，拥有硕士研究生学历。从吴浩的履历看，其担任的职务之多在中航重机的高管层中并不多见。

第六章　企业税收政策及其筹划

众所周知,政府财政收入主要来自税收收入,而我国税收九成以上来自企业。2013 年我国公共财政收入 12.9 万亿元,全国税收收入 11.05 亿元,其中 90% 以上的税收来自企业。

按照现行税制规定,涉及企业的税种多达十几个。根据课税对象性质不同,企业税收大致可分为三大类:一是流转税——增值税、营业税、消费税;二是所得税——企业所得税;三是其他各税——城乡维护建设税、房产税、城镇土地使用税、资源税、土地增值税、车船税、印花税、车辆购置税、契税等。鉴于其他各税虽然税种多,但由于税源小税额少,所以本章只就企业三大主要税种(增值税、营业税、企业所得税)的政策规定及其筹划方法进行介绍和分析。

第一节　企业主要税收的基本政策

一、增值税

(一) 纳税人

在中华人民共和国境内销售货物或者提供加工、修理修配劳务以及进口货物的单位和个人,为增值税的纳税人,应当依照本条例缴纳增值税。

在实际操作中可以从三方面来界定增值税纳税人:(1) 必须有发生在中华人民共和国境内的应税行为;(2) 应税行为的范围限于销售货物或者提供加工、修理修配劳务或者进口货物;(3) 纳税人可以是单位和个人。

(二) 税率

(1) 基本税率为 17%。基本税率是一个原则性和兜底规定,除条例或者国务院另有规定外,都适用 17% 的基本税率。

(2) 低税率为 13%。低税率是对特殊征税对象所适用的优惠性措施,旨在促进实现特定的经济社会政策目标。享受 13% 低税率的货物主要有:① 粮食、食用植物油;② 自来水、暖气、冷气、热水、煤气、石油液化气、天然气、沼气、居民用煤炭制品;③ 图书、报纸、杂志;④ 饲料、化肥、农药、农机、农膜;⑤ 国务院规定的其他货物。

(3) 纳税人出口货物,税率为零,但是国务院另有规定的除外。随着经济的发展,国际贸易往来日益频繁,各国为了增强本国产品的竞争力,往往对出口产品实行零税率,使这些产品以不含税的价格进入国际市场。对于国家限制或者不鼓励出口的货物,根据特定时期的特殊要求,就不宜实行零税率,而应适当征收增值税,以限制出口。所以,国务院具有可以根据需要调整出口货物增值税税率的权利,除国务院另有规定外,对出口货物都适用零税率。

税率的调整,由国务院决定。

(三) 一般纳税人计税方法

应纳税额计算公式:

应纳税额 = 当期销项税额 - 当期进项税额

当期销项税额小于当期进项税额不足抵扣时,其不足部分可以结转下期继续抵扣。

1. 销项税额

销项税额 = 销售额 × 税率。销项税额的确定是计算增值税应纳税额的第一步。这个定义表明,纳税人销售货物或者应税劳务时,要同时向购买方收取两种不同内涵的款项:一种是销售额,用于保证实现货物或者应税劳务的价值,即成本和利润;另一种款项是销项税额,是纳税人代国家从购买者那里收取的税款,是按照销售额和规定的税率计算出来的,是纳税人履行其法定的纳税义务的体现。由此也可以看出,我国增值税实际上是由下一环节纳税人负担的,最终转嫁给消费者负担,每一环节的经营者只是代国家征收税款,本身并不负担税款。

2. 进项税额

进项税额是纳税人购进货物或者应税劳务而支付或者负担的增值税额。

(1) 从销售方取得的增值税专用发票上注明的增值税额,准予从销项税额中抵扣。这是最为常见的增值税抵扣情形。理解此项进项税额时需要注意:首先是购买方所取得的增值税专用发票是从销售方所取得的;其次是增值税专用发票上注明的增值税额是多少就是多少。这就是凭发票注明税款抵扣制,因而发票上注明的增值税额的多少,直接涉及纳税人应纳税额的多少。如果发票上未注明税额或者注明的税额少了,就意味着购买方没有可供抵扣的税额或者可供抵扣的税额变小,则其应纳税额会变大,而销售方负担的税款变少。因此,通过纳税人各自利益的相互牵制,促使纳税人必须如实填开发票,互相监督,互相制约,从而使增值税具有一种自我管理的机能。这也是凭发票注明税款抵扣制为众多实行增值税制度的国家所普遍采用的一个重要缘由。

(2) 从海关取得的海关进口增值税专用缴款书上注明的增值税额,准予从销项税额中抵扣。这也是增值税抵扣中的常见情形。与增值税专用发票一样，海关进口增值税专用缴款书也是凭证抵扣制度的重要依据。海关征收进口环节增值税时，将会提供给纳税人海关进口增值税专用缴款书，注明纳税人所缴纳的增值税额，纳税人可以凭取得的进口增值税专用缴款书抵扣所注明的增值税额。

（3）购进农产品，除取得增值税专用发票或者海关进口增值税专用缴款书外，按照农产品收购发票或者销售发票上注明的农产品买价和13%的扣除率计算的进项税额，准予从销项税额中抵扣。

这是对特定情形下准予农产品计算进项税额抵扣销项税额的规定。由于农业生产者数量众多，税源分散，不便征管，同时增值税实行凭发票注明税款抵扣制，要有健全的会计核算制度，要求农民做到这一点很困难，因而国际上对农业一般都采取了特殊的增值税抵扣政策。

（4）国务院可以调整准予抵扣的项目和扣除率。这是一项兜底性的授权条款。由于经济社会活动复杂多变，增值税政策需要根据形势变化做相应调整，为了保证条例的稳定性和适应性，有必要授权国务院在不修改条例的前提下，调整各项扣除政策，以适应现实经济社会的发展变化需要，所以今后国务院可以决定增加或者减少增值税抵扣项目，也可以提高或者降低抵扣项目的扣除率。

（四）小规模纳税人计税方法

小规模纳税人实行按照销售额和征收率计算应纳税额的简易计算法，并不得抵扣进项税额。

应纳税额计算公式：

$$应纳税额 = 销售额 \times 征收率(3\%)$$

一般来说，为避免扭曲纳税人的正常生产经营决策，所有的纳税人都应当实行规范化的增值税，实行相同的税率和计税方法，不应区别对待。由于增值税推行凭发票注明税款抵扣的制度，这需要有健全的会计核算，能够按会计制度和税务机关的要求，准确核算销项税额、进项税额和应纳税额。但是，现实生活中存在大量的纳税人，他们数量众多而规模较小，其应纳税额在增值税总收入中所占比重很小，他们往往不能进行健全的会计核算，要求他们实行规范的凭票注明税款抵扣制很困难，税收征管成本也很高。为了广泛推行增值税，并集中力量管好那些应纳税额占增值税总收入比重较大的纳税人，有必要对这部分纳税人实行不同的会计核算管理制度，用简易办法征收增值税，这部分纳税人就是小规模纳税人。对小规模纳税人使用征收率这种特殊办法征收增值税，既有利于增值税制度的推行，又有利于简化征收，加强征管。

（五）一般纳税人与小规模纳税人的认定标准

（1）工业性纳税人：销售额在50万元以上（不含本数，下同）的，可以认定为一般纳税人。反之,则一律认定为小规模纳税人。

(2) 商业性纳税人:年销售额在 80 万元以上的,可以认定为一般纳税人。反之,则一律认定为小规模纳税人。

实践中,小规模纳税人如果会计核算健全,能够提供准确税务资料的,可以向主管税务机关申请资格认定,依照一般纳税人的规定计算应纳税额。这里的"会计核算健全",是指能够按照国家统一的会计制度规定设置账簿,根据合法、有效的凭证核算。例如,有专职或者兼职的专业会计人员,能按照财务会计制度规定,设置总账和有关明细账进行会计核算;能准确核算增值税销项税额、进项税额和应纳税额;能按规定编制会计报表,真实反映企业的生产、经营状况。能够准确提供税务资料,一般是指能够按照规定如实填报增值税纳税申报表、附表及其他税务资料,按期申报纳税。具体是否做到"会计核算健全"和"能够准确提供税务资料",由主管税务机关来认定。

二、营改增

(一) 为什么要营改增

营改增,即营业税改征增值税。营业税也是我国企业需要缴纳的一个重要税种,主要针对从事第三产业、转让无形资产、销售不动产的企业征收。之所以营改增,是由于营业税对"毛收入"征税,没有任何扣除,企业生产每经过一道环节,都须按全额缴纳税款,这造成了重复征税,加重了企业税负。增值税自 1954 年在法国开征以来,因其有效地解决了传统销售税的重复征税问题,迅速被世界其他国家采用。目前,已有 170 多个国家和地区开征了增值税,征税范围大多覆盖所有货物和劳务。我国 1994 年税制改革,将所有货物销售和加工修理修配劳务纳入增值税征税范围,而对其他劳务、无形资产和不动产征收营业税。增值税的主要特点是以销项税减去进项税,让纳税人只为产品和服务的增值部分纳税;而营业税则通常按照营业收入总额和适用税率直接征税,不能减除进项税额。营改增最大的好处在于减少对纳税人的重复征税,有利于纳税人降低税负。

当前,我国正处于加快转变经济发展方式的攻坚时期,大力发展第三产业,尤其是现代服务业,对推进经济结构调整和提高国家综合实力具有重要意义。按照建立健全有利于科学发展的财税制度要求,将营业税改征增值税,有利于完善税制,消除重复征税;有利于社会专业化分工,促进三次产业融合;有利于降低企业税收成本,增强企业发展能力;有利于优化投资、消费和出口结构,促进国民经济健康协调发展。

(二) 营改增的三个阶段

按照国家规划,我国"营改增"分为三步走:第一步,在部分行业部分地区进行

"营改增"试点。上海作为首个试点城市于2012年1月1日已经正式启动"营改增"。第二步,选择部分行业在全国范围内进行试点。自2013年开始,从目前的情况来看,交通运输业以及6个部分现代服务业率先在全国范围内推广的概率最大。第三步,在全国范围内实现营改增,也即取消营业税。按照规划,最快有望在十二五(2011—2015年)期间完成营改增。

(三) 试点范围

2012年1月1日起,在上海市交通运输业和部分现代服务业开展营业税改征增值税试点。

自2012年8月1日起至年底,将交通运输业和部分现代服务业营业税改征增值税试点范围,由上海市分批扩大至北京、天津、江苏、浙江、安徽、福建、湖北、广东、厦门和深圳10个省(直辖市、计划单列市)。

2013年8月1日起,交通运输业和部分现代服务业营业税改征增值税试点工作在全国范围内开展。部分现代服务业适当扩围纳入广播影视作品的制作、播映、发行等;择机将铁路运输和邮电通信等行业纳入营改增试点。

(四) 试点行业

(1) 交通运输业是指使用运输工具将货物或者旅客送达目的地,使其空间位置得到转移的业务活动,包括陆路运输服务、水路运输服务、航空运输服务和管道运输服务。

(2) 部分现代服务业:研发和技术服务;信息技术服务;文化创意服务(设计服务、广告服务、会议展览服务等);物流辅助服务;有形动产租赁服务;鉴证咨询服务。

2014年,建筑业、邮电通信业以及铁路运输业纳入改革试点范围。

(五) 改革的主要内容

1. 税率

在现行增值税17%标准税率和13%低税率基础上，新增11%和6%两档低税率。租赁有形动产等适用17%税率，交通运输业、建筑业等适用11%税率，其他部分现代服务业适用6%税率。

2. 计税方式

交通运输业、建筑业、邮电通信业、现代服务业、文化体育业、销售不动产和转让无形资产，原则上适用增值税一般计税方法。金融保险业和生活性服务业，原则上适用增值税简易计税方法。

3. 计税依据

纳税人计税依据原则上为发生应税交易取得的全部收入。对一些存在大量代收转付或代垫资金的行业，其代收代垫金额可予以合理扣除。

4. 服务贸易进出口

服务贸易进口在国内环节征收增值税，出口实行零税率或免税制度。

5. 改革试点期间过渡性政策安排

(1) 税收收入归属。试点期间保持现行财政体制基本稳定，原归属试点地区的营业税收入，改征增值税后收入仍归属试点地区，税款分别入库。因试点产生的财政减收，按现行财政体制由中央和地方分别负担。

(2) 税收优惠政策过渡。国家给予试点行业的原营业税优惠政策可以延续，但对于通过改革能够解决重复征税问题的，予以取消。试点期间针对具体情况采取适当的过渡政策。

(3) 跨地区税种协调。试点纳税人以机构所在地作为增值税纳税地点，其在异地缴纳的营业税，允许在计算缴纳增值税时抵减。非试点纳税人在试点地区从事经营活动的，继续按照现行营业税有关规定申报缴纳营业税。

(4) 增值税抵扣政策的衔接。现有增值税纳税人向试点纳税人购买服务取得的增值税专用发票，可按现行规定抵扣进项税额。

三、企业所得税

(一) 纳税人

在中华人民共和国境内，企业和其他取得收入的组织(以下统称企业)为企业所得税的纳税人，依照本法规定缴纳企业所得税。

个人独资企业、合伙企业不适用本法。

企业分为居民企业和非居民企业。其中，居民企业是指依法在中国境内成立，或者依照外国(地区)法律成立但实际管理机构在中国境内的企业；非居民企业是指依照外国(地区)法律成立且实际管理机构不在中国境内,但在中国境内设立机构、场所的,或者在中国境内未设立机构、场所,但有来自中国境内所得的企业。

上述“实际管理机构”要同时符合:第一,对企业有实质性管理和控制的机构;第二,对企业实行全面管理和控制的机构;第三,管理和控制的内容是企业生产经营、人员、财产、账务等,这是最重要的界定标准。

居民企业就其境内外全部所得纳税,非居民企业就其来自中国境内的所得部分纳税。

(二) 税率

企业所得税的税率为25%。

非居民企业和小型微利企业取得的应税所得适用20%的税率。

小型微利企业指的是:(1) 制造业,年度应纳税所得额不超过30万元,从业人数不超100人,资产总额不超过3000万元;(2) 非制造业,年度应纳税所得额不超过30万元,从业人数不超过80人,资产总额不超过1000万元。

(三) 应税所得额

应税所得额是企业每一纳税年度的收入总额,减去不征税收入、免税收入、各项扣除以及允许弥补的以前年度亏损后的余额,为应纳税所得额。它是企业所得税的计税依据或税基,其确定公式为:

$$\text{应纳税所得额} = \text{收入总额} - \text{不征税收入} - \text{免税收入或所得} - \text{准予扣除项目的金额} - \text{允许弥补的以前年度亏损}$$

1. 收入总额

收入总额是指企业以货币或非货币形式从各种来源取得的收入,具体由九大项构成,即销售货物收入、提供劳务收入、转让财产收入、股息红利等权益性投资收益、利息收入、租金收入、特许权使用费收入、接受捐赠(货币性及非货币性资产)收入、其他收入。

(1) 销售货物收入是指企业销售商品、产品、原材料、包装物、低值易耗品以及其他存货取得的收入。

(2) 提供劳务收入是指企业从事建筑安装、修理修配、交通运输、金融保险、邮电通信、文化体育、餐饮住宿、中介代理、旅游、娱乐以及其他劳务服务活动取得的收入。

(3) 财产转让收入是指企业有偿转让各类财产取得的收入,包括转让固定资产、无形资产、生物资产、股权、债权等财产取得的收入。

(4) 股息红利等权益性投资收益,是指企业对外投资入股从被投资方取得的收入。

(5) 利息收入是指企业将资金借给他人使用但不构成权益性投资,或因他人占用本企业资金取得的收入,包括存款利息、贷款利息、债券利息、欠款利息等收入。

(6) 租赁收入是指企业提供固定资产、包装物以及其他有形资产的使用权而取得的收入。

(7) 特许权使用费收入是指企业提供或转让专利权、非专利技术、商标权、著作权以及其他特许权的使用权而取得的收入。

(8) 接受捐赠收入是指企业接受的来自其他企业、组织或个人无偿给予的货币性及非货币性资产。

(9) 其他收入是指除上述各项收入以外的一切收入,包括确实无法支付的应付款项、资产的溢价收入、逾期未退的包装物押金收入、补贴收入、违约金收入以及其他收入。

2. 不征税收入

不征税收入是指根据企业所得税法规定不征税的财政性资金的收入,具体包括财政拨款、依法收取并纳入财政管理的行政事业性收费、政府性基金以及国务院规定的其他不征税收入(不包括各级政府对企业的财政补贴和税收返还)。

规定不征税收入,其主要目的是对部分非经营活动或非营利活动带来的经济利益流入从应税总收入中排除。目前,我国组织形式多样,除企业外,有的以半政府机构(比如事业单位)的形式存在,有的以公益慈善组织形式存在,还有其他复杂的社会团体和民办非企业单位等。这些机构严格讲是不以营利活动为目的的,其收入的形式主要靠财政拨款以及为承担行政性职能所收取的行政事业性收费等,对上述行政事业性收费、政府性基金征税没有实际意义。当然,为了保证税法的严谨,税法还有兜底性规定“国务院规定的其他不征税收入”。

3. 免税收入

免税收入是纳税人应税收入的重要组成部分,只是国家在特定时期或对特定项目取得的经济利益给予税收优惠。企业的下列收入为免税收入:

(1) 国债利息收入(仅限于中国中央政府发行的国债)。

(2) 符合条件(来自所有非上市企业以及连续持有上市公司股票12个月以上取得的股息、红利等收入给予免税,不再实行补税率差的做法)的居民企业之间的股息、红利等权益性投资收益。

(3) 在中国境内设立的非居民企业从居民企业取得与该机构、场所有实际联系(该机构、场所拥有或控制据以取得所得的股权等)的股息、红利等权益性投资收益。

(4) 符合条件的非营利公益组织(第二十六条第(四)项有规定,是指同时符合七项条件的组织）的收入（不包括非营利公益组织从事营利活动取得的收入）。

4. 准予扣除项目

准予扣除项目是指纳税人每一纳税年度发生的与取得收入有关的、合理的支出，包括成本、费用、税金、损失和其他支出。

成本是指企业在生产经营活动中发生的销售成本、业务支出以及其他耗费。

费用是指企业在生产经营活动中所发生的销售费用、管理费用、财务费用。已计入成本的有关费用除外。销售费用是指应由纳税人负担的为销售商品而发生的广告费、运输费、装卸费、包装费、展览费、保险费、销售佣金、代销手续费、经营性租赁费以及销售部门发生的差旅费、工资、福利费等；管理费用是指纳税人的行政管理部门为管理组织经营活动提供各项支援性服务而发生的技术开发费、业务招待费、工会经费、职工教育经费、排污费、绿化费、消防费、劳动保护费等费用；财务费用是指纳税人筹集经营性资金发生的费用。

税金是指企业发生的企业所得税和允许抵扣的增值税以外的各项税金。

损失是指企业生产经营过程中发生的固定资产和存货的盘亏、毁损、报废损失、转让财产损失、呆账损失、坏账损失、自然灾害损失以及其他损失。

部分扣除项目具体范围和标准如下：

（1）企业发生的合理工薪支出予以据实扣除。上述工薪是指企业每一纳税年度支付给在本企业任职或受雇的员工的所有现金及非现金的劳动报酬，包括基本工资、奖金、津贴、补贴、年终加薪、加班工资，以及与员工任职或受雇有关的其他支出。

本项支出可以从以下几个方面理解：

第一，必须是实际发生的工薪支出。尚未支付的所谓应付工薪支出，不能在其纳税年度内扣除。

第二，工薪的发放对象是在本企业任职或受雇的员工。

第三，工薪的标准应限于合理的范围和幅度。因为不同的行业、企业、岗位及地区，都影响着工薪的实际状况，所以不可能做出统一的界定和机械式的标准，只能用“合理的”这类词加以限制和修饰，实践中由税务机关根据具体的情况予以把握。

第四，工薪的表现形式包括所有现金和非现金形式。

第五，工薪的种类。只需把握一点，即凡是因员工在企业任职或者受雇于企业，而且是因其提供劳务而支付的，就属于工薪支出，不拘泥于形式上的名称。

另外，企业按照规定的范围和标准为职工缴纳的“五险一金”，即基本医疗保险、基本养老保险、失业保险、工伤保险、生育保险和住房公积金，准予税前扣除。企业提取的年金，在国务院财政、税务主管部门规定的标准范围内，准予扣除。

(2) 工会经费、职工福利费、职工教育经费。三项经费分别按照计税工资总额的2%、14%、2.5%计算扣除,并对职工教育经费超过标准的部分,允许在以后年度无限结转,且统一适用所有纳税人。

(3) 企业在生产经营活动中发生的下列利息支出,准予扣除:

第一,非金融企业向金融企业借款的利息支出、金融企业的各项存款利息支出和同业拆借利息支出、企业经批准发行债券的利息支出;

第二,非金融企业向非金融企业借款的利息支出,不超过按照金融企业同期同类贷款利率计算的数额的部分。

(4) 业务招待费。企业发生的与生产经营活动有关的业务招待费按实际发生额的60%扣除,但最高不得超过当年销售(营业)收入的5‰。

(5) 广告费与业务宣传费。企业发生的符合条件的广告费和业务宣传费支出,除国务院财政、税务主管部门另有规定外,不超过当年销售收入15%的部分,可据实扣除,超过比例部分可结转到以后年度扣除。

(6) 公益性捐赠支出。对企业的公益性捐赠支出,即企业向民政、教科文卫、环保、社会公共和福利事业等的捐赠支出,在其年度利润总额12%以内的部分,准予扣除。年度利润总额是指企业按照国家统一会计制度的规定计算的年度会计利润。

5. 亏损

公式中的亏损是指企业按照税法规定将每一纳税年度的收入总额减除不征税收入、免税收入和各项扣除后小于零的数额。企业纳税年度发生的亏损,准予向以后年度结转,用以后年度的所得弥补,但结转年限最长不得超过五年。之所以规定亏损向后结转的年限为5年,一方面有利于从税收的角度督促企业改善经营管理,尽快扭亏增盈;另一方面也有利于防止企业通过虚报虚增亏损并无限期结转以侵蚀国家税收利益。

(四) 税收优惠

1. 农、林、牧、渔业项目的优惠政策

企业从事下列项目的所得,免征企业所得税:(1) 蔬菜、谷物、薯类、油料、豆类、棉花、麻类、糖料、水果、坚果的种植;(2) 农作物新品种的选育;(3) 中药材的种植;(4) 林木的培育和种植;(5) 牲畜、家禽的饲养;(6) 林产品的采集;(7) 灌溉、农产品初加工、兽医、农技推广、农机作业和维修等农、林、牧、渔服务业项目;(8) 远洋捕捞。

企业从事花卉、茶以及其他饮料作物和香料作物的种植、海水养殖、内陆养殖项目的所得,减半征收企业所得税。

2. 基础产业的优惠政策

企业对港口码头、机场、铁路、公路、电力、水利等能源、交通基础设施进行投资,从项目取得第一笔生产经营收入的年度起,第一年至第三年免征企业所得税,第四年至第六年减半征收企业所得税。

需要说明的是,对公共基础设施项目投资经营所得的减免税政策,其优惠对象是投资并经营公共基础设施项目的经营企业,而不是单纯从事公共基础设施项目建设的建设企业。

3. 技术转让所得的优惠政策

为了进一步通过税收政策促进企业的技术转让,推动高新技术产业化,新法规定,对企业技术转让所得500万元以内的部分免征企业所得税,500万元以上的部分减半征收企业所得税。

4. 高新技术企业的优惠政策

新法对我国原设在国家高新技术产业开发区内国家重点支持的高新技术企业低税率(15%)优惠扩大到全国范围,以促进全国范围内的高新技术企业加快技术创新和科技进步的步伐,推动我国产业升级换代,实现国民经济的可持续发展。

国家重点支持的高新技术领域包括电子信息技术、航空航天技术、高技术服务业、资源与环境技术、生物与新医药技术、新材料技术、新能源及节能技术、高新技术改造传统产业。经认定的高新技术企业可获得"高新技术企业证书",证书有效期为3年。

5. 安置特殊人员就业的优惠政策

为了进一步完善促进就业的税收政策,新法对安置就业人员的优惠政策调整为,按照企业支付给符合条件的就业人员工资的一定比例,加成计算扣除部分税收(具体扣除比例由国务院另行规定)。一是扩大了享受政策鼓励的企业范围,凡是安置符合条件人员就业的企业,均可享受所得税优惠;二是实行加计扣除政策并取消了安置人员的比例限制。

企业安置残疾人员就业的工资加计扣除的比例为,按照支付给残疾职工工资据实扣除的基础上,加计扣除100%。

6. 研究开发费用加计扣除的优惠政策

为了鼓励企业自主创新,促进科技进步,对企业研究开发新产品、新技术、新工艺所发生的研发费用,在实行100%扣除基础上,允许再按当年实际发生额的50%在企业所得税税前加计扣除。如果企业当年开发新产品的研发费用实际支出为10 000元,就可按15 000元(10 000×150%)数额在税前进行扣除,在税前多扣除5 000元。那么在适用税率为25%的情况下,可以少缴所得税1 250元,以体现对研发支出的鼓励政策。

7. 保护环境、资源再利用的优惠政策

第一，企业从事环境保护、节能节水项目，包括公共污水处理、公共垃圾处理、沼气综合开发利用、节能减排技术改造、海水淡化等项目的所得，三免三减半（取得第一笔生产经营收入的年度为减免税起始年度）。

第二，企业综合利用资源取得的收入可以按 90% 计入收入总额。

第三，企业购置并实际使用的环保、节能节水、安全生产等专用设备。其设备投资额的 10% 可从企业当年的应纳所得税额中抵免；当年不足抵扣的，可以在以后 5 个纳税年度结转抵扣。

需要说明的是，对环境保护、节能节水项目的减免税优惠对象应当是投资并经营环境保护或节能节水项目的企业，而不是单纯从事此类项目建设的企业。

8. 企业研发费用的优惠政策

由原来只对工业企业扩大到所有企业，给予公平的优惠政策，具体规定是：企业为开发新技术、新产品、新工艺发生的研究开发费用，未形成无形资产计入当期损益的，在据实扣除的基础上，再加扣 50%；形成无形资产的，按照无形资产成本的 150% 摊销。

9. 创业投资优惠政策

创业投资企业采取股权投资方式投资于未上市的中小高新技术企业两年以上的，可以按照其投资额的 70% 在股权持有满两年的当年抵扣该创业投资企业的应纳税所得额；当年不足抵扣的，可以在以后纳税年度结转抵扣。

10. 固定资产的加速折旧

由于技术进步等原因，确实需要加速折旧的，可以缩短折旧年限，或者采取加速折旧的办法。企业可以在实施新法的当年，固定资产采取加速折旧。具体包括：(1) 由于技术进步，产品更新快的固定资产；(2) 常年处于震动、高腐蚀状态的固定资产。

采取缩短折旧年限方法的，最低折旧年限不得低于税法规定的各类固定资产折旧年限的 60%；采取加速折旧的办法，可使用双倍余额递减法或年数总和法。

11. 所得税专项优惠政策

根据国民经济和社会发展的需要，或者由于突发事件等原因对企业经营活动产生重大影响的，国务院可以制定企业所得税专项优惠政策，报全国人民代表大会常务委员会备案。

这是关于授权国务院制定企业所得税专项优惠政策的规定。由于经济和社会的发展日新月异，将来很可能会出现需要企业所得税政策给予支持的新的对象。同时，在社会日常生活中，有些突发事件的发生是人们无法预料也难以抗拒的，国家为此专门制定了应急预案，以应对自然灾害、事故灾难、公共卫生和社会安全事件等突发公共事件。考虑到这些突发事件可能会对企业经营活动产生重大影响，为了增强企业抵御突发事件的能力，体现企业所得税的量能负担原则，需要国家及时在企业所得税政策上给予优惠。如果以上问题都通过全国人大修订税法来制定新的税收优惠，则程序和时间上的要求都比较严格，而在现行税法中授权国务院来制定企业所得税专项优惠政策并报全国人大常委会备案，则可以尽量避免对税法的修订，也符合立法法的有关有求，既保证了法律的稳定性和严肃性，又能够符合国民经济和社会发展的需要，体现了原则性和灵活性的统一。

第二节　企业主要税收的筹划策略

一、增值税

（一）税收筹划的一般思路

税收筹划是指纳税人在法律允许的范围内，根据税后利润最大化的要求安排纳税行为的一种活动。在研究税收筹划时，通常的思路是首先分析税负的分布情况，然后寻找税负的差异点，最后选择最佳税负点。税负分布点是税收筹划的前提，有税负分布点才有税负差异点，税负差异点就是税收筹划点。税收筹划就是对税负差异点进行筹划，是在税负差异中选择能实现税后利润最大化的最佳税负点。对增值税税收筹划而言，其要遵循不违法原则和整体性原则，即在进行税收筹划时，首先要注意以税收征管法、增值税暂行条例及其实施细则、补充规定等为法律依据，再考虑与之有关的其他税种（消费税、城建税、教育费附加、所得税等）的税负效应，进行整体筹划，防止顾此失彼。由于增值税税收筹划中的优惠政策较多，如何利用这些优惠政策进行增值税税收筹划，降低税负，日益成为人们关注的问题之一；另外，一般纳税人与小规模纳税人的税额计算方法不一样，因为在增值率（毛利率）不同的情况下，两者之间的税负水平是不一样的，因此，如何选择纳税人身份，也成为大家进行增值税筹划的重要方法之一。

（二）利用有关增值税优惠政策的税收筹划

1. 利用免税优惠政策进行筹划

（1）农业生产者销售的自产农产品。税收政策作为一项重要的宏观调控手段，常常被用于扶持“三农”，这包括增值税的优惠政策。农业生产者销售的自产农产品免征增值税。这里的农业包括种植业、养殖业、林业、牧业、水产业，农业生产者包括从事农业生产的单位和个人，农产品是指初级农产品，具体范围由税务机关确定。另外，还需注意的是农产品应当是农业生产者“自产”的，而不是农业生产者通过“收购”等其他非自产途径所获取的,否则就不属于免税项目。

(2) 直接用于科学研究、科学试验和教学的进口仪器、设备。科学技术已日益成为全人类的知识与财富,在国际关系中,科技交流往往是国际交往的先导,积极推进国际科技合作与交流,是我国发展科学技术事业的一项长期的重要方针。切实做好技术引进及其消化、吸收与创新工作,是加快我国现代化建设步伐的一项长远战略措施。国家一直运用税收、价格、信贷等经济杠杆,引导行业和企业的科技进步,促进科技事业的发展。现行增值税条例规定,直接用于科学研究、科学试验和教学的进口仪器、设备,属于免税项目。理解此项免税项目时必须注意:一是仪器、设备必须是直接用于科学研究、科学试验和教学,不得用于转售、出租等;二是来自外国(地区)。

(3) 由残疾人的组织直接进口供残疾人专用的物品。发展残疾人事业,改善残疾人状况,促进残疾人事业与经济和社会协调发展,是一项长期、艰巨的任务,必须加大扶持力度,包括各种税收政策上的优惠扶持措施。所以,现行增值税条例规定,由残疾人的组织直接进口供残疾人专用的物品,属于免征增值税项目。理解此项免税项目时必须注意:一是必须是由残疾人的组织直接进口,而不是残疾人个人,明确了进口主体是“残疾人的组织”;二是进口的物品是供残疾人专用的。

2. 利用起征点优惠政策进行筹划

现行增值税条例规定:纳税人销售额未达到财政部规定的增值税起征点的,免征增值税。增值税起征点的幅度规定如下:(1) 销售货物的,为月销售额 20 000 元;(2) 销售应税劳务的,为月销售额 20 000 元;(3) 按次纳税的,为每次(日)销售额 500 元。

增值税起征点,顾名思义就是征收增值税的起点,没有达到起征点的,就免征增值税,而等于或高于起征点的则按全额征税。这也为我们进行税收筹划提供了一定空间。利用该政策,纳税人应在纳税期满以前,认真估算销售额。

需要注意的是,这里指“免征增值税”,也就是说未达到起征点的单位和个人,也属于纳税人,负有纳税义务,只是国家对于纳税人缴纳税款的义务进行了豁免,属于税收优惠。纳税人可能还要履行除了缴纳税款之外的其他有关纳税人的义务,这与“不征收增值税”的概念不同。通常所说的“不征收增值税”,一般是指所对应的单位和个人不是增值税纳税人,不负有增值税方面的纳税申报等义务。

增值税起征点与免征额不同,只要超过起征点的,就要全额征税;而免征额顾名思义,就是免于征收税收的额度标准,对于低于这个标准的部分不征税,只对超过标准的部分征税。实践中人们往往将起征点误认为免征额,所以为了避免将起征点误认为免征额,这里对起征点的含义做了明确规定。

（三）利用纳税人身份的选择进行税收筹划

参照国际惯例，将纳税人按其经营规模及会计核算健全与否划分为一般纳税人和小规模纳税人。这两类纳税人在税款计算方法、适用税率以及管理办法上都有所不同：对一般纳税人实行凭发票扣税的计税方法；对小规模纳税人规定简便易行的计算和征收管理办法。

划分两者的基本原则，不是以所有制或收入、利润的多少为标准，关键是看会计核算是否健全，是否能够以规范化的办法计算增值税。为了便于管理和有利于统一政策，这个标准必须量化。而一般来说，大企业会计核算比较健全，小企业会计核算大多不健全，所以会计核算是否健全的标准如果量化，以销售额作为标准比较合适。小规模纳税人的标准为：工业性纳税人年应税销售额在50万元以下的，商业性纳税人年应税销售额在80万元以下的为小规模纳税人。但是另一方面，大企业会计核算制度未必都健全，小规模企业会计核算制度未必都不健全。因此，划分一般纳税人和小规模纳税人仅以年销售额作为唯一标准是不全面的，还必须辅以定性标准——由税务机关来审定纳税人会计核算是否健全。会计核算健全的，年销售额虽低也可按一般纳税人对待；会计核算不健全的，年销售额虽高，也作为小规模纳税人对待。由于有了这样较为灵活的划分原则，使一般纳税人和小规模纳税人之间的界线变得更加模糊，两者间互相转化成为可能。小规模纳税人一般包括以下三类：

第一，年销售额未超过小规模纳税人标准，而且会计核算不健全，此类纳税人大致上是较小的企业和企业性的事业单位。

第二，年销售额虽超过小规模纳税人标准，但会计核算不健全的纳税人。

第三，非企业性单位，如行政单位、非企业性的事业单位、社会团体等。此类单位一般来说不经常发生应税行为。

一般纳税人和小规模纳税人税额计算中，销售额的确定是一致的。但小规模纳税人不能享有税款抵扣权，一般纳税人享有税款抵扣权；小规模纳税人按征收率3%计算税额，应纳税额＝销售收入×征收率，而一般纳税人按规定税率计算税额，这样就使小规模纳税人和一般纳税人之间的相互转换有了理论与现实意义，为纳税人利用身份变化进行纳税筹划提供了可能性。

已知，一般纳税人的税额计算公式：

$$
\begin{aligned}
\text{应纳税额} &= \text{销项税额} - \text{进项税额} \\
&= \text{销售额} \times 17\% - \text{采购额} \times 17\% \\
&= (\text{销售额} - \text{采购额}) \times 17\% \\
&= \text{毛利或增值额} \times 17\%
\end{aligned}
$$

小规模纳税人的税额计算公式:应纳税额 = 销售额 × 3%

假设一般纳税人与小规模纳税人税负相等

则：

$$毛利或增值额 \times 17\% = 销售额 \times 3\%$$

$$毛利或增值额 \div 销售额 = 3\% \div 17\%$$

$$毛利率或增值率 \approx 17.65\%$$

于是,当毛利率或增值率为 17.65% 时,两者税负相同;当毛利率或增值率低于 17.65% 时,小规模纳税人的税负重于一般纳税人;当毛利率或增值率高于 17.65% 时,一般纳税人税负重于小规模纳税人。需要注意的是,营改增纳税人的增值税税率分别为 6% 和 11%,另外,还有一档增值税低税率 13%。我们在这里使用的是增值税的基本税率 17%,特此说明。

(四) 增值税税收筹划的注意事项

1. 把握税收筹划的尺度

不能单纯以降低某个时期、某个环节、某个税种的税负为目标,企业要达到最佳筹划效果。税收筹划时必须统筹安排,着眼于降低企业整体税负,而非仅仅减少某个时期、某个环节、某个税种的纳税,才能防止陷入"税法陷阱",多缴"冤枉税"。税务筹划作为财务管理的一部分必须服从于企业财务管理的总体目标,节税只是增加企业综合经济效益的一个途径、一个方法。中小企业设计税收筹划方案时,如果某个时期、某个环节、某个税种税负降低了,却引起了其他时期、其他环节、其他税种税负提高,不能带来资本总体收益的增加,可能还会使企业整体税负更重,得不偿失。所以,不能仅把眼光盯在局部纳税最少的方案上,而应考虑企业总体发展目标,选择有助于企业发展,能增加企业整体收益的方案,这个方案不一定是税负最轻,但能使企业经济效益最大。

2. 规范会计核算

规范会计核算是基础,中小企业经营决策层必须树立依法纳税的理念,这是成功开展税收筹划的前提。税收筹划可以在一定程度上提高企业的经营业绩,但它只是全面提高企业财务管理水平的一个环节,不能将企业利润的上升过多地寄希望于税收筹划,因为经营业绩的提高要受市场变化、商品价格、商品质量和经营管理水平等诸多因素的影响。依法设立完整、规范的财务会计账册、凭证、报表和正确进行会计处理是企业进行税收筹划的基本前提。税收筹划是否合法首先必须经得起纳税检查,而检查的依据就是企业的会计凭证和记录。因此,中小企业应依法取得和保全企业的会计凭证与记录,规范会计基础工作,为提高税收筹划效果提供可靠的依据。

3. 关注税收政策变化

税法常常随经济情况变化而不断修正和完善，中小企业在进行税收筹划时必须密切关注税收政策的变化趋势。作为企业财务部门和经营决策层应充分利用现代先进的计算机网络、报刊等多种媒体，建立一套适合自身特点的税收筹划信息系统，如在网上免费订阅《国家税务总局公报》《税法速递》，定期阅读《中国税务报》等经济类报刊，及时知晓税收政策信息。企业通过搜集和整理与企业经营相关的税收政策，准确把握立法宗旨，从而适时调整税收筹划方案，确保企业的税收筹划在税收法律规定的范围内实施。

4. 与税务部门多沟通

税法强制性的特点决定了税务机关在企业税收筹划有效性中具有关键作用。众所周知，无论哪一税种都在纳税范围的界定上留有余地，只要是税法未明确的行为，税务机关有权根据自身的判断认定是否为应纳税行为，这也给企业进行税收筹划增加了实际难度。因此，在日常税收筹划中，税收筹划人员应保持与税务部门密切的联系和沟通，在某些模糊或新生事物的处理上得到其认可再进行具体的筹划行为，这是至关重要的。通过密切的联系与沟通能够尽早获取国家对相关税收政策的调整或新政策出台的信息，及时调整税收筹划方案，降低损失或增加收益。通过对其工作程序的了解，在整个税收筹划中能做到有的放矢，分清轻重缓急，避免或减少无谓的损失。这里特别要强调的是中小企业要防止对“协调与沟通”的曲解，即认为“协调”就是与税务机关某个人搞关系，并不惜对其进行贿赂，让少数不称职的税务干部在处理税收问题上睁一只眼，闭一只眼，以达到让企业不补税或少缴税，不被处罚或从轻处罚的目的。在税务机关稽查力度不断加大的情况下，这种做法不仅不会帮助企业少缴税，反而会加大企业的涉税风险。

5. 善于借助外脑搞筹划

税收筹划是一项高层次的理财活动，要求筹划人员不仅要精通税法和会计，而且还要通晓投资、金融、贸易、物流等专业知识，专业性较强，需要专门的筹划人员来操作，而中小企业财务人员由于专业和经验的限制，不一定能独立完成。因此，对于那些自身不能胜任的项目，应该聘请税收筹划专家来进行，以提高税收筹划的规范性和合理性，完成税收筹划方案的制订和实施，从而进一步减少税收筹划的风险。综上所述，中小企业应从战略高度从事税收筹划，将税收筹划贯穿于其生产经营活动的始终，且在进行税收筹划时综合考虑各种因素影响再做出决策，这样税收筹划才能真正达到降低税负、实现企业价值最大化的目的。

二、企业所得税

(一) 现行税法下选择有利的组织形式

1. 公司制与合伙制的选择

现行企业所得税法税法规定,个人独资企业、合伙企业不缴纳企业所得税,只对其业主所得征收个人所得税。现代企业组织形式一般包括公司制和合伙制(包括个人独资企业)两种。我国对不同的企业组织形式实行差别税制,公司制企业的营业利润在企业课税环节缴纳公司税,税后利润以股息的形式分配给投资者,投资者又得缴纳一次个人所得税。而合伙制企业的营业利润不缴公司税,只缴纳各个合伙人分得收益的个人所得税。可见投资者能通过纳税规定上的“优惠”而获得节税利润。投资者应综合考虑各个方面因素,确定是选择合伙制还是公司制。

2. 子公司与分公司的选择

设立子公司还是分公司,对于企业的纳税金额也有很大的影响。现行企业所得税法统一以法人为单位纳税。不是独立法人主体的分支机构可以汇总缴纳所得税。也就是说,企业在设立分支机构时,设立的分公司可汇总纳税,设立的具有独立法人资格的子公司,则要分别独立缴纳所得税。如果组建的公司在初期阶段处于亏损状态的可能性比较大,那么组建分公司就更为有利,可以减轻总公司的税收负担。

(二) 把握好现行税法对准予扣除项目的规定

(1) 取消了关于计税工资按限额扣除的规定。但也不是可以无条件地随意列支,如果某企业某一纳税年度的工资支出远远超出了同行业的正常水平,税务机关就要进行纳税评估,如果评估的结果认定为“非合理支出”,税务机关有权进行纳税调整。

(2) 公益性捐赠扣除条件放宽。现行企业所得税法对公益救济性捐赠扣除在年度利润总额12%以内的部分,允许税前扣除,超过部分不予扣除。如果企业存在大量的纳税调整项目,年度利润总额与年度应纳税所得额就不相同,有可能差距还很大。企业应进行正确的计算,准确把握扣除数额。

(3) 研发费用扣除幅度增加。允许企业研发费用可以按其实际发生额的150%抵扣当年应纳税所得额。这一方面有利于企业研发新产品,探索新领域;另一方面也体现了国家支持科研开发、鼓励创新的政策导向。

(4) 广告费用的扣除有所调整。现行税法未规定广告费用的扣除比例,企业每一年度实际发生的符合条件的广告费用支出均准予据实扣除。企业要注意广告费用与赞助的区别,新税法明确规定赞助支出不得税前扣除。

（三）合理利用现行税法中有关税收优惠的规定

1. 企业投资产业的选择

现行税法规定国家需要重点扶持的高新技术企业，减按15%的税率征收企业所得税。创业投资企业采取股权投资方式投资于未上市的中小高新技术企业2年以上的（含2年），可按其对中小高新技术企业投资额的70%抵扣该创业投资企业的应纳税所得额。符合抵扣条件并在当年不足抵扣的，可在以后纳税年度逐年延续抵扣。这些规定都说明了国家的产业政策是扶植高新技术企业的发展，企业在进行纳税筹划时就要结合自身条件对这些规定加以充分利用。在企业设立之初就要优先考虑是否有涉足高新技术产业的可能。在进行投资决策时，创业投资企业也要优先考虑有投资价值的未上市的中小高新技术企业。这不仅有利于减少企业的税收负担，还有利于我国科技水平和科技创新发展能力的提高。

2. 企业人员构成的选择

现行税法规定企业安排的残疾职工，按实际支付给残疾职工工资100%加计扣除。企业安排国家鼓励安置的其他就业人员，按实际支付给该职工工资的50%加计扣除。国家鼓励安置的其他就业人员是指劳动保障部门登记管理的未就业人员。企业应结合自身条件尽可能多地安排这样的职工就业，一方面这些职工为企业创造了利润，另一方面也有利于减轻企业的税收负担，同时还促进了整个社会和谐稳定的发展。

3. 小型微利企业对应纳税所得额的把握

税法中规定符合以下三个条件的小型微利企业，减按20%的税率征税：(1) 属于非国家限定发展的行业；(2) 符合国家小型企业的划分标准；(3) 年度应纳税所得额在30万元以下的企业。在前两个条件都符合的前提下，如何控制好应纳税所得额对小型微利企业具有重要意义。

例如，某小型微利企业在2013年的应纳税所得额为300 000元，则应交纳所得税为：300 000 × 20% = 60 000元。若应纳税所得额为301 000元，则应交纳所得税为：301 000 × 25% = 75 250元。由此可见，应纳税所得额仅增加了1 000元，而交纳的所得税却增加了15 250元，所以当处于税率变化的临界点时，控制好应纳税所得额很关键。若企业通过红十字会捐款1 000元，则可以增加税后利润14 250元（75 250 − 60 000 − 1 000）。这同时还有利于企业在社会上树立良好的企业形象。

此外，还要尽量选择可抵免所得税的原料及设备，这也能在一定程度上减少企业的应缴纳所得税额。

应该看到,现行税法的颁布实施,使企业利用税收优惠进行纳税筹划的空间小了。过去企业常用地域性优惠政策进行所得税筹划,在经济特区及高新技术开发区设立企业,享受减免税以及低税率的优惠。而按照现行税法的规定,上述这些优惠已经取消,原来仅靠在特定区域成立符合一定条件的企业就能获取税收优惠的筹划方法已经无效。

第七章　企业管理统计分析

企业统计分析工作是一项调查研究活动,是现代企业管理的重要手段之一。企业统计分析为企业及时、准确掌握有关信息,提出全面、可行的分析资料,对企业经济活动进行监控以促使企业管理科学化,为企业决策服务等方面发挥独特的作用。加强现代企业管理统计分析的理论和方法的研究,对提高统计分析工作质量、充分发挥企业统计的作用以及加强企业科学管理、推进企业的改革和发展、建立现代企业制度,保证顺利实现我国国民经济发展奋斗目标,有着十分重要的意义。

第一节　企业管理统计分析的对象

企业管理统计分析的对象,是企业经济活动的数量方面。

企业所从事的经济活动,不仅指物质生产活动,也包括流通活动、金融活动、消费服务活动等。企业的经济活动可分为生产活动和经营活动两个部分。生产活动,是指企业内部以生产为中心的活动,包括基本生产过程、辅助生产过程、生产技术准备工作、生产服务工作等内容。这部分活动的主要任务是保证生产过程平衡协调进行,提高效率和产品质量。生产活动顺利进行要处理好人与人、人与物和物与物的关系。

经营活动,是指以企业经营活动为中心的活动,主要是围绕企业发展,参与市场竞争而进行各项工作。例如,预测决策、经营战略目标、产品销售、市场开拓、技术开发等。经营活动的主要任务是提高经济效益,实现企业经营目标。同一个企业的生产活动和经营活动是统一的、不能分离的。企业的许多业务活动,既是生产问题,又是经营问题。企业管理统计分析的对象具体是指企业的生产活动和企业的经营活动。

企业管理统计分析是研究企业经济活动的数量方面,这里指企业在一定时间、地点和条件下经济活动的数量表现、经济活动变化的数量界限和企业各经济活动之间的数量关系等三个方面。例如,某个时期企业的增加值数额、利润总额和某一时点上企业的职工人数,均是数量表现;产品合格与不合格的划分标准、企业等级划分标准,属于数量界限的研究;企业一定时期的生产劳动率、资金利润率、产品销售率等则反映了经济活动之间的数量关系。在统计上,又把企业经济活动的数量表现、数量界限和数量关系具体为企业经济活动的规模、水平、普遍程度、结构、速度和比例关系六个内容。

为了更清楚地了解企业管理统计分析的对象,应明确以下三点:

其一,企业管理统计分析的对象,是在一定时间、地点、条件下的企业经济活动的数量方面,而不是研究有关搜集、整理和分析企业经济活动数量方面的统计方法论。这一点强调企业管理统计分析的对象与企业管理统计学的对象不同。

其二,企业管理统计分析的对象是企业经济活动的数量表现、数量界限和数量关系,而不是研究企业内部如何管理的问题。这里强调与企业管理对象的区别。

其三,企业管理统计分析的对象是以企业为主体,研究其经济活动的数量方面的微观统计分析,而不是从全社会(或某个经济部门)出发,研究整个国民经济(或某个经济部门)经济活动的数量方面。企业管理统计分析与国民经济统计(或部门统计)研究对象是不相同的,国民经济统计是研究宏观的。

第二节　企业管理统计分析的指标体系

一、统计指标体系的概念和种类

(一) 统计指标体系的概念

统计指标体系,是指由若干个相互联系、相互制约的统计指标组成的一个统计指标系统。每一个统计指标只能说明客观事物的某一个方面,要了解研究现象整个过程,就需要运用统计指标体系。例如,生产企业是人力、物资、资金、生产、供应、销售等方面相互联系的整体,它的经济活动也是这些方面的整体活动,为了反映企业生产经营活动的全貌,就需要设立有生产、劳动、原材料供应、设备、资金、财务成本等各方面内容的统计指标体系。其中的各个方面又包括若干个相互联系、相互制约的指标。

(二) 统计指标体系的种类

1. 按其所反映的内容不同,可分为基本统计指标体系和专题统计指标体系

(1) 基本统计指标体系,是指反映社会经济发展基本情况的指标体系。它又分为三种,即反映社会生产、分配、交换、消费等方面的经济统计指标体系;反映人口、文化、教育、卫生等方面的社会统计指标体系;反映科学技术机构、人员、投入、成果等方面的科技统计指标体系。

(2) 专题统计指标体系,是指对某一社会经济问题进行调查研究而专门设立

的统计指标体系,如工业经济效益的统计指标体系。

2. 按其所实施的范围可以分为四大类

(1) 国家统计指标体系,是指国家统计局制定的,在全国范围内实施的统计指标体系,一般又称宏观指标体系。

(2) 作业(或部门)统计指标体系,是指不同行业、不同部门进行生产经营业务管理所需而设计的统计指标体系。它比国家统计指标体系要具体、详细得多。

(3) 地方统计指标体系,是指为了满足地方各级领导工作需要而在国家统计指标体系的基础上补充而设立的。行业地方统计指标体系一般又称中观指标体系。

(4) 基层单位统计指标体系,是指以上级下达的统计指标体系为核心,结合本单位生产经营管理的需要再加以补充而形成的统计指标体系。一般将基层单位指标体系作为微观指标体系。

二、企业统计分析指标体系的概念

企业管理统计分析指标是反映企业经济活动各个不同的具体方面的数量特征的名称及其数值。根据统计指标体系的科学界定及企业管理统计分析的含义,可以得出:企业管理统计分析指标体系是指由若干个相互联系、相互制约的企业统计分析指标组成的统计指标群。

这个指标体系指由若干个有联系的指标组成的指标群。由于企业经济活动内容涉及面广,其影响因素错综复杂,因此只有用统计指标体系才能分析它的全貌及发展过程。

具体分析企业经济活动中,人、财、物各个方面和产、供、销各个环节以及企业组织与外部环境等的相互联系、相互制约关系的企业管理统计分析指标体系是经济统计指标体系的一个组成部分。

企业统计指标体系,属于微观统计指标体系。

机构单位,是指拥有资产,承担负债,从事经济活动并能与其他单位进行交易的经济实体。国家统计局在《统计调查单位统计报表制度》中,对属于法律实体的机构单位做了规定,明确以法人(包括企业法人、事业单位法人、机关法人、社会团体法人和其他法人)作为我国的机构单位。企业统计分析指标体系是机构单位统计指标体系中的企业单位统计指标体系部分。

基层单位,是指位于一个地点从事一种或主要从事一种社会经济活动的单位。企业管理统计分析指标体系与基层统计指标体系是两个不完全相同的概念。它们的联系反映在当那些规模小、活动比较单一的企业单位是机构单位同时又是基层单位时,企业管理统计分析指标体系才构成基层统计指标体系中的一个组成部分。

第三节 企业成本统计分析

一、企业成本的内容

(一) 企业成本的组成

企业成本的计算,就是将生产费用按成本计算对象,以适当的标准进行归集和分配。企业成本的组成有:

第一,原材料,是指构成产品实体的原料、主要材料及有助于产品形成的辅助材料。

第二,燃料和动力,指直接用于产品生产的外购和自制的燃料和动力。

第三,工资,是指直接参加产品生产的工人工资。

第四,提取的职工福利基金,是指直接从事产品生产的工人,按有关规定提取的职工福利基金。

第五,废品损失,是指生产过程中及入库后发现的各种废品报废损失和修复费用。

第六,车间层次的管理费,是指各生产车间和辅助车间为管理和组织生产而发生的各项费用,如车间管理人员的工资及提取的福利基金、折旧费、修理费、低值易耗品摊销、劳动保护、机物料消耗、在产品盘亏、办公费、水电费、取暖费、租赁费和保险费等。

(二) 企业成本的种类

为适应企业成本分析研究的需要,通常有几种成本的分类方法。

1. 按照成本习性分类

成本习性,是指成本总额对产量或销售量总数的依存关系。这种关系是客观存在的。

(1) 变动成本,是指成本总额与产量或销售量成正比增减变动关系的称变动成本,如在产品生产中,那些直接用于产品制造的原材料、辅助材料、燃料及动力、外部加工费、专属费用、计件工资形式下的生产工人工资以及工艺过程中不可避免的损失等,均随产量或销售量的增减而增减。欲降低变动成本,应从降低单位产品的材料消耗量和工资含量着手。

(2) 固定成本,是指成本总额在一定时期内和一定产量或销售量的范围内,不受其总量增减变动的影响而固定不变的,叫做固定成本,如管理费中的办公费、差旅费、文具用品费、折旧费、劳动保护费、管理人员工资、租赁费等,一般情况下是不会变化的。欲降低固定成本，必须做到精打细算，在消灭浪费和充分利用生产能力以及提高产品产量等方面下功夫。

2. 按照成本核算对象不同分类

(1) 产品总成本，是指生产一定批量的某种产品或多种产品所支出的费用总额。这是观察总成本超支或节约的依据，是计算产品单位成本的基础。

(2) 产品单位成本。它是表现产品成本水平的基本指标，在成批生产情况下，是指单位产品的平均成本；在单件生产的情况下，是指单个产品成本。产品单位成本，是研究产品成本变动和检查成本计划执行情况的依据。

3. 按产品的可比性分类

按产品是否可比分为可比产品总成本和全部产品总成本。

(1) 可比产品总成本，是指在计算期内生产出的可比产品费用支出总额。用来研究成本水平的变化情况。

可比产品是指正常生产的产品，即在基期正常生产、计算期继续生产的产品。否则，就是不可比产品。

(2) 全部产品成本，是指在计算期内生产的全部产品(包括可比产品和不可比产品)的成本支出总额。它是检查全部产品成本计划执行情况的依据。

二、企业总成本的计算

企业总成本是企业在计算期内生产产品所支出的总生产费用。一种产品的总成本即企业只生产一种产品，计算期的总成本，就是生产某种产品数量而支出的生产费用。对于生产多种产品的企业，也可以分别计算各种产品的总成本。

多种产品的总成本即企业生产的产品种类多，除了计算每种产品的总成本外，还可以计算一定时期内，生产的所有品种产品的生产费用支出总量，即全部产品总成本。

(一) 企业产品单位成本

这是企业按一种产品计算的单位产品生产成本指标，它表明在计算期内，生产单位产品平均耗用的生产费用支出。计算公式为：

某种产品单位生产成本 = 计算期某种产品总成本/计算期同种产品总产量

(二) 部门产品单位成本

表明同一种产品在部门内的平均单位成本，就须计算该种产品的部门平均单位成本。它是依据部门内各企业的单位成本加以平均而计算出来的。计算公式为：

$$\text{部门平均单位成本} = \sum(\text{各企业单位成本} \times \text{各企业产量}) \Big/ \text{各企业产品产量}$$

企业单位成本是个别成本,部门平均单位成本是产品的社会平均成本。若企业单位成本取决于各自企业的个别劳动生产率和消耗水平的高低,那么部门平均单位成本则取决于生产该种产品的社会劳动生产率和消耗水平的高低。部门平均单位成本表明了某种产品的社会成本水平。

(三) 期间费用

期间费用由销售费用、管理费用和财务费用组成。和企业同期的销售规模结合研究,以表现每实现一定销售收入所承担的期间费用额,从而反映出企业的期间费用的平均支付情况。计算公式为:

百元销售收入承担的期间费用 = 计算期期间费用总额/计算期销售收入

期间费用水平指标,也可以和销售成本联系起来研究。计算每百元销售成本负担的期间费用,即:

百元销售成本负担的期间费用 = 计算期期间费用总额/计算期销售成本

(四) 企业成本费用

1. 企业成本指数

企业成本指数包括一种可比产品成本指数和多种可比产品成本指数两种。

(1) 一种可比产品成本指数。对某一种可比产品单位成本的变动程度的考察,通过计算个体成本指数加以反映,其计算公式为:

企业个体成本指数 = 报告期单位产品成本(z_1)/ 基期单位产品成本(z_0)

计算结果,其指数值小于 100%,说明某种产品单位成本现在比过去有所降低;反之,表明升高了。

$$\text{某种产品成本降低率} = \text{成本指数} - 100\%$$

$$\text{单位产品成本降低额} = z_1 - z_0$$

$$\text{全部产品成本降低额} = (z_1 - z_0)q_1$$

式中,q_1为报告期某种可比产品的实际产量。

(2) 多种可比产品成本指数。一个企业往往不止生产一种可比产品,而会生产多种可比产品。要计算可比产品综合成本指数,以表明它们的综合变动程度。综合成本指数的计算公式为:

$$\text{可比产品综合成本指数}(\bar{K}_2) = \sum z_1 q_1 \Big/ \sum z_0 q_1$$

$$\text{综合成本降低率} = \text{综合成本指数}(\bar{K}_2) - 100\%$$

式中,$\sum z_1 q_1$ 为报告期企业各种可比产品的总成本;$\sum z_0 q_1$ 为基期按报告期产量计算的可比产品总成本。

$$\text{综合成本降低总额} = \sum z_1 q_1 - \sum z_0 q_1$$

2. 企业总成本指数

企业总成本指数 = 产品成本指数 × 产量结构影响指数 × 可比产品产量指数

企业总成本指数,表现企业总成本的变动。其指数公式为:

$$企业总成本指数(\bar{K}_{zq}) = \sum z_1 q_1 \Big/ \sum z_0 q_1$$

式中,$\sum z_1 q_1$ 为报告期企业总成本;$\sum z_0 q_1$ 为基期企业总成本;$\bar{K}_{zq}$ 为总成本指数。

$$总成本降低率 = \bar{K}_{zq} - 100\%$$

$$总成本降低额 = \sum z_1 q_1 - \sum z_0 q_1$$

3. 产品成本指数

产品成本指数,表现企业可比产品的单位成本的平均变动,以及对企业总成本变动的影响。计算公式为:

$$\bar{K}_z = \left(\sum z_1 q_1 \Big/ \sum q_1\right) : \left(\sum z_0 q_1 \Big/ \sum q_1\right) = \sum z_1 q_1 \Big/ \sum z_0 q_1$$

$$企业可比产品单位成本降低率 = \bar{K}_z - 100\%$$

$$企业可比产品单位成本降低对总成本影响的降低额 = \sum z_1 q_1 - \sum z_0 q_1$$

$$\begin{matrix}企业可比产品单位成本降低\\对企业总成本降低影响程度\end{matrix} = \left(\sum z_1 q_1 - \sum z_0 q_1\right) \Big/ \sum z_0 q_0$$

(五)部门成本费用

部门单位成本指数,就是从一个部门出发,根据有关企业的成本资料编制出的部门平均单位成本指数。它是报告期部门单位成本与基期部门单位成本对比的结果。其计算公式为:

$$部门单位成本指数 = \left(\sum z_1 q_1 \Big/ \sum q_1\right) : \left(\sum z_0 q_0 \Big/ \sum q_0\right) = \frac{\bar{z}_1}{\bar{z}_0}$$

式中,z_1、z_0为企业报告期和基期单位成本;q_1、q_0为企业报告期和基期产品产量;$\bar{z}_1$、$\bar{z}_0$ 为部门(所属多企业)报告期和基期平均单位成本。

部门单位成本可变指数 = 部门单位成本固定指数 × 部门单位成本结构影响指数

部门单位成本指数表明了某种产品社会成本的变动情况,实际上综合表明了各企业产品单位成本的变化,各企业产品产量在部门的产品产量中的比重变化以及对部门单位成本变动的综合影响,也称为部门单位成本可变指数。

$$部门平均单位成本升降率 = 部门单位成本可变指数 - 100\%$$

$$部门平均单位成本升降额 = \bar{z}_1 - \bar{z}_0$$

$$部门可比产品总成本升降额 = (\bar{z}_1 - \bar{z}_0) \sum q_1$$

部门单位成本固定指数是反映各企业单位成本的平均变动程度,这种变动对部门单位成本变动的影响力大小。计算公式为:

$$部门单位成本固定指数 = \left(\sum z_1 q_1 \Big/ \sum q_1\right) : \left(\sum z_0 q_1 \Big/ \sum q_1\right)$$

$$部门内各企业单位成本平均升降率 = 部门单位成本固定指数 - 100\%$$

$$对部门单位成本影响升降绝对额 = \sum z_1 q_1 \Big/ \sum q_1 - \sum z_0 q_1 \Big/ \sum q_1$$

$$对部门单位成本影响升降相对程度 = \left(\bar{z}_1 - \sum z_0 q_1 \Big/ \sum q_1\right) \Big/ \bar{z}_0$$

$$对部门可比产品总成本影响升降绝对额 = \sum z_1 q_1 - \sum z_0 q_1$$

第四节 企业生产经营成果统计分析

一、企业总产值

企业总产值包括三个组成部分,即成品价值、工业性作业价值、自制半成品在制品期末期初结存差额价值。列出计算公式为:

企业总产值 = 成品价值 + 工业性作业价值 + 自制半成品在制品期末结存价值 − 自制半成品在制品期初结存价值

1. 成品价值

成品价值 = 成品实物量 × 出厂价格

成品价值具体包括:企业自备原材料生产的已销售和准备销售的成品价值;用订货者来料生产的成品价值;企业生产的提供给本企业非工业生产单位的成品价值;企业自制自用的设备价值;已销售的或准备销售的半成品价值。

2. 工业性作业价值

工业性作业价值只按加工费或修理费计算。它包括:已完成对外承做的工业品修理价值;已完成对外来料、零件及未完制品所进行的个别工序的加工价值;已完成对外来的产品的分包或分装作业价值;已完成对外来的零部件进行简单装配工作的价值;对本企业专项工程、生活福利部门提供加工修理、设备安装等价值。

3. 自制半成品在制品期末期初结存差额价值

企业期末自制半成品在制品结存价值,是本期企业工业生产活动的成果,应计入本期企业总产值。企业期初自制半成品在制品结存价值,已计入上期企业总产值,但其价值已转入本期的成品价值中,故应从本期总产值中扣除。在计算中,为了简化计算手续,一般企业都可省去不算,而生产期在 6 个月以上的企业,则必须计算,否则,会失实的。

二、企业增加值

计算企业增加值有生产法和分配法等两种方法。

1. 生产法的计算

生产法计算企业增加值,是从生产角度即从增加值形成的角度来考虑的。它是从企业总产值中扣除生产过程投入使用的中间产品价值(包括实物和劳务的耗用)后,所剩下的余额求得的,即:

企业增加值 = 企业总产值 - 企业生产中间投入

用符号表示:

$$C_1 + V + M = (C_1 + C_2 + V + M) - C_2$$

2. 分配法的计算

按分配法计算企业增加值的公式为:

企业增加值 = 固定资产折旧 + 劳动者报酬 + 生产税净额 + 营业盈余

劳动者报酬,是劳动者从事生产活动而从生产单位得到的各种形式的报酬,包括货币工资及收入、实物工资和由企业为劳动者个人支付的社会保险等。

生产税净额,是企业向政府缴纳的生产税,扣除政府向企业支付的生产补贴后的余额。生产税主要有增值税、城市建设维护税、教育费附加、房产税、车船税、印花税、城乡土地使用税和消费税等。

$$\text{本期企业增加值} = \text{本期实际缴纳的生产税税金} \times \frac{\text{本期企业总产值}}{\text{本期销售总收入}}$$

$$\text{营业盈余} = \text{本期利润总额} \times \frac{\text{本期企业总产值}}{\text{本期销售总收入}}$$

企业增加值,从理论上讲,按生产法和分配法计算,其结果是一样的。当然,实际操作运算时,会因技术性原因出现不一致。

三、企业净产值

企业净产值有两种计算方法。

1. 生产法的计算

这种方法是从企业总产值中,减去物质消耗价值而取得净产值的。计算公式为:

按现价计算的企业净产值 = 按现价计算的企业总产值 - 按现价计算的物质消耗价值

公式中的物质消耗价值,是指支付给物质生产部门的产品和服务费用,没有支付给非物质生产部门的服务费用。它们的计算口径须与企业总产值保持一致,这是一条重要的计算规则。

2. 分配法的计算

这种方法是依据企业生产新创造的价值中,属于国民收入初次分配的各项要素相加而得到的净产值。计算公式为:

企业净产值 = 应得的产品销售利润 + 应缴纳的产品销售税金 + 工资 + 应支付福利费 + 利息支出 + 其他

计算净产值的两种方法,从理论上看计算结果应完全相等,而实际运作中会出现不一致,其原因在于所根据的会计核算资料,不易区分物质资料与非物质资料,还有在计算中涉及不少推算,会和实际发生出入,特别是分配法更是如此。

四、企业生产指数

企业生产指数,综合反映企业生产在一定时期内增减变化的指标。企业内的实物产量、增加值、总产值等指标,都可通过企业生产指数的编制,说明企业的生产动态。常用的指数如个体指数加权法、不变价格换算系数法、综合指数法等。

1. 个体指数加权法

编制产量个体指数,反映主要产品产量的变动情况。表现全部产品的综合变动,可以运用个体指数加权法。其计算公式为:

$$\text{企业生产指数} = \frac{\sum Kq_0p_0}{\sum q_0p_0}$$

式中,K 为产量个体指数,$K = q_1/q_0$;q_0p_0 为基期产品价值。

2. 综合指数法

将两个不同时期产量,分别乘上相应的不变价格,然后再进行对比,以反映生产的综合变动态势。其计算公式为:

$$\text{企业生产指数} = \frac{\sum Kq_1p_n}{\sum q_0p_n}$$

式中,q_1、q_0 为报告期和基期的产品产量;P_n 为产品的不变价格。

若进行较长的历史对比,需要将不同不变价格的产值资料,换算为同一不变价格计算的产值资料。这样就解决了长期的对比问题。其计算公式为:

$$\text{不变价格换算系数} = \frac{\text{按新不变价格计算更替年产值}}{\text{按旧不变价格计算更替年产值}}$$

第五节　企业劳动生产率统计分析

一、劳动生产率与劳动效益

（一）企业劳动生产率与劳动效益的关系

劳动生产率，是指劳动者在一定时间内生产产品的能力，或者劳动者生产一定的产品所消耗的劳动量。劳动生产率指标是用劳动者的劳动成果与相应的劳动消耗量的比值来表示的。

劳动效益与劳动生产率既有区别，又有联系。从广义上讲，劳动效益包括劳动生产率，劳动生产率是劳动效益的重要组成部分；而从狭义上讲，劳动效益仅指劳动者为社会提供的实际效益，不包括劳动生产率。本章讨论的劳动效益是狭义的劳动效益。

劳动效益指标，是指用劳动者在物质生产过程中所得的实际收益与相应的劳动消耗量的比值来表示。这里的实际收益不同于实际收入，实际收入指劳动者生产的所有产品经销售后实现的总价值，用销售量和销售价格的乘积来核算；而实际收益指实际收入中扣除成本后的纯收入，也就是通常说的盈余部分。

劳动生产率指标与劳动效益指标在量上有很大的差别。其一，计算劳动效益指标分子是指总产值中扣除了成本盈利，它就是小于总产品价值；其二，由于受生产预测与决策、市场供求变化等因素的影响，总产品中有时部分商品不能转化为社会价值，自然不能在实际收益中得到体现。

（二）劳动生产率与劳动效益的计算公式

劳动生产率与劳动效益均有两种计算公式：

（1）用单位活劳动消耗量的生产总量或实际收益来表示，即：

$$劳动生产率=\frac{劳动产品总量}{活劳动消耗量}$$

$$劳动效益=\frac{实际收益}{活劳动消耗量}$$

由于单位活劳动消耗量所带来的产品产量或实际收益劳动生产率或劳动效益成正比，统计上称其为正指标。

（2）用单位产量或实际收益的活劳动消耗量来表示，即：

$$劳动生产率=\frac{活劳动消耗量}{劳动产品总量}$$

$$劳动效益=\frac{活劳动消耗量}{实际收益}$$

由于单位产品产量或实际收益所消耗的活劳动量与劳动生产量或劳动效益成反比，统计上称其为逆指标。

相应正指标和逆指标的经济意义是完全一致的。也就是说，增加单位时间内的产品产量或实际收益与减少单位产品产量或实际收益的活劳动消耗量是一样的。从纯数字的角度来看，相应的正、逆指标互为倒数。

劳动生产率指标和劳动效益指标统计计算过程中，要求遵循可比性原则。具体表现在如下三方面：

(1) 分子与分母在时间范围上要具有一致性。也就是说，产品产量或实际收益必须与活劳动消耗量的统计同时起止。需要注意的是，统计时间跨度太长时，应以不变价格来计算实际收益和产品价值量。

(2) 分子和分母在空间范围上也要具有一致性，即都发生于同一企业内部。

(3) 分子和分母在计算口径和范围上也必须一致，均由同一主体发生。即劳动产品产量或实际收益与活劳动消耗量均系同一主体发生，不能交叉统计，以免造成重复计算，影响结果的准确性。

以上三个条件缺一不可；否则，势必影响整个统计结果的可信度。

二、工业企业劳动生产率统计

工业企业劳动生产率指标，是指工业企业在一定时期内生产的产品总量与相应的活劳动消耗量之间的比值。根据统计的不同人物和目的，产品产量和活劳动消耗量可以采用不同的统计指标，从而形成了工业企业劳动生产率指标体系。

（一）按不同产量指标计算劳动生产率

工业企业的产品产量，由于统计研究的目的和任务的差别，导致了不同的表示方法：实物量、核准实物量、总产值、净产值、增加值、生产工作量。与之相对应，也就产生了按相应的产量指标计算的劳动生产率。

1. 按产品实物量指标计算的劳动生产率

劳动生产率的实物量指标，是指企业在一定时期内所生产的产品实物量与相对应的活劳动消耗量之间的比值，计算公式为：

劳动生产率的实物量指标 = 产品实物总量/活劳动消耗量

劳动生产率实物量指标比较直观，能够体现每个劳动者单位时间内生产某种产品的能力。凡是具备条件的工业企业都可以统计计算该指标。

这种计算方法在实际操作过程中常常会碰到这样的问题：在统计期内，企业必然会出现一些半成品和外购零部件。如果只简单计算产品总量而直接汇总的话，势必产生外购件越多，企业劳动生产率越高；半成品越多，企业劳动生产率越低的

虚假现象。所以,产品实物量的统计应剔除这两种情况的影响,其计算公式为:

产品实物量 = 报告期产量 × 企业自制零部件占整机比重 + 半成品产值/每台整机不变价格

其中:

$$企业自制零部件占整机比重 = \frac{报告期可比产品计算的总成本中自制零部件成本}{报告期按上期的可比产品计算的总成本}$$

2. 按标准产品实物量计算的劳动生产率

标准的实物量,是指把实用价值相同而规格不同的产品,按不同的折合系数折算为同一马力的标准台等。标准实物产量的计算有以下两种方法:

(1) 折算系数法,即以一个单位的一般产品折算为多少单位的标准产品。其计算公式为:

$$折算系数 = 产品的实际规格 / 标准品的实际规格$$

$$标准实物产量 = \sum(产品产量 \times 折算系数)$$

(2) 折合比例法,即以多少单位的一般产品折算为一个单位的标准产品。其计算公式为:

$$折合比例 = 标准品的规格 / 产品的实际规格$$

$$标准实物产量 = \sum(产品产量 / 折合比例)$$

当标准实物产量折算出来后,就可以计算劳动生产率的标准实物量指标。其计算公式为:

劳动生产率标准实物量指标 = 按标准实物量计算的产量/活劳动消耗量

该指标主要适用于产品品种比较单一、规格比较多的企业的劳动生产率实物量指标统计。

3. 按总产值计算的劳动生产率

为了综合测定企业生产各种不同产品的平均劳动生产率水平及其变化情况,必须利用产品的价值量指标,产品的价值量指标有三种,即总产值、净产值和增加值。按总产值计算的劳动生产率指标的公式为:

按总产值计算的劳动生产率 = 总产值/活劳动消耗量

总产值是指工业企业在一定时期内生产的以货币形式表现的企业所有产品总产量。如果要统计全部工业企业的总产值,需按"工厂法"原则进行。工厂法是指以工业企业作为一个整体,按企业工业生产活动的最终结果计算,企业内部不允许重复计算,但在各企业之间允许重复计算。

按总产值计算的劳动生产率指标具有综合反映企业生产多种产品的生产效率的优点,因而应用范围广泛。但是,由于总产值中没有扣除产品的转移价值,当企业产品品种发生变动时，将会使不同时期总产值有较大波动，从而使劳动生产率的水平统计发生较大变动。而这种变动，又不能正确反映企业的生产效率的变化。所以，这种指标只是一种纯生产性指标，不能正确反映企业的经济效益状况，只适合于粗略地评价企业的劳动效率水平，要客观、公正、准确地评价企业的劳动效率，必须借助于按净产值或按增加值计算的劳动生产率指标。

4. 按净产值计算的劳动生产率

工业企业的净产值，是指企业在报告期内所创造的价值。按净产值计算的劳动生产率是用净产值与活劳动消耗量的比值来表示。其计算公式为：

按净产值计算的劳动生产率 = 净产值/活劳动消耗量

其中，净产值一般按现行价格统计，其计算方法为：

$$\text{按现行价格计算的企业净产值} = \text{按现行价格计算的企业总产值} - \text{按现行价格计算的物质消耗价值}$$

企业净产值劳动生产率水平的提高，表明企业人均新创造的价值增大。净产值的计算虽受价格和国家税收的影响较大，但在市场经济体制下，它是一种经营性指标。所以，按净产值计算的劳动生产率比按总产值计算的劳动生产率要优越。现阶段，按净产值计算的劳动生产率指标作为国家考核企业经济效益的六大指标之一，发挥着十分重要的作用。

企业净产值和总产值关系密切。净产值能确切反映企业生产增长和物质消耗节约两个方面的成果。要增加净产值，一方面，有赖于总产值的增加；另一方面，有赖于物质消耗的降低。按总产值和按净产值计算的劳动生产率指标的关系为：

净产值/活劳动消耗 =（总产值/活劳动消耗）×（净产值/总产值）

即：　净产值劳动生产率 = 总产值劳动生产率 × 净产值率

5. 按增加值计算的劳动生产率

工业企业增加值，是指工业企业生产活动创造的价值。其计算公式为：

企业增加值 = 净产值 + 折旧

增加值指标的统计，是随着我国统计科学和统计工作现代化的进程，汲取国外的成功经验而增设的。按该指标计算的劳动生产率指标，对于促进企业改进经营管理水平等有着十分积极的意义。计算公式为：

按增加值计算的劳动生产率 = 增加值/同期劳动消耗量

该指标也按现行价格统计。在西方国家，该指标是衡量企业生产成果的最好指标，受到了广泛的重视。我国这一指标的统计，还有待于推广和完善。

6. 按生产工作量指标计算的劳动生产率

劳动生产率是指按定额工时计算生产工作量指标的劳动生产率。对于企业不同品种规格的产品产量，如以实物量统计，无法折算汇总；如以价值量指标来统计，又要受价值规律、市场供求变化的影响;而如果将不同产品工时定额折算成实际完成的定额工时加以汇总,然后与生产这些产品的实际工时相比来计算劳动生产率水平,就能避免上述问题。劳动生产率的生产工作量指标的计算公式为:

劳动生产率生产工作量指标 = 实际完成定额工时 / 生产实用工时

$$实际完成定额工时 = \sum (产品产量 \times 定额工时)$$

在计算实际完成定额工时的过程中,可以计算个人、小组实际完成定额工时数;汇总各车间小组实际完成定额工时数,可得车间实际完成定额工时数;汇总各车间实际完成定额工时数,可得全厂的工作量指标。

值得注意的是,各班组工时产量直接相加常常不等于车间的工时产量;各车间的工时产量相加也不等于全厂的工时产量,主要原因在于,在实际工作中,为了准确反映个人或小组的生产成果,常将间接废品工时和非因工人过失而造成的废品工时计算在实际完成工时内,而在反映整个车间生产成果时,却要将这些废品工时扣除。另外,有些产品常需几个车间共同协作完成,它不仅会浪费本车间工时而且使前车间的有效工时也变成无效工时。

这一指标的不足之处在于,由于生产同一类产品的各个企业在生产管理和技术装备水平上存在着差异,产品的工时定额不可能完全相同,故这个指标在企业之间的可比性较差。这样,该指标的应用就受到了很大的限制,一般只适合在企业内部使用,用作企业自身纵向比较。

(二)按企业不同人员范围计算的劳动生产率

1. 基本生产工人劳动生产率

基本生产工人,是指企业直接从事产品生产的工人。该指标是决定企业劳动生产率水平高低的主要因素。它能反映出企业技术装备水平、基本生产工人的技术水平以及熟练程度、劳动强度和企业的管理水平等。计算公式为:

基本劳动工人劳动生产率 = 总产值/基本生产工人(包括学徒)平均人数

2. 生产工人劳动生产率

企业进行生产活动,既要有直接从事生产的基本生产工人,也离不开服务于生产的辅助工人,如机修工、搬运工、仓库管理员等,他们也参加了生产活动。所以,考察企业工人劳动生产率时,应包括辅助生产工人。这样,就必须计算生产工人劳动生产率指标。计算公式为:

生产工人劳动生产率 = 总产值/生产工人(包括学徒)平均人数

企业生产工人劳动生产率水平的高低,直接影响企业全员劳动生产率水平。通过对企业生产工人劳动生产率水平的研究,对于综合评价企业各项工作,诸如管理工作、工艺设计、技术革新、劳动组织等项工作都有重要的参考价值。

3. 全员劳动生产率

全员劳动生产率，是指以企业全部职工为对象计算的劳动生产率。其计算公式为：

全员劳动生产率 = 总产值/全部职工人数

在实际计算过程中，企业全部职工人数还须扣除其他人员。公式为：

全员劳动生产率 = 总产值/职工人数（扣除其他人员）

其他人员包括休长假、长期脱产学习和出国援外等与企业生产基本无关的人员。在计划经济体制下，随着“企业办社会”而产生的社会服务机构人员（如厂医院、学校、商店人员等）也属其他人员，也应扣除。

（三）按不同时间单位计算的劳动生产率

1. 小时劳动生产率

这个指标反映的是每个工人纯工作时间内的劳动生产效率。计算公式为：

小时劳动生产率 = 产品产量/耗用工时

2. 日劳动生产率

这个指标主要反映每个工人实际日内生产产品的能力。计算公式为：

日劳动生产率 = 产品产量/耗用工日

3. 月（季、年）劳动生产率

这个指标综合反映工作月（季、年）生产工人或全部职工平均提供产品的能力。通过这个指标，可以说明企业生产经营工作的水平。计算公式为：

月（季、年）劳动生产率 = 全月（季、年）产品产量/月（季、年）平均人数

在考核生产工人劳动生产率时，按不同时间单位计算的劳动生产率指标之间存在着如下关系：

$$\text{日劳动生产率} = (\text{产品产量}/\text{实际作业工时}) \times (\text{实际作业工时}/\text{实际作业工日}) = \text{小时劳动生产率} \times \text{实际工作日平均长度}$$

$$\text{月劳动生产率} = \frac{\text{产品产量}}{\text{实际工作工日}} \times \frac{\text{实际工作工日}}{\text{月生产工人平均人数}} = \text{日劳动生产率} \times \text{实际工作月长度（天）}$$

三、劳动生产率指数

劳动生产率指数，是指报告期劳动生产率水平与基期劳动生产率水平的比率。

$$\text{劳动生产率指数} = \text{报告期劳动生产率水平} / \text{基期劳动生产率水平} = \frac{\text{报告期产量}}{\text{报告期活劳动消耗量}} \div \frac{\text{基期产量}}{\text{基期活劳动消耗量}} = Q_1/T_1 \div Q_0/T_0 = q_1/q_0$$

式中，Q_1、Q_0为报告期和基期产量；T_1、T_0为报告期和基期活劳动消耗量；q_1、q_0为报告期和基期劳动生产率水平。

劳动生产率指数有三种形式：

1. 劳动生产率可变组成指数

它表明现象总体平均水平的变动情况，用报告期和基期劳动生产率水平的比率来表示。其计算公式为：

$$\text{劳动生产率可变指数} = \frac{\bar{q}_1}{\bar{q}_0} = \frac{\sum q_1 T_1}{\sum T_1} \div \frac{\sum q_0 T_0}{\sum T_0} = \frac{\sum q_1 \dfrac{T_1}{\sum T_1}}{\sum q_0 \dfrac{T_0}{\sum T_0}}$$

式中，$\bar{q}_1$、$\bar{q}_0$ 为报告期和基期劳动生产率平均水平；

$\bar{q}_1$、$\bar{q}_0$ 为报告期和基期各组成单位劳动生产率水平；

T_1、T_0为报告期和基期各组工人人数；

$\frac{T_1}{\sum T_1}$、$\frac{T_0}{\sum T_0}$ 为报告期和基期各组人员在总体中比重。

从上式可以看出，两个时期的平均劳动生产率的变动，既受各组劳动生产率水平变动的影响，也受各组职工人数占总人数比重的影响。

2. 劳动生产率固定组成指数

固定组成指数，是指将各组人员的人数假定在报告期，以消除人员结构变动的影响，单独考察各组劳动生产率变动对整个企业劳动生产率水平的影响程度。计算公式为：

$$\text{劳动生产率固定组成指数} = \frac{\sum q_1 T_1}{\sum T_1} \div \frac{\sum q_0 T_1}{\sum T_1}$$

该指标的经济内容是：分子是报告期的劳动生产率平均水平，分母是假定各组人员达到报告期水平的基期劳动生产率平均水平。因而，分子与分母的差别，完全是由两个时期劳动生产率水平变动而引起的。

3. 劳动生产率结构影响指数

它是用来分析总体结构变动对劳动生产率总水平的影响。它是在假定各组职工劳动生产率维持基期水平的基础上计算的。其公式为：

$$\text{劳动生产率结构影响指数} = \frac{\sum q_0 T_1}{\sum T_1} \div \frac{\sum q_0 T_0}{\sum T_0}$$

上述公式的分子，是假定各组劳动生产率水平维持在基期水平上不动的报告期总劳动生产率平均水平;分母是基期实际劳动生产率总平均水平。两者对比的结果,反映两个时期各组职工构成变动对劳动生产率总平均水平的影响程度。

四、劳动效益指标统计

劳动效益指标,是指实际收益与活劳动消耗量之间的比值,它主要反映每个劳动者在单位时间内所创造的实际收益。通常情况下,劳动效益指标有直接指标和间接指标两种表示方法。

1. 劳动效益直接指标

它用人均创利率指标来表示,即用企业在一定时期内所创总利润与平均人数的比值来表示。计算公式为:

人均创利率 = 总利润(月、季、年)/平均人数(月、季、年)

实际工作中,总利润有两种统计方法:一是按企业实际生产产量计算的潜在利润额;二是产品经销售后的实际利润额。

如果用人均实际创利率指标来考核企业的劳动效益水平,就很难做到及时、准确;而如用生产创利率指标来衡量,虽然可以避免不够及时、不够准确的缺陷,但只能反映企业潜在的生产效果。两种方法相比较,前者能更好地反映企业实际经营效果,能更好地体现企业的经济效益水平。另外,将企业生产创利率与实际创利率进行比较,也可以发现企业预测、决策以及售后服务等方面的问题。

2. 劳动效益的间接指标

实际工作中,经常还需统计两种间接指标,即工资利润率和每百元产值中的工资含量。

(1) 工资利润率。该指标可以间接地反映企业职工的劳动效益水平。计算公式为:

(月、季、年)工资利润率 = 总利润(月、季、年)/工资总额(月、季、年)

用符号表示为:

$$\text{工资利润率} = m/v$$

工资利润率越高,说明单位工资所带来的利润越大,劳动效益也越高;反之,劳动效益越低。

(2) 每百元产值中的工资含量。这项指标可用总产值计算,也可以用净产值计算,用净产值计算更加合理。计算公式为:

每百元净产值工资含量 = 工资总额/净产值(百元)

用符号表示为:

$$\text{每百元净产值工资含量} = v/(v + m)$$

五、劳动效益指标与劳动生产率指标间的数量关系

劳动效益与劳动生产率关系密切,劳动生产率的提高,为劳动效益的提高创造了条件,两者间的数量关系可用公式表示为:

劳动效益 = 按净产值计算的劳动生产率 × 利润占净产值比重 × 利润实现程度

即:

$$\frac{实现的利润总额}{劳动者平均人数}=\frac{净产值}{劳动者平均人数}\times\frac{利润总额}{净产值}\times\frac{实现的利润总额}{利润总额}$$

从中可以看出,人均创利率受三个因素的影响,即受按净产值计算的劳动生产率、利润占净产值的比重和利润实现程度的影响。提高劳动生产率是提高劳动效益的源泉。要提高企业劳动效益,不仅应着眼于销售和经营两方面工作,还应大力提高劳动生产率。

第八章　企业生产运营管理

生产运营活动是人类最基本的活动,是社会财富的主要来源,是企业创造价值从而获取利润的主要环节。随着人类社会实践活动的进步,生产运营管理进入了一个新阶段。

第一节　生产运营管理概述

一、生产运营管理的基本概念

生产是大多数人都了解的概念。然而,随着服务业的兴起,生产的概念已经扩展,生产不再只是工厂里从事的活动了,而是一切社会组织投入其最主要的资源后所进行的最基本的活动。

1. 生产运营概念的发展

世界上存在各种社会组织。社会组织是具有特定目标和功能的、社会化的生产要素的集合体。社会组织的活动以其内部资源条件为基础,并受到各种外部条件的约束,输入原材料、能源和信息,输出产品和服务,如图 8-1 所示。

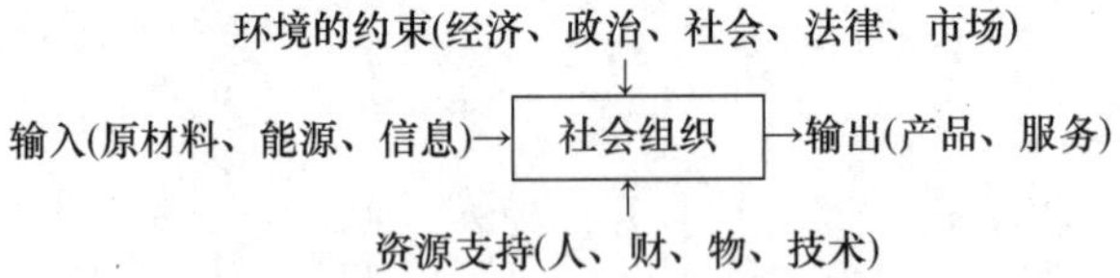

图 8-1　社会组织及其外部约束

服务业的兴起是社会生产力发展的必然结果,如果没有服务业,就不会有现代社会。随着人们对服务业更加重视,提供无形产品的生产运营管理也就应运而生。生产管理的研究范围从制造业扩大到了非制造业。这种扩大了的生产的概念,我们称之为“operations”,即运营或生产运营。

从一般意义上讲,我们可以给生产运营下这样一个定义:生产运营是一切社会组织将它的输入转化为输出的过程。

2. 生产运营系统

生产运营系统是一个"输入—转化—输出"的系统,转化就是在这个系统中实现的。生产运营系统是由人和机器构成的,能将一定输入转化为特定输出的有机整体。输入是由输出决定的,生产什么产品和提供什么服务,决定了需要什么样的输入。输出的"质"不同,则生产运营系统不同。生产运营系统还取决于输出的"量"。同是生产同类产品,大量大批生产和小批量生产所采用的设备以及设备布置的形式是不相同的,运营组织方式也是不同的。

3. 社会组织的基本职能

生产运营是一切社会组织的基本职能。通过生产运营,一种社会组织为其他社会组织和居民提供产品和服务。社会组织若不提供输出,或者所提供的输出因品种、质量或其他问题不为人们所接受,就得不到社会的承认。这样的社会组织就不能生存下去,就会在竞争中被淘汰。

生产运营并不是社会组织的唯一职能。一般认为,社会组织的基本职能有三项:生产运营、财务和营销。生产运营是一切社会组织最基本的活动。社会组织中的大部分人力、物力和财力都投入到生产运营活动之中,以制造社会所需要的产品和提供顾客所需要的服务。

三项基本职能是相互依存的。其中,发现需求是进行生产运营活动的前提;有了市场和生产能力,但没有资金购买原材料、支付工资,显然也是不行的。三项基本职能连同组织的其他职能,都是组织不可少的。

二、生产运营管理的基本内容

生产运营管理是对生产运营系统的设计,对生产活动进行计划、组织与控制。

1. 生产运营管理的目标

生产运营管理所追逐的目标可以用一句话来概括:高效、灵活、准时、清洁地生产合格产品和(或)提供满意服务。

效率是投入和产出的比较,高效就是以较少的投入得到较多的产出。产出的是产品和服务,投入包括人力、物力、财力和时间。高效指以最少的人力、物力和财力的消耗,迅速地生产满足用户所需要的产品和提供优质服务。低耗才能低成本,低成本才有低价格,低价格才能争取用户。灵活是指能很快地适应市场的变化,生产不同的品种和开发新品种或提供不同的服务和开发新的服务。准时是在用户需要的时间,按用户需要的数量,提供所需的产品和服务。清洁指在产品生产、使用和报废处理过程中,对环境的污染和破坏最少。合格产品和(或)满意服务,是指质量。当前,激烈的市场竞争对企业的要求包括五方面:时间(time,T)、质量(quality,Q)、成本(cost,C)、服务(serve,S)和环保(environment,E)。T 指满足顾客对产品和服务在时间方面的要求，即上市要及时，交货期要短而准时；Q 指满足顾客对产品和服务在质量方面的要求；C 指满足顾客对产品和服务在价格和使用成本方面的要求，即不仅产品形成过程中的成本低，而且在用户使用过程中的成本也低；S 指提供产品之外为满足顾客需求而提供的相关服务，如产品售前服务及售后服务；E 指对环境的保护程度。

2. 基本内容

生产运营管理包括对生产运营系统设计的管理，对生产系统运行过程的管理和对生产过程改进的管理。

生产运营系统的设计包括产品或服务的选择和设计、工艺选择、能力规划、生产运营设施的选址，生产运营设施布置、服务交付系统设计和工作设计等。

生产运营系统的运行，主要是指在现行的生产运营系统中，如何适应市场的变化、用户的需求，生产合格产品和提供满意服务。生产运营系统的运行主要涉及生产运营计划、组织与控制三个方面。

计划方面解决生产什么、生产多少和何时出产的问题，确定产品和服务的品种与产量，设置产品交货期和服务提供方式，编制生产运营计划，做好人员班次安排，统计生产进展情况等。

组织方面解决如何合理组织生产要素，使有限的资源得到充分而合理的利用的问题。

控制方面解决如何保证按计划完成任务的问题，主要包括接受订货控制、投料控制、生产进度控制、库存控制和成本控制等。对订货生产型企业，接受订货控制是很重要的。接不接、接什么、接多少，是一项重要决策，它决定了企业生产经营活动的效果。投料控制主要是决定投什么、投多少、何时投，它关系到产品的出产期和在制品数量。生产进度控制的目的是保证零件按期完工，产品按期装配和出产。库存控制包括对原材料库存、在制品库存和成品库存的控制。如何以最低的库存保证供应，是库存控制的主要目标。

三、生产运营的分类

可以从不同角度对生产运营进行分类。

（一）从生产运营“质”的角度，将生产运营分成制造性生产和服务性运营

1. 制造性生产

制造性生产是通过物理和（或）化学作用将有形输入转化为有形输出的过程。将有形原材料转化为有形产品的过程。

（1）连续性生产与离散性生产。按工艺过程的特点，可分为连续性生产与离

散性生产两种。

连续性生产是指物料均匀，连续地按一定工艺顺序运动，在运动中不断改变形态和性能，最后形成产品的生产，又称为流程式生产。

离散性生产是指物料离散地按一定工艺顺序运动，在运动中不断改变形态和性能，最后形成产品的生产，又称为加工装配式生产。其特点使得构成产品的零部件可以在不同地区，甚至不同国家制造。

(2) 备货型生产与订货型生产。按照企业组织生产的特点，可分成备货型生产与订货型生产两种。流程式生产一般为备货型，加工装配式生产既有备货型又有订货型。

备货型生产是指在没有接到用户订单时，经过市场预测按已有的标准产品或产品系列进行的生产，生产的直接目的是补充成品库存。备货型生产产品的通用性强，标准化程度高，有广泛的用户。

订货型生产是指按用户特定的要求进行的生产。用户可能会对产品提出各种各样的要求，以协议或合同的形式确认对产品性能、结构、质量、数量和交货期的要求。订货型生产产品的专用性强，大都是非标准的，有特定的用户。

2. 服务性运营

服务性运营又称为非制造性(Non-manufacturing)生产，它的基本特征是提供劳务。但是，不制造有形产品不等于不提供有形产品。

可以按以下方式对服务性运营进行分类：

(1) 按照是否提供有形产品可分成纯劳务运营和一般劳务运营两种。纯劳务运营不提供任何有形产品，一般劳务运营则提供有形产品。

(2) 按顾客是否参与也可分成顾客参与的服务运营和顾客不参与的服务运营两种。

(3) 按劳动密集程度和与顾客接触程度可分成大量资本密集服务、专业资本密集服务、大量劳务密集服务和专业劳务密集服务四种。

(二) 从生产运营"量"的角度，将生产运营分成大量生产、成批生产和单件生产

1. 大量生产

大量生产品种单一、产量大，生产重复程度高。美国福特汽车公司曾长达19年始终坚持生产T型车一个车型，是大量生产的典型例子。

2. 单件生产

单件生产与大量生产相对立，是另一个极端。单件生产品种繁多，每种仅生产一台，生产的重复程度低。我国某汽车公司冲模厂制造汽车冲模是典型的单件生产。

3. 成批生产

成批生产介于大量生产与单件生产之间,即品种不止一种,每种都有一定的批量,生产有一定的重复性。在当今世界上,单纯的大量生产和单纯的单件生产都比较少,一般都是成批生产。由于成批生产的范围很广,通常将它划分成"大批生产"、"中批生产"和"小批生产"三种。

由于大批生产与大量生产的特点相近,所以习惯上合称"大量大批生产"。同样,小批生产的特点与单件生产相近,习惯上合称"单件小批生产"。对于服务性生产,也可以划分与制造性生产类似的生产类型。

四、竞争力与生产运营策略

(一) 竞争力

企业在市场上销售产品和服务必定要面临竞争。竞争力是决定一家企业壮大仅能维持生存或是失败的一个重要因素。

企业组织通过其营销和运营职能的一些配合进行竞争。营销职能的开展影响到几个方面,包括明确消费者的需要和需求、定价以及广告和促销。

(1) 明确消费者的需要和需求是企业组织进行决策过程的一个基本环节,是决定竞争力的核心。

(2) 定价通常是消费者做出购买决定的一个关键因素。

(3) 广告和促销是企业组织将产品或服务的特性告诉给潜在顾客并吸引他们购买的方式。

运营职能通过以下方面影响到竞争力:产品和服务设计、成本、地理位置、质量、响应时间、柔性、库存和供应链管理以及服务。这些方面之间是相互联系的。

(1) 产品和服务设计应当体现企业许多职能部门协同工作。

(2) 一个组织的产出成本是影响该组织的定价决策、生产率和利润的一个关键变量。

(3) 地理位置就顾客的成本和便利性而言是重要的。

(4) 质量与用料、做工及设计密切相关。

(5) 快速响应可成为一种竞争优势。

(6) 柔性是指对变化的反应能力。

(7) 库存管理得好,可以做到产品的供应与需求有效匹配,取得竞争优势。

(8) 供应链管理涉及内外运营(购买者和供应者)的协调,以实现整个系统内货物交付及时、成本低。

（9）服务可能包括被顾客看成价值增值的售后活动。

（10）管理者和工人是一个组织的核心。

（二）影响企业竞争力的因素

价格、质量、品种、服务、时间和环保是影响顾客对产品和服务需求的六大因素，也是影响企业竞争力的因素。价格是顾客要获得一定的使用价值在经济上的付出。当顾客认为产品或服务的价值高于他所付出的价格时，满意度较高。质量反映产品使用价值的高低和范围。品种是顾客对不同产品的选择余地。服务是指通过顾客在购买、使用和报废产品的过程中提供各种服务和担保，尽可能满足顾客个性化的要求，建立顾客与企业之间的信赖关系。时间用以衡量以多快的速度向顾客提供产品。环保是指产品在制造、使用和报废过程中，对环境的污染和破坏程度最小。

顾客对这六大因素的满意度越高，产品和服务就越能赢得顾客的信赖，企业就越具有竞争力。

在居民消费水平较低情况下，“有没有”的问题比较突出。产品只要可用、便宜，就受欢迎。影响产品竞争力的主要因素是价格。

随着消费水平的提高，“好不好”的问题突出出来，“价廉质劣”，产品不再受人们青睐，影响竞争力的主要因素是质量。

当质量和价格普遍达到一定水平之后，顾客就要追求多样化的产品和服务，需要不断更新产品和服务，产品即使“经久耐用”，也要被淘汰。这就需要供方提供多种多样的产品和服务供顾客选择。单一化的产品，即使质量好、价格低，也不能为顾客所接受。品种成为影响产品竞争力的主要因素。

提供多样化的产品供顾客选择，不仅使成本大幅度上升，而且还是不能满足顾客个性化的需要。顾客需要的是满足他们个性化的要求。服务就成为影响竞争力的主要因素。服务的本质就是使顾客个性化的要求能够得到满足。提供“量身定做”的产品和服务，才能真正为顾客提供解决方案。

当各种企业的产品和服务在前四种因素上的差别不大时，谁能够最及时地向顾客提供定制的产品和服务，谁能够最快地推出顾客意想不到的新产品和新服务，谁就受到顾客的欢迎。时间成为影响竞争力的主要因素，这在日常生活中就可以见到。

当各个企业提供的产品和服务在前五种因素上的差别不大时，哪种产品和服务能够清洁地生产出来，在使用中对环境的污染最小，报废处理也由企业承担，哪种产品就能得到顾客的青睐。

（三）企业战略与生产运营策略

1．企业战略

企业之间的竞争，在相当程度上表现为企业战略定位、运作策略选择的竞争。

按照正式的战略规划制定和实施的模式，战略管理过程包括确定企业使命（宗旨）和主要目标、战略分析、战略选择和战略实施四个阶段。

战略分析包括两个方面：分析外部环境以找出机会和威胁，分析内部条件以找出优势与劣势。以美国哈佛大学商学院的安德鲁斯教授为代表的战略规划学派，提出了著名的SWOT分析方法，全面分析企业的优势（S）、劣势（W）、机会（O）和威胁（T）四种因素。优势和劣势都是就企业本身而言的，机会和威胁是从外部环境分析出来的。

在进行内部条件与外部环境分析的基础上，选择适当的战略，包括企业战略或公司战略，事业部战略也称为经营战略或竞争战略，以及职能策略。

公司战略是企业最高层次的战略，解决公司应该投入何种事业领域，以实现长期利润最大化目标。公司可以选择专注于单一事业（专业化战略），也可以选择多种不同的事业领域（多元化战略）；可以采取垂直一体化，也可以采取水平一体化。

经营战略主要指波特教授提出的三种基本的市场竞争战略：成本领先（overall cost leadership）战略、差异化（differentiation）战略和集中（market focus）战略。

职能策略为增进企业内职能性操作效果的策略，如生产、营销、物料管理、研究与开发以及人力资源管理等策略，当然也包括跨职能的策略。通过职能策略的实施，实现高效率、高质量、创新和良好的顾客响应，以取得低成本和实现差异化，从而赢得竞争优势。

高效率导致低成本，良好的顾客响应造成差异化，具有创新和高质量的产品往往既能提高差异化又能降低成本。效率、质量、创新以及良好的顾客响应，都与生产运营有密切关系。

2．生产运营策略

生产运营策略主要包括三方面内容：生产运营的总体策略；产品或服务的选择、开发与设计；生产运营系统的设计。

生产运营的总体策略主要包括自制还是购买、预测驱动还是订单驱动方面的选择。

自制还是购买，这是首先要决定的问题。如果决定自己制造某种产品或由本企业提供某种服务，则需要建造相应的工厂或服务设施，采购所需要的设备，配备相应的工人、技术人员和管理人员。如果决定购买，则不必配备这些资源。

对于自制产品如何组织生产，可以采取两种不同的方式：预测驱动或者订单驱动。预测驱动式生产是根据对市场需求的预测来组织生产活动。它是一种推进式的组织生产方式，由于预测难以精确，预测驱动式生产必然导致成品库存，形成备货型生产。订单驱动式生产是根据客户订单进行生产。它是一种拉动式的组织生产方式，由于定制产品具有专用性或非标准性，生产受顾客订单驱动，避免产品积压的风险。

第二节　生产运营系统的设计

一、企业研究与开发

（一）新时期企业面临环境的主要特征

由于科学技术不断进步和经济的不断发展，全球化信息网络和全球化市场形成及技术变革的加速，围绕新产品的市场竞争也日趋激烈。技术进步和需求多样化使得产品生命周期不断缩短，企业面临着缩短交货期、提高产品质量、降低成本和改进服务的压力。所有这些都要求企业能对不断变化的市场做出快速反应，源源不断地开发出满足用户需求的、定制的“个性化产品”去占领市场以赢得竞争，市场竞争也主要围绕新产品的竞争而展开。在20世纪，企业所面临的环境更为严峻。

综合而言，企业面临的环境有如下几个方面的特点：

（1）信息爆炸的压力；

（2）技术进步越来越快；

（3）高新技术的使用范围越来越大；

（4）市场和劳务竞争全球化；

（5）产品研制开发的难度越来越大；

（6）可持续发展的要求；

（7）全球性技术支持和售后服务；

（8）用户的要求越来越苛刻。

由此可见，企业面临外部环境变化带来的不确定性，包括市场因素（顾客对产品、产量、质量、交货期的需求和供应方面）和企业经营目标（新产品、市场扩展等）的变化，企业要想在这种严峻的竞争环境下生存，必须具有强有力的处理环境的变化和由环境引起的不确定性的能力，即通常所说的柔性（flexibility）。

（二）现代企业的研究与开发

1. 研究与开发

研究与开发（research and development，R&D）包括基础研究、应用研究和技术开发。基础研究进行的是探索新的规律、创建基础性知识的工作;应用研究是将基础理论研究中开发的新知识、新理论应用于具体领域;技术开发研究是将应用研究的成果经设计、试验而发展为新产品、新系统和新工程的科研活动。

2. 产品开发过程

要了解企业技术系统的活动特征,首先应该了解产品开发过程。一般产品开发过程包括产品构思(concept design)、产品设计(product design)、工艺设计(process planning)等系列活动。产品设计过程包括新产品的需求分析、产品构思、可行性论证过程、结构设计(包括总体设计、技术设计、详细设计等)过程,以及工艺设计过程。

二、产品开发与流程选择

(一) 产品设计原则和绩效评价

选择一个真正能为企业带来效益的产品并不容易,关键看产品设计人员是否真正具备市场经济的头脑。一方面,新技术的出现对新产品的形成有重要影响,另一方面,主要看企业是否真正把用户放在第一位。因此,产品设计和选择应遵循以下原则:

(1) 设计用户需要的产品(服务);

(2) 设计出制造性强的产品;

(3) 设计鲁棒性强的产品(服务);

(4) 设计绿色产品(考虑环保要求)。

为了使企业保持长久的竞争力,必须不断向市场推出新的产品,为此,企业必须有效响应用户需求,并且能超过竞争对手。抓住机会的能力、快速开发出新产品、用很短的时间将产品推向市场,对一个企业而言是十分重要的,因为产品的市场寿命是有限的。为此,必须对企业的产品和服务设计的绩效进行测量和控制,争取取得最大的效益。

(二) 生产流程的设计与选择

生产流程有三种基本类型:按产品进行的生产流程、按加工路线进行的生产流程和按项目组织的生产流程。

(1) 按产品进行的生产流程,就是以产品或提供的服务为对象,按照生产产品或提供服务的生产要求,组织相应的生产设备或设施,形成流水般的连续生产,有时又称为流水线生产。连续型企业的生产一般都是按产品组织的生产流程。由于是以产品为对象组织的生产流程,国内又叫对象专业化形式。这种形式适用于大批量生产类型。

(2) 按加工路线进行的生产流程。对于多品种生产或服务情况,每一种产品的工艺路线都可能不同,因而不能像流水作业那样以产品为对象组织生产流程,只能以所要完成的加工工艺内容为依据来构成生产流程,而不管是何种产品或服务对象。不同的产品有不同的加工路线,它们流经的生产单位取决于产品本身的工艺过程,因而又叫工艺专业化形式。这种形式适用于多品种中小批量或单件生产类型。

(3) 按项目进行的生产流程。对有些任务是一次性的,如拍一部电影、生产一件产品或盖一座大楼等,每一项任务都没有重复。所有的工序或作业环节都按一定秩序依次进行,有些工序可以并行作业,有些工序又必须顺序作业。

(三) 影响生产流程设计的主要因素

影响生产系统生产流程设计的因素很多,其中最主要的是产品或服务的构成特征,因为生产运营系统就是为生产产品或提供服务而存在的,离开了用户对产品或服务的需求,生产运营系统也就失去了存在的意义。

1. 产品或服务需求性质

生产运营系统要有足够的能力满足用户需求。首先要了解产品或服务需求的特点,从需求的数量、品种、季节波动性等方面考虑对生产运营系统能力的影响,从而决定选择哪种类型的生产流程。有的生产流程具有生产批量大、成本低的特点,而有的生产流程具有适应品种变化快的特点,因此,生产流程设计首先要考虑产品或服务特征。

2. 自制—外购决策

从产品成本、质量、生产周期、生产能力和生产技术等几个方面综合考虑,企业通常要考虑构成产品所有零件的自制—外购问题。本企业的生产流程主要受自制件的影响。企业自己加工的零件种类越多,批量越大,对生产运营系统的能力和规模要求越高。不仅企业的投资额高,而且生产准备周期长。因此,现代企业为了提高生产运营系统的响应能力,只抓住关键零件的生产和整机产品的装配,而将大部分零件的生产交由外部,充分利用其他企业的力量。

3. 生产柔性

生产柔性是指生产运营系统对用户需求变化的响应速度,是对生产运营系统适应市场变化能力的一种度量,通常从品种柔性和产量柔性两个方面来衡量。所谓品种柔性,是指生产运营系统从生产一种产品快速地转换为生产另一种产品的能力。在多品种中小批量生产的情况下,品种柔性具有十分重要的实际意义。产量柔性是指生产运营系统快速增加或减少所生产产品产量的能力。在产品需求数量波动较大,或者产品不能依靠库存调节供需矛盾时,产量柔性具有特别重要的意义。

4. 产品/服务质量水平

产品质量过去是、现在是而且将来还是市场竞争的武器。生产流程设计与产品质量水平有着密切的关系。生产流程中的每一加工环节的设计都受到质量水平的约束,不同的质量水平决定了采用什么样的生产设备。

5. 接触顾客的程度

绝大多数的服务业企业和某些制造业企业,顾客是生产流程的一个组成部分,因此,顾客对生产的参与程度也影响着生产流程设计。顾客就成了生产流程设计的中心,营业场所和设备布置都要把方便顾客放在第一位。同时考虑服务标准化,生产流程的设计则应追求标准、简洁、高效。

三、设施选址与布置

一个企业的竞争力将直接受到其地理位置和环境的影响。对于制造业企业来说其地理布局决定着某些直接成本的高低,如原材料和产品的运输成本、劳动力成本及其辅助设施的成本等。对于服务业企业来说,选址的问题直接影响着供需关系(如客流量)。此外,选址的问题还影响着员工的情绪、相互之间的关系以及公共关系等。

(一) 选址决策与物流系统

在物流系统中的一个企业的选址,与供应商、消费者及其他相关因素有密切关系。一个企业做出的选址决策应使企业的利润最大化,至少应使物流链处于控制之中。从物流系统的观点出发,就是要综合考虑所有的因素,使得物流链上的每一个节点都能达到最优。然而实际上大多数企业都只考虑很少一些因素,或者是没有办法影响其他企业的选址决策。结果是,选址的系统被破坏了,成为支离破碎的一段一段的,这显然会影响整体竞争。

(二) 影响选址的因素

选址通常涉及许多因素,与显性成本相关的因素如运输成本、人工成本、实施成本、建设费用等。与隐性成本相关的因素如国际间文化差异的考虑、法律、环境、地方政府的态度、房价、气候、学校、医院、再创造机会等。

选址决策需要考虑很多因素。这些因素可分为四类:经济因素、政治因素、社会因素和自然因素。其中经济因素是基本的。

1. 经济因素

(1) 运输条件与费用。企业一切生产经营活动都离不开交通运输。原材料、工具和燃料进厂,产品和废物出厂,零件协作加工,都有大量的物料需要运输;职工上下班,也需要交通方便。交通便利能使物料和人员准时到达需要的地点,使生产活动能正常进行,还可以使原材料产地与市场紧密联系。

(2) 劳动力可获性与费用。对于劳动密集型企业,人工费用占产品成本的大部分,必须考虑劳动力的成本。厂址在劳动力资源丰富、工资低廉的地区,可以降低人工成本。

(3) 能源可获性与费用。没有燃料(煤、油、天然气)和动力(电),企业就不能运转,对于耗能大的企业,其厂址应该靠近燃料、动力供应地。

(4) 选址条件和费用。建厂地方的地势、利用情况和地质条件,都会影响到建设投资。显然,在平地上建厂比在丘陵或山区建厂施工要容易得多,造价也低得多。

厂址条件还应考虑协作是否方便。企业也需要"群居",与世隔绝是难以生存的。由于专业化分工,企业必然与周围其他企业发生密切的协作关系。

2. 其他因素

其他因素包括政治因素、社会因素和自然因素。

(1) 政治因素。政治因素包括政治局面是否稳定,法制是否健全,税负是否公平等。建厂尤其是在国外建厂,必须要考虑政治因素。

(2) 社会因素。投资建厂要考虑的社会因素包括居民的生活习惯、文化教育水平、宗教信仰和生活水平。

(3) 自然因素。自然因素主要是气候条件和水资源状况。气候条件将直接影响职工的健康和工作效率。

(三) 设备/设施布置决策

生产和服务设备/设施布置就是指合理安排企业或某一组织内部各个生产作业单位和辅助设施的相对应位置与面积、车间内部生产设备和布置。生产和服务设施布置要在确定了企业内部生产单位和生产内部采用的专业化形式之后才能进行。

1. 生产单位的专业化原则

生产单位的专业化原则和形式,影响企业内部的生产分工和协作关系,是企业与车间平面布置中必须考虑的重要问题。生产单位专业化原则有工艺专业化和对象专业化原则。

(1) 工艺专业化原则(process focused)。按照工艺专业化特征建立的生产单位,形成工艺专业化车间。工艺专业化形式的生产单位内集中了完成相同工艺的设备和工人,可以完成不同产品的相同工艺内容的加工。工艺专业化生产单位具有对产品品种变化适应能力强、生产系统可靠性高、工艺管理方便的优点,但由于完成整个生产过程需要跨越多个生产单位,因而也有加工路线长、运输量大、运输成本高、生产周期长、组织管理工作复杂等缺点,也由于变换品种时需要重新调整设备,耗费的非生产时间较多,生产效率低。

(2) 对象专业化原则(product focused)。按照产品(或零件、部件)建立的生产单位,形成对象专业化车间。对象专业的生产单位内集中了完成同一产品生产所需的设备、工艺装备和工人,可以完成全部或大部分的加工任务。对象专业化生产单位便于采用高效专用设备组织连续流水作业,可缩短运输路径、减少运输费用,有利于提高生产效率、缩短生产周期,同时还简化了生产管理,但是专业化生产单位只固定了生产一种或很少几种产品的设备,因而对产品品种变化适应力较差。

2. 几种现行布置形式

布置问题方法的目标是使物流成本最小。当物流成本最小是主要目标时,流程分析在布置中就是很重要的问题。流程形式可以分为水平和垂直两种。如果所有的设备、设施都在同一个车间里时,就按水平方式考虑,当生产作业是在多个楼层周转时,就按垂直方式考虑。

(1) 固定式布置。固定式布置(fixed position layout)是指加工对象位置固定,生产工人和设备都随加工产品所在的某一位置而转移,这种布置形式适用于大型产品的装配过程。由于某些产品体积庞大笨重,不容易移动,所以可保持产品不动,将工作地按生产产品的要求来布置。

(2) 按产品布置。按产品布置(product layout)就是按对象专业化原则布置有关机器和设施。最常见的如流水生产线或产品装配线。

(3) 按工艺过程布置。按工艺过程布置(process layout)又称工艺专业化布置,就是按照工艺专业化原则将同类机器集中在一起,完成相同工艺加工任务。

(4) 按成组制造单元布置。按工艺专业化布置生产和服务设施,带来的问题是很明显的。它容易造成被加工对象在生产单位之间交叉往返运输,不仅引起费用上升,而且延长了生产周期。

(5) C 形制造单元布置。成组制造单元具体地可以布置成 C 形,简称 C 形制造单元布置(C-line cell)。

(6) U 形制造单元及生产线布置。U 形制造单元及生产线布置(U- line cell)。

在实际生产中,一般都综合运用上述几种形式,针对不同的零件品种数和生产批量选择不同形式的生产单元。

第三节　生产运营系统的运行与管理

一、生产运营计划

计划是管理的首要职能。没有计划,企业内一切活动都会陷入混乱。现代企业生产运营的社会化程度很高,企业内部分工十分精细,协作非常严密,任何一部分活动都无法离开其他部门而单独进行。因此,需要统一的计划来指挥企业各部分的活动。

(一) 企业计划的层次

企业里有各种各样的计划,这些计划是分层次的。一般可以分成战略层计划、战术层计划与作业层计划三个层次。

战略层计划,又称长期计划,涉及企业在市场竞争中地位的变化、产品和服务的发展方向、生产的发展规模、技术的发展水平、新生产服务设施的选址和布置等。企业战略层计划是一种十分重要的计划,关系到企业的兴衰。战略层计划实质上为战术层计划提供了生产能力的限制。

战术层计划,又称中期计划,是确定在现有资源条件下所从事的生产经营活动应该达到的目标,如产量、品种、产值、库存、员工和利润。战术层计划又为作业层计划制定了边界。

作业层计划,又称短期计划,是确定日常的生产经营活动的安排,如任务分配、负荷平衡、作业排序、生产和订货的批量确定、进度控制等。

作业层计划支持战术层计划,战术层计划支持战略层计划,从而保证企业战略的实现,三个层次的计划各有不同的特点。

(二) 生产计划的层次

生产计划包括生产计划大纲(国外称综合计划)、产品交付计划和产品出产计划,国外称主生产进度计划(master production schedule,MPS)。综合计划或生产计划大纲不涉及具体产品型号、规格,它以假定产品为计划对象。产品交付计划和产品出产计划以具体产品和工矿配件为计划对象。在企业计划体系中,生产计划是一种战术性计划。

生产计划也可以再细分成不同的层次。生产作业计划是指挥企业内部生产活动的计划。车间生产作业计划的对象为工序,故也可称为工序级生产作业计划。

(三) 处理非均匀需求的策略

编制生产计划大纲需要解决的一个基本问题是,如何处理非均匀需求。市场需求的起伏和波动是绝对的,而企业的生产能力又是相对稳定的,要解决这个矛盾,就要解决非均匀需求。

处理非均匀需求可以通过市场营销的办法,也可以通过生产运营的办法。

1. 改变需求的办法

(1) 通过改变价格转移需求。通过价格差别使高峰需求转移到低峰时期。这种方法在服务业用得多,且对需求价格弹性大的产品和服务最有效。

(2) 推迟交货。将某时期的订货推迟一段时间交货,同时给顾客一定的价格折扣。能否成功应用这种方法取决于顾客的态度,推迟交货有损失销售额和失去顾客的危险。

2. 调整运营能力的办法

(1) 改变劳动力数量。任务重的时候多雇工,任务轻的时候少雇工。达种方法在服务业用得较多。

(2) 忙时加班加点,闲时培训。加班加点是职工比较容易接受的策略,也容易实行,有利于企业维持稳定的职工队伍和增加职工收入。但这种方法也不是永远可行,过多的超时工作会使人厌倦,工作效率和质量降低,甚至引起安全事故。在工作任务少时,抽调部分职工进行培训,可以提高他们的技能。

(3) 利用半时职工。在一天工作时间内,有时工作负荷很重,有时又很清闲。如果按工作负荷最重的时候确定职工人数,会造成人员过多。利用半时职工可以解决这个问题。比如用"钟点工"来提高企业的服务能力。

(4) 利用库存调节。在制造业多采取利用库存调节生产的办法。市场需求是波动的,而生产能力在一定时期是确定不变的。为了使生产能力在一定时间满足任务的需要,可以利用库存来调节生产。

(5) 转包。就是把一部分生产任务转给其他企业去做,利用其他企业的生产能力加工本企业的产品,相当于扩大了本企业的生产能力。当然,转包可能会带来能否按期交货的问题和质量问题,本企业会丧失部分控制权,会损失一部分收益。

(6) 改变"自制还是外购"的决策。如果能力不够,变某些自制产品或零部件为外购;如果能力有富余,变某些外购产品或零部件为自制。前提是市场可以提供所需的产品或零部件和本企业有能力制造原先确定为外购的产品或零部件。

二、库存管理

库存是制造业和服务业都经常遇到的问题,库存控制是生产运营管理的一个主要内容。

(一) 库存的定义

传统意义下的库存是指存放在仓库中的物品,这是对库存狭义的理解。一般意义上，库存是为了满足未来需要而暂时闲置的资源。闲置的资源就是库存，与这种资源是否在仓库中没有关系，与是否处于运动状态也没有关系。放在仓库里是闲置，处于运动可能也是闲置。这里所说的资源，不仅包括工厂里的各种原材料、毛坯、工具、半成品和成品，而且包括银行里的现金、医院里的药品、病床，运输部门的车辆等。一般来说，人、财、物、信息各方面的资源都有库存问题。专门人才的储备就是人力资源的库存，计算机硬盘存储的大量信息，是信息的库存。

（二）库存问题的分类

可以从不同角度对库存问题进行分类。

1. 单周期库存与多周期库存

根据对物品需求是否重复可将物品分为单周期需求与多周期需求。所谓单周期需求，是指对物品在一段特定时间内的需求，过了这段时间，该物品就没有原有的使用价值了。报纸、新年贺卡、圣诞树等属于这种物品。对单周期物品的订货被称为一次性订货量问题，一次订货有一定的批量，就构成了单周期库存问题。

多周期需求则指在足够长的时间里对某种物品的重复的、连续的需求，其库存需要不断地补充。与单周期需求相比，多周期需求问题较为普遍。对多周期需求物品的库存控制问题称为多周期库存问题。

2. 独立需求库存与相关需求库存

来自用户的对企业产品和服务的需求称为独立需求。独立需求最明显的特征是需求的对象和数量不确定，只能通过预测方法粗略地估计。把企业内部物料转化为各环节之间所发生的需求称为相关需求。相关需求也称为非独立需求，它可以按对最终产品的独立需求精确地计算出来。

独立需求库存问题和相关需求库存问题是两类不同的库存问题。另外，相关需求和独立需求都是多周期需求；对于单周期需求，无所谓相关需求还是独立需求。企业里成品库存问题属于独立需求库存问题，在制品库存和用于产品的原材料库存问题属于相关需求库存问题。

（三）库存控制系统

任何库存控制系统都必须回答三个问题：隔多长时间检查一次库存量？何时提出补充订货？每次订多少货？

按照对以上三个问题的回答方式不同，可以分成三种典型的库存控制系统：

1. 固定量系统

所谓固定量系统，就是订货点和订货量都为固定量的库存控制系统。当库存控制系统的现有库存量降到订货点及以下时，库存控制系统就向供应厂家发出订货，每次订货量均为一个固定的量 Q。当发出的订货到达，库存量增加 Q。

固定量系统需要随时检查库存量，并随时发出订货。固定量系统适用于重要物资的库存控制。

2. 固定间隔期系统

固定量系统需要随时监视库存变化，对于物资种类很多且订货费用较高的情况，是很不经济的。固定间隔期系统可以弥补固定量系统方面的不足。

固定间隔期系统就是每经过一个相同的时间间隔，发出一次订货，订货量为将现有库存补充到一个最高水平 S。

3. 最大最小系统

最大最小系统仍然是一种固定间隔期系统，只不过它需要确定一个订货点 s。当经过时间间隔 f 时，如果库存量降到 s 及以下，则发出订货；否则，再经过时间 t 后，再考虑是否发出订货。

（四）经济订货批量模型

1. 与库存有关的费用

与库存有关的费用有三个：维持库存费（holding or carrying costs）、订货费（ordering costs）和缺货损失费（shortage costs）。

维持库存费是指维持库存所必需的费用，包括资金成本、仓库及设备折旧、税收、保险等。这部分费用与平均库存量有关。

订货费一般与订货次数有关，而与一次订货量无关。

缺货损失费是指因缺货而失去销售机会带来的损失。它与缺货多少、缺货次数有关。

2. 经济订货批量

如何合理控制库存，使总库存成本最低，关键是兼顾订货成本和存储成本，寻求最佳的订货批量，又称其为经济订货批量。

设 Q 为订货批量，D 为全年需求量，S 为每次订货费，H 为单位库存一年的维持费用，p 为购买价格。

则有，年订货次数为 D/Q，平均库存量为 $Q/2$，可以得出：

$$年订货成本\ C_R = D/Q \times S$$

$$年维持库存费\ C_H = Q/2 \times H$$

$$缺货成本\ C_S = 0$$

年总库存成本 C_T 为：

$$C_T = C_R + C_H + C_S + C_P = D/Q \times S + Q/2 \times H + Pd$$

对变量 Q 求解 C_T 的极值，可得到最优解：

$$Q^* = \sqrt{\frac{2DS}{H}}$$

式中，Q^*为最佳经济订货批量。

三、物料需求计划（MRP）

在整个生产运营计划系统中，主生产计划的对象是独立需求，而在其以下的全部需求都是从属需求（或称相关需求）。对于这类需求的库存控制可以借助于物料需求计划 MRP 进行管理。

（一）MRP 的发展与应用

20 世纪 60 年代，随着计算机技术的运用，产生了开环的 MRP；到了 70 年代，实现了 MRP 的闭环；20 世纪 80 年代，产生 MRP Ⅱ；到了 20 世纪 90 年代，ERP 诞生。

MRP 主要用于加工装配式生产行业。对于流程式生产企业难以应用或者应用中并没有什么优势。MRP 主要用于批量生产企业。对按订单装配（ATO）和按订单制造（MTO）式生产，都牵涉到及时供应和生产零部件，MRP 可以充分发挥其功能和优势。

（二）MRP 系统

1. MRP 系统的输入信息

MRP 系统的输入信息主要包括以下内容：

（1）产品出产计划。产品出产计划是 MRP 的主要输入，产品出产计划中所列的是最终产品项。产品出产计划中规定的出产数量可以是总需要量，也可以是净需要量。如果是总需要量，则需扣除现有库存量，才能得到需要生产的数量；如果是净需要量，则说明已扣除现有库存量，可按此计算对下层元件的总需要量。

（2）产品结构文件。产品结构文件又称为物料清单文件（bill of materials, BOM），它不只是所有元件的清单，还反映了产品项目的结构层次以及制成最终产品的各个阶段的先后顺序。

在产品结构文件中，各个元件处于不同的层次。每一层次表示制造最终产品的一个阶段。通常，最高层（为零层）代表最终产品项，第一层代表组成最终产品项的元件，第二层为组成第一层元件的元件，以此类推，最低层为零件和原材料。

（3）库存状态文件。产品结构文件是相对稳定的，库存状态文件却处于不断变动之中。MRP 每运行一次它就发生一次大的变化。MRP 系统将订什么、订多少、何时发出订货等重要信息存储在库存状态文件中。

2. MRP 系统的输出

MRP 系统可以按照需要提供多种不同内容与形式的输出，其中主要的是各种生产和库存控制用的计划和报告。主要输出：

(1) 零部件投入出产计划。零部件投入出产计划规定了每个零件和部件的投入数量和投入时间、出产数量和出产时间。

(2) 原材料需求计划。规定了每个零件所需的原材料的种类、需要数量及需要时间,并按原材料品种、型号、规格汇总,以便供应部门组织供料。

3. MRP 的处理过程

进行 MRP 处理的关键是找出上层元件(各项)和下层元件(各项)之间的联系。这种联系就是:按各项的计划发出订货量来计算子项的总需要量,并保持时间上一致。

要提高 MRP 的处理效率,可采用自上向下、逐层处理的方法。按照这种方法,先处理所有产品的零层,然后处理第 1 层,一直到最低层,而不是逐台产品自上向下地处理。

四、供应链管理

(一) 供应链管理下的物流管理

随着经济全球化和市场竞争的自然化,物流对社会和企业发展的重要性被提高到了一个新的水平,特别是最近几年,供应链管理思想的实践对物流管理提出了更高的要求。

1. 供应链中的物流管理

供应链管理的实施离不开物流、信息流、资金流、工作流的集成。

供应链中物流管理水平的高低直接影响整个供应链的竞争力。如果能提高物流绩效,缩短物流周期,就可以大幅度降低整个供应链上的供货周期,提高产品的总体竞争力。

站在供应链管理的环境下看物流管理,也要改变原有的物流管理追求的目标。例如,人们经常用 7"R"来形容物流管理的目标,即把恰当的产品(right product),按恰当的数量(right quantity)和恰当的条件(right condition),在恰当的时间(right time),用恰当的成本(right cost)将物品送到在恰当地点(right place)的恰当顾客(right customer)手中。这一切都是从物流管理本身出发的。如果从供应链管理的整体出发,那么这里的成本就应该是供应链的总成本,而不是哪一个局部物流的成本。

(二) 供应链管理下的库存管理

1. 供应链管理环境下的库存问题

虽然库存管理是企业运作管理理论与实践中最成熟的领域之一,但是过去的库存管理只是针对单个企业而言。这些理论与方法难以适应供应链管理环境的要求。供应链管理环境下的库存控制中存在的主要问题有三大类:信息类问题、供应链的运作问题、供应链的战略与规划问题。这些问题可综合成以下几个方面的内容:

（1）没有供应链的整体观念,库存管理的思想落后。供应链的整体绩效取决于各个供应链的节点的绩教,但是各个部门都是各自独立的单元,都有各自独立的目标。

（2）对用户服务的理解与定义不恰当。供应链管理绩效的好坏应该由用户来评价,或者用用户的响应能力来评价。但是,对用户服务的理解与定义各不相同,导致对用户服务水平的差异。许多企业采用订货满足率来评估用户服务水平,这是一种比较好的用户服务考核指标,但是用户满足率本身并不保证运作无问题。

（3）低效率的信息传递系统。在供应链中,各个供应链节点企业之间的需求预测、库存状态、生产计划等都是供应链管理的重要数据,这些数据分布在不同的供应链组织之间,要做到有效、快速地响应用户需求,必须实时地传递。但是目前许多企业的信息系统并没有很好地集成起来,当供应商需要了解用户的需求信息时,常常得到的是延迟的信息和不准确的信息。由于延迟引起误差和影响库存量的精确度,短期生产计划的实施也会遇到困难。

（4）库存控制策略简单化。无论是生产性企业还是物流企业,库存控制的目的都是保证供应链运行的连续性和应付不确定需求。了解和跟踪不确定性状态的因素是第一步,第二步是利用跟踪到的信息去制定相应的库存控制策略。但是,许多公司对所有的物品采用统一的库存控制策略,物品的分类没有反映供应与需求中的不确定性。

（5）缺乏合作与协调性。为了应付不确定性,供应链的各个节点企业都设有一定的安全库存,这在运作中是必要的。问题在于,在供应链中组织的协调涉及更多的利益群体,如果企业间缺乏协调与合作,相互之间的信息透明度不高,会导致交货期延迟和服务水平下降,同时库存水平也由此增加。

2. 供应链管理环境下的库存控制方法

针对这些问题,人们提出了能够较好地适应供应链管理的库存控制新方法。

（1）VMI 管理系统。VMI 是一种在用户和供应商之间的合作性策略,以对双方来说都是最低的成本优化产品的可获性,在一个相互同意的目标框架下由供应商来管理库存。VMI 管理系统就是供货方代替用户（需求方）管理库存,库存的管理职能转由供应商负责。

VMI 策略的关键措施主要体现在以下原则中:一是合作精神;二是使双方成本最小;三是目标一致性原则;四是连续改进原则。

（2）联合库存管理。联合库存管理的思想可以从分销中心的联合库存功能谈起。地区分销中心体现了一种简单的联合库存管理的思想。传统的分销模式是分销商根据市场需求直接向工厂订货。

而采用地区分销中心,就大大减缓了库存浪费的问题。采用分销中心后的销售方式,各个分销商只需要少量的库存,大量的库存由地区分销中心储备,也就是各个分销商把其库存的一部分交给地区分销中心负责,从而减轻了各个分销商的库存压力。分销中心就起到了联合库存管理的功能。

(3) 发挥第三方物流系统的作用。第三方物流系统(third party logistics,TPL)是供应链集成的一种手段。TPL也叫做物流服务提供者(logistics service provider,LSP),它为用户提供各种服务。

面向协调中心的第三方物流系统使供应与需求双方都取消了各自独立的库存,增加了供应链的敏捷性和协调性,并且能够大大改善供应链的用户服务水平和运作效率。

(4) 进行多级库存的优化与控制。多级库存的优化与控制是在单级库存控制的基础上形成的。多级库存系统根据不同的配置方式,有串行系统、并行系统、纯组装系统、树形系统、无回路系统和一般系统。

供应链管理的目的是使整个供应链各个阶段的库存最小,但是,现行的企业库存管理模式是从单一企业内部的角度去考虑库存问题,因而并不能使供应链整体达到最优。为此需要对多级库存进行优化与控制,这是一种对供应链的资源全局性优化的管理技术。

(三) 供应链管理下的采购管理

1. 供应链管理环境下采购的特点

在供应链管理的环境下,企业的采购方式和传统的采购方式有所不同,主要体现在:

(1) 从为库存而采购到为订单采购的转变。在传统的采购模式中,采购的目的很简单,就是补充库存,即为库存而采购。采购部门并不关心企业的生产过程,不了解生产的进度和产品需求的变化。因此,采购过程缺乏主动性,采购部门制订的采购计划很难适应制造需求的变化。在供应链管理模式下,采购活动是以订单驱动方式进行的,制造订单是在用户需求订单的驱动下产生的,然后,制造订单驱动采购订单,采购订单再驱动供应商。这种准时化的订单驱动模式,使供应链系统得以准时响应用户的需求,从而降低库存成本,提高物流的速度和库存周转率。

(2) 采购管理向外部资源管理转变。在传统的采购模式中,供应商对采购部门的要求不能得到实时的响应,另外,关于产品的质量控制也只能进行事后把关,不能进行实时控制。这些缺陷使供应链企业无法实现同步化运作。为此,供应链管理采购模式的第二特点就是实施有效的外部资源管理。

（3）从一般买卖关系向战略协作伙伴关系转变。供应链管理模式下采购管理的第三个特点，是供应与需求的关系从简单的买卖关系向双方建立战略协作伙伴关系转变。

在传统的采购模式中，供应商与需求企业之间是一种简单的买卖关系，因此无法解决一些涉及全局性、战略性的供应链问题，而基于战略伙伴关系的采购方式为解决这些问题创造了条件。

2. 准时采购策略

（1）准时采购的基本思想。准时采购也叫 JIT 采购，是一种先进的采购模式，是一种管理哲理，其基本思想是在恰当的时间、恰当的地点，以恰当的数量、恰当的质量提供恰当的物品。

准时采购包括供应商的支持与合作以及制造过程、货物运输系统等一系列的内容。准时采购不但可以减少库存，还可以加快库存周转、降低提前期、提高购物的质量、获得满意交货等效果。

（2）准时采购对供应链管理的意义。供应链环境下的采购模式和传统的采购模式的不同之处，在于采用订单驱动的方式。当采购部门产生一个订单时，供应商即开始着手物品的准备工作。与此同时，采购部门编制详细的采购计划，制造部门也进行生产的准备过程，当采购部门把详细的采购单提供给供应商时，供应商就能将物资在较短的时间内交给用户。

（3）准时采购的特点：

采用较少的供应商，甚至单源供应。传统的采购模式一般是多头采购，供应商的数目相对较多。采用单供应源比多供应源好，一方面，供应商管理比较方便，也有利于降低采购成本；另一方面，有利于供需之间建立长期稳定的合作关系，质量上比较有保证。

对供应商的选择标准不同。在传统的采购模式中，供应商是通过价格竞争而选择的，是短期的合作关系，通过市场竞标的方式重新选择供应商。但在准时采购模式中，是长期的合作关系，对供应商的要求就比较高。在选择供应商时，需要对供应商进行综合的评估，在评价供应商时价格不是主要的因素。高质量的供应商有利于建立长期的合作关系。

对交货准时性的要求不同。准时采购的一个重要特点是要求交货准时，这是实施精细化生产的前提条件。交货准时取决于供应商的生产与运输条件。作为准时化供应链管理的一部分，供应商同样应该采用准时化的生产管理模式，以提高生产过程的准时性。

对信息交流的需求不同。准时采购要求供应与需求双方信息高度共享，保证供应与需求信息的准确性和实时性。由于双方的战略合作关系，企业在生产计划、库存、质量等各方面的信息都可以及时进行交流。

制定采购批量的策略不同。小批量采购是准时采购的一个基本特征。准时采购和传统的采购模式的一个重要的不同之处在于，准时生产需要减少生产批量，直至实现“一个流生产”，因此采购的物资也应采用小批量办法。

3. 供应商管理

供应商管理是供应链管理中一个很重要的问题，它在实现准时采购中有很重要的作用。

(1) 两种供应关系模式。在供应商与制造商关系中，存在两种典型的关系模式：传统的竞争关系和合作性关系，或称双赢关系。两种关系模式的采购特征有所不同。

竞争关系模式是价格驱动的。双赢关系模式，是一种合作的关系，它强调在合作的供应商和生产商之间共同分享信息，通过合作和协商协调相互的行为。

(2) 双赢供应关系管理。双赢关系已经成为供应链企业之间合作的典范，因此，要在采购管理中体现供应链的思想，对供应商的管理就应集中在如何和供应商建立双赢关系以及维护和保持双赢关系上。

信息交流与共享机制。信息交流有助于减少投机行为，有助于促进重要生产信息的自由流动。

供应商的激励机制。要保持长期的双赢关系，对供应商的激励是非常重要的，没有有效的激励机制，就不可能维持良好的供应关系。

合理的供应商评价方法和手段。要进行供应商的激励，就必须对供应商的业绩进行评价，使供应商不断改进。没有合理的评价方法，就不可能对供应商的合作效果进行评价，这将大大挫伤供应商的合作积极性和合作的稳定性。

第九章　企业物流及管理

我国一家做物流的企业广东宝供物流企业集团，希望帮助广东一家大型电器企业美的做物流，当时这家企业的销售额是100多亿元，它的物流自己来做直接的费用不到3亿元，但是宝供承诺物流由它来做能在一年之中帮助电器企业省掉5亿—6亿元的成本。而事实是宝供为它提供物流服务以后，比它自己做省掉的经费还不止5亿—6亿元。莫不是宝供为美的提供服务是免费的？节省的5亿—6亿元又是怎么回事？因此，我们有必要了解企业物流。

第一节　物流的产生与含义

一、物流的产生与发展

物流产生于第二次世界大战期间的美国，1956年由美国传入日本。如果说物流在美国主要是在流通领域发展的话，进入日本之后则由流通领域进入生产领域，对企业管理产生了全方位的影响。在美日两国由于物流介入经济活动，对它们国家的经济发展和企业竞争力的提升起了重要作用。

改革开放之后国人开始关注物流，2001年随着中国加入世贸组织，外国物流业进入中国，在外国企业的影响下中国物流业开始发展起来。2005年秋，十六届五中全会通过了《关于制定国民经济与社会发展第十一个五年规划的建议》，建议中物流属于大力发展的产业，明确了中国物流在国民经济中的产业地位。这是我们党最高级别的文件中第一次出现关于物流方面的内容。

党的十八届三中全会指出构建开放型经济新体制，明确物流的对外开放。可以预见，随着中国改革开放的发展，物流在中国将加速发展，并成为企业管理中一个影响不断加大的重要因素。

二、物流的含义

权威的国家标准术语（GB/T18354-2006）是这样表述物流的：物品从供应地向接收地的实体流动过程。根据实际需要，将运输、储存、装卸、搬运、包装、流通加工、配送、回收、信息处理等基本功能实施有机结合。

物流的标准术语提醒我们从以下四点关注物流：

(1) 物流存在的普遍性。当今世界大到一国，小到一家、一人，无不与物的流动密切相关，工厂要进货出货，家庭要消费购物，人类社会有物流，才有经济发展生生不息。物流构成企业活动的重要组成部分。

(2) 物流与物品相伴，但它不是生产活动。物品从供应地到接收地的实体流动过程，不会增加物品的数量，也不会改变物品的性质。物流活动能带来一国 GDP 总量的提高，但由于它不是生产性经营活动，其活动成本的上升会造成物价上升、资源浪费、企业盈利率下降等不利后果。当前我国 GDP 总量中物流成本的比重远远高于经济发达国家的，物流管理是我国经济管理与企业管理中亟待加强的问题。

(3) 物流不是单一的经济活动。在物流的过程中存在运输、储存、装卸、搬运、包装、流通加工、配送、回收、信息处理等多种经济活动。

(4) 物流是多种经济活动的有机结合。物流就是运输、储存、装卸、搬运、包装、流通加工、配送、信息处理等这些基本功能要素在一系列科学理论和方法的指导下进行有机的结合。我国运输、储存、装卸、搬运、包装等经济活动古已有之，但那都是独立的单一活动，没有相互之间的有机结合，所以说物流是我国改革开放之后才有的新兴行业。运输、储存、装卸、搬运、包装等经济活动如同棋子，而物流则如同下棋，棋子与下棋不能等同。

第二节　第三方物流企业

实现企业管理中的物流现代化，一个重要的条件是第三方物流的服务。本章开头所说的宝供物流就是第三方物流。

一、第三方物流的含义

我国物流术语（GB/T 18354-2006）中定义：第三方物流（the third party logistics）是指接受客户委托为其提供专项或全面的物流系统设计以及系统运营的物流服务模式。

第三方物流也可以简单地理解为，它不拥有商品，不参与商品的买卖，不消费商品，而是为客户提供以合同为约束、以结盟为基础的系列化、个性化、信息化的物流代理服务。它是相对“第一方”发货人和“第二方”收货人而言的第三方。

随着信息技术的发展和经济全球化趋势，越来越多的产品在世界范围内流通、生产、销售和消费，物流活动日益庞大和复杂，而第一、二方物流的组织和经营方式已不能完全满足社会需要；同时，为参与世界性竞争，企业必须确立核心竞争力，加强供应链管理，降低物流成本，把不属于核心业务的物流活动外包出去。于是，第三方物流应运而生。

二、第三方物流的业务

第三物流的业务范围是一个不断扩大的过程。随着社会进步，社会分工越来越细，越来越专业化，生产企业和商业企业为了提高竞争力，将它们不具优势的物流环节的工作交给了第三方，同时也把不能集约化经营的一些业务活动交给了第三方。所以，第三方物流作为新兴的现代服务业，它的业务范围极具包容性。但是，具体的第三方物流企业是有自己业务的侧重点的。

第三方物流服务范围包括：

（1）包装：运输包装、储存包装、促销包装、再包装等。

（2）装卸搬运。

（3）运输：多式运输工具联运（含门到门）、联合运输、不同方式的单一运输、代管运输工具、代管运输力量、外包运输力量等。

（4）海关服务：通关、报税、商检、卫检、动植物检验检疫等。

（5）保管：在库保管、库存控制、堆场货运站、代管仓库、外包仓库等。

（6）配送：货物配送、信息配送等。

（7）增值服务：流通加工、延后处理、零件成套、供应商管理等。

（8）信息服务：信息平台服务、物流业务处理系统、运输过程跟踪等。

（9）代理：保险、银行、船代、货代等。

（10）培训：一般物流从业人员、高级物流管理人员等。

（11）咨询：物流方案咨询、智能仓库设计、货物流程设计、配送网络设计、各国物流规范及要求咨询。

（12）售后服务：退货管理、维修、保养、产品调查等。

三、企业与第三方物流联动发展

（一）企业与第三方物流联动发展的必要性

据美国权威机构统计，通过第三方物流公司的服务，企业物流成本会下降11.8%，物流资产下降24.6%，办理订单的周转时间从7.1天缩短为3.9天，存货总量下降了8.2%。据调查，在西方发达国家，第三方物流已经是现代物流产业的主体。欧洲的大型企业，使用第三方物流的比例高达76%，而且70%的企业不只使用一家。在欧洲，第三方物流所占市场份额，德国为23%，法国为27%，英国为34%。美国、日本等国家使用第三方物流的比例都在30%以上。在工业企业中，原材料的物流交由第三方物流完成的占18%,商品销售物流仅占16%。

我国的第三方物流在物流市场中所占的比例仅为百分之十多一点,还没有太多大型专业的第三方物流企业,这是当前物流发展中最薄弱的环节,也制约了我国经济的发展。

(1) 企业集中精力于核心业务。由于任何企业的资源都是有限的,很难成为业务上面面俱到的专家。为此,企业应把自己的主要资源集中于自己擅长的主业,而把物流等辅助功能留给物流公司。

(2) 灵活运用新技术,实现以信息换库存,降低成本。

(3) 减少固定资产投资,加速资本周转。企业自建物流需要投入大量的资金购买物流设备,建设仓库和信息网络等专业物流设备。这些资源对于缺乏资金的企业特别是中小企业而言是个沉重的负担。而如果使用第三方物流公司,则不仅减少了设施的投资,还解放了仓库和车队方面的资金占用,加速了资金周转。

(4) 提供灵活多样的顾客服务,为顾客创造更多的价值。

(二) 企业与第三方物流联动发展不足的原因

中小工业企业在国家"放小"、"扶小"政策指导下,进行改制和新机制规范运作的改变,国家对中小工业企业的信贷金融政策,以及引导中小企业调整、改革和发展的主要措施,市场竞争、社会的发展变化都将成为影响中小企业发展的外部环境因素。但是,中小工业企业长期采用"大而全"、"小而全"的生产模式和经营观念,物流活动及其组织管理呈现分割和封闭状况,必定对第三方物流发展产生内在的重要影响,主要表现为:

(1) 需求的影响。中小工业企业一般实行单一的生产管理,企业经营范围封闭,缺乏进入市场和社会的一体化模式,习惯于传统的企业储运方式,重生产、轻储运,难以形成现代物流管理思想,对第三方物流存在认识上、观念上的障碍,是影响第三方物流发展的根本因素。

(2) 结构的影响。中小企业量大面广,总规模不小,但组织和产业结构不合理,低水平重复建设,重复投入,在相当多行业形成产品供大于求、结构性过剩,普遍存在产业关联度较低,缺乏社会化、专业化分工协作,是影响第三方物流发展的重要因素。

(3) 技术的因素。虽然信息产业给中小企业注入了大量高新技术,但资源与技术构成不合理,普遍存在设施设备老化,物流技术水平低,难以适应现代化专业物流发展的需要,是影响第三方物流发展的主要因素。

(4) 管理的因素。大多数中小工业企业在较大程度上缺乏较为科学的内部管理制度,缺乏管理组织能力,在生产管理上处于混乱状态,在组织经营上处于无序状态。产前没有市场调研,没有严格的成本核算;产中没有生产控制,没有营销策略;产后没有售后服务,是制约第三方物流发展的基础因素。

(5) 人才的因素。中小企业的员工普遍存在素质低、知识构成不合理、缺乏创新能力的情况,加之对什么是现代物流以及现代物流对企业发展的意义认识不足,这是制约第三方物流发展的核心因素。

3. 推动物流业与制造业联动发展

物流企业发展成第三方物流有两种基本方式:

首先,可以考虑渐进式发展,通过自身物流业务不断壮大力量,积累资源和运作管理经验,再发展成为专业物流集成经营者,为中小企业提供全面物流服务。

其次,可以考虑跨越式发展,通过联盟契约与中小企业进行资源整合,迅速壮大物流能力,超常规成为专业化第三方物流企业。

根据国外发展物流所走过的道路以及我国物流发展的基本实践,我国发展第三方物流的基本方式大体可分为以下几种:

(1) 政策途径。物流企业面向中小企业发展第三方物流存在一定的障碍,需要各级政府制定鼓励政策,给予积极指导,从信贷、金融、税收、土地政策等方面营造有利于发展的政策环境,并切实扶持和指导中小企业积极重组和发挥资源力量,启动和促进第三方物流在中小企业中的发展。

(2) 市场途径。随着中小企业的发展,物流需求不断增长,物流企业应深入研究中小企业物流的发展规律,以需求为导向,迅速有效地拉动第三方物流的发展。

(3) 企业途径。物流发展能够创造价值和利益,是驱动物流企业主导自身发展第三方物流的基本动力。

(4) 社会途径。发展第三方物流要全社会的积极协作和支持,在社会各方力量的作用下,实现产业联动,全面发展。

四、第三方物流服务的效益

(一) 第三方物流服务对企业的效益

(1) 以分工换资源,提高主业竞争力。一般来说,任何企业的资源都是有限的,生产企业和销售企业的关键业务不会是物流业务,并且物流业务也不是它们的专长,企业把自己的主要资源集中于自己擅长的主业,而把物流等辅助功能留给物流公司,这是社会分工进步的表现,也是企业提高核心竞争力的要求。

例如,美国通用汽车的萨顿工厂通过与赖德专业物流公司的合作,取得良好的效益。萨顿集中于汽车制造,而赖德管理萨顿的物流事务。赖德接洽供应商,将零部件运到位于田纳西州的萨顿工厂,同时将成品汽车运到经销商那里。萨顿使用电子数据交换(EDI)进行订购,并将信息发送给赖德。赖德从分布在美国、加拿大和墨西哥的300个不同的供应商那里进行所有必要的小批量采购,并使用特殊的决策支持系统软件来有效地规划路线,使运输成本最小化。

(2) 以集约化提高周转率,降低企业物流成本。企业自建物流需要投入大量的资金购买物流设备,建设仓库和信息网络等专业物流设备。这些资源对于缺乏资金的企业特别是中小企业是个沉重的负担。而如果使用第三方物流公司不仅减少设施的投资,还解放了仓库和车队方面的资金占用,加速了资金周转。

(3) 以信息和管理换效率,提供更优质服务。当科学技术日益进步时,专业的第三方物流供应商能不断地更新信息技术,不断采用更先进的管理物流理念。第三方物流企业所具有的信息网络优势使得它们在提高顾客满意度上具有独特的优势。它们可以利用强大便捷的信息网络来加大订单的处理能力、缩短对客户需求的反映时间、进行直接到户的点对点的配送,实现商品的快速交付,提高顾客的满意度。第三方物流企业所具有的先进物流管理理念,可以为顾客提供更多、更周到的服务,加强企业的市场感召力。设施先进的第三方物流企业还具有对物流全程监控的能力,通过其先进的信息技术和通信技术对在途货物实施监控,及时发现、处理配送过程中出现的意外事故,保证订货及时、安全送到目的地。

例如,美国赖德专业物流公司向一家床垫制造商西蒙斯公司(Simmons)提供一种新管理技术,使得后者彻底改变了自己的经营方式。在合作前,西蒙斯公司在每一个制造厂储存了20 000—50 000个床垫来适时满足客户对各种床垫的需求。合作后,赖德在西蒙斯的制造厂安排一个现场物流经理。当订单到达时,该物流经理使用特殊的软件来设计一个把床垫发送给客户的优化顺序和路线。随后这一物流计划被发送到西蒙斯的管理部门,使其按照确切的需求数量、款式和顺序制造床垫,并全部及时发送。该项物流合作从根本上降低了西蒙斯的大量库存状态。

(二) 第三方物流服务的社会效益

第三方物流可将社会上众多的闲散物流资源有效地整合利用起来,是建设资源节约型社会的要求;有助于缓解城市交通压力,减少汽车尾气和噪声污染,是建设环境友好型社会的要求;第三方物流的成长壮大有利于主体功能区规划的实现,有利于我国产业结构的调整和经济发展方式的转变。

第三节　商贸企业物流

物流不仅存在于专门从事物流服务的第三方物流企业,而且大量表现在各行业、各企业内部的各种经济活动中。物流运作如何直接关系到企业的效益、效率及竞争力。改革开放以来我国商贸领域连锁企业迅速发展成长,这与现代物流的发展是密切相关的。

一、物流在连锁经营企业中的重要性

(一)连锁经营的概念及发展

所谓连锁经营,是指在零售业、餐饮服务业中,若干同行业店铺以共同进货、分散销售、统一管理等方式连接起来,在同一个企业形象下经营或服务,共享规模效益的一种现代化经营方式和组织形式。

随着社会经济的发展,连锁经营模式的优势逐渐显现,连锁经营的范围已不局限于零售、餐饮等传统行业,许多行业加入了连锁经营的模式,如图书业、房地产业、装饰装修业、运输业、汽车销售业、中介经纪行业、修理业、旅游业、洗染业、保健业、教育行业等,众多行业的进入使连锁经营进入现代连锁阶段。连锁业态出现多样化,从服务行业的中小企业联合,发展到大型百货店、超级市场相结合,形成了超级市场连锁、超级商店连锁、专业商店连锁、大卖场连锁等。同时,连锁经营的方法越来越灵活,对经济生活的影响越来越显著。最初的连锁只是在一个相对狭小的区域范围内经营某一类产品,现不断向跨国经营、组合化经营、集团化管理发展。

在连锁经营迅速发展的当代,剖析现代物流在其中的重要作用有利于其健康发展。

(二)物流在连锁经营企业中的重要性

从连锁企业有四大特征出发,我们认识物流在连锁经营中的重要性。

无论何种类型的连锁企业一般都具有四个方面的特征:一是拥有统一的企业识别系统(Corporate Identity System,CIS);二是经营统一的商品或服务内容;三是物流的统一采购和配送;四是商流的统一核算。

这四个特点中物流统一是关键的因素。不同所在地或不同所有者的企业之所以能使用统一企业识别系统(如企业名称、装潢等),就是使人们通过视觉识别与行为识别一下子就能将在不同地点经营活动的企业认同为一个企业。而不同的企业之所以能在同一个企业标识下进行经营是基于它具有相同的产品和服务,如麦当劳,不论它在何地经营,其产品的品种、味道、服务内容都是一样的。作为当场加工立即销售的食品,往往不同的生产者生产出来的风味是不一样的,麦当劳如何能保证它食品风格的统一性呢?而且也只有每个个体企业生产出来的产品是完全统一的,才能使用统一识别系统。不论是生产工具还是劳动对象都由物流的统一配送,不同的劳动者用一样的炸鸡设备、一样的原料、一样的喂养时间的鸡腿、一样含淀粉率的土豆，用程式化的操作模式，结果就能生产出口味一样的炸鸡腿和炸薯条。由于物流的统一采购和配送，所以商流必须统一核算。

二、连锁经营存在的问题与物流管理不当有密切相关性

（一）物流采购环节失控影响资金运转

以销售目标为主要考核标准是众多连锁企业的通病，这促使采购人员一般缺乏对物流成本控制的意识。为了保证公司销售目标完成，多数连锁企业对采购部门都会采取“请配达成率”考核指标，其主要考核点在于采购部门能否保证配送中心库存充足，以便在第一时间完成门店的请货需求。为了提高“请配达成率”，采购会采取多进货、快结款的方式来操作，这样做很明显有利于供应商的销售业绩和资金回笼，连锁反而在采购环节上落了下风。

资本是有时间价值的，而时间价值与物流的运作休戚相关，多进货导致库存积压，快结款等于将流动资金拱手相送。采购环节的种种动作都会涉及资金的运转，不能做到成功地管理物流采购环节，成本就会上升。

供应商的员工身上也背着考核指标，向终端压货的举措会伴随着一系列的营销手段呼啸而至，对采购人员在这方面需要有预期地设置应对考核指标，建立合理的货物库存标准，“保证不缺货”才不能成为挡箭牌。

在粗放管理的连锁企业，物流管理标准会有不同程度的缺失。长期下去，流动资金的周转次数会减少，资金周转率会降低。若任由这样的情况继续下去，企业拓展连锁规模的时候，不重视节流同样会侵蚀开源带来的规模效益。

（二）门店配货不当影响连锁整体效益

门店基于单店销售增长的考核指标，以保证本店销售为目的，会主动地囤积畅销品（即请货可销天数超过常规的备货天数）。这种物流管理中的问题会在以下几个方面增加成本，影响到连锁的整体效益。

一是门店之间的抢货现象时有发生，店间调配成本增加。店长们争相囤积，而总的请货量可能已经大于配送中心的库存量。先抢到货的门店常常会接到其他门店断货的求助。店间调配需要专人“借贷”，还需要和配送中心进行调账处理，浪费人力、时间以及交通费用。

二是配送中心、营运部门、门店店长（或门店商品管理员）之间的沟通成本增加。对于门店异常的请货计划，配送中心和营运部门可能会给出意见，反复沟通后才能确定最终配送数量。

三是门店的请货数据会误导采购人员下一步采购计划的制订，门店的囤积容易产生某产品应“加强采购力度”的假象，进而影响配送中心的库存周转率。甚

至,在沟通不畅的企业还会出现营运部门好不容易通过促销等手段把一批滞销品处理干净,大批的货马上又被采购进来,大大增加了物流成本。

三、以 7-11 为例认识众多小型商业企业连锁的可能性

7-11(7-Eleven)便利店(商标中的表记方式为:7-ELEVEN),借以标榜该商店营业时间由上午 7 时至晚上 11 时。7-Eleven 便利店诞生于美国,前身是成立于 1927 年的"南大陆制冰公司"。当时由于电冰箱并未普及,冷藏用的冰块成为生活中不可缺少的必需品。在南大陆制冰公司销售冰块的约翰·杰夫森·戈林,非常关心顾客服务的改善,他做出了夏季店铺天天开,每天营业 16 个小时的决定,这项服务深受当地居民的欢迎。不仅如此,戈林通过仔细调查当地居民的购买意愿和需求,发现当地居民不仅希望他能销售冰块,而且还希望他能适时地销售其他生活用品,比如牛奶、鸡蛋、面包等。为此,戈林提议南大陆制冰公司为自己负责的店铺提供更多的便利商品,并得到了公司的首肯。就这样南大陆制冰公司不只销售冰块,开始销售牛奶、鸡蛋等商品,开创了新的经营领域和利益增长点,被誉为美国便利店的萌芽。最初店铺被称为"图腾店",放在店铺旁边的图腾柱成为便利店的标志。由于店铺的营业时间是从早上 7 点开始到晚上 11 点结束,1946 年南大陆制冰公司正式将图腾店改名为 7-Eleven,从而真正地揭开了便利店时代的序幕。

发展至今,7-Eleven 店铺遍及全世界 18 个国家地区,店面数目数万家,是当代数量最多的连锁企业。目前,7-11 在中国的广东、上海等经济发达地区分布多家。

分析 7-11 的发展会给我们一些有益的启示,促进我国中小企业连锁经营。

第一,7-11 为什么发展这么快呢?

加入 7-11 商店一般都很小,典型的 7-11 便利店场地面积平均仅 100 平方米,小的商店自身单打独斗不易成功,而加入 7-11 后可以分享规模效应。7-11 门店为提高商品销量,店面场地尽可能地用来销售,通常没有储存场所,有限的经营资金可以分布在更多的商品上,一般一个店的商品品种可以多达 3 000 种,这样能更好地满足消费者的需求,提高商品销售额。最重要的是加入 7-11 连锁经营之后能够节约商品原价 10% 的费用。无储存、多品种、低成本、高效益,这对中小商品经营者十分有吸引力。不设仓库,销售的商品保持新鲜,对消费者也是有吸引力的,且靠近居民区,购买方便。所以 7-11 成为世界上数量最多的便利店。

第二,7-11 为什么能实现低成本高效益运营呢?

一家成功的连锁店背后一定有一个高效的物流配送系统,7-11 从一开始采用的就是在特定区域高密度集中开店的策略,在物流管理上采用集中的物流配送方案。便利店依靠的是小批量的频繁进货,不同的食品有可能来自不同的供应商,运

送和保存的要求也各有不同,每一种食品又不可能短缺或过剩,而且还要根据顾客的不同需要随时调整货物的品种,这就给连锁店的物流配送提出了很高的要求。如果一个消费者光顾商店时不能买到应有的商品,商店就会失去一次销售机会,并使便利店的形象受损。所有的零售企业都认为这是必须首先避免的事情。一家便利店的成功,很大程度上取决于配送系统的成功。只有利用先进的物流系统才有可能发展连锁便利店,它使小批量的频繁进货得以实现。

如日本 7-11 把各单体商店按 7-11 的统一模式管理。自营的小型零售业,小杂货店或小酒店在经日本 7-11 许可后,按日本 7-11 的指导原则改建为 7-11 门店,7-11 随之提供独特的标准化销售技术给各门店,并决定每个门店的销售品类。7-11 改变了原有的分销渠道,它以最快的方式通过信息网络从各个门店收到订货信息,按照每张特定的订单最有效率地从批发商或直接从制造商那里购进各种商品,然后按需求配送到每个门店。由于先进的物流配送系统,使各种各样的商品保证适当库存,保管良好,并有效率地配送到所有的连锁门店。

第二,统一配送系统是如何形成的呢?

仍以日本的 7-11 为例,7-11 的物流管理模式先后经历了四个阶段。第一阶段,7-11 并没有自己的配送中心,只有自己特定的批发商,而且每个批发商一般都只代理一家生产商,这个批发商就是联系 7-11 和其供应商间的纽带,也是 7-11 和供应商间传递货物、信息和资金的通道,供应商将自己的产品交给批发商以后,对产品的销售不再过问,所有的配送和销售都会由批发商来完成。对于 7-11 而言,批发商就相当于自己的配送中心,它所要做的就是把供应商生产的商品迅速有效地运送到 7-11 手中。第二阶段,随着 7-11 的发展这种分散化的由各个批发商分别送货的方式,无法再满足规模日渐扩大的 7-11 便利店的需要,7-11 开始和批发商及合作生产商构建统一的集约化的配送和进货系统。在这种系统之下,7-11 改变了以往由多家批发商分别向各个便利店送货的方式,改由一家在一定区域内的特定批发商统一管理该区域内的同类供应商,然后向 7-11 统一配货,这种方式称为集约化配送。集约化配送有效地降低了批发商的数量,减少了配送环节,为 7-11 减少了物流费用。第三阶段,特定批发商(又称为窗口批发商)提醒了 7-11,何不自己建一个配送中心?与其让别人控制自己的上游环节,不如自己来掌握。7-11 的物流共同配送系统就这样浮出水面,共同配送中心代替了特定批发商。有了自己的配送中心,7-11 就能和供应商谈价格了。7-11 和供应商之间定期会有一次定价谈判,以确定未来一定时间内部分商品的价格,其中包括供应运费和其他费用。一旦确定价格,7-11 就省下了每次和供应商讨价还价这一环节,少了口舌之争,多了平稳运行,为自己节省了时间也节省了费用。配送中心分别在不同的区域统一集货、统一配送,配送中心有一个电脑网络配送系统,分别与供应商及 7-11 店铺相连。为了保证不断货,配送中心一般会根据以往的经验保留四天左右的库存,同时,中心电脑系统每天都会定期收到各个店铺发来的库存报告和要货报告,配送中心把这些报告集中分析,最后形成一张张向不同供应商发出的订单,由电脑网络传给供应商,而供应商则会在预定时间之内向中心派送货物。为了与日本 7-11 合作,许多供应商或批发商也愿意积极配合;作为回报,供应商或批发商借助众多的 7-11 便利店进入了一个广阔的市场。第四阶段,随着店铺的扩大和商品的增多,7-11 的物流配送越来越复杂,细分配送时间和配送种类。日本 7-11 是根据食品的保存温度来建立配送体系的。日本 7-11 对食品的分类是:冷冻型(-20°),如冰淇淋等;微冷型(5°),如牛奶、生菜等;恒温型,如罐头、饮料等;暖温型(20°),如面包、饭食等。不同类型食品会用不同的方法和设备配送,如各种温车和冷藏车。由于冷藏车在上下货时经常开关门,容易引起车厢温度的变化和冷藏食品的变质,7-11 还专门用一种两仓式货运车来解决这个问题,一个仓中温度的变化不会影响另一个仓,需冷藏的食品就始终在需要的低温下配送了。除了配送设备,不同食品对配送时间和频率也会有不同要求。对于有特殊要求的食品如冰淇淋,7-11 会绕过配送中心,由配送车早、中、晚三次直接从生产商门口拉到各个店铺。对于一般的商品,7-11 实行的是一日三次的配送制度,早上 3 点到 7 点配送前一天生产的一般食品,早上 8 点到 11 点配送前一天晚上生产的特殊食品如牛奶,新鲜蔬菜也属于其中,下午 3 点到 6 点配送当天上午生产的食品,这样一天三次的配送频率在保证了不缺货的同时也保证了食品的新鲜度。新鲜、即时、便利和不缺货是 7-11 配送管理的最大特点,也是各家 7-11 店铺的最大卖点。

第四,7-11 对我国个体私营企业实行连锁经营有很大启示。

比较 7-11 的物流模式,我国现在普遍存在于街头巷尾居民区的个体私营零售企业的劣势明显存在:进货多了,积压资金,且由于销售时间长,商品质量不能保证,把过期食品销售给消费者的情况时有发生;进货少了,加大进货成本,虽然通过电话,也可以让批发商送货,但批发商的送货成本最终仍然是由零售商来承担的。7-11 连锁经营的成功案例告诉我们,无论企业大小皆可连锁;连锁有利于零售商、消费者,也有利于供应商和批发商,甚至还有利于减少城市交通压力,减少汽车尾气污染。

现在的问题是谁来担当众多的分属于不同所有者的零售店的组织者?一是规模相对较大的,有影响力的企业来牵头组织;二是工商联等组织牵头;三是通过宣传、示范,使众多零售店自主协商、自由连锁。总之,连锁不在资金,而在认识和组织。

第四节　生产企业物流

生产企业物流，一是指生产性企业内部科学地用现代物流的理念组织企业的物流运动，二是指通过第三方物流为生产性企业服务。第三方物流从服务对象来看，被称为生产性服务业，指物流为第一、二、三产业的实物生产和服务生产提供服务。在国际上，一般把50%以上产品用于生产的服务部门称为生产性服务业，50%以上产品用于消费的服务部门称为消费性服务业。本节研究的生产企业物流主要指生产性企业内部科学地组织现代物流的问题，当然生产企业组织物流不能与第三方物流服务截然分开。

一、生产企业物流也叫 JIT 物流

生产企业的资金处在采购、生产加工、销售三个阶段，并且在这三个阶段主要以实物的形式存在，因此生产企业的物流也相应地分为三种物流，采购物流、生产物流和销售物流。JIT(just in time)物流是一个舶来语，中文也称适时物流、准时物流、精益物流或柔性物流，其精神可以归纳为在需要的时间，把需要的东西，送到需要的地点。因为 JIT 物流是生产领域产生并采用的物流方式，所以也叫 JIT 生产。生产企业的物流处在采购、生产和销售三个阶段，所以 JIT 物流又可以细分为 JIT 采购、JIT 生产和 JIT 销售。

二、JIT 物流的原理

企业生产一种产品从投入资金购进原材料开始，到零部件加工、装配、成品待售、售出成品、资金回笼，都要消耗一定的时间，这个时间可以用下面的公式 1 来反映：

公式 1：产品生产总时间 = 原材料采购时间 + 储存待加工时间 + 加工时间 + 物料整理时间 + 运送时间 + 检验时间 + 待售时间

资金运行时间与物料运行时间基本是同步的（无论贷款与否，资金使用是要花费成本的），资金使用是为了增值，而资金运行中真正增值的时间是极其有限的，用公式 2 来反映：

公式 2：产品生产总时间 = 增值时间（对原材料加工的操作时间）+ 非增值时间（储存、等待、运送和检验等时间）

按公式 1 对企业进行调查，发现大多数企业的产品生产加工时间不足总时间的 10%，其余时间均为运送、检验和等待时间等非生产时间，由此而产生的储存、运送、损毁等浪费十分严重。按公式 2，就可发现非增值时间不生产使用价

值,也不增加客户认可的价值(顾客购买商品,主要衡量商品本身所值,物料等待加工、库存、运输等时间的长短在商品本身得不到反映)。如果每个生产工序只考虑自己,不考虑下一道工序需要什么,什么时候需要和需要多少,那么一定会多生产或少生产,不是提前生产就是滞后生产。就像市场上需要一辆汽车,但生产方向盘的劳动模范却生产出了十个方向盘,而且可能十个方向盘恰巧并不是需要的汽车所使用的,这种浪费必然降低生产的效率和效益。所以,必须对生产物流系统进行改进,不断消除非增值时间所产生的一切浪费,使生产周期尽可能地等于对产品必要加工的增值时间。JIT 生产的宗旨正是尽可能地减少处于非增值时间段内物流的数量,以及尽可能地压缩非增值时间数值,从而达到资金的充分利用,实现更高经济效益的目的。

三、JIT 物流的三个阶段

(一) JIT 采购

JIT 采购的关键操作是:制造商与供应商签订“在需要的时候,向需要的地点,提供能保证质量的所需要数量的物料”的协议。

JIT 采购与传统采购比较,区别主要有以下几点:

一是对供应商的选择和评价。JIT 生产通过招标采购和在线采购等形式在尽可能大的范围内选择供应商,当供应商选定以后,往往建立长期稳定的合作关系。为了保证供应商能在需要的时候把生产企业所需要的、保证质量的原材料送到需要的地点,生产企业往往还根据自己的要求对供应商进行培训。这时的供应商和生产企业就像是在跳集体舞,只有互相之间动作协调,才有可能取得较好的效果。传统采购与供应商之间缺乏稳定的联系,所以企业生产涉及的供应商相对较多,产品质量出了问题也不易发现根源。

JIT 采购不仅评价供应商履行合约的能力,而且评价供应商对市场的反应能力。比如,汽车消费者需要一种带按摩功能的轿车座椅,制造商就会要求他的轿车座椅供应商及时提供出能够适合轿车使用的按摩椅子来。这种反应能力往往是以供应商的科研能力为支持的,因此供应商的产品研发能力也是评价的标准之一。

二是 JIT 采购价格与传统采购价格的比较。准时采购的价格一般较传统采购的价格低。这不仅因为 JIT 采购是网上采购和招标采购所致,而是因为长期的合作关系和供应链的反向拉动生产。供应链上的企业,不为积压而生产,通过完备的信息系统,供应商基本了解生产企业在什么时间段需要其产品,有针对性地进行生产,从而保证了供应链上企业的总成本最低化,从而采购价格相应可以降低。

三是 JIT 订货方式与传统订货的比较。传统订货以合同为准,合同的要件包括产品数量和交货时间,而 JIT 订货可以根据所生产的产品销售情况来减少或增加订货。供应商是否能多销自己的产品,他必须关心订货企业的营销状况,大家一荣俱荣,一损俱损。

四是付款方式及进货检验的差别。传统订货是订货时或货到时付款;JIT 方式由于要求供应商将生产企业所需要的原材料直送工位,并且要以销定产,所以付款方式是按月寄送发票和付款。一手交钱、一手交货的传统交易方式,在 JIT 方式中是不存在的。同样因为供应商将生产企业所需要的原材料直送工位,生产企业无须像传统的进货入库那样进行检验。

五是供需双方的信息交流方面的差别。传统采购交易双方信息不对称,易暗箱操作;JIT 采购的交易双方的长期合作关系,已经形成了利益共同体,只有交易双方高度共享信息,才能在需要的时候、向需要的地点送出适合数量的原材料。

六是 JIT 采购的批量、配送的频率、运输的次数都与传统采购之间存在差异。传统采购,从谈判到签订合同再到运输、交货、检货、付款等,每一次都是一个完整的过程,所以一次采购的批量大,运输量也大,所以生产企业仓库里等待加工的原材料数量也大;JIT 方式不为积压而采购,需要原材料时由供应商配送过来,即用即送,所以批量小,而配送频率高。

传统采购流程为:采购—运输—(卸货—检验—入库—保管—领料—装货—运输)—工位;

JIT 采购流程为:采购—运输—工位。

JIT 采购省略了括号内的程序,这就是零库存!也就是省略了仓库、保管人员以及生产企业用于装卸、运输的相关设备;省略了原材料在仓库里等待加工的时间和原材料资金占用。

(二) JIT 生产

JIT 生产也称为看板管理。我们描述了 JIT 采购,原材料直送工位,实际上是一种“倒叙”,JIT 物流是市场拉动的物流,即供应商何时、向何工序直送多少物料,是由该工序的后一道工序的需要决定的。前道工序根据它的后一道工序需要的产品品种、数量、时间和质量进行生产,一环一环地“拉动”各个前道工序。而处于最后的那道“工序”,应当是市场需求。JIT 生产用看板传递着自己对向前道工序需求的信息。

什么是看板?看板是一种企业内各工序间传递信息的工具,上面记载着生产过程后一工序需要前一个工序产品的数量、时间、要求等,如图 9-1 所示。

看板传递方向

←

采购—直送—前道工序—看板—后道工序—市场需求

←

物流方向

图 9-1 JIT 生产示意图

看板的运动方向和物流的运动方向是相反的,是看板决定了物流的数量和方向。

例如,日本丰田公司所使用的看板主要有:在制品看板,包括工序内看板、信号看板;领取看板,包括工序间看板、对外订货看板;还有临时调节的看板。

针对具体的企业和具体的工序来说,看板可以是各种质地的:不同的灯光、铃声可以传递信息;包装箱、托盘可以传递信息;机械的、电子的设置也可以传递信息。只要这种传递信息的形式对前一道工序来说是明确无疑的就可以。

看板的使用方法是:后工序领取物料向前一道工序发出看板,看板规定所需物料的品种、时间、数量;前道工序按看板要求进行生产,保证生产均衡、稳定,减少在制品储备及在制品占用空间,提高生产效益。管理者根据看板进行现场管理和控制。

每道工序通过看板指导前道工序为自己所在工序生产什么规格、什么数量的物料,环环相连,从而消除生产过程中的一切松弛点,实现产品“无多余库存”以至“零库存”,最大限度地提高生产过程的有效性。

看板不仅发挥产量调节功能,而且有生产的改善功能。

看板又像企业工序间的“货币”,后道工序根据它的“顾客”也就是前一道工序所付的“货币”提供产品。看板让下一工序用客户的眼光来检查上一道工序传来的零件,而这恰恰是实行全面质量管理过程的有效前提。把 JIT 物流又叫做精益物流,不仅是消除了浪费,而且提高了质量。所以 JIT 生产又称精益生产,其中“精”表示精良、精确、精美;“益”表示利益、效益等。JIT 生产就是及时制造,消灭故障,消除一切浪费,努力实现零缺陷和零库存。

(三) JIT 成品分拨

JIT 成品分拨或者称 JIT 销售,根据信息流的指导针对不同地方的市场需求在成品汇总中挑选出对应的商品送往不同的地点。

JIT 成品分拨的主要思想与 JIT 采购和 JIT 生产是完全一致的,即一定数量和质量的成品只在需要它的时候流向需要它的地点。

四、JIT 生产及与传统生产比较

(一) JIT 生产的特点

JIT 生产的特点可以概括为以下几点:

一是拉动式准时化生产。以最终用户的需求为生产起点。强调物流平衡,追求零库存,要求上一道工序加工完的零件立即可以进入下一道工序。由看板传递下道向上道需求的信息,生产中的节拍可由人工干预、控制,但重在保证生产中的物流平衡。

二是全面质量管理。强调质量是生产出来而非检验出来的,由生产中的质量管理来保证最终质量。重在培养每位员工的质量意识,在每一道工序进行生产时注意质量的检测与控制,保证及时发现质量问题。

三是团队工作法。每位员工在工作中不仅是执行上级的命令,更重要的是积极地参与,起到决策与辅助决策的作用。组织团队的原则并不完全按行政组织来划分,而主要根据业务的关系来划分。团队成员强调一专多能,要求能够熟悉团队内其他工作人员的工作,保证工作协调顺利进行。团队的组织是变动的,针对不同的事物,建立不同的团队,同一个人可能属于不同的团队。

(二) JIT 生产与传统生产的比较

一是由于市场拉动,根据需要而生产,所以 JIT 生产面向用户和生产周期较短的产品;传统生产方式是规模化生产,生产数量很大的标准化产品。

二是产品质量在生产过程的各个环节始终由工人开展质量保证活动,每一个环节都要向其下游提供质量合格的产品;传统生产由专门的检验部门事后进行质量检验。

三是传统生产劳动者是机器的附属,倾向于刚性和复杂的自动化;JIT 生产是柔性自动化,并尽量减少和简化其环节。

四是在生产组织上,与传统方式不同,不是强调过细的分工,而是强调企业各部门相互密切合作的综合集成,综合集成不仅限于生产过程本身,尤其重视产品开发、生产准备和生产之间的合作和集成。JIT 生产不仅要求在技术上实现制造过程和信息流的自动化,而更重要的是从系统工程的角度要求企业每一环节的活动有利于全面的、整体的优化。

五是传统生产模式工序之间互不联系,劳动者之间感情疏远,工作单调,缺乏动力;而 JIT 强调工作的合作和协调,强调劳动者之间的团结互助和友谊。

第五节 各类企业物流管理的共性问题

不同类型的企业的物流管理不尽相同,但信息管理、成本管理和标准化管理都是必不可少的。

一、物流信息与管理

（一）物流信息及特点

1. 物流信息

物流信息是在物流活动中各个环节生成的信息，一般随着从生产到消费的物流活动的产生而产生，与物流过程中的运输、储存、装卸、包装等各种职能有机结合在一起，是整个物流活动顺利进行所不可缺少的。或者说，物流信息是由物流活动引起并能反映物流活动实际状况、特征及发展变化，并被人们处理了的对物流有用的数据、情报、指令、消息等的统称。

2. 物流信息的特点

物流信息除了具有信息的一般属性，还具有自己的一些特点，这些特点决定了其对物流信息管理的高要求。

一是分布广泛、信息量大，要求物流信息管理科学收集信息。由于物流是一个大范围内的活动，物流信息源也分布于一个大范围内，信息源点多、信息量大，涉及从生产到消费、从国民经济到财政信贷各个方面。科学地收集信息，一方面保证了信息的系统性和完整性，另一方面也降低了信息收集成本的要求。

二是物流各方面的内在联系性，要求物流信息管理发挥沟通协调作用。物流活动是多环节、多因素、多角色共同参与的活动，如生产信息、运输信息、储存信息、装卸信息间都是相互关联、相互影响的。这种相互联系的特性要求通过物流信息系统的沟通，保证物流各子系统、供应链各环节以及物流内部系统与物流外部系统相互协调运作。

三是物流信息变化较快，要求物流信息管理快速响应。由于市场状况、用户需求变化很快，物流信息也随之动态变化，信息的价值衰减过程可以非常短暂。如多品种、小批量、多频度的配送技术与 POS、EOS、EDI 数据收集技术的不断应用使得各种物流作业频繁发生，加快了物流信息的价值衰减速度。这就要求系统及时收集、快速响应、动态处理，发挥对物流运作的支持功能。

四是物流信息种类繁多，要求物流信息管理科学设置。物流信息从其作用的范围来看，本系统内部各个环节有不同种类的信息，如流转信息、作业信息、控制信息、管理信息；物流系统外也存在各种不同种类的信息，如市场信息、政策信息、区域信息等；从其稳定程度来看，又有固定信息、流动信息与偶然信息等；从其加工程度看，又有原始信息与加工信息等；从其发生时间来看，又有滞后信息、实时信息和预测信息等。进行物流信息管理系统设置时应充分考虑到物流信息种类的繁多，研究科学的信息分类和发布置系统，以利于收集、整理和使用物流信息。

五是物流信息的复杂性,要求通过物流信息管理,使信息发挥指导、评价和调度物流活动的作用。物流信息广泛性、联系性、多样性和动态性带来了物流信息的复杂性。在物流活动中,必须对不同来源、不同种类、不同时间和相互联系的物流信息进行反复研究和处理,才能得到有实际应用价值的信息,去指导物流活动,这是一个非常复杂的过程。

(二) 物流信息平台

物流信息平台是建立在信息网络和国际标准协议的平台上,实现信息交换和服务的公用设施。根据国家物流标准术语,物流信息平台是以物流公共信息平台为 LOGO 的网站所提供的电子商务和物流应用平台,包括:

(1) 平台支撑环境:应用服务器、消息中间件、Ldap 服务器、CA 服务器、数据库、操作系统;

(2) 基本功能:公共数据交换、权限管理、会员管理、权限管理、日志管理、信息发布与查询;

(3) 高级应用支持:FTP 服务、邮件服务、信息发布与查询;

(4) 应用服务平台:客户端系统、运输管理系统、仓储管理系统、配送管理系统、物流计划系统、货代系统、海关保管系统、检验检疫系统、决策支持系统,结算管理系统。

物流公共信息平台不包括上述页面中以文字、图片或其他形式所设的站外链接所指向的其他网站或网页内容。

建设现代物流信息平台的战略目标是围绕从生产要素到消费者之间时间和空间上的需求,能够处理从制造、运输、装卸、包装、仓储、加工、拆并、配送等各个环节中产生的各种信息,使信息能够通过物流信息平台快速、准确地传递到现代物流供应链上所有相关的企业、物流公司、政府部门及客户或代理公司。

(三) 物流信息管理的目的

物流信息管理目的性十分明确:

(1) 加强相关主体之间的沟通联系。物流系统是由许多个行业、部门以及众多企业群体构成的经济大系统,系统内通过各种指令、计划、文件、数据、报表、凭证、广告、商情等物流信息,建立起各种纵向和横向的联系,沟通生产厂、批发商、零售商、物流服务商和消费者,满足各方的需要。通过物流信息管理使相关主体之间产生及时而必要的联系。

(2) 通过信息引导物流资源整合。物流信息随着物资、货币及物流当事人的行为等信息载体进入物流供应链中,同时信息的反馈也随着信息载体反馈给供应链上的各个环节,依靠物流信息及其反馈可以引导供应链结构的变动和物流布局的优化；协调物资结构，使供需之间平衡；协调人、财、物等物流资源的配置，促进物流资源的整合和合理使用等。

（3）通过信息手段实现管理的控制作用。通过移动通信、计算机信息网、电子数据交换（EDI）、全球定位系统（GPS）、地理信息系统（GIS）、智能交通系统（ITS）等技术实现物流活动的电子化，如货物实时跟踪、车辆实时跟踪、库存自动补货等，用信息化代替传统的手工作业，实现物流运行、服务质量和成本等的管理控制。

（4）掌握物流动态实现科学决策的目的。物流信息是物流决策的基本依据，决策的成效如何，决策者的洞察、分析、判断能力发挥得如何，都离不开物流信息的质量和完整程度。物流信息管理通过专门的、科学的物流信息反映系统，对物流活动的量和质以及变化态势了然之后，才能实现科学的决策。甚至科学的物流信息系统本身就能为科学决策进行分析、计算、推测和判断。

（四）主要的物流信息技术

物流信息管理与物流信息技术手段密不可分。

1. 条码技术

条码技术萌芽于 20 世纪 60 年代，1974 年欧洲的英、法、意等 12 国的制造商和销售商代表成立欧洲条码系统筹备委员会，1978 年开发出欧洲物品编码系统，简称 EAN 码。EAN 的实用性随着会员国的使用迅速提高。1981 年改名为国际物品编码委员会，仍简称为 EAN。现在 EAN 条码已确立了其国际通用的商品标识体系的地位。我国条码工作于 20 世纪 80 年代末开始起步，经过二十多年的发展迅速在物流业中被普及使用。

条码（bar code）是由一组规则排列的黑白相间、粗细不同的条状符号及字符组成，用以表示一定信息的代码，也称条形码。由于黑白条纹对光的反射率不同，黑色条纹的反射率低，而白色条纹的反射率高，再加上条纹与空间的宽度不同，当用扫描仪进行扫描时，就会使扫描光线产生不同的反射接受效果，通过光电转换设备把光转换成电脉冲以后，便形成可以传输的电子信息。其中隐含着数字信息、字母信息、标志信息、符号信息等，主要用以表示商品的产地、厂商、种类、规格、价格等，是全世界通用的商品代码表示方法。

所有的条形码都具有唯一性和永久性。唯一性是指同种规格的同种产品只有一个产品代码，同种产品不同规格对应不同的产品代号，包括产品的重量、包装、规格、气味、颜色、形状等。而代码的永久性是指产品代码一旦分配，就不再更改，而且是终身的。

目前条形码有两种，一种是商品条码，另一种是物流条码。

商品条码采用 EAN/UPC 码制，由一个 13 位或 8 位数字以及条码符号组成，其长度固定。例如,EAN-13 条码,前面三位数字代表国家,我国是 690—695,是国际物品编码会统一决定;紧接着后面四位数字代表厂商,由我国物品编码中心统一分配并注册;再后面五位数字代表每个厂商的各种不同型号、不同规格的商品,由厂商决定,可以标识数万种商品;最后一位是校验码,用以校验前面各码的正误。商品条码是最终消费品的消费单元上的标识,如同每个人的身份证,通常是单个商品的唯一标识,用于零售业现代化的管理。

物流条码主要采用 UCC/EAN-128 码制,是一个可变长度,可表示多种含义、多种信息的条码,是货运包装的唯一标识,可表示货物的体积、重量、生产日期、批号等信息,是贸易伙伴根据贸易活动中共同的需求,经过协商统一制定的。物流条码是储运单元(或称贸易单元)的唯一标识,通常标识多个或多种商品的集合,它标贴于商品的外包装(又称大包装或运输包装)上,以供物流过程中的收发货、运输、装卸、仓储、分拣、配送等环节识别,用于物流的现代化管理。

物流管理中物流条码的使用是毋庸置疑的,商品条码也是必须使用的。如超市通过商品条码采集商品销售的信息,从而根据销售的进度适时采购、运输,补充商品库存的数量。

2. 电子数据交换技术

电子数据交换技术(electronic data interchange,EDI),是通过电子方式,采用标准化的格式,利用计算机网络进行结构化数据的传输和交换。

EDI 的最大特点不是传递信息,而是处理信息。

EDI 对物流业的作用主要有以下几点:

一是降低信息传输和信息处理的成本,提高经济效益。采用 EDI,减少电话、传真、电传的费用,减少大量的纸质单证。据有关统计部门分析,采用 EDI 处理数据,比使用纸质单据的成本大约减少 4/5。

降低了人工成本。采用了 EDI 后,免去了重复输入、审核、纠错的劳动;也免去了单证的邮寄、接收、存档等工作环节;EDI 自动处理部分信息也能够减少工作人员的劳动。

降低了物品的库存成本。采用 EDI 之后,交易时间和订货时间都被大幅度缩短,从发出订单到收到货物时间的缩短,使待加工和待销售的库存物品可以相应地减少。

减少了差错成本。使用 EDI 技术进行数据传递,相关数据在不同的计算机中被反复克隆,减少了手工操作可能出现的失误,避免了由此可能带来的经济损失。

二是改进内部管理,提高工作效率。EDI 一般与企业内部的 JIT 系统、ERP 系统相连接,可以有效地改善内部管理,有利于管理者适时了解企业各环节的运行状况。

三是有利于落实以顾客为中心的原则。使用 EDI 可以大大提高对客户的服务水平，由于 EDI 有快速反馈的特点，可以使客户适应市场条件的变化，做出相应反应，增加市场竞争能力。这样就增加了使用者与客户之间的业务联系，巩固了双方的合作关系。由于 EDI 技术的优越性，绝大多数客户都愿意与同样使用 EDI 的服务者进行业务往来，这已成为不争的事实，特别是大客户更是如此。

四是实现流通的各环节之间的高效衔接。服务于流通领域的 EDI 标准（EAN-COM）包括参与方信息报文、价格销售目录报文、询价报文、报价报文、订购单位应答报文、发货通知报文、收货通知报文、发票报文、汇款通知报文等。使用 EDI 的企业可以通过参与方信息报文，把自己的信息发往多家相关企业，然后通过这一系列报文的沟通，就可以完成过去互派人员几轮接触才能完成的工作。

3. 地理信息系统

地理信息系统（geographical information system，GIS），是由计算机软硬件环境、地理空间数据、系统维护和使用人员四部分组成的空间信息系统。该系统可以对整个或部分地球表层（包括大气层）空间中有关地理分布数据进行采集、储存、管理、运算、分析显示和描述。

GIS 技术的基本功能是将数据、表格转换成图形显示。显示范围大至洲际地图，小到详细的街区地图，并且把空间要素和相应的属性信息组合起来，成为各类信息地图，显示的内容包括人口分布、销售情况、运输线路等。

GIS 在具体的应用领域中，可以帮助分析解决以下问题：

一是定位（location）：研究对象处于何处？周围环境如何？研究对象相互之间的地理位置关系如何？

二是条件（condition）：有哪些地方符合要进行的事情所设定的特定经济地理条件？

三是趋势（trends）：研究对象从某个时间起发生了什么样的变化，后续时间里演变的趋势是怎样的？

四是模式（patterns）：研究对象的分布存在哪些空间模式？

五是模拟（modeling）：如果发生假设条件，研究对象会发生哪些变化，引起怎样的后果？

GIS 在物流中的运用需专门制作 GIS 物流分析软件，主要有以下几种模型：完整的物流分析软件上集成车辆路线模型、最短路径模型、网络物流模型、分配集合模型和设施定位模型等，人们根据实际需要利用它们进行有关物流分析。

4. 全球定位系统

全球定位系统（global positioning system，GPS）利用导航卫星进行测试和测距，使在地球上任何地方的用户，都能测定出他们所处的方位。

GPS 在物流中的作用：

一是货物跟踪作用。GPS 系统可以实时地收集全路列车、机车、车辆、集装箱及所运货物的动态信息，实现对水路、陆路货物的跟踪管理。只要知道货车的车型、车号或船舶的编号，就可以立即从铁路网或水运网中找到该货车或船舶，知道它们所在的位置、距离运输目的地的里程、到达目的地的时间及所有装运货物的消息。运用这项技术可以大大提高运营的精确性和透明度，为货主提供高质量的服务。

二是进行移动通信管理。管理部门可以与在途司机进行双向通信，有利于中途调度、调整，派出新的运货任务，安排装运时间，减少空驶率，提高实载率。

三是提供出行路线规划和导向作用。提供出行路线规划是驾驶者确定起点和目的地，计算机软件按要求自动设计最佳行驶路线，包括时间最快的路线、路程最短的路线、通过高速公路路段最少的路线行的计算。线路规划完毕后，显示器在电子地图上显示设计路线，并同时引导汽车在选定的路线上运行。

四是与 GIS 结合解决物流全过程控制。现代物流是精益物流，不为积压而生产，这就要求供应商不仅了解仓库中的产品、在制品，而且要了解在汽车、火车、飞机、轮船等各种运输环节之中的产品流动情况，据此制定生产和销售计划，及时调整市场策略。因此，没有 GPS 的实时监控就没有全过程物流管理。不仅是供应商，大型连锁商店没有全过程物流监控就不能进行科学合理的配送；第三方物流企业和仓储物流中心，没有全过程物流监控就不能科学合理地安排运送和仓储资源，并影响对客户资源的争取。

5. 智能交通系统

智能交通系统（Intelligent Transportation Systems，ITS），是将先进的信息技术、数据通信传输技术、电子传感技术、电子控制技术以及计算机处理技术等有效地集成运用于整个交通运输管理体系，而建立起的一种在大范围内、全方位发挥作用的，实时、准确、高效的综合运输和管理系统。包括机场、车站客流疏导系统，城市交通智能调度系统，高速公路智能调度系统，运营车辆调度管理系统，机动车自动控制系统等。

随着城市化进展的加快和汽车普及率的提高，城市交通拥挤日益加剧，交通事故频频发生，交通环境逐渐恶化。在这种背景下，从系统的观念出发，把车辆和道路综合起来考虑，智能交通系统就是运用各种高新技术系统来解决交通管理问题的。目前全球正在形成一个新的 ITS 产业，难以记数的大小项目正在开展，发展规模和速度惊人，以“保障安全、提高效益、改善环境、节约能源”为目标的 ITS 概念正逐步为世界所接受。

二、物流成本与管理

（一）物流成本相关的概念

根据国家物流标准术语（GB/T 18354-2006）与物流成本直接相关的概念有：

物流成本（logistics cost）指物流活动中所消耗的物化劳动和活劳动的货币表现。

物流成本管理（logistics cost control）指对物流活动发生的相关费用进行的计划、协调与控制。

物流总成本分析（total cost analysis）指识别物流活动中运输、仓储、库存和客户服务等系统变量之间的相互关系，在特定的客户服务水平下使物流总成本最小化的物流管理方法。

这三个概念之间存在着有机联系。物流成本是以物流活动的整体为对象的，唯一基础性的、可以共同使用的基本数据。物流成本计算是物流成本管理的前提，只有搞清物流成本的外延及大小，才能编制物流成本预算，才能够实施物流成本分析；只有在成本分析的基础上，才能对物流发生的相关费用进行计划、协调，控制物流成本的支出，达到物流成本管理的目的。

（二）物流成本的特性

物流成本是进行物流管理，使物流合理化的基础，具有不同于其他成本的特性。

1. “物流成本冰山论”

“物流成本冰山论”是对物流成本的一种形象的比喻。这一比喻是由日本早稻田大学的西泽修教授提出的。他认为在企业的全部物流费用中，由企业财务直接支付的运费、仓库保管费、装卸作业费、包装费等，是很明显的，是能够计算和掌握的，可称为直接物流费用，但这部分费用只是全部物流费用中的一部分，就像海中浮着的一座冰山，是露出水面看得见的冰山的一角。在企业内部占压倒多数的物流成本，未作为物流费用单独计算，而是混杂在制造成本、销售成本以及一般经费之中，难以准确掌握。比如，企事业以每单位 1 000 元的价格向外单位购买设备配件，这一费用在财务上自然归入制造成本，但实际经济活动中这 1 000 元配件从购入到使用结束并售出，还要实际发生相当比例的物流费用。西泽修教授认为，多数的物流成本，未作为物流费用单独计算，如冰山潜在水下的那部分并不能为人们所认识。

2. 物流成本效益悖反论

在经济学中，“效益悖反”（trade-off）是指“对同一资源的两个方面处于相互矛盾的关系之中,要想较多地达到其中一个方面的目的,必然使另一个方面的目的受到部分损失”。物流效益悖反说是指物流的若干功能要素(运输、保管、装卸搬运、包装、流通加工、配送、物流信息处理)之间存在着损益的矛盾,即某一个功能要素的优化和利益发生的同时,必然会存在另一个或另几个功能要素的利益损失,反之也如此。有学者认为,这是物流成本跟物流服务水平之间的“跷跷板”现象。例如,在采购中,为保证供应、方便生产,以及减少采购费用,人们会提出大批量采购问题;而为了加速资金周转、减少资金占用,人们又提出降低库存要求。所有这些相互矛盾的问题,在物流系统中广泛存在。

3. 物流成本削减的乘法效应论

物流成本削减的乘法效应,是指物流成本的增减不仅带来直接的收益增减,还带来间接的收益增减。如假定某公司销售 100 万元产品,物流成本为 10 万元,如物流成本下降 1 万元,就可得到 1 万元的收益,这个道理是不言自明的。现在假定利润占销售金额的 10%,如物流成本下降 10 万元,意味着销售额增加 100 万元。对公司来说降低成本可能比增加 100 万元产品的生产和销售相对容易,这就是物流成本的下降产生的极大的效益。

(三) 物流成本管理的魅力

正是因为物流成本存在以上特性,进行物流成本管理就尤有必要;正是因为物流成本存在以上特性,探索如何搞好物流成本管理才充满了魅力;正是因为物流成本削减的乘法效应,通过物流成本管理才能真正发掘企业“第三利润源”。所谓物流是“第三利润源”,是指通过物流合理化降低物流成本,成为继降低制造成本和扩大销售获取利润之后,企业获取利润的第三个源泉。物流成本管理的意义在于,通过对物流成本的有效把握,利用物流要素之间的效益背反关系,科学、合理地组织物流活动,加强对物流活动过程中费用支出的有效控制,降低物流活动中的物化劳动和活劳动的消耗,从而达到降低物流总成本,提高企业和社会经济效益的目的。

(四) 反映物流成本的会计表

1. 物流成本表(主表)

企业内物流成本可以通过企业物流成本表(主表)(见表 9-1),企业内部物流成本支付形态表(附表)(见表 9-2 计算)。企业物流成本有了明晰的反映,更大范围的物流成本就有了统计和计算的基础。

表 9-1　企业物流成本表(主表)

编制单位：　　　　　　　　年　月　　　　　　　　单位:元

			供应物流成本			企业内物流成本			销售物流成本			回收物流成本			废弃物流成本			物流总成本		
			内部	委托	小计	内部	委托	小计	内部	委托	小计	内部	委托	小计	内部	委托	小计	内部	委托	小计
物流功能成本	物流运作成本	运输成本																		
		仓储成本																		
		包装成本																		
		装卸搬运成本																		
		流通加工成本																		
		小计																		
	物流信息成本																			
	物流管理成本																			
	合计																			
存货相关成本	资金占用成本																			
	物品损耗成本																			
	保险和税收成本																			
	其他成本																			
	合计																			
物流总成本																				

表 9-2 企业内部物流成本支付形态表(附表)

编制单位: 年 月 单位:元

<table>
<tr><th colspan="3"></th><th>材料费</th><th>人工费</th><th>维护费</th><th>一般经费</th><th>特别经费</th><th>合计</th></tr>
<tr><td rowspan="9">物流功能成本</td><td rowspan="6">物流运作成本</td><td>运输成本</td><td></td><td></td><td></td><td></td><td></td><td></td></tr>
<tr><td>仓储成本</td><td></td><td></td><td></td><td></td><td></td><td></td></tr>
<tr><td>包装成本</td><td></td><td></td><td></td><td></td><td></td><td></td></tr>
<tr><td>装卸搬运成本</td><td></td><td></td><td></td><td></td><td></td><td></td></tr>
<tr><td>流通加工成本</td><td></td><td></td><td></td><td></td><td></td><td></td></tr>
<tr><td>小计</td><td></td><td></td><td></td><td></td><td></td><td></td></tr>
<tr><td colspan="2">物流信息成本</td><td></td><td></td><td></td><td></td><td></td><td></td></tr>
<tr><td colspan="2">物流管理成本</td><td></td><td></td><td></td><td></td><td></td><td></td></tr>
<tr><td colspan="2">合计</td><td></td><td></td><td></td><td></td><td></td><td></td></tr>
<tr><td rowspan="5">存货相关成本</td><td colspan="2">资金占用成本</td><td></td><td></td><td></td><td></td><td></td><td></td></tr>
<tr><td colspan="2">物品损耗成本</td><td></td><td></td><td></td><td></td><td></td><td></td></tr>
<tr><td colspan="2">保险和税收成本</td><td></td><td></td><td></td><td></td><td></td><td></td></tr>
<tr><td colspan="2">其他成本</td><td></td><td></td><td></td><td></td><td></td><td></td></tr>
<tr><td colspan="2">合计</td><td></td><td></td><td></td><td></td><td></td><td></td></tr>
<tr><td colspan="3">物流总成本</td><td></td><td></td><td></td><td></td><td></td><td></td></tr>
</table>

(五) 物流成本控制

1. 物流成本的微观控制

物流成本的微观控制是企业物流成本控制。有四种类型:一是物流服务的功能成本控制——包装、装卸搬运、运输、仓储、流通加工、配送、信息处理等物流成本控制;二是整个经营过程的物流成本控制——事前、事中和事后的物流成本控制;三是产品形成过程的物流成本控制——供应、生产、销售和逆向物流的物流成本控制;四是物流成本构成项目的物流成本控制——材料费、人工费、燃油费、差旅费、办公费、折旧费、利息费、委托物流费及其他物流成本的控制。

2. 物流成本的宏观控制

目前,物流成本控制的重点过分集中于物流活动或物流功能本身,一味强调从物流运作过程压缩成本;同时,货主企业要求物流从业者不得降低物服务水平,这使得物流经营更加困难。分析物流成本的构成,不难发现,物流成本不单是物流运作过程本身所发生的成本,而且也与其相关的其他各种因素有密切的关系,如社会宏观物流系统的完善程度、公共信息平台的水平、标准化建设等。

3. 实施物流成本控制战略

由于统计的口径不同,目前对我国物流成本占 GDP 比重的反应不尽相同,但远远高于欧美国家,是不争的事实。要降低物流成本,必须进行全面的物流成本控制、供应链物流成本一体化控制和基于信息技术的物流成本控制。

（1）全面的物流成本控制战略。全面的物流成本控制包括三个层面：社会物流成本控制、行业物流成本控制、企业物流系统成本控制。社会物流系统（流通网络）是国民经济的命脉，物流系统规划、分布的合理性、流通渠道的畅通对物流成本的影响至关重要。必须对社会物流系统进行科学规划和有效管理，采用先进的物流技术手段，保证整个物流系统高效率、低成本运行，实现物流的经济效益和社会效益。

行业物流系统成本控制涉及行业物流成本的系统化控制，主要内容包括：建设共同的零部件仓库、实施共同配送；有效利用各种运输手段；建立新旧设备及零部件的共同流通中心；建立物流技术培训中心，统一培训操作人员和维修人员；统一行业设备的规格，采用统一传票、统一商品规格、统一法规政策、统一托盘规格、陈列柜和包装模数化等。不断推进行业物流系统的合理化、标准化，实现行业物流系统优化，达到物流成本的有效控制。

企业物流成本控制是对企业物流成本的一体化控制，例如对制造企业的供应物流、生产物流、销售物流、逆向物流的成本进行综合控制。要求制定与企业战略相一致的物流战略，进行企业物流系统设计，不同职能部门之间密切合作，达到企业整个物流系统的高效率和低成本运作。

（2）供应链物流成本一体化控制战略。供应链物流成本一体化控制，在于充分运用供应链管理的理论与方法，将供应链各节点企业联结起来，把从供应源开始到最终消费源的物流活动、物流网络规划和渠道设计，从整个供应链系统把握物流的各项活动，实现整个供应链的最低库存，达到供应链整体物流最优化。供应链物流成本一体化控制是企业物流成本控制的更高级阶段，效果也将更加突出。

（3）信息技术的物流成本控制战略。信息技术可以有力地促进现代物流业的发展，提高物流运作的效率，实现物流成本的有效控制。利用网络化、信息化的优势，通过对整个物流系统资源的优化整合，为社会物流系统提供共享交互的载体，为企业提供高质量、高水平的增值服务，提高物流资源的利用率，实现物流系统的优化运作，达到整个物流过程的低成本运作。现代通信技术和网络技术的发展和应用，使得跨地区的及时信息交流和传递成为可能；网上支付正在成为现实，构建跨地区的物流信息系统，使物流在较大范围运作，逐步降低物流成本。

三、物流标准化与管理

近年来，随着我国物流产业的迅速发展，无论是在理论界还是在企业界，物流标准化是一个使用频率极高的词汇。物流是一个大系统，牵涉到不同的环节、不同的部门、不同的地区和国家，物流的标准化是提高物流效率，对物流进行现代化管理的又一重要手段。从一定角度讲,物流标准化管理也就是物流质量管理。

（一）物流标准化含义

最典型的标准化成就就是由亨利·福特创建于1913年的具有划时代意义的T型汽车生产流水线,用标准化的生产工艺组织标准化产品的大规模生产。实际上,从那时以来标准化已经成为一种能够降低成本和提高生产率的工业社会的思维方式。随着社会经济的发展标准化必然要向企业物流延伸和渗透,并由此提出物流标准化,或物流服务标准化的问题。这也是为什么近年来物流标准化问题受到广泛关注的原因。物流标准化是世界范围内标准化进一步发展的表现,也是物流业在世界范围内运作的要求。

企业物流或物流企业的物流具有不可储存性、过程互动性和结果差异性的特点。但是,对物流流动水平,就如同对制造的产品一样,也是要进行质量检测和控制的。物流标准就是对物流质量实施预防性或前置性管理。

物流标准化指的是以物流为一个大系统,制定系统内部设施、机械装备、专用工具等各个分系统的技术标准;物流系统内包装、仓储、装卸、运输等各类作业标准;以及作为现代物流突出特征的物流信息标准;以系统为出发点,规范各分系统与分领域中技术标准与工作标准的配合性;按配合性要求,规范物流系统与其他相关系统的互相配合。

物流标准化应该是指企业经济活动的这样一种状态:物流服务过程依据客户的货物特性和服务要求,普遍采用标准的设备、标准的工具、标准的流程、标准的技能等手段为客户提供增值的差别化的服务。物流企业(3PL)和货主企业(发货人)普遍对采用各种标准来组织物流服务运作和规范物流服务行为达成共识。

从理想的物流标准化状态来说,所有的企业和组织,或特定产品的供应链成员单位都采用一个标准来设计产品和参与物流的运作和管理才能实现真正意义上的物流一体化标准运作,并实现社会生产成本的节约。比如,以托盘标准为基础设计产品外形和包装、统一集装箱标准、周转箱的标准、仓库设计标准、搬运设备标准、车辆设计标准、道路设计标准、桥梁涵洞标准,以至原材料和零部件的规格标准等。

（二）物流标准化的作用

在发展物流技术、实施物流管理工作中,物流标准化是有效的保证,主要表现为:

1. 物流标准化是物流管理,尤其是大系统物流管理的重要内容

实现物流各环节的有机联系,需要有一个适合的体制形式,有一个有效的指挥、决策、协调的机构和领导体制外,还需要有许多方法、手段,标准化就是手段之一。方法手段健全与否又会反过来影响指挥能力及决策水平。例如,由于我国目

前物流编码尚未实现标准化，各个领域分别制定了自己领域的统一物资编码，其结果，不同领域之间情报不能传递、电子计算机无法联网，阻止了系统物流管理的实施。澳大利亚的车辆装卸速度非常快，其根本原因在于采用国际统一的物流标准。集装箱尺寸、集装箱内托盘的尺寸、卡车的大小、仓库的货架等配套，信息也是标准化的，让各方面的信息能够对接，交换数据，信息共享。

2. 物流标准化是降低物流成本、提高效益的重要手段

标准化可以带来效益，这在生产技术领域早已被公认，在物流领域也是如此。物流标准化效益通过以下几方面可以得到体现：实现标准后，贯通了全系统，可以实现一贯到户式的物流，其效益由速度加快、中间装卸、搬运、暂存费用降低、中间损失降低而获得。例如，我国铁路、交通集装箱由于未实行统一标准，双方衔接时要增加一道装箱工作，为此，每吨物资效益损失二元左右，相当于火车 30 公里以上的运费，这在广泛采用集装箱运输，物资运量加大后，效益损失是很大的。

3. 物流标准化是物流系统与物流外系统相协调的条件

物流系统不是孤立存在的，从流通领域看，上接生产系统，下接消费系统；从生产物流看，下面又连着不同工序。在物流全过程中，又与机械制造、土木工程、商流系统相交叉，彼此有许多接点。为了使外系统与物流系统更好衔接，通过标准化简化和统一衔接点是非常重要的。

（三）物流标准种类

1. 物流技术标准

物流技术标准包括物流基础标准和分系统技术标准。

物流基础标准包括以下八个方面的标准：

（1）基础编码标准。是对物流对象物编码，并且按物流过程的要求，转化成条形码，这是物流大系统能够实现衔接、配和的最基本的标准，也是采用信息技术对物流进行管理和组织、控制的技术标准。在这个标准之上，才可能实现电子信息传递、远程数据交换、统计、核算等物流活动。

（2）物流基础模数尺寸标准。基础模数尺寸指标标准化的共同单位尺寸，或系统各标准尺寸的最小公约尺寸。在基础模数尺寸确定之后，各个具体的尺寸标准，都要以基础模数尺寸为依据，选取其整数倍数为规定的尺寸标准。由于基础模数尺寸的确定，只需在倍数系列进行标准尺寸选择其他的尺寸标准，这就大大减少了尺寸的复杂性。物流基础模数尺寸的确定不但要考虑国内物流系统，而且要考虑到与国际物流系统的衔接，具有一定难度和复杂性。

（3）物流建筑基础模数尺寸。主要是物流系统中各种建筑物所使用的基础模数，是以物流基础模数尺寸为依据确定的，也可选择共同的模数尺寸。该尺寸是设

计建筑物长、宽、高尺寸,门窗尺寸,建筑物柱间距,跨度及进深等尺寸的依据。

(4) 集装模数尺寸。是在物流基础模数尺寸基础上,推导出的各种集装设备的基础尺寸,以此尺寸作为设计集装设备三维尺寸的依据。在物流系统中,由于集装是起贯穿作用的,集装尺寸必须与各环节物流设施、设备、机具相配合,因此,整个物流系统设计时往往以集装尺寸为核心,然后,在满足其他要求前提下决定各设计尺寸。因此,集装模数尺寸影响和决定着与其有关各环节的标准化。

(5) 物流专业名词标准。为了使大系统有效配合和统一,尤其在建立系统的情报信息网络之后,要求信息传递异常准确,这首先便要求专用语言及所代表的含义实现标准化,如果同一个指令,不同环节有不同的理解,这不仅会造成工作的混乱,而且容易出现大的损失。物流专业名词标准包括物流用语的统一化及定义的统一解释,还包括专业名词的统一编码。

(6) 物流单据、票证的标准化。物流单据、票证的标准化,可以实现信息的录入和采集,将管理工作规范化和标准化,也是应用计算机和通信网络进行数据交换和传递的基础标准。它可用于物流核算、统计的规范化,是建立系统情报网、对系统进行统一管理的重要前提条件,也是对系统进行宏观控制与微观监测的必备前提。

(7) 标志、图示和识别标准。物流中的物品、工具、机具都是在不断运动中,因此,识别和区分便十分重要,对于物流中的物流对象,需要有易于识别的又易于区分的标识,有时需要自动识别,这就可以用复杂的条形码来代替用肉眼识别的标志。

(8) 专业计量单位标准。除国家公布的统一计量标准外,物流系统还有许多专业的计量问题,必须在国家及国际标准基础上,确定本身专门的标准,同时,由于物流的国际性很突出,专业计量标准还需考虑国际计量方式的不一致性,还要考虑国际习惯用法,不能完全以国家统一计量标准为唯一依据。

分系统技术标准又分为不同的方面,主要有运输车船标准、作业车辆标准传输机具标准、仓库技术标准、包装、托盘、集装箱标准,包括包装、托盘、集装系列尺寸标准、包装物标准、货架储罐标准等。

2. 物流工作标准

物流工作标准是指对工作的内容、方法、流程和质量要求所制定的标准。其中主要包括:各岗位的职责以及权限范围、完成各项任务的流程和方法以及与相关岗位的协调、信息传递方式、工作人员的绩效考核办法;物流设施、建筑的检查验收规范;吊钩、索具的使用及放置规定;货车和配送车辆运行时刻表、运行速度限制以及异常情况处理等。

3. 物流作业标准

物流作业标准是指在物流作业过程中,物流设备运行标准、作业程序、作业要求等标准。它是实现作业规范化、效率化和保证作业质量的基础。

(四) 物流标准化建设

近年来,中国物流标准化迅速发展,其原因一是国民经济的发展拉动了物流业的快速发展;二是对外开放程度不断提高,对外贸易对国内物流标准化的要求与促进;三是标准化运作的专业化物流公司和商业企业配送中心较快发展;四是一些大型企业、中外合资企业构建供应链的要求。最重要的是国家把大力发展物流业放在了经济发展的战略层面,在国家主导下物流标准化建设取得了较大进展。

但就整体来说我国物流标准化建设还处于起步阶段,物流系统的标准化程度不高,物流标准之间衔接与配套不够,物流的非标准化设施和行为仍很普遍。具体表现为:一是不同运输方式之间的装备标准尚不统一;二是物流器具标准尚不完全配套,如我国的托盘,有的物流企业采用欧美的标准,有的采用日韩的标准,还有个别的采用自己制定的标准;三是物流标准之间尚缺乏有效衔接,包装、运输、装卸各自为政。物流标准化程度不高,导致物流无效作业增多,物流速度降低,物流事故增加,物流成本上升,服务质量降低,影响了我国物流及各种企业的效益和竞争力。

标准化现象的形成要有两个基本的支持条件:一是要有统一的规定——标准;二是所规定的标准要被普遍地采用——实施。统一规定是实现标准化的必要前提,而普遍采用则是实现标准化的充分保证。

1. 政府是物流标准化建设的主角

从政府的视野看物流标准化建设,有三个方面的重要工作。

首先,政府要加强物流标准编制的协调和管理。加强物流标准化工作,最重要的是组织和协调工作。我国亟须建立国家级的物流标准化建设管理协调组织,对物流标准化问题进行统一协调、规划和管理。现在,国家标准的行政主管部门是国家质检总局,但由于物流产业跨越了多个部门和行业,物流标准的归口管理大多设在各个管理部门的标准化技术委员会。各部门各自为政、标准不一,致使物流作业环节缺乏高效衔接,物流活动难以顺畅进行。物流业标准要达成统一,需要在各部门、各行业间进行很多协调工作,衔接难度非常大。在已出台和拟出台的物流国家标准中,有受国家质检总局委托编写的,也有中国物流与采购联合会提出编写的,还有受国家科技部委托正在研究拟订的。这种多头制定标准,制定标准的部门之间又缺乏足够的沟通和协调的情况,必然影响物流标准的规范和统一。因此,如何在涉及物流的部门标准、行业标准、国家标准与地方标准之间进行衔接和协调,如何统筹规划物流标准的制定、发布和实施,保证物流标准的规范和统一,是目前我国物流标准化建设中亟待解决的一个突出问题。从战略的角度看,我国应建立一个国家级的物流标准化建设管理协调组织,专门负责物流领域标准化归口管理工作。该组织应统筹制定我国物流标准化建设规划,协调部门、行业、国家与地方物流标准之间的衔接,维护物流标准化的国内统一并与国际接轨。

其次,政府要加大物流标准化编制资金的投入。政府作为物流标准化编制的主角,仅有政策是不行的。目前,我国对标准化工作的经费投入明显不足。鉴于物流标准化建设涉及面广,对象繁多,制定标准需要大量的调查研究,国家应加大对物流标准化建设的资金投入,具体可将物流标准化建设资金按照项目预算管理的要求,结合其他标准化建设资金,由国家财政统筹安排。同时,政府对社会和经济的"强制"约束力是任何组织都无法替代的。对实施标准化管理和取得质量管理体系认证的物流企业,国家有关部门应在登记管理、贷款、科技项目立项等方面给予支持。此外,物流标准化工作是专业性强、涉及面广的技术基础工作,需要高素质的专业技术人员。我国应优化人才结构,尽快建立物流标准化专家数据库。

再次,政府要致力于物流标准的推广和普及。编制物流标准不是目的,目的是通过标准的实施实现物流的经济效益和社会效益。因此要加大物流标准的推广力度,强化对物流标准的实施贯彻和监督管理。尽管我国已建立了一些物流标识标准体系,并制定了一些重要的物流国家标准,但这些标准的应用推广存在着严重问题。我国目前处于不成熟的市场经济阶段,加之物流属于新兴产业,企业对物流标准的不了解和不自觉实施在所难免。以《储运单元条码》为例,应用正确率不足20%。政府的推动、支持对物流标准化实施极其重要。国家应普及标准知识,提高全社会特别是企业的标准意识,增强企业利用标准的能力和自觉性;加大对物流标准的宣传推广,让物流从业人员和有关企业知晓,理解并进而执行物流标准化;对各企业物流标准的实施贯彻工作实行强有力的监督,如定期或不定期地组织监督检查,对企业建立物流标准化系统的水平进行考核等,推进物流标准化的贯彻实施。

2. 企业管理是物流标准化的基础

首先,用物流标准来推进物流企业的发展,进而通过物流企业拉动各类企业的标准化。物流标准对物流企业来说实际上是行业管理的手段和市场准入的门槛,是与其他企业交流和沟通的平台,是服务技能的模块化和市场竞争能力的品牌化。通过物流企业与客户企业的接口,帮助客户企业的物流专业化标准化定位。物流企业与客户企业的物流标准化互动,有利于实际物流成本的核算,也有利于确立物流企业的市场形象,更有利于物流企业的市场营销和提高市场竞争力,进而有利于培育物流服务市场和物流产业集中度的提高。因此,物流企业应当把促进客户企业的物流标准化建设,当作自身发展的重要路径。物流企业是通过功能整合来为客户服务的，服务中用物流标准来整合物流过程中的“不标准”。不仅包括对客户物流功能的整合，对众多物流服务供应商的功能整合，而且也包括对客户的不同标准的设备和设施的整合，以及对客户的不同标准的信息管理系统的整合。在这方面比较典型的例子有：做液体化工物流的企业会专门备有各种制式、各种口径的转换接头，以便适应不同客户不同标准的设备对接的要求。被称为“穷人的 EDI”的可变换置标语言(XML)就是为低成本的集成不同标准的管理软件系统，并实现信息的无障碍传输而开发应用的语言标准。实际上，集装箱运输技术的最大的魅力就在于它通过简单的包装把“不标准”的，即各种形状规格的货物，通过“归一化”的拼装箱处理，变成标准的运输单元，从而大大提高了货物运输的效率和安全性。托盘的功能也是如此。物流企业的使命就是要通过服务为客户提供物流运作的无缝连接，目前流行的所谓“一站式”物流服务就是由牵头的物流服务供应商用流程标准来整合其他 3PL 和货主企业设备、系统和服务的非常典型的物流标准化安排。物流企业应该是“逢山开路，遇水架桥”的物流标准化建设者。

其次，各类企业应把物流标准建设视为企业现代化管理的重要路径。从微观的意义上来说，物流标准化就是物流企业及其各类企业普遍采用各种新的标准来组织物流运作和规范服务行为的过程。普遍就意味着统一的状态，虽然国家标准化建设尚未到位，但企业在国家物流标准化建设中积极跟进，仍能达到“乱石铺路”的统一。实施物流标准就是规范和控制物流过程，用物流标准来控制物的包装、装卸搬运、运输、储存以及物的运动全过程，这有利于不同企业之间的高效沟通和联系，实现供应链无障碍运作；降低企业成本，提高产品和服务的可靠性。普遍地采用标准化技术来运作还有利于物流企业服务知识积累和专项技能的提高。为了实现非物流专业企业的标准化，各类企业应加强对物流专业人才的培养，通过专业物流人才的工作促进企业物流标准化。物流标准化对实际进行物流工作和管理的企业人员来说，实际上是服务技能的专业化。通过企业专业物流人员的工作，有利于提高企业物流作业的效率和可靠性，有利于发掘增值服务的商机，有利于提高客户服务水平，有利于协调企业与上下游协作单位的一致性，促使企业物流标准化水平的提高。

第十章　企业信息化建设

在当今信息技术快速发展的时代，企业发展与信息技术的关系日益密切，企业信息化建设日益成为企业创新管理模式、创新经营方式、提高管理效率、引领企业科学发展的助推剂。

第一节　企业信息化概述

一、信息化

信息化的概念产生于20世纪60年代，日本学者梅倬忠夫在《信息产业论》一书中描绘了“信息革命”和“信息化社会”的前景，预见信息科学技术的发展和应用将会引起一场全面的社会变革，并将人类社会推入“信息化社会”。

1997年我国召开首届全国信息化工作会议，对信息化和国家信息化做了定义：“信息化是指培育、发展以智能化工具为代表的新的生产力并使之造福于社会的历史过程。国家信息化就是在国家统一规划和组织下，在农业、工业、科学技术、国防及社会生活各个方面应用现代信息技术，深入开发广泛利用信息资源，加速实现国家现代化进程。”

《2006—2020年国家信息化发展战略》中也对信息化进行了明确的描述，信息化是充分利用信息技术，开发利用信息资源，促进信息交流和知识共享，提高经济增长质量，推动经济社会发展转型的历史进程。

信息化是当今世界经济和社会发展的大趋势，信息化程度已成为衡量一个国家现代化水平和综合国力的重要标志，更是我国进行产业优化升级和实现工业化、现代化的关键环节。信息化强调的是过程而不是结果，突出的是信息技术及其各类信息资源的利用水平逐步由低到高的过程。

二、企业信息化

企业信息化是国民经济信息化的基础，是国家信息化的重要组成部分。

企业信息化是指企业利用计算机技术、网络技术等一系列现代信息技术，通过对信息资源的深度开发和广泛利用,不断提高生产、经营、管理、决策的效率和水平,从而提高企业经济效益和企业竞争力的过程。从内容上看,企业信息化主要包括企业产品设计的信息化、企业生产过程的信息化、企业产品销售的信息化、经营管理信息化、决策信息化以及信息化人才队伍的培养等多个方面。

企业信息化具有两个重要的特性:一是整体性。企业信息化建设是一项复杂的系统工程,涉及企业生产、经营和管理的各个环节,其内容既相对独立又密切联系,既相互促进又相互制约,是一个有机的整体,有其内在的规律性。二是社会性。企业信息化建设是一项社会系统工程,不仅仅取决于企业内部信息化建设水平,而且还取决企业外部条件和社会环境条件,例如国家整体的信息网络建设情况,企业所在地区信息网络条件,与企业进行业务往来的合作企业信息化建设情况,商业银行等金融企业信息化进展情况,电子商务的推进情况,与企业相关的法律、法规、标准、规范等的法制环境情况等。

三、我国企业信息化的发展历程

(一) 企业信息化发展的一般规律

在 20 世纪 60 年代末 70 年代初,Richard L. Nolan 教授在对美国大型企业信息技术投资预算曲线的研究基础上,通过归纳总结,提出了关于企业应用计算机技术的阶段发展理论,即著名的“诺兰模型”,用以描述企业信息化的发展与演进过程。1973 年,首次提出了四阶段发展模式理论。1980 年,随着美国企业计算机应用的不断深入,“诺兰模型”进一步完善为六阶段发展模式理论。

“诺兰模型”指出,计算机应用到一个组织中,其投资预算呈 S 形上升趋势,伴随应用范围的变化、相关人员的成长、管理技术和方法的变化,一般企业都要经历从初装、蔓延、控制、集成、数据管理到成熟的成长过程。

一个企业,其计算机应用首先进入初装阶段,在这个阶段的企业一般只有少数几台计算机并初步开始应用,实现的功能也比较有限。

经过一段时间发展以后,企业的计算机应用开始进入蔓延阶段,企业在计算机方面的投资迅速上升。企业的计算机应用已初见成效,并从少数部门扩散到多数部门,开发了大量的应用程序,企业各部门的事务处理效率有所提高,但也出现了各单位应用系统之间的数据冗余、不一致、难以共享等有待解决的问题,从整体应用情况来看,只有一部分计算机的应用取得了实际的效益。

随着企业各部门通过各种途径购置计算机,整体的计算机数量超出企业控制,预算比例越来越大,投资回收不理想。应用项目不断积累,要求加强组织协调,出现了由企业领导和职能部门负责人参加的领导小组,对整个信息系统建设进行统筹规划,特别是考虑利用数据库技术解决数据共享问题。这个阶段是实现从以计算机管理为主向以数据管理为主转换的关键时期,计算机应用进入缓慢发展阶段,相关的投资预算开始放缓,进入控制阶段。

在控制的基础上,应用最新的信息技术,对系统中的硬件进行重新连接,建立集中式的数据库,能够充分利用和管理各种信息的计算机集成系统软件已经成熟,企业可以选择购买商品化的 MRPII 软件、ERP 软件等,实现企业供、产、销的全面集成管理,计算机应用进入了第四个阶段——集成阶段。在这个阶段需要重新装备大量设备,庞大的软、硬件支出导致预算费用又一次迅速增长。

"集成"之后,伴随企业各项业务通过统一的信息系统进行处理,企业供应链环境下的信息化管理形成海量数据,需要进行整体的数据管理、综合分析和充分利用,企业的计算机应用进入了"数据管理"阶段。数据挖掘、数据仓库、联机分析处理(OLAP)、商业智能等新的信息技术应用理念逐渐形成。

"诺兰模型"的最后一个阶段是计算机在企业的应用最终要达到成熟阶段,成熟的信息系统可以满足组织中各管理层次(高层、中层、基层)的要求,从而真正实现信息资源的全面管理和充分利用。

(二)我国企业信息化发展的历程

我国大中型企业的资金基础、技术基础、管理基础比较好,企业的信息化建设也始终处于中国企业的前沿,它们的发展轨迹对于中国企业信息化整体发展历程具有一定的代表性。中国企业信息化从 20 世纪 70 年代末 80 年代初起步,进入初装阶段以后,在 20 世纪 80 年代中期开始蔓延,80 年代末 90 年代初进入控制阶段,经过 21 世纪前十年的发展,现在许多企业已经进入了集成应用阶段,部分信息化发展较好的企业进入了"数据管理"阶段,并将最终达到成熟阶段。

具体来说,我国企业信息化建设开始于 20 世纪 80 年代初的企业产品设计信息化阶段,以计算机辅助设计(computer aided design,CAD)的应用为代表。80 年代中期,出现了以电子技术改造落后工艺设备及工艺流程为特征的企业生产流程和生产工艺信息化。企业管理信息化从 80 年代中期开始,经历了会计电算化(20 世纪 80 年代中期到 1995 年)、财会业务一体化(1995—1997 年)、企业资源规划(1997 年以后)等阶段。此外,我国企业信息化的发展经历了从大企业向中小企业扩散的历史过程,根据推进重点不同分为四个阶段。

第一阶段,从 20 世纪 80 年代中期到世纪之交,为信息技术单项应用和企业上网前的准备阶段。国家重点选择了一批条件较好的国有大中型企业进行计算机应用试点,为各类企业在生产经营和管理活动中应用信息技术摸索经验。推进重点是,计算机在办公、财务、人事和部分生产经营环节等方面的单项应用和 CAD/

CAM、MIS 等信息技术的初步应用，同时鼓励中小企业应用上述技术。

第二阶段，从 2000 年“企业信息化工程”到 2007 年，为中小企业信息化尤其是网络化建设与应用的导入阶段。推进重点主要是在各类企业扩大计算机应用和推动企业上网，建立电子邮箱，鼓励中小企业利用信息网络技术开展经营活动和改进管理。

第三阶段，2008—2015 年，为普及深化阶段。主要目标是要在大多数中小企业迈入信息化门槛的基础上，深化集成应用。推进重点主要是，大规模推动企业利用网络信息技术，实现核心业务（如生产控制、人财物管理及网络营销等方面）的信息化，使 CAD/CAM，MIS/OA，ERP 等覆盖率达到 60%—80%，基本实现 ERP 主要功能，推广实施供应链管理（SCM）及客户关系管理（CRM）；推动更多的企业利用互联网开展电子商务；使中小企业信息化综合集成应用水平明显提高。

第四阶段，自 2016 年起，将进入以生产智能控制、供应链及客户关系的优化管理及协同商务为标志的高级阶段。推进重点主要是，在实现 ERP 的基础上，进一步普及应用企业供应链管理（SCM）、客户关系管理（CRM），使 CAD/CAM、ERP、SCM、CRM 的普及率达到 80%—90%。中小企业能够基本实现支付型电子商务与企业 ERP 结合，实现协同与智能化应用。

四、我国企业信息化的相关政策法规

伴随着信息化的进程，我国政府制定了一系列与国家信息化、企业信息化相关的政策、法律和法规。这些政策、法律和法规的制定和出台，对做好企业信息化建设工作具有重要的意义。

1984 年 11 月，国务院电子振兴领导小组发布了《我国电子和信息产业发展战略的报告》，指出我国电子和信息产业要实现两个转移：第一，把电子和信息产业的服务重点转移到为发展国民经济、为四化建设、为整个社会生活服务的轨道上来，为此，必须把电子信息产业在社会各个领域的应用放在首位；第二，电子工业的发展要转移到以微电子技术为基础、以计算机和通信装备为主体的轨道上来，并确定集成电路、计算机、通信和软件为发展的重要领域。

1986 年，中共中央、国务院批准了《高技术研究发展计划（“863”计划）纲要》，CIMS（计算机集成生产系统）被列为主题之一。该计划投资 100 亿元，其中，信息技术相关项目的投资约占投资总额的 2/3。

1993 年 12 月，国务院成立国家经济信息化联席会议，正式启动了国民经济信息化的起步工程——“三金工程”，即金桥工程、金关工程和金卡工程。确立“实施信息化工程，以信息化带动产业发展”的指导思想，拉开了国民经济信息化的序幕。

1998 年 3 月，信息产业部成立，主管全国电子信息产品制造业、通信业和软件业，推进国民经济和社会服务信息化。

2000年1月，国家经贸委、信息产业部、科技部共同发起“企业信息化工程”，并成立全国企业信息化工作领导小组。

2001年12月25日，国家信息化工作领导小组召开第一次会议，提出了推进中国信息化建设须遵循五大方针：一是坚持面向市场，需求主导。二是政府先行，带动信息化发展。三是信息建设要与产业结构调整相结合。四是既要培育竞争机制，又要加强统筹协调，努力为信息化发展创造良好环境；要按照互联互通、资源共享原则，杜绝各种网络和系统的重复建设，防止一哄而起。五是既要重视对外开放与合作，又要加强自主科研开发。

2002年7月3日，国家信息化领导小组第二次会议审议通过了《国民经济和社会发展第十个五年计划信息化重点专项规划》《关于我国电子政务建设的指导意见》和《振兴软件产业行动纲要》，并以“17号文件”的形式下发了电子政务建设规划指导性意见。

2002年10月9日，国家信息化测评中心正式推出中国第一个企业信息化指标体系。

2003年7月22，温家宝主持召开国家信息化领导小组第三次会议，讨论并通过了《关于加强信息安全保障工作的意见》。

2004年12月，温家宝主持召开国家信息化领导小组第四次会议，会议讨论了《关于加强信息资源开发利用工作的若干意见》和《关于加快我国电子商务发展的若干意见》。温家宝在会上强调要引导推广电子商务，坚持以企业为主体，以重点大型企业信息化为龙头，带动中小企业的电子商务发展。

2005年4月1日《中华人民共和国电子签名法》施行。这部被称为中国第一部真正意义上的信息化法律，拉开了数字信息化时代的立法序幕。

2006年5月，中共中央办公厅、国务院办公厅印发了《2006—2020年国家信息化发展战略》，提出了今后15年我国国家信息化发展的指导思想、战略方针和战略目标，明确了我国信息化发展的九个战略重点、六个优先战略行动、九项保障措施。实施国家信息化发展战略有助于切实地将经济社会发展转入科学发展的轨道，对我国切实走新型工业化道路，加快经济增长方式的转变，促进社会主义和谐社会建设和建设创新型国家，顺利完成现代化建设第三步战略目标具有深刻的历史意义和现实意义。

2007年6月，国家发展和改革委员会、国务院信息化工作办公室联合发布了《电子商务发展“十一五”规划》，该规划确立了中国发展电子商务的战略意图，为走出一条有中国特色的电子商务发展道路提出了一系列创新举措。《规划》首次明确电子商务是网络化的新型经济活动，即基于互联网、广播电视网和电信网络等电子信息网络的生产、流通和消费活动,而不仅仅是基于互联网的新型交易或流通方式。《规划》还首次提出了发展电子商务服务业、形成国民经济发展新的增长点的战略任务,国家将通过引导性投资,促进第三方平台服务为主流的电子商务服务业发展。

2008 年 3 月 11 日,国务院机构改革,正式组建工业和信息化部。12 月 19 日,在北京召开工业和信息化部成立后的第一次全国工业和信息化工作会议。每年一次的全国工业和信息化会议都对保持工业经济平稳较快发展,大力推动传统产业优化升级,积极培育发展战略性新兴产业,推进"两化"融合,抓好工业区节能减排,改善中小企业发展环境,推进信息化发展和维护网络信息安全等方面做出重要的工作部署,这有力地推动了全国工业和信息化的快速发展。

2012 年 3 月 27 日,工业和信息化部发布《电子商务"十二五"发展规划》,规划提出,到 2015 年,电子商务交易额翻两番,突破 18 万亿元。其中,企业间电子商务交易规模超过 15 万亿元。同时,企业网上采购和网上销售占采购和销售总额的比重分别超过 50% 和 20%。大型企业的网络化供应链协同能力基本建立,部分行业龙头企业的全球化商务协同能力初步形成。经常性应用电子商务的中小企业达到中小企业总数的 60% 以上。网络零售交易额突破 3 万亿元,占社会消费品零售总额的比例超过 9%。移动电子商务交易额和用户数达到全球领先水平。电子商务的服务水平显著提升,涌现出一批具有国际影响力的电子商务企业和服务品牌。

规划还提出,电子商务"十二五"发展总体目标是:到 2015 年,电子商务进一步普及深化,对国民经济和社会发展的贡献显著提高。电子商务在现代服务业中的比重明显上升。电子商务制度体系基本健全,初步形成安全可信、规范有序的网络商务环境。

五、企业信息化中的关键因素

随着信息技术对企业发展的影响越来越大,信息化建设成为企业面临的重大问题。根据国内外相关研究,我们得出企业信息化中的五大关键因素。

一是企业整体支持。企业中各部门、人员的积极态度是信息化成功的基本保证,这类因素反映的是信息化是否得到企业各层的理解支持。

高层领导是企业的灵魂,他们对信息化支持、理解的程度决定了信息化能否得以真正实施,其目标与企业目标是否能保持一致。信息化使企业组织结构有扁平化的倾向,中层管理人员面临着角色转换和企业权力结构的变化,取得中层管理人员支持是企业更好地进行 IT 管理的必要和重要环节。员工培训主要解决员工技术基础和员工信息化意识问题。

二是 IT 部门技术实力。IT 部门的技术实力将为企业的信息化进程提供有力的保障,包括两个方面——该部门员工的技术实力和企业使用的技术,必须将这两方面结合起来才能带来整个企业信息化水平的提高。

三是企业给予信息化的实际推动力。这类因素主要描述企业在资金、权力、管理等方面给信息化提供的实际推动力。企业信息化在硬件和软件方面都需要大量资金,没有一定程度的资金投入量不能满足信息化的需要。随着企业信息化进程的深入,IT 部门相关人员设备不断扩充,信息化逐渐成为关系企业核心竞争力的战略问题。在这个过程中,IT 部门成为企业的核心部门,其主管人员成为企业决策层中的一员,与此对应的是企业对 IT 部门协调管理机制的完善、控制的加强。信息化是一个管理与技术融合的过程,IT 部门内部的管理和组织水平会在很大程度上决定其技术实力能否发挥。

四是外界环境稳定性。信息化进程开始后,外界环境的稳定性会对其成败产生重大影响。决定外界环境能否支持企业信息化向深入发展主要有三个因素:以往 IT 技术实践的成功与否、政策的连续性、正确地理解和评价 IT 的绩效。

以往 IT 技术实践成功与否会对领导层和员工的信心产生影响,成功的实践会推动企业信息化的进一步的深入,失败则可能令人对信息化的必要性和前途产生怀疑。信息化是一个不断发展的动态过程,在这个过程中需要企业战略的连续性。随着企业内外部环境变化,管理者的态度和管理方式也可能发生变化。政策的不连续导致设备、人员闲置、部门随意合并等恶劣后果,必将给信息化带来不良影响。企业对信息部门的业绩考核也是非常重要的。IT 部门主要是实现了一种辅助与组织功能,它能给企业带来成本降低、效率提高等效果,但在实际中很难量化 IT 投资的收益情况,很难分清利润中哪一块是 IT 带来的,尤其是很难分清带来的是长期收益还是短期收益。正确地理解和评价 IT 绩效才能避免盲目的乐观或者悲观。

五是员工的技术基础。IT 技术的使用者不仅有 IT 部门的员工,还包括大量其他部门员工,因此其他部门员工 IT 方面的能力对于企业信息化进程必将产生一定的影响。

第二节　企业信息化系统建设

一、企业网络基础平台建设

企业网络平台是企业信息化建设的基础性工程,各类企业信息化应用系统必须在这个网络平台上才能运行。企业网络平台建设一般有三类:企业内部网(Intranet)、企业外部网(Extranet)和因特网(Internet)。

1. 企业内部网

企业内部网就是企业内部的局域网(local area network,LAN)。通过网络通信设备(交换机、路由器等)和网络传输介质(光纤、网络双绞线、同轴电缆或者无线信号),将分布在企业内部各部门的计算机和服务器连接起来,并配有相应的网络软件,从而实现信息传输和资源共享而构成的系统就是企业内部网。

企业内部网是运行企业办公自动化软件(OA)和企业各类业务管理系统软件的重要网络平台,能极大地提高企业工作效率和决策能力,实现企业内部信息资源的共享。

2. 企业外部网

企业内部网建立以后,企业内部各部门都可以方便地访问企业内网中的信息资源。但是企业的合作伙伴,如客户、经销商、供货商、本企业的异地企业分公司等,需要及时了解和使用企业内部信息资源,同时这也是供应链管理、电子商务等活动所必需的,为解决这些问题就必须构建企业外部网。

企业外部网就是通过相应的网络技术将企业内部网的用户终端进行延伸和扩展,使企业外部用户也可安全地使用企业内部资源。构建企业外部网的主要扩展方式有:一是铺设或者租用专用传输线路,这种方式成本较高,但数据传输速度快,安全性更高;二是通过网络拨号设备利用传统的电话线进行连接,这种方式成本低,数据传输速度也较慢;三是通过 VPN(virtual private network)技术,在企业外部用户和企业内部网之间建立穿过因特网的安全私有通道。

3. 因特网

企业仅建立了 Intranet 和 Extranet 还不够,企业要实现与全国和世界各地企业之间、企业与用户之间信息交换和资源共享,企业内部网必须接入因特网。

因特网是一个网际网,也就是说因特网是一个联结了无数个小网而形成的大网。如中国科技网、中国教育和科研计算机网、中国电信互联网、中国联通互联网和中国移动互联网都联入了因特网,也就是说,它们都是因特网的一部分。因特网就是由世界各国、各个不同领域、不同背景、不同用途的成千上万个专用网络互相联结而成。加入因特网的计算机网络各自拥有自己独立的操作系统,并且必须遵循因特网的网络协议——TCP/IP 协议(TCP,transmission control protocol,指传输控制协议;IP,internet protocol,指网际协议)。因特网上众多的不同的计算机系统都必须服从 TCP/IP 协议,只有这样因特网中的计算机才能顺利、准确地进行信息共享。TCP/IP 协议是因特网的基础协议,它规定了网络上计算机之间的数据传输格式和传输方式。

因特网是面向全球开放的网络,只要联网的计算机上安装了 TCP/IP 协议就可以连入因特网。企业内部网也是使用 TCP/IP 协议进行组网的,所以企业内部网可以和因特网无缝对接。

企业内部网连入因特网时,主要应该注意两点:一是找一家带宽资源好的 ISP(internet service provider,因特网服务提供商),ISP 在国内的带宽资源越好,国际出口带宽资源越好,企业内部网用户就可以享受到更加快捷的网络服务;二是在企业内部网的边界要布置网络安全设备(如网络防火墙、网络入侵检测系统、加解密机等),以保护企业内部网络的安全。

二、企业网站系统

无论是大型企业,或者是中小微企业,也无论现阶段企业是否有条件发展电子商务,作为信息时代的企业在信息化建设中不可不做的一件事就是构建企业网站。企业网站就相当于在因特网上给企业安了个家,企业网站的最主要任务就是在网络上宣传企业、宣传企业的产品、宣传企业的技术、宣传企业的服务等,并通过网站与潜在的客户、合作伙伴进行沟通,在此基础上创造条件,拓展业务。

(一) 企业网站建设方式。

根据网络建设现状和现有网络技术,企业建设网站主要有两种方式。

(1) 专用服务器。专用服务器是指企业建设有自己的网络机房,购置了放置企业网站系统的专用服务器,租用了网络出口线路及 IP 地址,这种方式投资比较大,并且需要专业网站维护人员。这种方式的优点是操作和维护自由度更大,更方便快捷,比较适合有技术实力的大中型企业。对于小微企业既要节省投资又想实现网站系统的专用服务器,可以通过把自己购置的网站专用服务器托管给专业机构,或者租用专业机构整台服务器的方式来实现。

(2) 虚拟主机。虚拟主机是指采用虚拟化技术把一台网络上的主机分成若干台"虚拟"主机,这些"虚拟"主机可以有独立的域名、IP 地址,虚拟主机之间完全独立,在外界看,每一台虚拟主机和一台独立的主机的表现完全一样。虚拟主机这种方式,投资一台主机可以虚拟为若干台主机,投资少,管理集中,维护方便,是企业建立各类网站的首选方式。

(二) 企业网站建设步骤

(1) 明确建站目的,正确定位网站,制订网站建设计划。任何一个网站必须首先具有明确的目的和目标群体。网站是面向客户、供应商、消费者还是全部? 主要目的是介绍企业、宣传产品还是电子商务? 如果目的不是唯一的,应该清楚地列出不同目的的轻重关系。建站包括类型的选择、功能的定位、内容的筹备、界面的设计等各个方面。这些方面都受到目的性的直接影响,因此目的性是一切原则的基础。

（2）选择建站方式。也就是选择是以自建机房自购服务器、服务器托管、租用服务器还是租用虚拟主机的方式建设企业网站。如果企业网站建设的目的是宣传自身、服务自身，而不是建设一个包含企业较多业务应用的复杂系统，建议选择以租用虚拟主机方式建设网站，这也是绝大多数企业适宜的建站模式，在选择以虚拟主机方式建设网站时，应当注意选择具备实力的互联网服务提供商。

（3）申请域名。网站域名就是一个服务器或一个网站系统在因特网上的标识名，在全世界没有重复的域名，域名的形式是以若干个英文字母和数字组成，如 www. baidu. com 就是百度网站的域名。选择一个简短、易记、有意义的域名，会更加方便用户访问企业网站和企业进行网站宣传。域名申请可以向国内域名管理机构申请，如 CNNIC（China Internet Network Information Center，中国互联网络信息中心），CERnet（China Education and Research Network，中国教育和科研计算机网）等可办理国内相应域名的申请。也可到国际域名管理机构申请办事，如可上网到国际网络管理机构（www. internic. net）直接填表申请域名，然后交纳一定的费用即可。另外，国内许多 Internet 服务提供商也可以代理域名申请，如万户网络技术有限公司就可为用户代为办理域名注册。

（4）网站资料的准备。网络素材就是企业网站建设所需要的文字、图片、音视频等素材。

（5）网站结构和内容设计。网站结构和内容设计建设阶段是企业网站建设的实质性阶段。建设一个企业网站，真正的目的是要让网站为企业发展发挥作用，让网站成为有效的网络营销工具和网上销售渠道，让网站成为企业与客户沟通的桥梁。网站的功能主要表现在品牌形象、产品和服务展示、信息发布、客户服务、客户关系、网上调查、网上联盟、网上销售八个方面。一个企业网站可以根据企业自身的特点，决定实现上述全部功能或部分功能，在功能定位明确后，围绕功能策划栏目。网站栏目的设置原则，一是要突出重点，二是要方便用户，在设置栏目的时候，要仔细考虑内容的轻重缓急，合理安排，突出重点。

（6）网页制作与程序开发。设计网页的第一步是设计版面的布局。布局是一个设计的概念，指的是在一个限定的面积范围内合理安排图像、文字、动画的位置，把企业信息按照轻重缓急陈列出来，同时考虑页面的装饰美化。在布局过程，应该注意平衡、呼应、对比、疏密相结合。在网页制作中尤其需要注意网站的整体风格，根据企业的行业特点应考虑网站的个性化因素。网站的应用程序的开发应根据需要实现的功能选择适宜的开发工具，使其简单实用。一般网页制作与程序开发在企业相关技术力量不是十分强的情况下建议委托专业公司去完成。

（7）网站发布。网站的所有页面设计好以后，把前面准备的企业的资料和素材填入相应的页面中，经测试无误后就可以把制作完成的网站系统上传到网站服务器对外发布了。这样在世界任何有因特网的角落都可以通过企业域名来访问企业网站了。

(三) 企业网站的推广应用

企业网站的推广应用就是指企业网站的宣传,尽可能地让更多的人知道企业网站,找到企业网站,访问企业网站。企业必须重视网站推广工作,网站推广的一般手段包括:(1) 到各大搜索引擎中注册、登记;(2) 在商业 BBS、新闻组发布企业信息;(3) 邮件宣传;(4) 在专业性商务平台网站进行企业宣传;(5) 在著名大型门户网站上做横幅网络广告宣传或者进行企业网站链接;(6) 在专业性的电子杂志进行广告宣传;(7) 利用传统媒体(报纸、杂志、广播、电视等)宣传。

企业网站发布以后,网站就成了企业在网络中的形象代表,要不断更新网站信息,树立企业蒸蒸日上的良好形象。要加强网站安全管理,防止网站被黑,维护企业形象。根据企业的不同发展阶段,不断改版网站结构布局,创新企业形象。

三、企业内部业务管理系统

(一) 办公自动化(OA)系统

办公自动化(office automation,OA)系统,是指企业采用 Internet/Intranet 技术,基于工作流的概念,使企业内部人员方便快捷地共享信息,高效地协同工作;改变过去复杂、低效的手工办公方式,实现迅速、全方位的信息采集、信息处理,为企业的管理和决策提供科学服务的信息系统。

OA 在中国企业的正式应用大约始于 20 世纪 90 年代中期,起初主要是 WPS、CCED 等文字处理和表格处理软件的应用。其后微软 Windows 操作系统推出,微软的 Word、Excel 等办公套件成为主流。从 1999 年政府提出了上网工程,OA 在企业的应用受到重视,OA 的目标是“无纸化”,重点放在公文流转,用户主要是大型企业,投资较大,但收效一般,所以从 2000 年开始,企业对 OA 建设的重视有所下降,一直到 2003 年,由于.NET、J2EE 技术的兴起,网络的普及、人们信息素养的提高,OA 再度受到企业的重视。

对于不同类型的企业要求有不同类型的办公自动化系统,但总的来说,企业 OA 系统主要分为三个功能层次:

(1) 事务处理型。事务处理主要是指处理办公部门大量的事务性工作,这种工作量大、重复性高,使用办公自动化系统来处理可以使办公人员从这些工作中解脱出来。处理的事务主要包括有文字处理、个人日程管理、公文管理、邮件处理、办公短信、会议管理、车辆管理、资源管理等。

(2) 信息管理型。信息管理是指企业的管理者对信息的流通进行控制和管理,做好对信息的收集、加工、传递、交流、存取、分析、判断和反馈,从而使信息资源的利用获得良好的效益。信息管理型的办公自动化系统也支持各种办公事务处理,所以信息管理型的办公自动化系统是支持办公事务处理活动的办公系统与支持管理控制活动的管理信息系统相结合的办公系统。

(3) 辅助决策型。辅助决策功能主要是面向决策层,是指办公自动化系统有决策和辅助决策功能,在对大量信息进行联机分析的基础上,制定出各种优化解决方案提供给决策者,从而辅助决策者进行决策。辅助决策型系统是以事务型和信息管理型办公系统的大量数据为基础,同时又具有决策模型库支持,是上述两类系统的再结合,所以具有辅助决策功能的系统是最高级的办公自动化系统。

OA 在国内企业的发展趋势可归纳为"四化":平台化、智能化、网络化、人性化。平台化是指网络时代的 OA 是一种企业级跨部门运作的基础信息系统,可以联结企业各个岗位上的各个工作人员,可以联结企业各类信息系统和信息资源。未来 OA 将是整合企业的 MIS 系统、ERP 系统、财务系统等经营管理业务数据,系统界面统一、账户统一,业务间流程紧密顺畅,与公文流转、信息发布、核查审批等系统实现无缝集成协同的一个大的办公平台。智能化是指随着网络和信息时代的发展,企业用户在进行业务数据处理时,OA 可根据用户的需求,通过对海量数据的分类分析,提供决策支持、知识挖掘、商业智能等全面系统服务。网络化是指随着网络的全面普及,软件网络化是大势所趋,不断发展 OA 的网络办公功能和移动办公功能是 OA 的一个前进方向。人性化是指随着 OA 功能的不断扩展,使用将会越来越复杂,同时各企业内部情况不一,其需求也不尽相同,这就要求系统必须具有人性化设计,能够根据不同员工的需要进行功能组合,将合适的功能放在合适的位置给合适的员工访问,实现真正的人本管理。

(二) 进销存业务管理系统

传统企业中,采购、销售、库存管理是一系列分散的独立活动,它们分属于不同的职能部门,彼此之间缺乏协调,信息不通,业务不顺,从而导致企业的整体利益受损。企业要实现利润最大化,就必须设法达到四个目标:一是向客户提供最好的服务,二是耗费最低的生产成本,三是占用最少的库存,四是使用最少的分销费用。要实现这些经营管理目标,就必须将采购、销售、库存管理有机地集成在一个系统中,这就产生了进销存管理业务。

进销存业务管理系统是指运用现代信息技术建立一套集成的进销存管理系统,实现采购、销售、库存三模块间完全的信息共享和畅通的数据交流。根据销售预测确定生产规模,进而制定科学的原材料采购计划,同时通过供应链与供应商结成利益共同体,优化采购管理。通过网络实时收集销售业务数据,如市场占有率、销售利润、客户满意度等,并借助相关软件进行分析,从而实现对销售活动的动态控制,销售战略的动态调整,优化销售管理。通过信息技术手段动态掌握企业与市场、供应商的供求关系,实现零库存,优化库存管理。

进销存业务管理系统是帮助企业实现进销存信息化的有效手段。一般包括采购管理(采购订单、采购单、付款单、采购明细/汇总表、应付明细/汇总表、采购订单汇总表管理)、销售管理(销售订单、销售单、收款单、销售明细/汇总表、应收明细/汇总表、销售订单汇总表管理)、库存管理(进仓单、出仓单、转仓单、盘点单、库存明细/汇总表管理)和POS(销售自动化系统)管理(开票、报表、日结、设置管理)四大功能模块。

进销存类软件比较多,如用友购商贸通、管家婆进销存软件、金蝶的商贸版、速达3000-BAS等。

(三) 客户关系管理(CRM)系统

随着电子商务日渐成熟与完善,改变了传统企业经营模式,谁能掌握客户的需求趋势,加强与客户的关系,有效挖掘和管理客户资源,谁就能获得市场竞争优势,在激烈的竞争中立于不败之地。企业、供应商、分销商及客户连成一体的价值链成为企业之间竞争的核心。以客户为中心的客户关系管理成为电子商务时代企业竞争制胜的关键。

客户关系管理系统(customer relationship management,CRM)是指企业通过对客户信息资源的计算机化管理,向客户提供满意的产品和服务,提高客户忠诚度和创造客户价值,从而赢得客户资源,提高企业的盈利能力,并建立起持续核心竞争力的一种基于现代经营管理理念的管理企业与客户关系的软件系统。

CRM包含的核心内容是:首先,强调应将客户看作企业发展的重要资源之一。其次,强调应对企业与客户发生的各种关系进行全面管理。企业与客户之间发生的关系,不仅包括单纯的销售过程中发生的各种关系,如合同签订、订单处理、发货、收款等,而且包括在企业营销过程中发生的各种关系,如在企业市场活动、市场推广过程中与潜在客户发生的关系,在与目标客户接触过程中,内部销售人员的行为、各项活动及其与客户接触全过程所发生的多种交叉关系。最后还包括售后服务过程中,企业服务人员对客户提供关怀活动、各种服务活动、服务内容、服务效果的记录等。这种对企业与客户间可能发生的各种关系进行全面管理,将会显著提升企业营销能力、降低营销成本、控制营销过程中可能导致客户抱怨的各种行为。

CRM系统与企业的需求密不可分。CRM系统一般可分为数据源、数据仓库系统和CRM分析系统三个部分。数据源主要来自四个方面:客户信息、客户行为、生产系统和其他相关数据。数据仓库系统利用建设数据仓库的数据和设计工具,将与客户相关的数据集中到数据仓库中,然后在数据仓库的基础上,通过报表等将客户的整体行为分析和企业运营分析结果传递给数据仓库用户。CRM 分析系统是由数据准备、客户分析数据集市、客户分析系统和调度监控模块构成。在数据仓库的基础上,由分析数据准备模块将客户分析所需要的数据形成客户分析数据集市;然后在客户分析数据内容的基础上,客户分析模块进行客户行为分组、重点客户发现和性能评估模块的设计与实现;最后,CRM 分析系统的分析结果由报表传递给与客户有关的职能部门。

CRM 系统功能的发挥还有赖于与企业的其他业务系统集成,特别是与企业资源计划系统 ERP 的集成非常重要。只有当 CRM 与 ERP 系统实现集成才能真正将客户、经销商、企业销售全部整合在一起,使得前台收集到的关于客户的需求信息及时传递到相关的设计、生产、销售等部门,实现企业对客户个性化需求的快速响应。

(四) 供应链管理(SCM)系统

供应链是指围绕核心企业,通过对信息流、物流、资金流的控制,从采购原材料开始,制成中间产品以及最终产品,最后由销售网络把产品送到消费者手中的将供应商、制造商、分销商、零售商、直到最终用户连成一个整体的功能网链结构模式。它是一个范围更广的企业结构模式,包含所有加盟的企业,从原材料的供应开始,经过链中不同企业的制造加工、分销、零售等过程直到最终用户。它不仅是一条连接供应商到用户的物料链、信息链、资金链,而且是一条增值链,物料在供应链上因加工、包装、运输等过程而增加其价值,给相关企业带来收益。

供应链具有五个主要特征:

(1) 围绕核心企业。供应链一般是围绕核心企业来展开的,核心企业通常是供应链的信息交换中心和物流集散中心,同时其也承担着组建供应链并协调企业间关系的使命。

(2) 面向用户需求。供应链的形成、存在、重构,都是基于一定的市场需求而发生,并且在供应链的运作过程中,用户的需求是拉动供应链中信息流、物流、资金流运作的驱动源。

(3) 结构的复杂性。供应链节点企业组成的跨度通常很大,往往会有多个、多类型甚至多国家企业构成,因此供应链的结构模式比一般单个企业的更为复杂。

(4) 角色的多样性。在现实中,企业往往同时处于多个供应链网络之中,在供应链中同时承担着供应和需求的角色,众多供应链的相互交叉和企业身兼多种角色,增加了企业协调的难度。

(5) 动态性。由于企业战略目标的改变和适应市场需求变化的需要,供应链上的企业需要动态的更新,这就使得供应链具有明显的动态性。

供应链管理(supply chain management,SCM)系统是执行供应链管理的计算机应用系统,指对整个供应链系统进行计划、协调、执行、控制和优化的各种活动和过程,是从原材料供应商一直到最终用户的关键业务过程的集成管理,其目标是要将客户所需的正确的产品,能够在正确的时间,按照正确的数量、正确的质量和正确的状态,以正确的价格送到正确的地点,并实现总成本最小。

SCM 系统并不是只是采购或物流的系统,而是要把各地的供应商(工厂)、经销商通过 SCM 系统连接起来,形成一个有机的整体,协调强大的团体力量,快速、高效、低成本地研发、生产出适合市场需求的产品。

为了更好地帮助企业进行供应链管理,全球供应链论坛给出了供应链管理关键业务过程的定义,它包括客户关系管理、需求/供给管理、客户订单管理、生产流程管理、采购和供应商关系管理、产品开发管理、退货与逆向物流管理。统计数据表明,企业供应链可以耗费企业高达 25% 的运营成本。供应链是企业赖以生存的商业循环系统,是企业电子商务管理中最重要的课题。

(五) 财务管理系统

企业财务是指企业为了达到既定目标所进行的筹集资金、运用资金和收益分配的活动。财务管理是企业管理的一个重要组成部分。在生产企业中,企业必须用各种方式,通过不同渠道,以最低的代价,筹集一定数量的资金,用于各项必要的投资和生产经营等方面,谋求最大限度的资金运用效果,并对实现的利润进行合理的分配,以保证资金积累和股东的合法收益率。所以说资金筹集、资金投资和收益分配是企业财务管理的主要内容。

深化企业管理,首先要实现财务管理信息化。要从解决企业基本问题入手,建立起以财务管理为核心的内部信息管理系统。同时,要积极推进企业财务与业务一体化,实现系统的资金流、物流的信息集成和数据共享。

企业实现财务管理信息化有两种途径,一种是定制财务软件,另一种是购买现成的标准财务软件。第一种方式制定的财务软件,针对性强,能很好地满足企业个性化需求,但软件开发、系统维护、功能升级等的成本较高,适用于个性需求强烈且实力雄厚的企业采用。第二种方式的标准财务软件,通用性较强,成本相对较低,适用于没有特殊要求的企业,这也是中小企业普遍采用的方式。目前使用率较高的国产财务软件有用友、金蝶、金算盘、管家婆等。

(六) 人力资源管理系统

在生产要素中,人是最积极、最重要的要素。而在企业的一切资源中,人力资源是最为宝贵的资源。人力资源与其他资源最大的不同之处就在于它具有能动性、创造性和增值性。一个企业要发展，归根结底取决于企业如何正确、有效地开发和利用人力资源。

良好的人力资源管理效率与开发能力将有助于企业营造人才发展环境，提升竞争能力，企业的人力资源管理已经成为企业各种管理中的重要基础内容和支柱。利用信息技术，建立企业人力资源管理信息系统，提高管理的效率和效益，已经成为企业信息化的重要内容和任务。

人力资源管理系统包括的功能主要有人事档案、组织架构、合同管理、薪酬管理、社保管理、绩效管理、考勤管理、培训管理、招聘管理、沟通交流平台和报表中心等。

企业在引入人力资源管理信息化的时候，要根据企业的实际软硬件条件和人力资源业务需求的轻重缓急，一步一步按照由低至高的层次来实施。第一层次，从行政事务管理、组织机构管理、薪酬福利管理入手，提高人力资源工作效率。第二层次，从招聘管理、绩效管理、培训管理三个方面规范人力资源管理的业务流程。第三层次，从职业生涯规划、人力资源成本评估、人力资源战略决策等方面入手，开展战略性人力资源管理与开发。先优化管理模式，再优化管理工具；先弄清楚需求，再确定系统功能。总的来说，不一味追求先进，因为企业的管理未必同样先进。不追求一步到位，因为任何企业（尤其是中小企业）的管理模式和管理水平都在逐渐变化之中。

人力资源管理系统的厂商主要有博惠思华信息技术有限公司、金蝶国际软件集团有限公司、用友软件股份有限公司、北京甲骨文软件系统有限公司、SAP 公司。

四、企业资源计划系统

企业资源计划（enterprise resource planning，ERP）系统是由美国著名管理咨询公司加特纳公司（Gartner Group Inc.）于 1990 年初最早提出的一种管理理念。ERP 是一种科学管理思想的计算机实现，起源于工业经济时代的主导产业——制造业，它强调对产品研发与设计、作业控制、生产计划、投入品采购、市场营销、销售、库存、财务和人事等方面进行集成优化的管理，使管理信息系统向多元化发展。

企业的管理主要涉及物流、资金流和信息流，ERP 系统就是将企业的这三大流进行全面一体化管理的管理信息系统。ERP 系统的功能模块一般包括生产控制（计划、制造）、物流管理（分销、采购、库存管理）和财务管理（会计核算、财务管理）三个方面。随着企业对人力资源管理日益重视，许多 ERP 系统已经将人力资源管理作为 ERP 系统的一个重要部分。

企业资源计划 ERP 系统为企业提供了一个统一的业务管理信息平台，将企业内部以及企业外部供需链上所有的资源与信息进行统一的管理，这种集成能够消除企业内部因为部门分割造成的各种信息隔阂与信息孤岛。如果 ERP 系统能够将客户关系管理 CRM 软件、供应链管理 SCM 软件集成起来,则构成了企业电子商务的完整解决方案。ERP 系统将企业业务明确划分为由多个业务结点联结而成的业务流程,通过各个业务结点明晰了各自的权责范畴,而各个结点之间的无缝联结,实现了信息的充分共享及业务的流程化运转。所以我们说,企业实施 ERP 系统的根本目的不在于引进一套现代化信息系统,更重要的是运用 ERP 系统来对企业的业务进行重新整理与优化,实现生产经营的精细化与集约化,而带来的好处就是成本的降低、生产周期的缩短、响应客户需求的时间更快、为客户提供更好的服务。

ERP 系统的理论框架和基本功能都大同小异,但企业需求和企业自身特点却各不相同,所以在选型时应立足企业需求,选择符合企业特点的模块,并能为企业提供良好服务和持续支持的软件供应商。

国内外知名的 ERP 商家有 SAP 公司、ORACLE 公司、用友软件股份有限公司、金蝶国际软件集团有限公司、北京和佳软件技术有限公司等。

五、企业电子商务系统

电子商务(electronic commerce,EC 或 electronic business,EB)是一种现代商业方式。电子商务通常是指是在因特网开放的网络环境下,基于商务软件系统,买卖双方不谋面地进行各种商贸活动,实现消费者的网上购物、商户之间的网上交易和在线电子支付以及各种商务活动、交易活动、金融活动和相关的综合服务活动的一种新型的商业运营模式。

电子商务按照参与主体的不同一般分为四类电子商务模式,分别为企业对企业(B2B)、企业对消费者(B2C)、企业对政府(B2G)和消费者对消费者(C2C)等模式。B2B 模式是指将买方企业、卖方企业和服务于它们的中间商之间的信息交换和交易行为集成在一起的电子动作方式;B2C 是指企业借助于网络实现企业对消费者的电子商务活动;B2G 是指通过网络完成企业与政府间的各项事务,如电子税收、网上招投标等;C2C 是指商品直接由消费者通过网络出售给另一消费者的电子商务活动,如个人拍卖。

商务部发布的《中国电子商务报告(2012)》显示,2012 年中国电子商务市场交易增速超过当年 GDP 增长率的 4 倍,交易额突破 8 万亿元,同比增长 31.7%。网络零售呈现连续爆发式增长态势,网络零售市场交易规模超过 1.3 万亿元,同比增长 67.5%,增速约为当年社会消费品零售总额增长率的 4.7 倍。电子商务凭借着在消费领域快速增长的发展势头、不断涌现的新产品、新服务和新模式,如今已经成为推动消费的有效途径。

要大力发展电子商务，电子商务系统平台的建立则是首要的任务。电子商务系统平台的完整建立还将带动包括建设企业电子商务网站、网站推广、广告营销、流量提升、在线支付、物流配送、商家评论、售后服务和大数据挖掘等各个方面多个环节，而当中的每个环节都将会为信息消费带来不同程度的刺激和推动。

一个完整的电子商务系统应当典型地包括五个部分。一是电子商务网站。电子商务网站是企业建立的具有销售功能的且能连接到 Internet 上的 www 站点，它起着承上启下的作用，一方面它可以直接连接到 Internet 上，企业的顾客或者供应商都可以直接通过网站了解企业产品和服务信息，并通过网站与企业进行交易；另一方面，它将市场信息传送到企业内部业务管理信息系统，企业就可根据市场的变化组织经营管理活动，这些企业经营管理活动信息又可以通过企业内部业务管理信息系统传送到电子商务网站进行广告宣传，使企业业务相关者和消费者可以通过商务网站直接了解企业经营管理情况。二是企业内部业务管理信息系统。企业内部业务管理信息系统是完整的电子商务系统的重要组成部分，如企业 OA、进销存业务管理系统、财务管理系统、ERP、客户关系管理（CRM）系统、供应链管理（SCM）等。电子商务网站提供了一个外部接口，将网络客户、经销商、原材料供应商等外部实体与后台的企业内部业务管理信息系统联系起来，使企业的生产、采购、销售、财务管理形成一个统一有序、信息流转畅通的整体，从而达到企业内外资源的协调和统一。三是安全电子商务支付系统。安全电子商务支付是网络交易中需要涉及的以电子数据形式进行的货币支付或资金流动的系统。一般由支付网关、银行、金融专用网络和认证中心构成。目前，在电子商务领域，电子支付手段越来越成熟，第三方支付的发展成了电子商务中各方关注的焦点，"支付宝"交易服务工具促进了企业与企业、企业与消费者商务模式的发展。四是物流系统。当企业提供的产品和服务是有形产品时，就必须有高效的实物配送物流系统。物流被看作电子商务发展的基石，现代化物流体系对我国电子商务的发展将起到重要的推动作用，也只有解决好物流瓶颈问题，才能真正通过电子商务来发展经济，为企业创造更大的经济利益。五是 CA 认证中心。为保证企业和用户在网上传递信息的安全性、真实性、可靠性、完整性和不可抵赖性，不仅需要对用户的身份真实性进行验证，也需要有一个具有权威性、公正性、唯一性的机构，来负责向电子商务的各个主体颁发并管理符合国内、国际安全电子交易协议标准的电子商务安全的数字证书。CA 认证中心为电子商务网上交易的保密性和安全性起到了重要的保驾护航作用。

第三节　企业信息化相关技术

一、企业信息化与数据库技术

(一) 数据库及分类

企业的各类信息管理系统的建设,都离不开对大量数据的收集、存储、使用和管理。随着企业信息化的不断推进,作为企业管理的重要基础条件之一,企业数据库在企业信息化建设中发挥着无法替代的重要作用。

数据库技术主要研究如何存储、使用和管理数据,是计算机技术中发展最快、应用最广的技术之一。作为计算机软件的一个重要分支,数据库技术一直是备受信息技术界关注的一个重点。尤其是在信息技术高速发展的今天,数据库技术的应用可以说是深入到了各个领域。数据库技术已成为现代计算机信息系统和应用系统开发的核心技术,数据库已成为计算机信息系统和应用系统的组成核心,更是现代企业各类信息应用系统的支撑技术之一。

数据库是存储数据及数据间逻辑关系的集合体,也就是将相互关联的各种信息,如字符、文字、图像、声音、视频等信息按照一定的组织方式存储在计算机存储器中形成的集合。数据库的诞生使信息的存储和组织达到高级的有序,从而使信息的处理和利用效率得到了根本的改善。

数据库技术经过三十余年的研究与发展,已经形成较为完整的理论体系和应用技术。按照数据模型可以将数据库分为层次数据库、网状数据库和关系数据库。从数据库的发展技术以及与其他相关技术结合,已经出现了许多新型的数据库系统,如面向对象数据库、分布式数据库、多媒体数据库、并行数据库、演绎数据库、主动数据库、工程数据库、时态数据库、工作流数据库、模糊数据库以及数据仓库等,形成了许多数据库技术新的分支和新的应用。

层次数据库是采用层次模型描述数据之间的关系。层次数据库是按记录来存取数据的。层次数据模型中最基本的数据关系是基本层次关系,它代表两个记录型之间一对多的关系,也叫做双亲子女关系(PCR)。数据库中有且仅有一个记录型无双亲,称为根节点。其他记录型有且仅有一个双亲。在层次模型中从一个节点到其双亲的映射是唯一的,所以对每一个记录型(除根节点外)只需要指出它的双亲,就可以表示出层次模型的整体结构。

网状数据库采用网状结构描述数据之间的关系。处理方法是将网状结构分解成若干棵二级树结构,称为系。系类型是两个或两个以上的记录类型之间联系的一种描述。在一个系类型中,有一个记录类型处于主导地位,称为系主记录类型,其他称为成员记录类型。系主和成员之间的联系是一对多的联系。

关系数据库通过建立数据表主键之间的一对一、一对多或多对多的关系来组织和管理数据。关系数据结构非常简单,在关系数据模型中,现实世界中的实体及实体与实体之间的联系均用关系来表示。从逻辑或用户的观点来看关系就是二维表。

面向对象数据库采用面向对象数据模型,是数据库技术与面向对象程序设计方法相结合的产物。面向对象数据模型能够完整地描述现实世界的数据结构,具有丰富的表达能力。

分布式数据库是数据库技术与网络技术相结合的产物,一个分布式数据库是物理上分散在计算机网络各节点上,但在逻辑上属于同一系统的数据集合,它具有局部自治与全局共享性、数据的冗余性、数据的独立性、系统的透明性等特点。

多媒体数据库是数据库技术与多媒体技术相结合的产物,是以数据库的方式存储计算机中的文字、图形、图像、音频和视频等多媒体信息。多媒体数据研究的主要内容包括多媒体数据模型、多媒体数据库管理系统的体系结构、多媒体数据的存取与组织技术、多媒体查询语音、多媒体数据库的同步控制以及多媒体数据压缩技术等。

并行数据库是数据库技术与并行技术结合的产物,它在并行体系结构的支持下,实现数据库操作处理的并行化,以提高数据库的效率。并行数据库的设计目标是提高大型数据库系统的查询与处理效率,而提高效率的途径不仅是依靠软件手段,更重要的是依靠硬件的多 CPU 的并行操作来实现,超级并行机的发展推动了并行数据库技术的发展。

演绎数据库是数据库技术与逻辑理论相结合的产物,是具有演绎推理能力的数据库。它是用一个数据库管理系统和一个规则管理系统来实现,将推理用的事实数据存放在数据库中,称为外延数据库,用逻辑规则定义要导出的事实,称为内涵数据库。演绎数据库系统不仅可应用于企业事务处理等数据库应用领域,而且在企业的信息管理和决策支持中表现得非常强大。

主动数据库是相对于传统数据库的被动性而言的,它是数据库技术与人工智能技术相结合的产物。传统的数据库系统是一个被动系统,而主动数据库系统则打破了常规,采用在数据库系统中嵌入“事件—条件—动作”的规则,当某一事件发生后引发数据系统去检测数据库当前状态是否满足所设定的条件,若条件满足则触发规定动作的执行。

工程数据库系统包括工程数据库管理系统和工程数据库设计两方面的内容。工程数据库设计的主要任务是在工程数据库管理系统的支持下,按照应用的要求,为某一类或某个工程项目设计一个结构合理、使用方便、效率较高的工程数据库及其应用系统。

时态数据库主要用于记录那些随着时间而变化的值的历史，而这些历史值对应用领域而言又是重要的，这类应用有金融、保险、预订系统、决策支持系统等。时态数据库理论提出了三种基本时间：用户自定义时间、有效时间和事务时间。同时把数据库分为四种类型：快照数据库、回滚数据库、历史数据库和双时态数据库。

工作流数据库是对工作流程进行管理的一类数据库系统，工作流是指业务过程的部分或整体在计算机应用环境下的自动化，它主要解决的是“使在多个参与者之间按照某种预定义的规则传递文档、信息或任务的过程自动进行，从而实现某个预期的业务目标，或者促使此目标的实现”。

模糊数据库是指能够处理模糊数据的数据库。一般的数据库都是以二直逻辑和精确的数据工具为基础的，不能表示许多模糊不清的事情。随着模糊数学理论体系的建立，人们可以用数量来描述模糊事件并能进行模糊运算。这样就可以把不完全性、不确定性、模糊性引入数据库系统中，从而形成模糊数据库。模糊数据库研究主要有两方面，首先是如何在数据库中存放模糊数据；其次是定义各种运算建立模糊数据上的函数。模糊数的表示主要有模糊区间数、模糊中心数、模糊集合数和隶属函数等。

数据仓库的概念是比尔·恩门(Bill Inmon)在1991年出版的*Building the Data Warehouse*(《建立数据仓库》)一书中所提出的定义。数据仓库是一个面向主题的、集成的、相对稳定的、动态更新的数据集合。数据仓库采用全新的数据组织形式，对大量的原始数据进行采集、转换、加工并按照主题进行重组，提取有用的信息。在企业管理和决策中，应用数据仓库技术使系统能够面向复杂数据分析和高层决策支持，提供来自企业不同信息应用系统的集成化数据和历史数据，这些数据在传统的操作型数据库中很难或不能得到，从而为企业进行全局范围内的战略决策和长期趋势分析提供有效支持。

数据挖掘技术是人们长期对数据库技术进行研究和开发的成果。起初各种商业数据是存储在计算机的数据库中的，然后发展到可对数据库进行查询和访问，进而发展到对数据库的即时遍历。数据挖掘使数据库技术进入了一个更高级阶段，它不仅能对过去的数据进行查询和遍历，而且能够找出过去数据之间的潜在联系，从而促进信息的传递。随着海量数据的搜集、大型并行计算机与数据挖掘算法的日趋成熟，数据仓库与数据挖掘的研究与应用已经成为当前计算机应用领域的一个重要方向。

（二）数据库管理系统及选择

数据库的运行和使用必须依靠数据库管理系统。通过数据库管理系统，可以科学地组织和存储数据,高效地获取数据,更新数据和加工处理数据,并确保数据的安全性、可靠性和持久性。

数据库管理系统(database management system,DBMS)是一种操纵和管理数据库的系统软件,用于建立、使用和维护数据库。它对数据库进行统一的管理和控制,以保证数据库的安全性和完整性。用户通过DBMS访问数据库中的数据,数据库管理员也通过DBMS进行数据库的维护工作。它可使多个应用程序和用户用不同的方法同时或在不同时刻去建立、修改和询问数据库。数据库管理系统具有数据定义,数据操作(追加、删除、更新、查询),数据库的运行管理,数据组织、存储和管理,数据库的保护,数据库的维护,数据通信等主要功能。

企业在进行信息化建设时离不开数据库。目前,主流的数据库管理系统有Oracle公司的Oracle数据库管理系统、IBM公司的DB2数据库管理系统、Informix公司的Informix数据库管理系统、Sybase公司的Sybase数据库管理系统和Microsoft公司的SQL Server数据库管理系统。据美国Gartner公司统计,截至2011年年底,Oracle在全球以48.8%的市场占有率继续领跑关系数据库市场,已多年稳固该市场老大的地位,IBM公司占20.2%,Microsoft公司占17.0%。在我国企业信息化建设过程中,Oracle和SQL Server数据库管理系统是使用率最高的两个。

Oracle数据库经过30多年的发展,由于其优越的安全性、完整性、稳定性,以及支持多种操作系统、多种硬件平台等特点,得到了广泛的应用。从工业领域到商业领域,从大型机到微型机,从UNIX操作系统到Windows操作系统,到处都可以发现成功的Oracle应用案例。SQL Server只能在Windows平台运行,只有图形界面,但操作简单。SQL Server虽然也支持多用户的操作,但是在多用户时性能不是太佳。Oracle数据库各方面性能较优,但是对操作人员的技术要求较高,且购买价格也较昂贵。

如何根据企业的规模来合理选择数据库系统呢?一般来说,选择数据库管理系统应考虑这样几点:(1)企业对数据库管理系统的实际需求如何。企业需求决定了数据库管理系统所要达到的性能、数据吞吐量等方面的要求。(2)构造数据库的难易程度。数据库管理语句是否符合国际标准,符合国际标准则便于系统的维护、开发、移植;有没有易用的开发工具;所支持的数据库容量等。(3)程序开发的难易程度。(4)数据库管理系统的性能,如响应时间、对分布式应用的支持、并行处理能力、并发控制功能、可移植性和可扩展性等。(5)数据库管理系统的安全机制如何,如数据完整性约束、容错能力、数据备份、数据恢复。

二、企业信息化与虚拟化技术

(一) 虚拟化技术

虚拟化,简单地说就是指资源的抽象化,也就是单一物理资源的多个逻辑表示,或者多个物理资源的单一逻辑表示。通俗地说,虚拟化就是把物理资源转变为逻辑上可以管理的资源,以打破物理结构之间的壁垒,所有的资源都透明地运行在各种各样的物理平台上,资源的管理都按逻辑方式来进行,完全实现资源的自动化分配,而无须考虑物理资源的具体信息。

虚拟化本质上是一种物理资源封装手段,是构建"云计算"的基础技术之一。通过虚拟化技术可以最大限度地屏蔽软硬件资源的差异性,还可以根据需要灵活分配这些资源,降低总体成本。

虚拟化技术的目标是实现资源利用的最大化,通过虚拟机监控器对底层硬件资源进行管理,将底层的物理设备与上层操作系统、应用软件分离,支持多个操作系统实例和应用软件同时运行,从而实现计算资源的灵活性。虚拟化技术是一套解决方案,完整的情况需要 CPU、主板芯片组、BIOS 和软件的支持。

虚拟化技术可以根据其不同属性进行分类。从实现的层次方面可分为硬件虚拟化、操作系统虚拟化、应用程序虚拟化。从被应用的领域可分为服务器虚拟化、存储虚拟化、网络虚拟化、桌面虚拟化。从虚拟化的目的不同可分为平台虚拟化、资源虚拟化、应用程序虚拟化、表示层虚拟化。

虚拟化的主要目的是对 IT 基础设施和资源管理方式的简化,帮助企业减少 IT 资源的开销,整合资源,节约成本。从近几年虚拟机大量部署到企业的成功案例可以看出,越来越多的企业开始关注虚拟化技术给企业带来的好处,同时也在不断地审视自己目前的 IT 基础架构,从而希望改变传统架构。根据虚拟化技术的特点,其应用价值可以体现在"云"办公、虚拟制造、工业、金融业、政府、教育机构等方面。

(二) 企业虚拟化解决方案

企业虚拟化解决方案是一项系统工程。在企业内部网、外部网和连入因特网等网络建设过程中,可以充分利用网络设备的虚拟化技术,通过网络操作系统层面的虚拟化,抽象网络资源,实现网络设备的整合或划分。网络设备的虚拟化架构主要有两种模式:一种是将多个物理网络设备虚拟为一个逻辑网络设备,即 N:1 虚拟化(多虚一整合),典型技术有 IRF(intelligent resilient framework 的简称,即智能弹性架构)技术和 VCF(vertical converged framework,纵向融合架构)技术;另一种是将一个物理网络设备虚拟为多个逻辑网络设备,即 1:N 虚拟化(一虚多划分),典型技术是 MDC(multitenant device context,多租户设备环境)。除了设备的虚拟化,在通道虚拟化方面,基于 VEPA、TRILL、SPB、EVI 等的一系列隧道/连接技术,使得网络的连接变为可以灵活调动、分配的通道资源。通过设备和通道的虚拟化技术,整个网络变成网络资源池,在资源层面具备了基于业务调度的基础,从而能够为企业业务应用分配差异化的网络通道,更好地满足上层应用。

企业传统的服务器应用方式是一个应用系统需要一台服务器,通常服务器的平均利用率为 5%—15%,而采用虚拟架构整合后,服务器的平均利用率可达到 60%—80%。企业可以选择 VMWare 或其他的服务器虚拟化产品,将企业一台或多台物理服务器虚拟成若干台,甚至几十台服务器,这些服务器可以同时运行基于 Windows、UNIX、LINUX 等操作系统的应用系统。企业的网站服务器、邮件服务器、文件服务器、数据库服务器、办公自动化系统服务器、财务系统服务器、企业各类业务系统服务器等,都可通过 2—3 台高性能服务器进行服务器虚拟化来实现和解决。

桌面虚拟化可以实现对企业员工计算机桌面的安全、统一灵活的分配管理,以及实现个人桌面和工作桌面的分离和真正的移动工作和计算。桌面虚拟化依赖于服务器虚拟化,在数据中心的服务器上进行服务器虚拟化,生成大量的独立的桌面操作系统(虚拟机或者虚拟桌面),同时根据专有的虚拟桌面协议发送给终端设备。用户终端通过以太网登录到虚拟主机上,只需要记住用户名和密码及网关信息,即可随时随地地通过网络访问自己的桌面系统,从而实现单机多用户。使用虚拟桌面的用户,用户面前只有键盘和鼠标,主机在数据中心的服务器上,数据也在数据中心的服务器上。虚拟桌面的好处很多,主要有:一是节约成本。数据中心的一台服务器可以虚拟为几十台甚至上百台个人桌面,节约了购买个人电脑的费用,也节约了电脑的维修维护和电费。二是管理和维护方便。虚拟的桌面其实都在数据中心的服务器上,桌面系统的升级、补丁以及虚拟桌面出现故障,直接在数据中心服务器上就能解决,无须到员工的工作间或操作室进行处理。三是企业数据更加安全。虚拟桌面的数据都在数据中心服务器上,拷贝、粘贴、下载、存盘、非法外设连接等每一项动作都可以加以管控,最大限度地保护企业和用户的数据。现在许多企业已经采用桌面虚拟化技术来替代传统 PC 的使用。其发展势头有超过服务器虚拟化的趋势。

虚拟化是眼下 IT 界企业一个相当热门的话题。据调研公司 TheInfoPro 的一项调查显示,2009 年一半以上的新服务器采用虚拟化技术,而 2008 年只有 30%。从某种角度来说,虚拟化就是 VMware 的天下。除了 VMware 外,市面上还有另两种可行的替代方案:微软的 Hyper-V 和思杰的 Xen。三者各有其优缺点,各有其更合适的应用领域。VMware 和微软彼此的兼容性不太好,而 Xen 与两者的兼容性很好。

三、企业信息化与云计算技术

(一) 云计算技术

云计算,通常简称为“云”,是一种通过 Internet 按需交付计算资源(从应用到数据中心都属于计算资源)和按使用付费的基础架构。云计算并不是一种简单的产品,也不是一个单纯的技术,而是一种产生和获取计算能力的新方式的总称。

美国国家标准与技术研究院(NIST)定义:云计算是一种按使用量付费的模式,这种模式提供可用的、便捷的、按需的网络访问, 进入可配置的计算资源共享池(资源包括网络、服务器、存储、应用软件和服务),这些资源能够被快速提供,只需投入很少的管理工作,或与服务供应商进行很少的交互。

云计算的发展,首先是得益于云计算自身核心技术的发展,如硬件技术、虚拟化技术(计算虚拟化、网络虚拟化、存储虚拟化、桌面虚拟化、应用虚拟化)、海量存储技术、分布式并行计算、多租户架构、自动管理与部署;其次是云计算赖以存在的移动互联网技术的发展,如高速、大容量的网络,无处不在的接入,灵活多样的终端,集约化的数据中心,Web 技术等。

商业模式是云计算的内在要求。从商业模式的角度看,云计算的主要特征是以网络为中心、以服务为产品形态、按需使用与付费,这些特征相对于传统的用户自建基础设施、购买有形产品或介质(含 licence)、一次性买断模式是一个颠覆性的革命。

云计算的三大服务模式:基础设施即服务 IaaS、平台即服务 PaaS 和软件即服务 SaaS。基础设施即服务 IaaS(Infrastructure-as-a-Service):以服务的形式提供虚拟硬件资源,如虚拟主机、存储、网络、安全等资源。消费者通过 Internet 就可从完善的计算机基础设施获得服务。平台即服务 PaaS(Platform-as-a-Service):PaaS 实际上是指将软件研发的平台作为一种服务,以 SaaS 的模式提交给用户。因此,PaaS 也是 SaaS 模式的一种应用。但是,PaaS 的出现可以加快 SaaS 的发展,尤其是加快 SaaS 应用的开发速度。软件即服务 SaaS(Software-as-a-Service):一种通过 Internet 提供软件的模式,用户无须购买软件,而是向提供商租用基于 Web 的软件,来管理企业经营活动。

云计算的部署模型有四种:私有云、社区云、公有云、混合云。私有云(private cloud):云基础设施被某单一组织拥有或租用,可以坐落在本地或防火墙外的异地,该基础设施只为该组织服务。社区云(community cloud):或称机构云,云基础设施被一些组织共享,并为一个有共同关注点的社区或大机构服务(如任务、安全要求、政策和准则等),社区云可以被该社区拥有和租用,也可以坐落在本地、(防火墙外的)异地或多地。笔者认为,社区云可能是一组私有云通过 VPN(virtual private network)连接到一起的 VPC(virtual private cloud),是混合云的一种。公有云(public cloud):云基础设施被一个提供云计算服务的运营组织拥有,该组织将云计算服务销售给一般大众或广大的企业群体。混合云(hybrid cloud):云基础设施是由两种或以上的云(私有云、社区云或公有云)组成,每种云仍然保持独立实体,但用标准的或专有的技术将它们组合起来,具有数据和应用程序的可移植性。

云计算有五个基本特征:一是按需自助式服务。客户根据需要,通过服务供应商单方面获取计算、存储或应用能力(如服务器时间和网络存储等)。二是广泛的基于网络访问。客户通过各种各样的客户端平台(笔记本电脑、PDA、手机、其他智能终端)按照一定的规范机制访问网络。三是虚拟化的资源池。供应商提供的计算资源被集中起来通过一个多客户共享模型来为多个客户提供服务,并根据客户的需求,动态地分配或再分配不同的物理和虚拟资源。四是可弹性扩展。云计算所提供的服务具备自动、快速横向扩展和快速横向收缩的特点。对用户来说,云计算所提供的服务是无限、灵活、动态的,可以在任何时间购买任何数量。五是可度量的服务。云计算所提供服务的成本是可以度量的,并可以自动控制并优化资源以满足客户的服务需求。

(二)云计算技术对企业信息化的影响

目前,云计算技术在国内企业应用中得到了大力的发展,企业只有充分了解云计算技术所带来的挑战和机遇,才能更好地适应这种信息化的创新。云计算技术的广泛应用将给企业带来如下影响:

(1) 信息化建设模式的转变。在使用云计算以前,企业委托开发商开发适合企业自身需求的信息系统,并购置服务器等硬件设施,自己的软件系统部署在自己的服务器上。使用云计算技术以后,可以租用应用程序服务和基础设施服务,也可以租用两种服务的一种。

企业可以根据自己的实际情况决定建设模式。大型企业可以利用自己已有的软硬件资源搭建自己的专用云,超过专用云计算能力的服务可以购买公用云的计算服务。中小企业的信息化应用可以直接购买云服务,不必花大量的资金构建复杂的 IT 架构。

(2) 减轻信息化基础设施的投资风险。在传统的实现方式下,企业要进行信息化建设和应用,必然要购买一定数量的服务器、满足需要的存储和备份设备,还要购置安全防范设备,防止黑客攻击和数据丢失。在 IT 领域新技术、新产品层出不穷,更新非常快,企业所投入的设备由于种种原因,也许还没有发挥其作用就已经被淘汰而不适应要求了,故企业的投资风险较大。同样,企业部署和开发应用系统也存在较大风险,开发过程中每个阶段出现问题都会宣告失败。

如果企业直接购买云运营商的基础设施服务和各类应用软件系统服务,则企业的投资风险为零。因为企业购买的是已经成熟的商品化的服务,即买即用。

(3) 降低信息化资金的投入。云计算技术的特点给企业信息化建设和应用带了极大的方便。基础设施、存储空间和安全设备等无须企业花费购买成本,只需付使用租金。应用软件也是租用,系统的维护也是云服务运营商负责,大大降低了企业信息化的总体投入成本。就如同通信运营商投资大量资金建立手机网络和基站,手机用户只需支付每月的使用费即可。

(4) 促进企业管理的标准化。云中的应用软件服务是由运营商负责开发的,一般情况下是满足先进的、标准化的业务需求的,企业应转变思想观念,逐步适应并接受标准化服务的理念。

(5) 促进企业工作模式转变。使用云计算技术以后,用户的终端可以没有操作系统和存储设备,只需浏览器就可以完成一切管理工作。所有的数据和文档都存放在云里,用户在任何时间任何地点都可以登录到云中完成自己的日常工作,改变了传统的统一时间统一地点的办公模式,大大提高了工作效率。

(6) 提高企业的竞争力。云计算技术不仅给大型企业带来了方便,也给中小企业带来了切实的好处。云计算提供的标准化服务,使企业能够拥与时俱进的最先进的管理模式,使企业有更多的精力进行生产技术的创新,从而提高企业的竞争力。

四、企业信息化与物联网技术

(一) 物联网技术概述

物联网(internet of things)概念由麻省理工学院(MIT)自动化识别实验室的 Ashton 教授于 1999 年最早提出来。中国科学院在 1999 年也启动了传感网的研究和开发,当时不叫“物联网”而叫“传感网”。2005 年国际电信联盟(ITU)发布的《ITU 互联网报告 2005:物联网》,正式提出了“物联网”概念。自此,物联网正式走入人们的视野。2009 年 8 月,温家宝视察无锡,提出“感知中国”计划,拉开中国物联网发展的帷幕。

顾名思义,物联网就是“物物相连的智能互联网”。它有三层含义:第一,物联网的核心和基础仍然是互联网,是在互联网基础上的延伸和扩展的网络;第二,其用户端延伸和扩展到了任何物品与物品之间,进行信息交换和通信;第三,该网络具有智能属性,可进行智能控制、自动监测与自动操作。因此,物联网的定义是通过射频识别(RFID) 装置、二维码识读设备、红外感应器、全球定位系统和激光扫描器等信息传感设备,按约定的协议,以有线或无线的方式把任何物品与互联网相连接,运用云计算机等技术,进行信息交换和通信,以实现智能化识别、定位、跟踪、监控和管理的一种网络。

物联网开展工作有三个步骤:一是利用RFID技术,对物体的属性进行标识,属性包括静态和动态两类属性;二是通过移动或固定的RFID感应器,对物体的属性信息进行读取和识别,并将信息转换为适合网络传输的数据格式在互联网上进行传输;三是将传输到数据中心的数据,利用云计算、模糊识别等各种智能计算技术进行分析和处理,通过网络终端如手机、计算机等设备,对物体进行实时跟踪、定位、监控和管理等智能化控制。

在物联网的应用中有三项关键技术,即无线射频识别(RFID)技术、传感网络技术、嵌入式系统技术。RFID是20世纪90年代开始兴起的一种自动识别技术,是目前比较先进的一种非接触识别技术。以简单RFID系统为基础,结合EPC标准和已有的网络技术、数据库技术、中间件技术等,构筑一个由大量联网的阅读器和无数移动的标签组成的物联网络。RFID标签中存储着规范而具有互用性的信息,通过无线数据通信网络把它们自动采集到中央信息系统,实现物品(商品)的识别,进而通过开放性的计算机网络实现信息交换和共享,实现对物品的"透明"管理。传感网络技术是借助随机分布的集成有传感器、数据处理单元和通信单元的微小节点,通过自组织的方式构成的无线网络。其特点是借助于节点中内置的传感器测量周边环境中的热、红外、声呐、雷达和地震波信号,从而探测包括温度、湿度、噪声、光强度、压力、土壤成分、移动物体的大小、速度和方向等物质现象。可以说,传感技术更加拓宽了物品信息的自动提取方式及范围,可以全面提取物品的各类特征信息,从而形成一个可以感知现实世界的智能网络。嵌入式系统技术则是综合了计算机软硬件、传感器技术、集成电路技术、电子应用技术为一体的复杂技术。经过几十年的发展,以嵌入式系统为特征的智能终端产品随处可见,小到人们身边的MP3,大到航天航空的卫星系统。如果把物联网用人体做一个简单比喻,传感器相当于人的眼睛、鼻子、皮肤等感官,网络就是神经系统用来传递信息,嵌入式系统则是人的大脑,在接收到信息后要进行分类处理。另外,在物联网应用中的主要技术还有GPS卫星定位技术、纳米技术、感知技术、通信及计算技术、普适计算技术、云计算技术、数据库与数据仓库技术、人工智能技术等。

(二)物联网给力企业信息化发展

物联网技术及其相关产业成为世界各国关注的重点领域,物联网被视作继计算机、互联网之后的世界信息产业第三次浪潮。美国、欧盟、日本等均将其作为推动经济走出危机的重大力量而寄予厚望,从美国的"智慧的地球"到欧盟的"物联网行动计划”和日本的“i-Japan 计划”,再到“感知中国”,席卷世界的物联网浪潮扑面而来,物联网及其相关技术开发与应用,正成为世界各国抢占物联网产业发展高地、实现经济从低谷走向复苏的重要手段。

物联网广阔的应用领域和应用前景加剧了企业的信息化内在和外在需求。物联网技术的发展一方面解决了困扰企业信息化发展的一些关键技术问题,为企业的智能化生产、数据化管理、现代化服务提供了强有力的技术支撑;另一方面也为企业带来了新的商机,为企业的业务扩展提供了更加多元化的发展空间。

物联网将是下一个推动世界高速发展的“重要生产力”,是继通信网之后的又一个万亿级市场。物联网被确定为我国“十二五”时期重点发展的战略性新兴产业。2010 年 10 月通过了《国务院关于加快培育和发展战略性新兴产业的决定》,物联网被确定为七大战略性新兴产业之一,明确了其作为战略性新兴产业未来发展的重点方向、主要任务和扶持政策。

物联网的应用领域非常广泛。主要领域有智能工业、城市管理、智能交通、现代物流、定位导航、智能医疗、智能电网、智能农业和智能环保等。

案例

海尔集团信息化案例介绍

海尔:从“企业的信息化”到“信息化的企业”

一、“企业的信息化”:以用户为中心

早在 2000 年 3 月海尔公司就开始与 SAP 公司合作,首先进行企业自身的 ERP 改造,随后便着手搭建 BBP 采购平台。从平台的交易量来讲,海尔集团可以说是中国最大的一家电子商务公司。在海尔,仓库不再是储存物资的水库,而是一条流动的河,河中流动的是按单来采购生产必需的物资,也就是按订单来进行采购、制造等活动,这样,从根本上消除了呆滞物资、消灭了库存,有力地保障了海尔产品的质量和交货期,实现三个 JIT(just in time 即时),即 JIT 采购、JIT 配送和 JIT 分拨物流的同步流程。

海尔集团首席执行官张瑞敏认为:现在不少企业的信息化有一个非常大的误区,还没有做到以用户为中心满足用户的需求,就要求做信息化,其实这是做不到的。而海尔在做信息化流程时提出了“零库存下的即需即供”的信息化:我没有库存,但是用户要的话可以马上送到,用户不要就不会形成库存,实际上就是全流程的再造。而对于研发,今天研发的产品必须是六个月后用户的需要。

在企业外部，海尔CRM（客户关系管理）和BBP电子商务平台的应用架起了与全球用户资源网、全球供应链资源网沟通的桥梁，实现了与用户的零距离。在企业内部，计算机自动控制的各种先进物流设备不但降低了人工成本、提高了劳动效率，还直接提升了物流过程的精细化水平，达到质量零缺陷的目的。计算机管理系统搭建了海尔集团内部的信息高速公路，能将电子商务平台上获得的信息迅速转化为企业内部的信息，以信息代替库存，达到零营运资本的目的。根据统计数据，2008年中国家电企业库存周转天数是64天，海尔在2008年年初库存周转天数是32天，经过流程再造2008年年底已经降到3天。

海尔的零库存到现在已做到了在生产线上生产的产品出来后不是放在仓库里去，而是哪个商场、哪个用户已经定了，所以生产线上生产的产品就是用户要的产品，而不是像很多企业为仓库采购、为仓库销售，海尔企业信息化从这里切入——以用户为中心。

二、“信息化的企业”：企业也是需求链的一环

海尔集团首席执行官张瑞敏认为：“企业的信息化”相当于以企业为中心满足用户的需求，而“信息化的企业”相当于把企业放到全球用户需求的链条中去，企业只是这个链条中的一环，应该更快地在这个链条中进行运转。海尔要做的是怎样从制造型的企业转化为服务型的企业。

安德森在《长尾理论》里有两句话，非常好地诠释了这一点，“在信息化时代，每个企业应该是低成本提供所有产品，高质量地帮助用户找到它”。张瑞敏认为，所谓的低成本提供所有的产品，并不是中国企业现在的大规模制造，而应该是大规模定制。大规模制造一定可以做到低成本。而大规模定制时，虽然是大规模，但是要定制很多型号的产品，还要实现低成本，这对中国企业来讲是非常大的挑战。

为了实现向“信息化的企业”转型，海尔在流程和系统创新方面做了很多探索：应用重点转向客户需求的获取，与重要的合作伙伴实现动态的预测、订单、库存的高效协同；以用户、客户的需求，来驱动三大应用领域GTM（贸易管理平台）、PLM（产品生命周期管理）、SCM（供应链管理）的整合，实现端到端可视化。例如“人单酬”的系统，围绕销售代表如何满足用户需求，把销售目标、预测计划、订单、销售速度、产品赢利能力等全部按人按单来进行索引，销售代表可以看到自己每天的业绩。这个业绩不再是过去的一个简单的销量、销售额的数字，员工通过这个系统可以了解到：哪些产品组合更有利润？与客户的预测准确率是否提高？销售的速度是否符合周单周销？这个系统如同一个销售代表的平衡计分卡，能否提供客户、流程、财务指标、提高的价值以及个人最终获得的报酬等信息。

张瑞敏认为，现在用户面对的不是一个企业，而是全球很多企业，要高质量地帮助用户找到他需要的产品，要求企业的产品在全球非常有竞争力。海尔在这方面的具体探索的就是“虚实网结合”,所谓“虚网”就是互联网,所谓“实网”就是“最后一公里”,也就是鼠标加及时服务。用户在互联网上点鼠标之后,应该是第一时间送达,这就需要跟“最后一公里”的实网——物流网、营销网、服务网等结合。这些要和“虚网”——互联网结合起来,即用户点了鼠标后企业怎么样送达。现在国家在推进“家电下乡”,海尔在“家电下乡”中所占份额最大,就是因为海尔建设了庞大的网络。另外,很多外国品牌和海尔是竞争对手,但是它们现在把农村的销售委托给海尔。

三、探索信息化时代的商业模式,推进组织重构

针对信息化时代的特征,海尔在商业模式创新上进行了有益的探索。所谓的商业模式就是一条:能不能创造客户价值。海尔所做的是怎样使大家的目标都集中到创造客户价值上,怎样能够协同起来。

在这方面,海尔所做第一步就是改变企业组织结构。按照职能管理原则,组织结构是金字塔形的,是一个正三角形:企业最高负责人在顶端,然后是一级级负责人下来,到最下边是员工。但是,员工面对的就是客户,客户所反映的问题员工要逐级反映上去,负责人再做决策传达下来,这里面除了内部的消耗外,还有一个很大的问题是不能够非常好地直面市场、快速做出决策。现在海尔就把这个三角形倒过来,变成“倒三角形”:客户在顶端,然后是一线经理、员工直面客户,最后一级级下来,企业最高负责人成了最下面的了。这样企业的最高负责人从原来的发号施令变成在最下端为一线经理提供资源。所有的部门在这当中都为一线经理和客户提供资源,从发号施令者变成提供资源者。

张瑞敏认为,一个企业可能很大,但是再大的企业就是三张表:损益表、资产负债表和现金流量表。海尔把损益表做到一个团队,在倒“三角形”最尖端的企业负责人个人损益表,是要关注这个企业在市场上的战略方向和战略目标,企业新的机会就是他损益表的任务。为了防止一线经理和客户承诺后还担心背后的资源没有共享,所有背后的这些人,比如说人力、财务等都有各自的损益表,这个损益表和这个团队对客户的承诺内部要形成一个契约。过去员工到企业里来干,企业根据员工的职务、能力、所做的工作给员工发工资或奖金;现在完全变成了员工到公司来干,拿到的是公司的资产,拿到的资产必须要增值。员工拿到资产后,企业事先划定做到多少是保本,挣到多少是公司利润,把企业利润留下后,再把所用的费用拿掉,剩下的由员工进行分成。

这样做了之后有三个好处:第一,可以适应信息化时代快速多变的市场需求。第二,解决内部博弈的问题,建立人单合一的文化。“人”就是员工,“单”不是狭义上的订单,而是有第一竞争力的市场目标。人单合一就是每个人都有自己的市场目标,要和市场目标协同起来变成双赢。员工可以给用户创造价值,也可以从这个价值中得到新的价值。第三,对于管理会计进行新的探索。作为管理会计,说到底就是管理未来、规划未来的会计。一个企业对未来规划得很好,也就是说企业的战略很好,但是员工不能协同,不能直接反映到市场上也是白搭。如果把规划未来的管理会计变成每个人都来规划未来,并且让每个人规划未来时和自己的未来连在一起,则管理会计一定会充满活力。

而在传统的IT基础架构领域,海尔也转向"买服务不买服务器"的模式,比如搭建企业内部的云,通过虚拟化平台,实现快速资源调配,获得动态发展和低成本运营的能力;通过SLA服务模式,逐步外包如数据中心、基础运维、应用运维等环节,从而能有更多的精力投入SOA(面向服务的体系结构)、EAI(企业应用集成)的建设中。基于云计算和物联网技术的家电产品会成为未来的主流。海尔"1云4网N端"(1云即广泛的第三方开发基于电视等各种屏的平台的资源应用;4网即广电网、通信网、互联网和海尔营销网;N端或N屏即TV电视端、MP手机端、NB电脑端、PAD等终端)战略将为用户带来全新之"云生活"方式,也是海尔面向移动互联网和物联网时代的重要战略。

第十一章　标准化建设

随着社会文明的进步和发展，客观世界的事物越发纷繁复杂，但都有一定的规律性，标准化也不例外。标准化建设经历了一个从不自觉到自觉，从一种单纯的技术到管理优化方法再到一门有其特有领域的学科的漫长而光辉的发展历程，在当代成为企业管理中不可或缺的重要内容。

第一节　标准与标准化

一、标准

标准是标准化活动的成果，也是标准化系统的最基本要素和标准化学科中最基本的概念之一，必须首先弄清标准及依据不同分类方法而产生的各类标准的含义。

（一）标准的定义

1. 盖拉德定义

J. 盖拉德在其 1934 年著的《工业标准化——原理与应用》一书中，把标准定义为："是对计量单位或基准、物体、动作、程序、方式、常用方法、能力、职能、办法、设置、状态、义务、权限、责任、行为、态度、概念和构思的某些特性给出定义，作出规定和详细说明。它是为了在某一时期内运用，而用语言、文件、图样等方式或模型、样本及其他表现方法所做出的统一规定。"

这个定义比较全面而明确地概括了 20 世纪 30 年代时，标准化对象与活动领域内产生的标准化成果在标准化史上起到的重要引导作用。

2. 桑德斯定义

桑德斯在 1972 年发表的《标准化的目的与原理》一书中将标准化定义为："是经公认的权威机构批准的一个个标准化工作成果。它可以采用以下形式：(1) 文件形式，内容是记述一系列必须达到的要求；(2) 规定基本单位或物理常数，如安培、米、绝对零度等。"

这个定义强调标准是标准化工作的成果，要经权威机构批准。由于该书由国际标准化组织(ISO)出版,因此,也被广泛流传,具有较大的影响。

3. 国际标准定义

国际标准化组织(ISO)的标准化原理委员会(STACO)一直致力于标准化基本概念的研究,先后以“指南”的形式给“标准”的定义做出统一规定,ISO/IEC 指南 2 给“标准”定义如下:“标准是由一个公认的机构制定和批准的文件。它对活动或活动的结果规定了规划、导则或特性值,供共同和反复使用,以实现在预定领域内最佳秩序的效益。”

该定义明确告诉我们,制定标准的目的、基础、对象、本质和作用。由于它具有国际性、权威性和科学性,无疑应该是世界各国尤其是 ISO 和 IEC 成员应该遵循的。

4. 我国的标准定义

我国是 ISO 和 IEC 的正式成员,修改采用国际标准定义,在国家标准 GB/T20000.1-2002《标准化工作指南 第 1 部分:标准化和相关活动的通用词汇》中,把标准表述为:“为了在一定的范围内获得最佳秩序,经协商一致制定,并由公认机构批准,共同使用和重复使用的一种规范性文件。”

(二) 标准的分类

世界各国标准分类繁多,分类方法不尽统一。根据我国实际同时参照国际上较为普遍的标准分类方法,本书对标准种类进行如下划分。

1. 根据标准形成机制分类

根据形成机制不同,可将标准分为法定标准和事实标准。

(1) 法定标准。由政府标准化组织(government standard setting organization)或政府授权的标准化组织建立的标准称为法定标准(de jure standards)(注:de jure 是拉丁语,意思是:根据法律的、根据权利的)。法定标准是完全开放的,任何组织和个人都可以以公平、合理的方式获取该标准。

(2) 事实标准。由企业、企业联盟或私人标准化组织建立的标准称为事实标准(de facto standards)。(注:de facto 是拉丁语,意思是:实际的、事实上的)。依据标准所有者对知识产权的控制程度,它可能是完全开放的,也可能是完全封闭的。其中,事实标准又分为普通事实标准和论坛标准。

普通事实标准是由单个企业或者具有垄断地位的极少数企业建立的标准,最典型的代表就是由微软公司和英特尔公司的市场势力所形成的计算机市场上 Windows 操作系统和英特尔微处理器共生而成的“WINTEL”标准。

论坛标准是由私人化标准组织(private standard setting organization)建立的普通标准。标准的发起人不是一个或极少数的几个垄断企业,而是几个或者几十个企业或者科研机构。典型代表就是 HAVI 标准和蓝牙标准(BLUETOOTH)。HAVI 标准在建立时就是 8 家公司倡导并提供标准体系的全部技术方案。

2. 根据制定标准的主体分类

(1) 国际标准。由国际标准化组织(ISO)、国际电工委员会(IEC)和国际电信联盟(ITU)等向世界各国开放的国际组织制定的标准,以及国际标准化组织确认并公布的其他国际组织制定的标准。国际标准在世界范围内统一使用。

(2) 国家标准。由国家或者国内标准化机构确认的团体制定的,在全国范围内统一使用的标准。日本有 JIS(日本工业标准协会)、JAS(日本农业标准协会),英国有 BSI(英国标准学会),德国有 DIN(德国标准化学会)。在我国,国家标准由国务院标准化行政主管部门编制计划,协调项目分工,组织制定(含修订),统一审批、编号、发布。

(3) 区域标准是由区域标准化组织或区域标准组织通过并公开公布的标准。区域标准的种类通常按制定区域标准的组织进行划分。目前有影响的区域标准主要有:欧洲标准化委员会(CEN)标准,欧洲电工标准化委员会(CENELEC)标准,欧洲电信标准学会(ETSI)标准,欧洲广播联盟(EBU)标准,独联体跨国标准化、计量与认证委员会(EASC)标准,亚太经济合作组织/贸易与投资委员会/标准与合格评定分委员会(APEC/CTI/SCSC)标准,东盟标准与质量咨询委员会(ACCSQ)标准,阿拉伯标准化与计量组织(ASMO)标准等。

(4) 地方标准是由地方性标准化机构确认的团体制定的,在某一地区范围内统一使用的标准。在我国对没有国家标准和行业标准而又需要在省、自治区、直辖市范围内统一的工业产品的安全、卫生要求,可以制定地方标准。地方标准由省、自治区、直辖市标准化行政主管部门制定,并报国务院标准化行政主管部门和国务院有关行政主管部门备案,在公布国家标准或者行业标准之后,该地方标准即应废止。

(5) 行业标准是在某个行业范围内统一使用的标准。在我国,行业标准由国务院有关行政主管部门制定,并报国务院标准化行政主管部门备案。

(6) 企业标准是对企业范围内需要协调统一的技术要求、管理要求和工作要求所制定的标准。企业标准在企业内部有效,是保障企业活动顺利开展的重要手段。

3. 根据标准实施的强制程度分类

(1) 强制性标准是在一定范围内通过法律、行政法规等强制性手段加以实施的标准,具有法律属性。强制性标准一经颁布,必须贯彻执行。对违反强制性标准造成恶劣后果和重大损失的单位和个人,要受到经济制裁或承担法律责任。

(2) 自愿性标准。自愿性标准又称为非强制性标准,是指在生产、交换、使用等方面,通过经济手段或市场调节而自愿采用的一类标准。对于自愿性标准,无论是符合标准的还是不符合标准的产品都可以在市场上流通。自愿性标准的实施往往与产品标志紧密结合。对于符合标准的产品企业会为其贴上标签,以示意消费者它们的产品达到了一定的质量要求。

需要指出的是这两个术语与 WTO 相关法律中用到的术语是不一样的。在 WTO 相关法律中只存在自愿性标准,不存在强制性标准。依据 TBT 术语,强制性标准,应该属于技术规范。

4. 根据标准所定义的内容分类

(1) 产品标准。产品标准是指对产品结构、规格、质量和检验方法所做的技术规定。产品标准可以表明产品特征,因此从本质上起到区分不同产品的作用。

(2) 过程标准。过程标准是规定生产过程中各种属性的标准。它会影响所生产的产品、影响生产过程的效率、影响环境。WTO 术语提到类似的标准有“合并过程和生产方法”,它们与贸易政策直接相关。过程是不能被交换的,但其生产的产品是可以交换的,因此,过程标准与多边贸易体系是相关的。

5. 按制定标准的宗旨分类

按制定标准的宗旨不同,标准可以分为公标准(公共标准)和私标准(自有标准)

(1) 公标准(公共标准)。它是动用公共资源制定的标准,其宗旨是维护公共秩序,保护公共利益,为全社会服务。国家标准、行业标准、地方标准均属公标准。

(2) 私标准(自有标准)。私标准是由非公共资源转化的标准,具有独占性质。其宗旨是为本组织的利益服务,如提高本组织的竞争力,获取更大利益等。我国的国有企业、合资企业、民营企业、独资企业、联合体(各种企业联盟)的标准以及各类事实上的标准均属私标准范畴。

二、标准化

标准化是人类实践活动的产物,同时又是规范人类实践活动的有效工具,它通过制定和实施标准达到统一,以获得最佳秩序和效益。它随着生产的发展、科技的进步和生活质量的提高而发生、发展,受生产力发展的制约,同时又为生产力的进一步发展创造条件。

(一) 标准化的发展历史

1. 古代的标准化

人类社会第一次进行农业、畜牧业大分工后,在物资交换的过程中,要求公平交换、等价交换,从而决定了度、量、衡等单位和器具标准的统一。人类社会的第二次产业大分工，即农业、手工业分离时，为了提高生产效率，对工具和技术的规范化提出了迫切要求。中国古代的有些活动就类似于或相当于今天的标准化活动。春秋战国时期的《考工记》中就记载着对车辆生产设计、制造工艺进行规范的30项要求，如用规来校准轮子圆周；用平整的圆盘基面检验轮子的平直性；用垂线校验辐条的直线性；用水的浮力观察轮子的平衡，同时对用材、轴的坚固灵活、结构的坚固和适用等都做出了规定，不失为严密而科学的车辆质量检验标准。秦朝统一中国之后，用政令对度量衡、文字、货币、道路、兵器等进行大规模的标准化。用律令如《工律》、《金布律》、《田律》规定“与器同物者，其大小长短必等”是集古代工业标准化之大成。宋代的毕昇发明活字印刷术时，运用了标准件、互换性、分解组合、重复利用等标准化原则，更是古代标准化的里程碑。

2. 近代的标准化

第一次工业革命后，世界进入了以机器生产、社会化大生产为基础的近代标准化阶段。近代，以机器为基础的社会化大生产为标准化提供了大量的生产和实践经验，摆脱了凭直观和零散的形式表述现象和总结经验的阶段，使标准化活动进入了以实验数据为依据进行定量的科学阶段，开始在全社会推行工业标准化体系，极大地提高了生产效率。比如，1789 年美国的艾利·惠特尼为了在武器生产中用互换性原理批量制造零部件，制定了相应的公差与配合标准；1834年英国制定了惠特沃思“螺纹型标准”，并于 1904 年颁布 BS84 标准；1897 年英国的斯开尔顿建议在钢梁生产中实现生产规格和图纸的统一，并促成建立了工程标准委员会；1901 年英国标准化学会正式成立；1902 年英国的纽瓦尔公司制定了公差和配合方面的公司标准“极限表”，这是最早出现的公差制，后正式成为英国标准 BS27；1906 年国际电工技术委员会（IEC）成立；1911 年美国的泰勒发表了《科学管理原理》，应用标准化方法制定了“标准时间”和“作业”规范，在生产过程中实现了标准化管理，提高了生产效率，创立了科学管理理论；1914 年美国的福特汽车公司运用标准化原理把生产过程的时空统一起来创造了连续生产流水线。

3. 现代的标准化

工业现代化进程中，由于生产和管理的高度现代化、专业化、综合化，使得现代产品或工程、服务具有明确的系统性和社会性。一项产品或工程、过程和服务，往往涉及几十个行业、几万个组织和许多门科学技术，从而使标准化活动更具有现代化特征。

随着经济全球化不可逆转地推向深入，特别是信息技术高速发展和市场全球化，要求标准化摆脱传统的方式和观念，不仅要以系统的理念去处理问题，而且要尽快建立与经济全球化相适应的标准化体系。工业标准化不仅要适应产品多样化、中间(半成品)简单化(标准化),乃至零部件及要素标准化的辩证关系的需求,而且随着生产全球化和虚拟化的发展以及信息全球化的需要,组合化和接口标准化将成为标准化发展的关键环节。标准化的特点从个体的水平评价发展到整体的和系统的评价,标准化的对象从静态演变为动态,从局部联系发展到综合复杂的系统。现代标准化更需要以方法论、系统论、控制论、信息论和行为科学理论为指导,以标准化参数最优化为目的,以系统最优化为方法,运用数字方法和电子计算技术等手段,建立与全球经济一体化、技术现代化相适应的标准化体系。

(二) 标准化的定义

1. 桑德斯定义

桑德斯在 1972 年发表的《标准化目的与原理》一书中把"标准化"定义为:"标准化是为了所有有关方面的利益,特别是为了促进最佳的全面的经济,并适当考虑产品的使用条件与安全要求,在所有相关方面的协作下,进行有秩序的特定活动所制定并实施各项规定的过程。"

2. 国际标准定义

国际标准化组织与国际电工委员会在 2004 年联合发布的 ISO/IEC 指南 2 中,"标准化"的术语及其定义为:"标准化"是对"实际与潜在问题做出统一规定,供共同和重复使用,以在预定的领域内获取最佳秩序的活动"。

3. 我国标准化定义

我国 GB/T20000. 1—2002《标准化工作指南　第 1 部分:标准化和相关活动的通用词汇》修改采用了"标准化"的上述国际标准的定义,即"为在一定范围内获得最佳秩序,对现实问题或潜在问题制定共同使用和重复使用的条款的活动"。

(三) 标准化的作用

标准化是现代化工业的产物,实践证明,标准化在社会经济发展中起着不可替代的重要作用,具体表现在以下几个方面。

1. 标准化是现代化大生产的必要条件

现代化的大生产是以先进的科学技术和生产的高度社会化为特征的。先进的科学技术表现为生产过程速度加快、质量提高、生产的连续性和节奏性等要求增强。生产的高度社会化表现为社会分工越来越细,各部门之间的联系日益密切。随着科学技术发展和生产社会化程度越来越高,生产规模越来越大,技术要求越来越严格,分工越来越细,生产协作也越来越广泛,涉及几十个、几百个甚至成千上万个企业,协作范围遍布全国乃至全世界。一辆汽车有上万个零件,由 100 多家工厂协作;一架波音 747 飞机有 450 万个零件,包括近 10 个国家、1 500 家大企业和 15 000 家中小企业参加协作。这些产品的社会化大生产,必须以技术上高度统一与广泛的协调为基础，而标准化恰是实现这种统一与协调的管理手段和技术工具。正是由于标准化能为生产建立最佳秩序，能够为人们的活动确立目标并使人们共同遵守以及具有约束效用，才能够使这种统一和协调的作用充分发挥。

2. 标准化是科学管理的基础

现代生产讲的是效率，效率的内涵是效益。1798 年，美国人惠特尼在制造武器中运用标准化原理成批制造可以互换的武器零部件，为大规模生产开辟了新路。1911 年科学管理之父泰勒又用标准化的方法制定了“标准时间”和“动作研究”，证明标准化可以大规模提高劳动生产率。所以在企业管理中，无论是生产、经营，还是核算、分配都需要规范化、程序化、科学化，都离不开标准。现代企业实行自动化、精确化管理，前提也是标准化。

标准化为企业现代化管理提供基础条件。集约化生产的发展要求企业依据生产技术的发展和客观的经济规律进行管理，实现管理机构高效化、管理技术现代化。要实现生产过程中技术上的相互衔接，管理上的有序高效，信息传递的准确高速，就必须通过制定和贯彻各类标准来实现统一技术要求、统一管理规范、统一工作程序的目的，并将其作为指导企业生产、技术、经营和管理活动的依据。标准化将生产程序和管理业务衔接起来，成为一个有机的整体，保障企业整个管理系统功能的发挥。与此同时，它又通过企业内外部信息的反馈，及时修订和制定新的标准，进而成为企业动态控制的基础。

3. 标准化是科技进步和质量安全的支撑

标准是科学、技术和经验的综合成果，包含了许多成熟的先进技术，并与新技术同步发展。标准化是企业的技术创新与产品开发的基础，企业的新产品的设计、制造、测试、信息化管理、市场化开拓等都离不开标准化，新产品的开发、产品的定型、规模化生产、市场化形成等需要大量借助于已有的标准成果，同时，在此过程中又会形成很多直接相关的产品标准及其配套标准。服务于企业的采用新技术、开发新产品、技改装备和提升测试手段能力等活动。总体来说，标准化是科技进步、科技成果产业化、科技产品市场化的基础支撑。

标准是检验产品、监督工程、测评服务和市场监管的依据。产品（包括工程和服务）的质量特性包括功能参数（包括性能参数、工作参数、结构参数）、可信性（包括可用性、可靠性、维修性）、安全性、环境适应性等多项指标，标准则定量地给出了衡量产品质量特性的各项要求以及相应的考核或评测方法。因此，标准为产品质量提供准绳，是检验产品质量的依据。在市场中，不管是国有企业还是个体私营企业，不管是外资企业还是内资企业，它们的产品质量合格与否或能否达到市场准入要求，只能使用同一标准来衡量。此外，市场监管的技术依据同样是标准，从质量监督的检查程序、方法到试验设备和测量设备等试验手段的配备，以及质量合格的评估和鉴定，都离不开标准。

4. 标准化是国际贸易合作的工具

贸易全球化和市场一体化是大势所趋，而在各个国家和各个地区之间起到联结作用的桥梁和纽带就是技术标准。世界贸易组织（WTO）已经形成了一套完整的非关税国际贸易规则，技术性贸易措施体系对技术法规、标准、合格评定都做出了明确规定。因此，我们应主动掌握标准手段，发展市场经济，促进国际贸易，维护国家利益。

标准在国际贸易中的作用主要有：

（1）为技术谈判提供基础。涉及产品质量的技术法规和标准往往是技术谈判的焦点，这些法规和标准确定了产品的基本要求、试验和检验要求，是贸易双方交易的依据。

（2）协调供需关系，促进合作。在国际贸易中，发达国家间、发达国家与发展中国家间的贸易摩擦多集中于技术壁垒方面，而国际标准是协调供需关系、消除贸易壁垒、提高贸易效率的有效工具。

（3）为货物交验或仲裁提供依据。标准是货物验收的依据。当发生贸易纠纷时，仲裁机构会依据标准来解决纠纷，标准文件为解决贸易纠纷和进行仲裁创造了公平的条件。

（4）有利于提高贸易效率。国际贸易单证和程序标准化、国际贸易术语的标准化、国际贸易通信代码的标准化、国际运输的标准化等为提高贸易效率和在全球范围推广的电子商务提供了强有力的技术支撑。

按照同一标准组织生产和贸易，市场行为才能够在更大的范围和更广阔的领域发挥应有的作用，人类创造的物质财富和精神财富才能在更大范围内为人类所共享。生产的目的是消费，生产者要找到消费者就要开发市场，标准不但为扩大生产规模、满足市场需求提供了可能，也为实施售后服务、扩大竞争创造了条件。标准不但为世界一体化的市场开辟了道路，也同样为进入这样的市场设置了门槛。随着贸易自由化在全球的推进，标准已成为产品和服务走向国际市场的“通行证”，标准决定着市场的控制权，标准已成为市场竞争的制高点。

5. 标准化是建设创新型国家的重要途径

创新是人类社会发展的动力之源，尤其是科技创新和产品创新在现代经济发展中表现出明显的乘数效应。创新是突破、是质变，甚至是对以往的扬弃和否定。但通常情况下，质变是以量变为基础的，许多技术创新成果中常常凝结着几代人的成就，它实际上是经验和技术的积累过程。标准化过程便是这样一个不断积累的过程，它把前人的经验积淀到标准里，为后人的攀登搭建了一个平台；

再把新的经验充实到标准里，筑起更高的平台，直到重大创新突破，标准也随之更新。

创新不仅是有成本的，而且是有风险的。对许多高科技产品来说，开发新产品的沉没成本之高和失败风险之大，几乎成了难以逾越的鸿沟。在高技术产品的市场竞争中，产品开发面临的一个普遍问题，就是生产第一件产品所需要的成本比以后再生产的单位产品成本要高许多，这也称作“第一件产品成本”的挑战。一般来说，按照系列化、模块化原理开发的新产品，可以用较低的成本、较方便的生产变型、派生产品的方式进入不同的细分市场，可以增加渐进收入使企业获利，这是应对“第一件产品成本”挑战、规避风险的标准化对策。

创新的最终目的并不仅在于取得创新成果，还要将创新成果扩散、转化为商品。标准的科学性、权威性，使它成为扩散创新成果并将其商品化的重要途径，同时，这也是促进标准创新的动力。标准与创新之间的这种交互作用，既是揭示标准化与创新之间关系的一把钥匙，又可能是探索市场经济条件下标准化内在规律的切入点。

6. 标准化有利于企业实现生产安全、环境保护和职业健康管理要求

生产安全、职业健康和环境保护既是现代企业内部管理和市场拓展的需要，也是企业应承担的社会责任。推行企业标准化将为环境管理体系、职业健康安全管理体系的建立和各类安全标准的实施奠定较好的工作基础；同时，环境管理体系、职业健康安全管理体系的建立和各类安全标准的实施又促进企业标准体系的完善。

7. 标准化是一把双刃剑

标准化是人类社会的一个伟大创造，无论过去和将来都对社会进步起着特别重要的作用。可以说现今的人类社会，每时每刻都享受着标准化带来的福祉，这一点是毋庸置疑的。但是，我们必须清醒地认识到标准化也是有风险的，任何一项标准其正确性、科学性或适用性都是相对的。由于种种主观和客观的原因，所制定的标准有的正面作用明显，有的负面作用明显，不能盲目地认为只要是标准就有积极作用。尽量减少起负面作用的标准，是一项不可忽视的艰巨任务。

标准的功能是统一和固定的。如果该统一的没统一，该固定的没固定，或者把不该统一的统一了，不该固定的反倒给固定了，这是标准对象选择不当；不应在全国范围统一的却制定成国家标准，应该在全国范围内统一的反倒分别制定了许多互不一致的其他标准，这是标准层次关系不清、分工不当；该及早制定的标准，制定迟了，不该出台的标准却抢先出台了，这是制定标准的时机不当。这些属于决策不当造成的不恰当统一和不合理的固定所带来的负面作用，具有隐蔽和不易证实的特征。因此，其负面作用的影响常常持久而深远。

标准要为人们提供一种最佳选择，这就使标准中参数和参数值的确定面临极大风险，诸如尺寸公差、极限值、容许量等。由于实际情况的千差万别很难使标准所做出的规定对一切方面都适用，倘若在制定和实施标准时有所疏忽，就可能产生各种负面作用。

国家制定的标准是一种公共资源，它必须具有公正、公平的属性。标准协调就是要在相关各方之间找到一个平衡点。那些未经协调或协调很不充分的标准，常常带有倾向性。这样的标准不仅会产生负面效果，还会损害标准的公信力，降低全社会的标准化意识。

标准化作为一项技术政策，由于人的主观性、客观存在的不确定性，注定了它的风险始终存在。这种风险有时会给组织和个人造成损失，有时会束缚人的创造性，有时会产生不良的社会影响甚至给国家造成重大的经济损失。这就要求我们对每一项标准的决策都要采取慎重态度，进行充分的协调和必要的技术经济论证。尤其是强制标准更要慎之又慎，时刻提防这把“双刃剑”的杀伤作用，把风险发生的概率降至最低限度。

第二节　标准化建设的重要应用

20 世纪的标准化主题主要是术语、试验方法和产品标准。80 年代后，管理技术标准化逐步走上标准化舞台，为了提高人们的工作效率，提高与保证产品质量，保护消费者权益，消除一个国家、一个区域（如欧共体）乃至世界贸易中的技术壁垒，国际标准化组织先后成立了 TC159（人类工效学）、TC176（质量管理和质量保证）等管理技术标准化委员会，制定相应的管理技术标准，并取得了显著的标准化效益。20 世纪末，为了保护环境，防止环境污染，使人类有个和平、安静、秀丽的生活环境，又成立了 TC207（环境管理）标准化技术委员会，掀开了 21 世纪管理技术标准化的序幕。

一、质量管理标准化

21 世纪是质量世纪，世界各国、各企业之间的质量竞争势必更加剧烈，而且，从产品质量竞争，扩展到企业组织质量、管理体系质量的竞争，企业管理人员乃至全体员工质量之间的竞争，因此，1987 年首次发布的 ISO 9000 族标准，在 1994 年第一次修订后，又在 2000 年、2008 年进行第二、三次修订、补充和完善，使 ISO 9000 族标准成为更科学、更完善的国际质量管理标准体系（见图 11-1），质量管理体系标准的具体名称如表 11-1 所示。

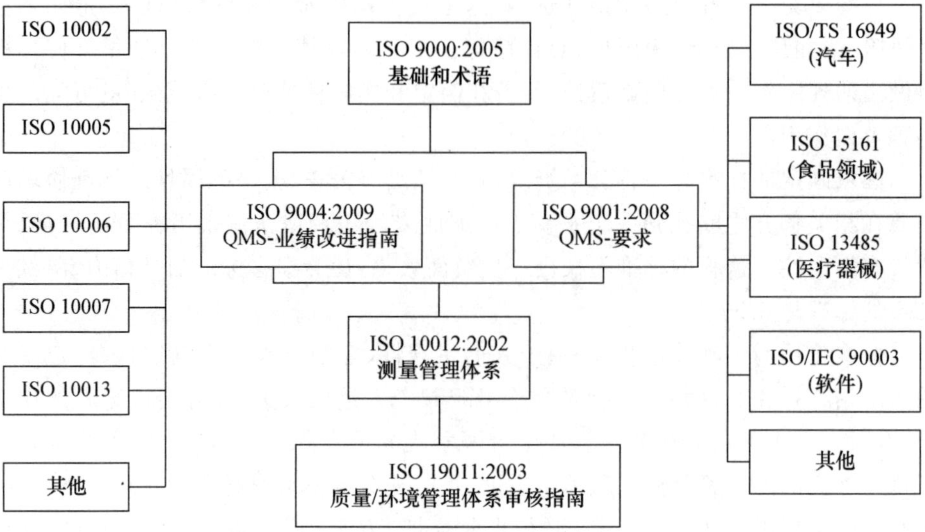

图 11-1　质量管理体系标准结构

表 11-1　ISO9000 族标准一览表

序号	国际标准号	标准名称	国家标准号	备注
1	ISO 9000:2005	质量管理体系　基础与术语	GB/T 19000-2008 GB/T 19030-2009	质量工程 术语
2	ISO 9001:2008	质量管理体系　要求	GB/T 19001-2008	
3	ISO 9004:2009	质量管理体系业绩改进指南	GB/T 19004-2011	
4	ISO 19011:2002	质量和/或环境管理体系审核指南	GB/T 19011-2003	ISD/DIS 19011 审核管理体系 指南
5	ISO 10001:2007	质量管理　顾客满意　组织行为规范指南	GB/T 19010-2009	
6	ISO 10002:2004	质量管理　顾客满意　投诉处理指南	GB/T 19012-2008	
7	ISO 10003:2007	质量管理　顾客满意　组织外部争议解决指南	GB/T 19013-2009	
8	ISO/TS 10004:2010	质量管理　顾客满意　监视和测量指南	GB/T 19014-2009 GB/T 19038-2009 GB/T 19039-2009	CS 测评模型 和方法指南 CS 测评通则
9	ISO 10005:2005	质量管理　质量计划指南	GB/T 19015-2008	
10	ISO 10006:2003	质量管理体系　项目质量管理指南	GB/T 19016-2005	
11	ISO 10007:2003	质量管理体系　技术状态管理指南	GB/T 19017-2008	

（续表）

序号	国际标准号	标准名称	国家标准号	备注
12	ISO 10012:2002	测量管理体系　测量过程和测量设备的要求	GB/T 19022-2003	
13	ISO 10013:2001	质量管理体系文件指南	GB/T 19023-2003	
14	ISO 10014:2006	质量管理　实现财经效益指南	GB/T 19024-2008	
15	ISO 10015:1999	质量管理　培训指南	GB/T 19025-2001	
16	ISO 10017:2003	ISO 9001:2000 中应用统计技术指南	GB/T 19027-2005	
17	ISO 10019:2005	质量管理体系咨询师选择及其使用服务指南	GB/T 19029-2009	

ISO 9000 族标准不仅适用于各类企业质量管理体系的建立和运行、企业质量保证体系的注册或认证，而且还适用于医院、学校、科研机构、公用事业单位的质量体系建立和运行，并可扩展应用到政府行政、军队、警察等部门，以促进其采用系统管理技术（简称 SMT），提高其体系质量、管理水平和工作效率。据统计，至 2005 年 12 月，世界上有 160 个国家的组织取得了 510 616 张体系认证证书，其中，我国颁发 QMS 证书 15 万多张。

国际原子能机构等国际组织也采用 ISO 9000 族标准的原理与方法，制定与实施 IAE 50《核电站安全质量保证》系列标准，国际航空和电信界在 ISO 9000 族标准基础上，制定了 AS 9100 和 TL 9000 标准。汽车行业运用 ISO 9000 族标准，制定了 ISO/TS 16949《质量管理体系汽车生产件及相关维修零件组织应用 ISO 9001 的特别要求》；医疗器械、食品与饮料行业也制定了 ISO 13485 与 ISO 15161 等质量体系标准。这些都是 ISO 9000 族标准在一些特殊行业领域的标准化应用，都是质量管理标准化活动。

至 2010 年，我国认可了 82 个质量管理体系认证机构，已颁发质量管理体系认证证书 196 527 份。其中还有党建质量管理体系认证证书 57 份，有效地推动了我国质量管理标准化。

二、环境管理标准化

现代社会，尤其是 20 世纪社会生产力的空前发展，给人类带来了极大的物质财富，但是也严重地影响乃至破坏了生态自然平衡，污水、废渣、废气的大量排放超过了一些山河海洋的环境自净能力，地球环境污染恶化促使国际社会高度重视环境保护和管理。1972 年 6 月，联合国环境与发展会议发布了《人类环境宣言》，指出“保护和改善人类环境已成为人类的一项迫切任务”。1990 年，国际标准化组织（ISO）和国际电工委员会（IEC）联合出版了《展望未来——高新技术对标准化的需求》一书,该书把“环境与安全”问题列为最紧迫的四个标准化项目之一。

此外,一些国家也先后把环境保护与管理列为国策,制定法律、法规或标准。如我国于 1996 年 6 月发布《中国的环境保护》白皮书,内容包括环保法律体系与管理体制,工业污染防治和城市环境综合整治、国土整治和农村环境保护、生态环境与生物多样性的保护环境科学技术和环境保护宣传教育,以及积极推动环境保护领域的国防合作等,中国政府在推进现代化建设的过程中,把环境保护作为一项基本国策,并积极参与国际环境保护事务,认真履行所承担的国际义务。同年 8 月,国务院发布《关于环境保护若干问题的决定》对实行环境质量行政领导负责制突出重点,认真解决区域环境问题;严格把关,坚决控制新污染;限期达标,加快治理光污染;采取有效措施,禁止转嫁废物污染;维护生态平衡,保护和合理开发自然资源;完善环境经济政策,切实增加环境保护投入;严格环保执法,强化环境监督管理;积极开展环境科学研究,大力发展环境保护产业;加强宣传教育,提高全民环境意识等十个方面作出了明确具体的规定。

1993 年 6 月 ISO 正式成立 TC207(环境管理标准化技术委员会),IEC 也于 1995 年 8 月发布 IEC 导则 109《电工产品标准的环境问题》。从 1996 年发布 ISO 14001 等第一批环境管理体系标准后,至今已基本建立了一个环境管理国际标准体系(见表 11-2),使环境管理标准化成为 21 世纪国际标准化工作的一个重要主题。

表 11-2 ISO 14000 环境管理系列标准一览表

序号	标准号	标准名称	说明
1	ISO 14001	EMS 要求及使用指南	GB/T 24001
2	ISO 14002	EMS 影响中小企业的特殊因素导则	
3	ISO 14004	EMS 原则、体系和支持技术通用指南	GB/T 24004
7	ISO 14013	环境审计导则 EMS 审计项目管理	
8	ISO 14014	初始环境审查导则	
9	ISO 14015	环境管理 现场和组织的环境评价	GB/T 24015
10	ISO 14020	EM 环境标志和声明 通用原则	GB/T 24020
11	ISO 14021	EM 环境标志和声明 自我环境声明[Ⅱ型环境标志]	GB/T 24021
12	ISO 14022	EM 环境标志和声明 自我声明要求 环境标志	
13	ISO 14023	EM 环境标志和声明 自我声明要求 试验方法	
14	ISO 14024	EM 环境标志和声明 Ⅰ型环境标志 原则和程序	GB/T 24024
15	ISO 14025	EM 环境标志和声明 Ⅲ型标签	
16	ISO 14031	EM 环境表现评价 指南	GB/T 24031
17	ISO 14032	环境行为评价示范	

（续表）

序号	标准号	标准名称	说明
18	ISO 14040	EM　生命周期评价　原则与框架	GB/T 24040
19	ISO 14041	EM　生命周期评价　目的与范围的确定和清单分析	GB/T 24041
20	ISO 14042	EM　生命周期评价　生命周期影响评价	GB/T 24042
21	ISO 14043	EM　生命周期评价　生命周期解释	GB/T 24043
22	ISO 14044	EM　生命周期评价　要求和指南	GB/T 24044
23	ISO 14047	EM　生命周期评价　ISO 14042 应用示例	
24	ISO 14048	EM　生命周期评价　数据文件格式	
25	ISO 14049	EM　生命周期评价　ISO 14041 应用示例	
26	ISO 14050	环境管理　词汇	GB/T 24050
27	ISO 14060	产品标准中环境指标导则	
28	ISO 14062	环境管理　产品设计开发中综合考虑环境因素	
29	ISO 14063	EM　环境信息交流的指南和示例	
30	ISO 14064.1	温室气体　第 1 部分:组织层次上对温室气体排放和清除量化与报告的规范及指南	
31	ISO 14064.2	温室气体　第 2 部分:项目层次上对温室气体减排或清除增加的量化、监测和报告的规范及指南	
32	ISO 14064.3	温室气体　第 3 部分:温室气体声明审定与核查的规范及指南	
33	ISO 14065	温室气体　用于对温室气体审定和核查机构的资格认证或其他形式认可的要求	

注:① 环境管理标准号预留 ISO 14000—14100 段,将根据环境管理标准情况确定具体标准号,因此又称为 14000 系列标准;② EMS 为环境管理体系的英文字母缩写,EM 为环境管理的英文字母缩写。

1996 年,发布第一批 ISO 14000 系列标准后,世界各国均依据 ISO 14001 开展环境管理体系认证。我国也于 1997 年开始依据 ISO 14001:1996 标准,对部分环境管理基础较好的大中型企业,列入区域污染重点控制的企业优先进行环境管理体系认证,尔后扩展到其他企事业单位,如商贸企业,酒店、风景区等。据 2010 年统计,我国已认可 74 个环境管理体系认证机构,已颁发环境管理体系证书 43 247 份,有力地推进了环保法规和标准的认证实施。

三、职业健康安全管理体系标准化

随着社会经济的快速发展,世界各国开始关注人类的职业安全健康问题。20 世纪 80 年代,英国首先制定《BS 8800——职业安全卫生管理体系》标准。之后澳大利亚等 30 多个国家制定了类似的职业健康安全管理体系标准。1998 年亚太地区职业健康安全组织（APOSHO）的14次年会、1999年国际劳工组织（ILO）召开的第15届世界职业健康安全大会都建议并制定有关职业健康安全管理体系方面的标准和指南；欧、亚、非一些国家标准化组织与认证机构共同发起并制定了OHSAS 18000职业健康安全管理体系标准。

1999年10月，我国经贸委发布职业安全卫生管理体系试行标准。2001年12月国家标准化行政部门依据OHSAS 18000标准颁布了GB/T 28001-2011《职业健康安全管理体系要求》，正式启动了我国职业健康安全管理标准化工作。至2010年，我国已认可了71个职业健康安全管理体系认证机构，已颁发职业健康安全管理体系认证证书26 612份，有效地推动了我国职业健康安全管理标准化。

同时，国际海事组织、食品和信息界，制定与实施《ISM安全管理规则》、HACCP《危害分析与关键控制点》及ISO 22000《食品安全管理体系》、ISO 27001《信息安全管理体系》标准。可以肯定，以职业健康安全管理为重点的各类安全管理标准化会在21世纪广泛而深入地开展起来，以提供人类生命的安全保障。

四、知识和能力管理标准化

知识是通过学习、实践或探索所获得的认识、判断或技能。知识可以是显性的，也可以是隐性的；可以是组织的，也可以是个人的。知识可包括事实知识、原理知识、技能知识和人际知识。

知识管理是对知识、知识创造过程和知识的应用进行规划和管理的活动。它把知识作为组织的战略资源，作为一种管理思想和方法体系，它以人为中心，以数据、信息为基础，以知识的创造、积累、共享及应用为目标。知识管理可以实现组织的可持续发展，提高员工素质及工作效率，增强满意度，提升组织的运作绩效。

至2010年，我国已建立GB/T 23703《知识管理》系列标准；即GB/T 23703.1-2009《知识管理　第1部分：框架》、GB/T 23703.2-2010《知识管理　第2部分：术语》、GB/T 23703.3-2010《知识管理　第3部分：组织文化》、GB/T 23703.4-2010《知识管理　第4部分：知识活动》、GB/T 23703.5-2010《知识管理　第5部分：实施指南》和GB/T 23703.6-2010《知识管理　第6部分：评价》。

能力是通过应用知识和技能执行任务的本领和意愿。能力管理体系是指导和控制一个组织有关能力获得的管理体系。以过程为基础的能力管理体系模式如图11-2所示。

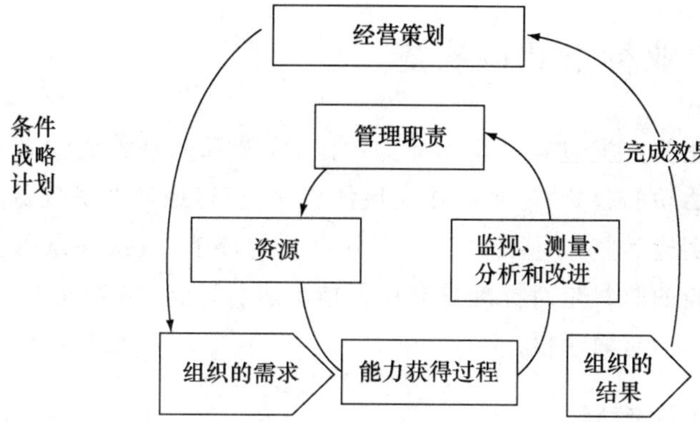

图 11-2　能力管理体系模式

五、企业管理标准化

企业标准化既是国家标准化、行业标准化的起点，又是它们的归宿，还是标准化工作的基础和重要组成部分，并且也是企业管理的重要基础。

企业标准化是指企业以获得最佳秩序和效益为目的，以企业生产、经营、管理等大量出现的重复性事务和概念为对象，以先进的科学、技术和生产经验的综合成果为基础，以制定和组织实施标准体系及相关标准为内容的有组织的系统性活动。

企业标准化是为实现企业方针目标，为企业生产、技术、管理活动提供管理依据的必不可少的工作。企业是国家标准化工作的基础单元，企业标准化是为在企业生产、经营、管理范围内获得最佳秩序的活动。企业标准化的主要工作包括制定企业标准，建立和完善企业标准体系，组织实施有关上级标准及企业标准，对标准、标准体系的实施进行监督检查，并不断完善和持续改进。

企业标准化工作贯穿于生产、技术、管理各个方面，对企业加快新产品开发、提高产品质量、降低生产成本、改善经营管理、开拓国内外市场、提高企业经济效益等方面具有十分重要的作用。在全球经济一体化的环境下，一个企业如果忽视了标准化工作，将会导致企业生产、技术和经营管理工作的混乱，使企业的经济发展受到影响。

21 世纪是质量世纪，优胜劣汰的市场激烈竞争，顾客多样化的需求，使企业一方面必须对市场需求的变化做出快速反应，以适应市场需要；另一方面要主动以质量好、品种新的产品(包括服务)去吸引顾客，引导消费，这就要求企业以高新技术为支撑、标准化技术为基础，加强企业管理技术标准化。总之，21 世纪的企业管理标准化将是全面、全过程和前沿的标准化。

第三节　企业标准化的实施

企业标准化的实施包含企业标准的制定、实施和监督检查。企业标准的制定是企业标准化活动的起始，是企业建立最佳秩序、获得最佳经济效益和社会效益的前提。标准的实施是整个标准化活动十分重要的环节，直接关系到标准化的经济效果。标准实施的监督是对标准贯彻执行情况进行监督、检查和处理的活动，是促进标准贯彻执行的有效手段。

一、企业标准的制定

制定标准是标准化工作过程中的首要环节，也是标准化管理的起点。推行企业的标准化管理，首先要有先进的标准，这是标准化建设的首要基础。否则，就谈不上实施标准，更不能获取标准化的效益。

（一）企业标准的制定范围

（1）产品标准：企业生产的产品如没有国家标准、行业标准和地方标准可以执行，应制定企业产品标准。

（2）为提高产品质量和促进技术进步，虽然企业生产的产品有国家标准、行业标准或地方标准，但是鼓励企业制定严于国家标准、行业标准或地方标准要求的企业标准，在企业内部适用。

（3）生产、技术、经营和管理活动所需的技术标准、管理标准和工作标准。

（4）设计、采购、工艺、工装、半成品以及服务的技术标准。

（二）企业标准制定、修订原则

（1）贯彻国家和地方有关的法律、法规、规章和强制性标准；

（2）充分考虑顾客和市场需求，保证产品质量，保护消费者利益；

（3）积极采用国际标准和国外先进标准；

（4）有利于扩大对外经济技术合作和对外贸易；

（5）有利于新技术的发展和推广；

（6）企业内的企业标准之间、企业标准与国家标准或行业标准、地方标准之间应协调一致。

（三）制定企业标准的一般程序

1. 调查研究、收集资料

调查研究、收集资料是制定标准的基础工作，企业应根据制定标准的对象、内容及要求来开展，具体包括：

（1）标准化对象的国内外（包括企业）现状和发展方向。如果企业制定产品标准，应系统研究国内外同类及关联产品的生产情况及其质量要求，调研顾客对该产品的期望和要求，以及该产品发展的趋势和方向。

（2）有关最新科技成果。企业应有针对性地检索有关的产品专利、产品样本、目录和科技文献，掌握该产品国内外有关最新科技成果，使得产品标准的水平能与科学技术发展同步。

（3）顾客的要求和期望。在制定企业标准时，企业应调研和关注顾客对产品的要求和期望，使得生产的产品能满足顾客需要。

（4）生产（服务）过程及市场反馈的统计资料、技术数据。在制定企业标准时，企业应注意收集生产（服务）过程及市场反馈的统计资料和技术数据，并就这些数据进行比较分析，为确定企业标准相应的指标提供基础支持材料。

（5）国际标准、国外先进标准、技术法规及国内相关标准。在制定标准前，企业应全面收集和梳理国际标准、国外先进标准、技术法规及国内相关标准，并对这些资料进行比对研究，这对企业标准内容的确定是必需而有益的。

2. 起草标准草案

对收集的资料和调研的数据进行整理、分析、对比、选优，必要时应进行试验对比和验证，并在上述工作的基础上起草标准草案。

标准草案在形成征求意见稿时，应完成标准编制说明的起草。标准编制说明一般包括：标准的立项背景；标准起草的简要工作过程；标准的编制原则和确定标准主要内容的依据；采用国际标准和国外先进标准的情况及对比分析；与现行法律、法规、规章和强制性标准的关系；对主要试验验证的分析；实施标准的要求、措施和建议等。

3. 形成标准送审稿

将起草的标准草案连同《编制说明》发至企业内各有关部门征求意见，对反馈的意见进行分析研究，决定是否采纳，并形成标准送审稿。

4. 审查标准

标准的审查根据具体情况，可采取会审或函审。标准审查内容包括：标准送审稿是否符合或达到预定的目的和要求；与有关法律、法规、强制性标准是否一致；技术内容是否符合国家方针政策和经济技术发展方向，技术指标和性能是否先进、安全、可行，各项规定是否合理、完整和协调；与有关国际标准和国外先进标准是否协调；标准编写格式是否参照 GB/T 1.1 的规定。

5. 编制标准报批稿

经审查通过的标准送审稿，起草单位应根据审查意见修改，编写标准报批稿及标准编制说明、审查会议纪要、意见汇总处理表等相关文件。

6. 批准和发布

企业标准由企业法定代表人或由其授权的管理者批准、发布,并由企业标准化机构编号、公布。

(四) 企业产品标准备案

凡编写的企业产品标准必须要备案。企业产品标准在发布后30天内,报当地政府标准化行政主管部门和有关行政主管部门备案。具体如何备案应按各省、自治区、直辖市人民政府标准化行政主管部门的规定办理。

(五) 企业标准的复审

为适应科技的发展和市场需求的变化,企业标准应定期进行复审,复审周期一般不超过3年。复审后的企业产品标准应重新备案。

二、标准的实施

标准的实施是整个标准化活动的一个重要环节,标准实施是一项有计划、有组织、有措施的贯彻执行标准的活动,是将标准贯彻到企业生产(服务)、技术、经营、管理工作中去的过程。

(一) 实施标准的基本原则

(1) 实施标准必须符合国家法律、法规的有关规定;

(2) 国家标准、行业标准、地方标准中有关强制性标准,企业必须严格执行;

(3) 不符合强制性标准的产品,禁止生产、销售和进口;

(4) 纳入企业标准体系的标准(包括推荐性标准)都应严格执行;

(5) 出口产品的技术要求,依照进口国(地区)的法律、法规、技术标准或合同约定执行。

(二) 实施标准的程序

实施标准涉及企业生产、经营、管理等多个部门和产品设计、生产和销售等多个工作环节。因此,实施标准必须是一项有组织、有计划的标准化活动,各部门协调一致地开展。标准的实施一般包括计划、准备和实施等工作内容。

1. 制订实施标准计划

标准实施计划的内容主要包括实施标准的责任部门、标准实施方式、内容、步骤、起止时间及达到的要求等。在制订实施标准计划时,应注意以下几个问题:

(1) 要从总体上设计实施标准计划,并将整体项目分解成若干具体项目和要求,明确相应的责任部门和工作进度要求。

(2) 要系统分析实施标准的各种因素,在此基础上确定标准实施的先后顺序和应采取的对应措施。例如，产品标准的实施可以考虑与新产品开发、生产线技改等工作相结合。

(3) 制定实施标准计划应包括实施标准所需要的人力、经费等方面的保障条件。

2. 实施标准的准备

为保证标准的顺利实施，标准实施前应做好相应的准备工作，一般包括：

(1) 明确相应的机构负责实施标准的组织协调。企业应明确企业标准实施的责任部门，牵头制订实施标准计划，负责实施标准的组织协调工作，推进标准的具体实施并对标准的实施效果进行监督检查。

(2) 做好标准的宣贯培训。在标准实施之前，企业标准实施的责任部门编写标准宣讲材料，组织多种形式的标准宣贯培训，使企业标准相关人员都能理解、掌握标准的内容及执行标准的注意事项。

(3) 进行技术准备，必要时进行技术攻关或技术改造。标准实施的技术准备工作是标准实施的关键环节，包括在实施标准过程中涉及工艺方法的改进、工艺装备及设备的改造，以及某些关键技术所需要组织的专项攻关。

(4) 进行物质准备，为实施标准提供必要的资源。物质准备是标准实施前的一项重要工作。有些产品标准的实施，需要添置工艺装备、设备和检测仪器，进行厂房改扩建等，涉及人力和财力的资源，需要企业统筹资源的投入，做好相应的物质保障准备工作。

3. 实施标准

标准实施的各项准备工作就绪后，应进行标准的实施，由于标准本身的不同特点和实施要求，应分别组织实施。

(1) 属于技术标准的，由企业技术部门负责实施，企业标准化机构或标准化专、兼职人员在企业主管技术领导下进行组织、协调。

(2) 对于管理标准的实施，由各有关部门领导组织实施；对于工作标准，由所属部门领导负责组织实施。

企业各有关部门必须严格实施各项标准，企业标准化机构及有关部门领导，必须深入实际，给予指导、帮助，解决问题。对上级标准实施中遇到的问题，应及时与标准起草单位和发布部门进行反馈和沟通。对新标准实施给企业带来的经济效果，必须做好统计和计算。

三、标准实施的监督检查

实施标准的监督检查是对标准贯彻执行情况进行督促、检查和处理的活动，是确保标准实施的重要措施。标准实施的监督检查，主要包括企业自我监督和上级有关部门对企业的监督检查。通过监督检查，可促进标准的有效执行，并发现标准本身的问题,以采取改进措施。

(一) 企业实施标准监督检查的内容

企业对标准实施进行监督检查内容主要包括:

(1) 已实施标准的执行情况。

(2) 企业内技术标准、管理标准和工作标准贯彻执行情况。

(3) 企业研制的新产品、改进产品,进行技术改造,引进技术和设备,是否符合国家有关标准化法律、法规、规章和有关强制性标准的要求。

(二) 企业内实施标准监督检查的方式

企业内标准实施监督可采取“统一领导、分工负责”的管理方法进行,即由企业标准化机构统一组织、协调、考核,各有关部门按专业分工对有关标准的实施情况进行监督检查。

标准实施的监督检查按下列方式进行:

(1) 技术标准、管理标准的实施由相关部门进行监督检查。其中,产品标准的实施情况由质监部门按相关标准、试验方法和验收规则进行监督检查和处理。

(2) 管理部门工作标准实施情况,由企业最高管理者组织或授权各部门的领导组织检查考核。

(3) 各类岗位人员工作标准由所属部门(单位)负责组织考核。

(4) 企业在研制新产品、改进产品、技术改造、引进技术和设备时,应对其符合有关标准化法律、法规、规章和强制性标准的情况进行监督,应在科研、设计、生产以及技术引进、设备引进的各个阶段,由企业标准化机构或专兼职标准化人员负责对有关部门图样和技术文件进行标准化审查。

(三) 监督检查结果的处理

标准实施的监督检查是一项非常严肃的工作,企业内负责监督检查的部门和人员,应确保监督检查的客观性和公正性,检查结果应形成文件,提交有关责任部门及时进行整改和改进。必要时,要进行跟踪检查,以检查整改的落实情况和有效性。

案例

标准化——奶牛饲养业的根本出路

2005 年以来,陕西省鲜牛奶销售价格一路下跌,由 2004 年的最高每公斤 2.5 元降到 1.6 元左右,部分奶农甚至将鲜奶倒进污水渠。这到底是生产过剩,还是经营不善？经过对发生"倒奶事件"的杨凌示范区奶牛饲养业进行深入调查，对同一区域鲜奶销售供不应求的养牛企业和部分农户进行对比，发现"倒奶"的主要原因在于鲜奶的质量难以达标，根本原因是饲养过程没有实施标准化。

一、鲜奶销售不畅的主要原因是质量不达标

目前的牛奶价格下跌基本属于理性回归，而不是供过于求。事实上，几十年来牛奶奶源缺乏一直是我国难以摆脱的老问题。近几年，我国奶业加工能力每年都在以30%—40%的速度增长，而奶源的增长速度在15%—20%；目前牛奶加工能力超过奶源供给能力的30%—40%，中国至少有1 000万头奶牛的缺口，鲜奶原料供给与市场需求很不适应。仅陕西临潼区的乳品企业年加工能力就有45万吨，而当地只能供应15万吨。

在市场尚有供给缺口的形势下，为什么有的鲜奶卖不出去？经过调查发现，在部分农户"倒奶"的同时，陕西杨凌科元生物工程有限公司（以下简称科元公司）和杨凌示范区良种奶牛繁育中心（以下简称良繁中心）两个国家标准化示范基地的牛奶却供不应求，鲜牛奶仍然卖到2.2元/公斤，价格比一般普通散养农户牛奶每公斤销售价1.6元高出37.5%以上，保持了全国同期最高价。为什么同样养奶牛，却有如此大的差异？乳品加工企业反映，问题主要是企业为了保证奶源质量必须坚持严格的收购标准，而一家一户的传统饲养方式难以达到提高鲜奶质量的要求。从杨凌晨光乳业有限责任公司2005年8月鲜牛奶收购检验结果（见表11-3）可以看出，农民散养户和两家标准化示范基地奶质量指标差异较大，农民散养户牛奶质量指标中只有酸度能达到国标，蛋白质、脂肪、密度和微生物都远远达不到国家标准GB 6914《生鲜牛乳收购标准》对鲜牛奶产品质量的要求。由于近年来奶制品质量事故频发，奶制品企业对食品安全高度重视，农民如果将劣质牛奶卖给企业，可能给企业带来严重经济损失和信誉损害。因此，目前大部分企业不敢收购散养农户的牛奶。这是影响奶价较低的主要原因。如何提高鲜奶质量，是目前奶业发展存在的主要矛盾。

表11-3 杨凌作部分养殖场与散户牛奶主要质量指标对比

序号	项目	国家标准	科元公司	良繁中心	散户
1	脂肪%≥	3.10	4.39	4.4	2.82
2	蛋白质%≥	2.95	3.32	3.6	2.512
3	密度(20℃/4℃)≥	1.028	1.028	1.028	1.0258
4	酡度≤	18.0	13—16	—	12.44
5	抗生素		较少	较少	较多

二、标准化饲养是提高鲜牛奶质量的技术基础

鲜牛奶质量差异的主要原因在于，农民粗放式的饲养管理与标准化的饲养管理相比，无法控制鲜奶质量。实践证明，要提高质量必须实施标准化的饲养管理。这一点，我们可以从两者的饲养方式比较中进一步了解。

（一）标准化示范基地与农民散养奶牛的饲养管理比较

从饲养奶牛的实际效果看，散养户与标准化示范企业在饲养过程管理方面存在的差异主要表现在以下几个方面：

1. 品种

散养农户品种意识淡薄，有的农户购买奶牛时为了便宜而不注重奶牛品质，而且现有品系较乱、系谱不健全，奶牛的遗传基因稳定性及其品质较差。科元公司、良繁中心的奶牛多为优质胚胎移植生产，或父母代品质良好种牛生产，所有奶牛系谱健全(达5代以上)，遗传稳定，生产性能佳，适应环境能力较强。

2. 基地(牛舍)建设布局

牛舍建设规模和布局的合理性直接影响到牛群生产性能，牛群密度过大则会造成牛群活动不便、相互拥挤，影响牛体散热、引起乳汁分泌失调等生理"应激反应"，进而使牛的生产性能下降。散养农户牛舍建筑科学性、合理性较差。牛舍狭小，生产和生活建筑没有严格区分，牛舍一般建在家庭住宅的后面，甚至人畜共住一室，牛舍通风透光条件较差，布局设计不合理，不利于奶牛的正常生长。科元公司、良繁中心等则严格按照国家和行业相关标准或企业标准设计建设奶牛基地。建设条件、建设规模、基地配套工程齐全，生产和生活建筑区分严格、布局科学合理，牛舍严格按照标准要求建设，有利于标准化管理。

3. 饲养构成和管理

在饲养管理上，标准化示范基地严格按照标准以科学的方式管理，日粮配置合理，饲喂技术和日常管理规范；而农民散养管理方式粗放，有什么饲料喂什么饲料，牛奶质量难以保证。调查发现，散养农户在饲养过程中不分育成牛、成年牛，饲料结构都是一样的配方，主要由玉米秸秆、麦秸、麸皮、精料(以玉米为主)组成，青贮饲料较少，不注重营养质量，结构单一，营养结构不合理。科元公司、良繁中心在饲养过程中，根据犊牛和育成牛以及成年牛的生活习性、生理特点、不同生长阶段的营养需要，按照企业标准给不同牛群的不同年龄阶段制定了科学合理的"营养套餐"，饲料组成力求多样化，精粗、多汁料合理搭配，要求由5种以上的以优质青贮饲料、优质苜蓿干草、配合饲料、混合精料、微量元素添加剂、青绿多汁饲料等组成，能满足不同生长期的不同牛群的营养需要。同时，对奶牛饲料搭配实施动态观察管理，及时、科学、有效地调整不同牛的饲料配方。

4. 饲喂技术

科学的饲喂技术是决定饲料利用率、饲养成本、奶牛产奶量的基础。散养农户犊牛、育成牛、成年牛一般都在同一槽上饲养，很少分群饲养，不同牛群的饲喂技术都是一样的，他们主要以喂饱为目的，导致饲料利用率很低、奶产量低等不良后果。而科元公司、良繁中心则根据牛的不同生长阶段的生理特点，将犊牛、育成牛、成年牛分群饲养，对不同牛群制定严格的饲喂技术程序，严格执行饲养定额，严格遵守顺序，定时定量饲喂。每天早晨7时奶牛准时“开饭”，隔1小时吃1次不同的“营养套餐”，每天吃9顿“饭”喝3次水，还要坚持2—3小时的运动。每日3次饲喂均做到“三草三料”，即每天分3班次饲喂，每1班次添加3次粗饲料、3次精饲料。

5. 日常管理规程

奶牛的日常管理也是养好奶牛的重要环节。其主要差异在牛的运动和疾病防疫方面，散养农户很少让牛运动，疾病防疫平时几乎不做，只是到发生疫病时才采取措施。而科元公司、良繁中心每天要坚持让牛在活动场运动2—3小时。特别是在疾病防疫方面，各公司均制定有严格的门禁制度、场区消毒制度、疾病防疫检疫制度、卫生管理制度等，保证生产安全，能够有效降低发病率，减少抗生素使用和治病成本。

6. 挤奶技术

挤奶技术作为奶牛产奶的最后一个环节，也影响到奶的产量和质量，甚至决定奶的销路。一般散养农户大都为手工挤奶，各种疾病预防和卫生防疫较差，没有现代化的挤奶设备，一家一户手工挤奶易感染各种细菌和疾病。对于病牛和健康牛从不分离挤奶，有抗生素无抗生素、有乳房炎和无乳房炎产的牛奶都挤到一起卖给加工企业；另外，散养农户在挤奶前只用开水简单擦洗牛的乳房，对于前几把奶从不检验就直接挤到桶里卖给加工企业，挤奶用具很少进行消毒处理，难以保证牛奶质量。科元公司、良繁中心在挤奶方面有严格的挤奶员操作规程和挤奶技术标准，对机器挤奶、挤奶器具等方面也有操作规程，病牛与健康牛分离挤奶，严格做到“三湿三干”和“三把三浴”。“三湿三干”指在每次挤奶前用40℃左右的清洁温水擦洗牛乳房，然后用干毛巾擦干，湿干交替进行3次，分别擦洗牛乳房的各个侧面、乳头和乳孔。“三把三浴”中的“三把”是指每次挤出的前3把奶不能放到桶内，应挤在专用器皿中观其色闻其味；“三浴”是指每挤完1把奶用专用消毒器具对牛乳头进行药浴消毒，防止细菌感染。

（二）传统粗放饲养与标准化饲养的成本、质量、产量、效益差别明显

农户的饲养成本远远低于两个标准化示范基地饲养成本，散养农户每头牛平均每天饲养成本为15.0元，每头牛平均每年饲养成本为5 475.0元；每头牛平均每天和每年饲养成本分别比科元公司和良繁中心低117.0%和106.7%。单从成本

来看,农民的饲养成本低于标准化示范基地,但低成本的原因则是饲养管理不到位。

科元公司和良繁中心实施标准化管理则是高质量、高产量、高效益。其奶牛产奶量均高于国家、陕西省、杨凌示范区和散养农户的产量水平。科元公司每头奶牛年平均产奶量分别较国家、陕西省、杨凌示范区和散养农户平均水平高167%、78%、60%和78%。良繁中心每头奶牛平均产奶量分别较国家、陕西省、杨凌示范区和散养农户的平均水平高133.3%、55.6%、40%和55.6%。科元公司和良繁中心每头牛年平均牛奶收入分别较散养农户高10 400元和8 200元,分别高出144.4%和113.9%,每头牛年平均利润分别较散养农户多3 830元和2 360元,分别高出222.03%和136.81%(见表11-4)。

表11-4 标准化示范基地与散养户效益指标对比(平均值)

项目	奶牛产奶量(公斤/头)	
	日	年
国家	9.84	3 000.0
陕西	14.75	4 500.0
杨凌示范区	16.39	5 000.0
科元公司	26.23	8 000.0
良繁中心	22.95	7 000.0
散户	14.75	4 500.0

项目		科元公司	良繁中心	散户
饲养成本(元/头)	日	33.0	31.0	15.0
	年	12 045.0	11 315.0	5 475.0
牛奶价格(元/公斤)		2.2	2.2	1.6
牛奶收入(元/头)		17 600.0	15 400.0	7 200.0
牛奶利润(元/头)		5 555.0	4 085.0	1 725.0

注:产奶量按305天/年产乳期计算。

(三)示范基地实施标准化前后效果对比

不仅在标准化和非标准化的横向比较中,标准化饲养有明显优势,而且各示范基地本身实施标准化前后的效果纵向对比,也能充分地显示标准化的作用。各标准化示范基地实施标准化管理后最明显的成效是降低了成本、提高了产量和质量、稳定了价格、提升了综合竞争力。

1. 降低了成本

以科元公司为例,2002年前没有实施标准化时,科元公司牛饲料利用率为70%、每头牛每天平均饲养成本为55元、每头牛年平均饲养成本为20 075元;实施标准化以后的2004年饲料利用率提高到了95%、每头牛每天平均饲养成本降至33元(降低了22元)、每头牛年平均饲养成本降至12045元(降低了8030元),各项指标与2002年前相比,饲料利用率提高了25个百分点,每头牛年平均饲养成本降低了40%。实施标准化后良繁中心荷斯坦奶牛饲养成本也大幅下降,成年牛饲养成本较实施标准化管理之前降低了28.3%,育成牛饲养成本较实施标准化管理之前降低了25%,犊牛饲养成本较实施标准化管理之前降低了25.2%。

2. 提高了牛奶产量

实施标准化后科元公司和良繁中心奶牛产奶量大幅度提高,分别较实施标准化管理之前提高了33.3%和16.7%。

3. 提高了奶产品质量,稳定了价格,提高了经济效益

实施标准化后科元公司和良繁中心奶产品质量明显提高,科元公司乳脂率、蛋白质、酒精度指标分别由实施标准化管理之前的3.4%、3.2%和68.0%提高到实施标准化管理之后的4.39%、3.32%和75.0%。其中乳脂率达到4.39%,超过美国和西欧4.0%的标准;蛋白质含量达3.3%,超过国际2.9%—3.3%的标准要求;细菌指数降到30万单位,远低于国际50万单位的最高要求。良繁中心乳脂率、蛋白质、酒精度指标分别由实施标准化管理之前的3.2%、3.1%和70.0%提高到实施标准化管理之后的4.4%、3.6%和75.0%,指标也超过国家标准。与此同时,企业效益也有很大提高(见表11-5)。

表11-5 实施标准化管理前后各项指标的对比

项目		科元公司		良繁中心	
		实施标准化前	实施标准化后	实施标准化前	实施标准化后
牛奶质量	乳脂率(%)	3.4	4.39	3.2	4.4
	蛋白质(%)	3.2	3.32	3.1	3.6
	酒精度(%)	68.0	75.0	70.0	75.0
	细菌指数(万)	50	30	—	—
	乳干物质(%)	—	—	11.0	14.0
	比重(%)	1.028	1.028	1.028	1.028
饲养成本(元/头·日)	成年牛	50.15	33.20	42.0	30.1
	育成牛	—	—	18.0	13.5
	犊牛	—	—	11.5	8.6
成年牛死亡率(%)		15	10.5	6.0	3.0
牛犊死亡率(%)		5.6	3.0	3.5	1.0
牛日增重(克)		350.0	600.0	600.0	850.0
成年牛年产奶量(公斤)		6000.0	8000.0	6000.0	7000.0

三、调查结论与启示

从调查结果看来，奶牛品种是决定牛奶产量的基础，标准化饲养管理是保证奶质量的关键。标准化示范基地的牛奶品质逐年提高，各项指标均高于国际或国家标准要求，赢得了顾客和市场的信赖。其主要竞争的法宝就是以质取胜，靠的是加强标准化管理。

两个标准化示范基地的标准化实践说明，运用统一、简化、选优、协调的标准化原理，制定文字简明、通俗易懂、逻辑严谨、便于操作的奶牛繁育和管理标准并推广实施，生产出高产、优质奶产品满足市场需求，是实现奶牛饲养业稳定、健康、快速和可持续发展的重要措施。作为与生活质量密切相关的重要农产品——牛奶，它的质量高低既关系到人民群众的身体健康，也关系到饲养奶牛的经济效益。特别在我国已经加入世贸组织、经济全球化步伐不断加快的形势下，要提高我国奶业的竞争力，要提高奶牛饲养的经济效益，提高农民收入，解决“三农”问题，农业生产必须由数量型向质量型、由粗放型向标准化转变。引导农民实施奶牛饲养标准化，是奶业发展的根本出路。

资料来源：刘录民. 标准化：奶牛饲养业的根本出路[J]. 农业质量标准. 2005(6)。

第十二章　企业品牌塑造与管理

21 世纪的市场竞争空前激烈,也许,没有人能够准确预知哪家企业、哪个品牌会是最后的赢家,但那些目光短浅、急功近利、不具备品牌、商标、现代战略经营等意识的人一定是最可能被淘汰出局的输家。改革开放以来,我国取得的成就举世瞩目,民族工业得到了飞速发展,也涌现了像海尔、联想等一大批知名本国品牌。但我们也应该看到,我们有的政府部门和企业依然流于形式不重内涵,只重引资不重品牌,我们的品牌还难以与国外品牌抗衡。当中国的市场经济一步一步走向高峰,市场竞争一步一步走向国际化的时候,实施品牌建设、提高品牌管理水平已成当务之急。

第一节　企业品牌

一、品牌的来源

品牌的英文“brand”来自古挪威文“brandr”,意思是通过“烧灼”打下烙印,它非常形象地表达出了品牌的含义,即“如何在消费者心中留下烙印”。早期的人们利用“烧灼”这种方法来标记他们的家畜,后来发展到手工品的标记。原始意义上的品牌起源于古代手工艺人,如陶工、石匠等。他们在其制作的手工品上打上某种标记以利于顾客识别产品的来源,这种标记主要是一些抽象的符号,因此,可以说符号是品牌最原始的形式。之后,除了符号之外,还出现了以手工艺人的签字作为识别标志的情况,它就是最原始的商品取名(即品牌化)。即使到了今天,有的商品取名仍沿袭这种原始的取名方式。20 世纪 50 年代,美国奥美广告公司创始人大卫·奥格威第一次提出了具有现代意义的品牌概念,突破了品牌只用于区分不同生产者的原始功能。

二、品牌、名牌与商标

(一) 品牌的内涵

从品牌发展的历史角度看,按人们对品牌认识的深度的顺序,品牌内涵包括四个层面。

（1）国际营销界最具权威的机构——美国市场营销协会（AMA）给品牌下的定义是：品牌是一个名称、术语、标记、象征和设计，或者是它们的组合运用，其目的是借以辨认某个销售者或某群销售者的产品或服务，并使之同竞争对手的产品或服务区分开来。品牌最基本的内涵就是区分，可口可乐“细口大肚”的瓶子、麦当劳的“金色拱门”、宝马汽车蓝白相间的“螺旋桨”，以及苹果电脑被吃掉一口的苹果都是典型的例子。

（2）1998年，英国学者德·彻纳车尼和麦克唐纳给品牌的定义是：一个成功的品牌是一个可辨认的产品、服务、个人或者场所，使得买方或用户觉察到相关的、独特的、可持续的附加值，这些附加值最可能满足他们的需要。英国广告专家约翰·菲利普·琼斯对品牌的定义是：品牌是指能为顾客提供其认为值得购买的功能利益及附加价值的产品。两个定义都强调了品牌的附加价值满足消费者需求的特征，扩展了品牌的范围。品牌可以用于个人和场所，政治家、体育明星等可以形成品牌，九寨沟、迪士尼也能通过品牌更好地满足人们的需要。

（3）美国奥美广告公司创始人大卫·奥格威认为，品牌是一种错综复杂的象征，它是品牌属性、名称、包装、价格、历史声誉、广告方式的无形总和，品牌是产品与消费者的关系，强调了品牌与消费者的互动。

（4）美国学者 Alexander L. Biel 认为，品牌是 一种无形资产，是一种超越生产、商品及所有有形资产以外的资产——品牌带来的好处是未来预期收益超出品牌培育成本的现值。

中山大学卢泰宏教授认为：品牌不仅仅是一个区分的名称，更是一个综合的象征；品牌不仅仅掌握在企业手中，更取决于消费者的认同与接受；品牌不仅仅是符号，更要赋予形象、个性与生命；品牌不仅仅是短期的营销工具，更是长远的竞争优势和具有潜在价值的无形资产。

美国著名营销学者菲利普·科特勒认为品牌至少应该包括属性、利益、价值、文化、个性和用户六个方面的内容。

（二）名牌

“名牌”一词，是20世纪90年代以后在我国广为流行的营销术语，是市场经济的产物。与大量的其他营销学术语直接从西方翻译过来不同，名牌在英文中没有直接对应的单词，意思比较接近的词是“established brand”，意思是“已建立的品牌”或“成熟品牌”。

名牌就是知名的、著名的、驰名的牌子。从法学的角度讲，名牌是一种知识产权。从经济学的角度讲，名牌又是与企业的有形资产相对应的无形资产。名牌，是在市场上具有广泛知名度和美誉度的品牌或商标，是在较大范围内为大家一致公认的某个最好的牌子。

名牌应该具有以下三个主要特征:高市场占有率、高知名度和高品质。高知名度和高品质是名牌的必要条件,但不是名牌的充分条件。也就是说,名牌必须是高知名度和高品质的;相反,高知名度和高品质的品牌并不一定是名牌。例如,在我国曾经因大量的广告投入而产生高知名度的品牌如巨人脑黄金和秦池酒等,实际上都称不上名牌。在三个主要特征中,"高市场占有率"比较接近成为名牌的必要而充分的条件,只要加上限定语"长期具有"即"长期具有高市场占有率"就成为名牌的充分必要条件。原因有二:首先,名牌都是高市场占有率的。那些被人们称为名牌的品牌如海尔、长虹、诺基亚、奔驰、柯达、可口可乐、IBM 等,它们的主产品哪一个不是具有较高的市场占有率的;其次,长时间获得高占有率的品牌一般都是名牌。

名牌是指有名的品牌,通常具备以下要素:(1) 在相关公众中的知晓程度较高;(2) 品牌使用持续时间较长;(3) 品牌宣传工作的持续时间较长、程度高、地理范围广;(4) 曾作为著名商标、驰名商标等受到保护;(5) 已成为注册商标;(6) 其他因素。

(三) 商标

商标是商品的生产者、经营者在其生产、制造、加工、拣选或者经销的商品上或者服务的提供者在其提供的服务上采用的,用于区别商品或服务来源的,由文字、图形、字母、数字、三维标志、声音、颜色,或上述要素的组合构成的,具有显著特征的标志,是现代经济的产物。在商业领域,文字、图形、字母、数字、三维标志和颜色,以及上述要素的组合,均可作为商标申请注册。经国家核准注册的商标为"注册商标",受法律保护。商标通过确保商标注册人享有用以标明商品或服务,或者许可他人使用以获取报酬的专用权,而使商标注册人受到保护。

商标的特征主要有显著性、独占性、价值性和竞争性。

现代商标主要具有以下功能:(1) 识别功能。商标最基本的作用在于标识商品的生产者、销售者或服务的提供者,也就是向消费者表明商品或服务的来源。(2) 质量功能。在消费者的经验中,不同商标表明了商品质量的优劣或区别,而商品质量是决定商品信誉和商标信誉的关键。(3) 经济功能。商标尤其是驰名商标是企业的重要财富。在现代社会中,商标已成为企业重要的无形资产,也是企业实力的象征,一个有着社会知名度的商标,往往蕴涵着巨大的商业价值,能给企业带来滚滚利润。(4) 广告功能。随着附有商标的产品行销于市,商标和商家的名声也得以借消费者的口碑在社会上流传开来。商标被誉为商品无声的推销员。另一方面,广告和商标也成为消费者获取市场信息、选购满意商品的捷径。(5) 文化功能。企业的可持续发展离不开深厚的文化底蕴。商标就是企业文化和经营理念最集中的体现。企业商标的构成、表现形式以及宣传方式无不向社会传递着企业的文化。不少驰名商标构思巧妙、意义深远,既蕴涵着丰富的历史、地理和艺术知识,又展现出商标所有人以人为本的经营理念和企业文化。

品牌与商标是有区别的。商标的构件小于或等于品牌的构件;商标权有国界,品牌使用没有国界;品牌可以延伸,商标则需要重新注册。商标是从法律的角度对品牌的界定,商标对于品牌的法律保护具有特别意义。对于企业发展来说,品牌的商标注册是一件非常重要的工作。

三、品牌的重要性

(一) 有利于企业形象的提升及顾客忠诚度的培养

从企业形象的提升上来看,公众之所以能够对企业持信任态度,归根到底就是企业品牌的作用,品牌的这种持久效应能够使得企业获得更多的利润。企业进行品牌建设,其目的就是要锁定消费者,让消费者对这一品牌产生信任,使得消费者对这一品牌始终保持永恒不变的良好印象。

从客户忠诚度的培养方面来讲,企业拥有了客户忠诚度,就能够获得超乎寻常的利益,这也是企业进行品牌建设需要重点关注的问题。美国学者研究表明,客户忠诚度每提高 5%,企业的利润就会提高 25%—85%。品牌是对消费者的承诺,品牌是产品品质和服务的保障。消费者就是因为看中品牌对消费者在消费产品时的放心和安全而购买。而且,一旦企业拥有知名品牌就可以赢得消费者的信赖,从而使企业迅速打开市场并获得发展。

(二) 有利于形成竞争防线

企业自身的发展离不开品牌建设的支持,有了品牌建设,企业才能够从容地参与激烈的市场竞争,不管是大企业还是小企业都是如此,很多的中小企业必然是希望自己的企业在未来成为一个大企业的,在这样的目标导向之下,企业品牌建设就成为企业自身发展的必需品。相关的资料表明,在我国,能够发展成为大企业的中小企业是非常少的。我们知道,市场竞争是残酷的,很多处于竞争弱势的小企业,都是在不断发展的过程中受到品牌发展瓶颈的制约。所以说,真正能够在激烈竞争中始终处于优势地位的企业,就是依靠其强势的品牌,也就是说企业只有拥有了强势的品牌才能够在市场竞争中占有一席之地。

(三) 有利于提高经销商的忠诚度

经销商不敢向消费者首推中小企业的产品,主要是担心其产品的品质和服务缺乏保障。而经销商不敢首推或主推中小企业的产品,不仅严重影响中小企业产品的销售，更主要的是中小企业无法借助经销商的货架资源、经销商销售人员的资源等，打造中小企业的品牌。如果中小企业进行品牌建设，有一定的知名度，由于销售政策的灵活性比大企业好，就会充分调动经销商经销中小企业产品的积极性。因为经销商知道，经销中小企业的产品，差价大、返利高和利润高，而经销大企业产品，虽然名气大但利润低。因此，要充分调动经销商的积极性，使经销商乐于经销中小企业的产品，就必须进行品牌建设。

（四）有利于为企业创造价值

主要表现在两个方面：一是目前越来越多的企业在制定自身发展的战略目标时，对品牌建设进行了强调，企业要想获得最大的存活几率，就必须要以最快的速度来把自己有生命力的产品推入市场。所以，在这样的情况下，越来越多的企业家逐渐开始把企业生存的基础放在了品牌资源的打造上，并在此基础上结合各种营销活动来促使企业的品牌知名度的提升。二是企业的品牌是企业的一种十分重要的无形资产，但同时也是一种有形的价值，所以，就目前的情况来看，企业管理最迫切需要做的就是建立自己的品牌。

（五）有利于减少消费者的交易费用

在市场经济中，交易双方除了进行商品价款交付外，为了完成交易还需支付的其他费用称为交易费用。它包括搜寻商品的信息和购买后可能发生的法律诉讼等费用。著名品牌凝聚着消费者选择商品想要掌握的各种信息，它是卓越的产品、服务质量、企业信誉、高知名度和高市场占有率等综合优势的象征，可以使消费者买了放心，用了称心，大大节省消费者的交易费用。

（六）有利于提升一国的国际形象

品牌是国家形象的代表，是一国综合实力和整个民族财富的标志。民族品牌不仅代表国家产业水平，而且代表一国的国际形象，承载着重构民族自尊心和自信心的历史责任。据联合国工业计划署统计，世界上各类名牌商品共有约 8.5 万种，其中发达国家和新兴工业化经济体占有 90% 以上，而我国拥有的国际知名品牌却寥寥无几。

四、品牌的功能

（一）识别功能

识别功能是品牌最基本、最原始的功能。它是指品牌能尽快帮助消费者找出所需要的产品，减少消费者在选购商品时所花费的时间和精力。消费者在购买具有某种使用价值的商品时，由于商品品种很多，难以做出抉择。正是因为品牌是产品的标志,代表着产品的品质、特色和承诺,消费者才会有目的地进行选择。品牌成为企业形象的代号,代表着企业的经营理念、质量管理要求、企业文化、产品特色等。如果品牌在消费者心目中已形成良好的印象,则更易使消费者在种类繁多的产品中很快做出抉择。

(二)担保功能

产品只有更好地满足消费者需要,其品牌形象才会存在于消费者心中。企业需要千方百计地提供特色鲜明、质量上乘的产品,才能全方位满足消费者需求,这是推动企业快速发展的动力。因此,企业会不断地提升品牌带给消费者的功能性、社会性、情感性的价值,进而推动企业品牌发展进入良性循环,这客观上形成了品牌对消费者购买产品的附加价值方面的担保和承诺。

(三)促销功能

品牌是企业赢得市场竞争优势的有力武器,是企业进入市场的通行证。由于品牌是产品品质、特色、档次的象征,是产品的牌子,因此易吸引消费者,实现扩大产品销售的目的。20 世纪 80 年代初,日本的家电产品进入中国时,就是靠着松下、日立、东芝等大品牌,迅速占领了中国的市场。另外,一个好的品牌名字易记易识,优美动听,也容易帮企业尽快打开市场。像孔乙己牌茴香豆、孔府家酒、老板牌电器等都是典型例证。据 1997 年 10 月 2 日《公共关系报》报道,孔乙己品牌未使用前,生产者每天只卖十几包茴香豆,使用后一下子冲破千包大关;目前市场占有率达 90% 以上,销售额飙升了近百倍。

(四)价值功能

品牌作为一种无形资产,它本身可以作为商品被买卖,在市场交流的过程中,它能为企业带来巨大的经济效益。而且随着企业规模的扩大,品牌知名度、美誉度和忠诚度的提高,品牌本身的价值也会不断增长。2013 年全球最具价值的 20 个知名品牌排行榜居第一位的是苹果品牌,其品牌价值为 1 850 亿美元,较 2012 年增长 1%。苹果公司是美国的一家高科技公司,2007 年由苹果电脑公司更名而来,核心业务为电子科技产品,总部位于加利福尼亚州的库比蒂诺。2013(第 19 届)中国最有价值品牌研究结果在法国巴黎揭晓,海尔以 992.29 亿元的品牌价值连续 12 年居首。

五、品牌的规划与实施

品牌规划是建立以塑造强势品牌为核心的企业战略,将品牌建设提升到企业经营战略的高度,其核心在于建立与众不同的品牌识别,为品牌建设设立目标、方向、原则与指导策略。品牌战略规划的五个核心问题如下:

（一）提炼品牌的核心价值

提炼品牌的核心价值，必须进行全面科学的品牌调研与诊断，充分研究市场环境、行业特性、目标消费群、竞争者以及企业本身情况，为品牌战略决策提供详细、准确的信息导向，并在此基础上，提炼高度差异化、清晰的、明确的、易感知、有包容性、能触动和感染消费者内心世界的品牌核心价值，一旦核心价值确定，在传播过程中，把它贯穿到整个企业的所有经营活动里。比如，白沙集团的品牌核心价值是“飞翔”，给人们一种美好的向往。

（二）规范品牌识别系统

以品牌核心价值为中心，规范品牌识别系统，使品牌识别与企业营销传播活动的对接具有可操作性；使品牌识别元素执行到企业的所有营销传播活动中，使每一次营销传播活动都演绎和传达出品牌的核心价值、品牌的精神与追求，确保企业的每一次营销广告的投入都为品牌做加法，从而为品牌资产做累积。同时，还要制定一套品牌资产提升的目标体系，作为品牌资产累积的依据。比如，麦当劳的“M”形标志，我们随处所见，特别醒目，你会被它的“M”字所吸引，当你走到麦当劳餐厅里面时，“M”形无处不在，小到纸巾、杯子，大到招牌、墙报，无形中给你视觉的记忆。

（三）建立品牌化模型，优选品牌化战略

建立品牌化模型，是品牌战略规划中的一项重要工作。它不但规划好品牌的属性、结构、模式、内容及品牌愿景等问题，而且在营销策略决策中，提供具有前瞻性、指导性、科学性和操作性的依据。

规划好科学合理的品牌化战略，并且考虑和优选品牌化战略，是品牌战略规划中重要的环节。在单一产品格局下，营销传播活动都是围绕提升同一个品牌的资产而进行的，而产品种类增加后，就面临着很多难题。

（四）进行理性的品牌延伸扩张

品牌战略规划的另外重要内容之一，就是对品牌延伸进行科学和前瞻性的规划。因为创建强势品牌的最终目的，是持续获取较好的销售与利润，使企业能够持续健康地发展；为了实现企业的跨越式发展，就要充分利用品牌资源这一无形资产，由于无形资产的重复利用是不花成本的，只要有科学的态度与高超的智慧来规划品牌延伸战略，就能实现品牌价值的最大化。

（五）加强品牌管理

如果要创建强势品牌，累积丰厚的品牌资产，就要加强品牌的日常管理和维护，尽量避免“品牌危机”事件的发生。其一，要完全理解品牌资产的构成；其二，制定品牌建设所要达到的品牌资产目标；其三，创造性地策划提升品牌资产的低成

本营销传播策略;其四,建立品牌预警系统,避免品牌危机事件的发生。

第二节 企业品牌塑造

一、塑造品牌形象

(一) 品牌形象

人们对品牌形象的认识刚开始是基本着眼于影响品牌形象的各种因素上,如品牌属性、名称、包装、价格、声誉等。

利维认为,品牌形象是存在于人们心里的关于品牌的各要素的图像及概念的集合体,主要是品牌知识及人们对品牌的主要态度。罗诺兹和刚特曼从品牌策略的角度提出,"品牌形象是在竞争中的一种产品或服务差异化的含义的联想的集合"。他们还列举了品牌形象操作的策略性途径:产品认知、情感或印象、信任度、态度、形象个性等。斯兹提出,品牌应像人一样具有个性形象,这个个性形象不是单独由品牌产品的实质性内容确定的,还应该包括其他一些内容……至此,对品牌形象的认识进入到品牌的个性层次。帕克等提出,"品牌形象产生于营销者对品牌管理的理念中,品牌形象是一种品牌管理的方法"。他们认为任何产品或服务在理论上都可以用功能的、符号的或经验的要素来表达形象。亚克在1991年又把品牌形象与品牌的资产和负债联系起来,他认为通过符号、名称可以附加或减除。

品牌形象,就是指企业通过将某种品牌与目标消费者生活工作中的某种事物、某些事件之间建立起的一种联系。这种被联系的对象经常就是品牌的形象。品牌形象是一个综合的概念,它是受感知主体的主观感受、感知方式、感知背景影响的。不同的消费者,对品牌形象的认知和评价很可能是不同的。良好的品牌形象是企业在市场竞争中的有力武器,深深地吸引着消费者。品牌形象内容主要有两方面构成:第一方面是有形的内容,第二方面是无形的内容。品牌形象的有形要素包括产品及其包装、生产经营环境、生产经营业绩、社会贡献、员工形象等。

(二) 品牌形象塑造的原则

1. 系统性原则

品牌形象的塑造是一项系统工程。它需要企业增强品牌意识,重视品牌战略,周密计划,科学组织,上下配合,各方协调,不断加强和完善品牌管理;需要动员各方面力量,合理利用企业的人、财、物、时间、信息、荣誉等各种资源,并对各种资源优化组合,使之发挥最大作用,产生最佳效益。

2. 全员化原则

全员参与的品牌形象管理对塑造品牌形象是至关重要的。品牌形象要向市场发出一个声音,就是要求企业所有员工都有使命感,这种使命感又来自荣誉感,它能够对员工产生强大的凝聚力。不可能设想一盘散沙或牢骚满腹的员工会向公众展示良好的品牌形象。

3. 统一性原则

品牌形象的统一性原则是指品牌识别,即品牌的名称、标志物、标志字、标志色、标志性包装的设计和使用必须标准统一,不能随意变动。例如,同一企业或产品的名称在一个国家或地区的翻译名称要统一,像日本的松下、丰田和美国的通用、微软等的中文名称就不能随便采用其他汉字来代替。

4. 特色性原则

所谓特色性其实就是指品牌形象的差异化或个性化。品牌的特色性可以表现为质量特色、服务特色、技术特色、文化特色或经营特色等。品牌形象只有独具个性和特色,才能吸引公众,才能通过鲜明的对比,在众多品牌中脱颖而出。抄袭模仿、步人后尘的品牌形象不可能有好的效果,也不可能有什么魅力。

5. 情感化原则

品牌形象是品牌对公众情感诉求的集中体现,如奔驰的自负、富有、世故,百事可乐的年轻、活泼、刺激,都是品牌情感化的化身。品牌形象塑造过程要处处融入情感因素,使品牌具有情感魅力,以情动人,这样才能缩小其与公众的距离,实现和公众的良好交流。

(三) 品牌形象塑造的途径

1. 加强品牌管理

首先,要求企业高层领导亲自过问品牌问题,把形象塑造作为企业的优先课题,作为企业发展的战略性问题。其次,要树立全体员工的品牌意识,使员工熟悉品牌识别,理解品牌理念,表达自己的品牌形象。最后,由于品牌形象的塑造流程长、环节多,是一项立体的、多维的、动态的、复杂的社会系统工程,因而需要全程品牌管理。

2. 重视产品与服务质量

质量是品牌的基石,所有强势品牌最显著的特征就是质量过硬。劳斯莱斯被公认为世界上最优良的汽车。每一部劳斯莱斯都是经过精雕细刻的艺术品。一般的汽车生产出来,离开生产线,开出厂门,即可交货。即使像凯迪拉克这种高档车,也只不过测试 4 小时。而劳斯莱斯的每一部车,调试、试车要经过 14 天。如今的劳斯莱斯,无论哪种车,以每小时 100 公里的速度行驶,放在水箱上的银币可以长时间不被震动下来;坐在车子里,听不到马达声,只能听到车内钟表指针移动的声音。

3. 重视品牌定位

由于品牌定位是使品牌在社会公众心目中占有一个独特的、有价值的位置的行动,也就是勾勒品牌形象,因此可以想象品牌定位对品牌形象的影响有多大。品牌定位过高、定位过低、定位模糊或定位冲突都会危害品牌形象。

4. 优化品牌设计

对品牌名称、标识和包装进行设计是突出品牌个性、提高品牌认知度、体现品牌形式美的必由之路和有效途径,是塑造品牌形象必不可少的步骤。不仅要对品牌识别的各要素进行精心策划与设计,还要使各要素之间协调搭配,形成完整的品牌识别系统,产生最佳的设计效果。

5. 重视社会公众,做好公关与广告

公关与广告对品牌而言,如鸟之两翼,其重要性不言自喻。品牌形象最终要建立在社会公众的心目中,最终取决于品牌自身的知名度、美誉度以及公众对品牌的信任度、忠诚度。因而品牌形象塑造的全部工作包括公关和广告要面向公众,以公众为核心,高度重视公众的反应。法国是香水王国,名牌香水也特别多。有着100多年历史的"娇兰"更是香水之王。1852年,拿破仑三世改制称帝。次年他坠入情网,迷恋着西班牙美女尤金尼·梦地歌。为了赢取她的芳心,他送了她一瓶后来被称为"娇兰"的香水。神妙的芳香几乎令尤金尼痴狂不能自持,于是尤金尼就赐给娇兰香水一个名字"帝王"。从此,娇兰抓住这个动人的故事和人们对历史人物拿破仑的崇拜心理,通过广告形式大肆宣传,树立起娇兰的迷人形象。

二、品牌命名

品牌名称是指品牌中可以用语言称呼的部分。例如,可口可乐、雪佛莱、苹果等,都是美国著名的品牌名称。孔子曰:"名不正则言不顺,言不顺则事不成",并且根据这句经典延伸出一个成语:名正言顺!一个好的名字,是一个企业、一种产品拥有的一笔永久性的精神财富。一个企业,只要其名称、商标一经登记注册,就拥有了对该名称的独家使用权。

(一) 品牌命名的策略方式

品牌的营销者可以只使用制造商的品牌,也可以只使用经销商的品牌,或是结合两者来使用。他们也可以采用一个家族式的品牌、个别式的品牌或是通俗品牌的策略。当营销者所卖的产品不止一项,而且每一项产品都选用同一名称的时候,就会使用家族式品牌的策略。

1. 个别式

当营销者将一个品牌名称只用于一个产品上的时候,就是采用了所谓的个别式品牌策略。以宝洁公司为例,其营销的商品就有汰渍牌清洁剂、佳洁士牌牙膏以及潘婷、飘柔和海飞丝洗发水等。产品线多的公司通常都会采用此种策略,去吸引市场中的特殊族群。

2. 通俗式

对于不同家公司所提供的产品,当消费者看不出任何差异的时候,营销者就会采用通俗品牌的策略。这样的例子包括冷冻豆子、漂白剂、罐装水果以及瓶装饮用水。在 20 世纪 70 年代高通货膨胀时期,通俗品牌命名法的使用达到了高峰,可是在最近几年却因为消费者基于这样的产品背后没有大公司的支持而感到怀疑,因此让这种方法失去了它的效用。

(二) 品牌的命名方法

日立、东芝等,都是以企业名称作为品牌名称的典范。

以动物、花卉名称命名。用形象美好的动物、花卉名称命名,可以引起人们对商品的注意与好感,并追求某种象征意义。如"宝马"牌汽车、"雪莲"牌毛衣等。

根据人名、地名命名。这种名称或以人和产地的信誉吸引消费者,或以历史、传说人物形象引起人们对商品的想象。如张小泉剪刀、青岛啤酒、贵州茅台等。

根据商品制作工艺和商品主要成分命名,以引起消费者对其质量产生信赖感。如"二锅头酒""珍珠口服液"等。

以具有感情颜色的吉祥词或褒义词命名,以引起人们对商品的好感。如"富康"汽车使人致富,"金利来"领带给人带来滚滚财源。

以杜撰的词语命名。以别出心裁、不含意思的词语打破商品名称表意的惯例,达到引人注目的效果。如"柯达"胶卷、"TDK"磁带等。

(三) 品牌命名的原则

(1) 合法原则。合法是指能够在法律上得到保护,这是品牌命名的首要前提。

(2) 易读易记原则。品牌名只有易读易记才能高效地发挥它的识别功能和传播功能。品牌命名时做到简洁、独特、新颖、响亮等。如红豆、动感地带、上好佳等。

(3) 尊重文化与跨越地理限制原则,即适应消费者的文化价值观念和潜在市场的文化观念。

(4) 暗示产品特点原则。从产品的特点、功能、形态等属性来命名。如五粮液、雪碧、佳洁士、创可贴、商务通。

(5) 可延伸原则。一个无具体意义而又不带任何负面效应的品牌名,较适合于今后的品牌延伸。如索尼(SONY),不论是中文名还是英文名,都没有具体的内涵,这样的品牌可以扩展到任何产品领域。

三、品牌标志设计

品牌标志也称为品牌标识,是用来区别品牌的视觉符号。标志可以利用图案、文字,也可以用文字加图案合理搭配色彩,能给消费者和社会公众视觉上的冲击力,使他们不但能记住这个标志,而且可以产生积极的联想。

(一) 品牌标志的价值

首先,品牌标志起引导消费者进行品牌联想,让消费者在见到品牌标志时能马上想到品牌的独特属性。比如,欧宝汽车的"Z 形"标志,它像一道闪电在空中划过,这就能让消费者联想起这个品牌的汽车奔跑时如风驰电掣。其次,品牌标志激发消费者好奇心,使消费者在见到品牌标志时对这个品牌产生喜爱之情。比如,童真的米老鼠、有趣的海尔兄弟、快乐的绿巨人等,这些标志可爱、易记,能激发社会公众的童心,对其产生好感。这个时候,品牌标志就起到桥梁作用,它让消费者把自己积极、乐观的情感表达在这个品牌之上。而消费者对品牌产生的好感,自然就成了企业成长的一种动力。最后,品牌标志起唤醒消费者记忆的作用。有个性的品牌标志能马上唤醒消费者的记忆。在琳琅满目的货架上,如果看到"两只小鸟在巢旁",立即辨别出这是雀巢咖啡。这种反应的时间越短,说明标志的独特性越强。

(二) 品牌标志的设计原则

1. 简洁鲜明原则

品牌标志是消费者认知品牌的载体,它设计的空间有限,传达的信息有限,品牌标志的设计应当着重传达品牌最深层的内涵,便于消费者和社会公众识记并产生积极的联想。因此,品牌标志设计应该简洁醒目、新颖独特,合理搭配色彩后,不仅有视觉冲击力,而且具有丰富的联想空间。苹果品牌其"被咬了一口的苹果"标志非常简单,却让人过目不忘。耐克品牌的红色一勾,可以说是最简单的标志了,但它无处不在,给人以丰富的联想。

2. 准确表达原则

品牌的标志,归根到底是为品牌服务的,标志要让人们感知到这个品牌是干什么的,它能带来什么利益。比如,食品行业的特征是干净、亲切、美味等,房地产的特征是温馨、人文、环保等,药品行业的特征是健康、安全等,品牌标志要很好地体现这些特征,才能给人以正确的联想。"M"只是个非常普通的字母,但是在许多小孩子的眼里,它不只是一个字母,它代表着麦当劳,代表着美味、干净、舒适。同样是以“M”为标志,与麦当劳圆润的棱角、柔和的色调不一样,摩托罗拉的“M”标志棱角分明、双峰突出,以充分表达品牌的高科技属性。

3. 优美典雅原则

品牌标志涉及色彩、线条、形状等要素的组合,需要从艺术设计的角度加以考虑。造型要优美流畅、富有感染力,保持视觉平衡,使标志既具静态之美,又具动态之美。百事可乐的圆球标志,是成功的设计典范,圆球上半部分是红色,下半部分是蓝色,中间是一根白色的飘带,视觉极为舒服顺畅,白色的飘带好像一直在流动着,使人产生一种欲飞欲飘的感觉,这与喝了百事可乐后舒畅、飞扬的感官享受相一致。

4. 情感原则

一个成功的品牌标志应当能让人产生情感上的偏好,这要求品牌标志的设计必须具备:浓郁的现代气息、极强的感染力、给人美的感受、激发丰富的联想、令人喜爱等特点。比如,美的集团的新品牌标志凸显了优雅、简约和国际化,更适合现代人的审美情趣。

(三) 品牌标志的类别

1. 文字标志

文字标志是用独特形式书写的品牌全称或首文字、首字母来表示品牌标志,比如 Canon、SONY、KFC、TCL、Lenovo、IBM、健力宝等。文字标志直截了当地将品牌名称展示给消费者,从而增强了品牌的记忆。一般单独以文字或首字母为品牌标志的并不多见,2009 年世界 500 强中单独以首字母、名称中某个字或整个名称为品牌标志的占 25.4%。

2. 图案标志

图案标志是将标志设计成图案,包括形象图案和抽象图案。形象图案比如苹果电脑的“一个被咬了一口的苹果”、中国银行的“中”字古铜板;抽象图案如世界贸易组织的标志、奥迪的“四个紧扣圆环”等。形象图案能够让人将对图案的印象转移到品牌身上;抽象图案往往给人以想象的空间。一般单独以图案为品牌标志的很少见,2009 年世界 500 强中只有 8 例。

3. 图文标志

文字标志不容易引起联想,图案标志容易引起联想但不能够直接展示品牌名称。因此,很多品牌采用了图文标志,即将品牌名称中的某个字母或字母的某一部分转化为图案的形式,或者文字加图案的形式,从而既让人们记住了品牌名称,又给人一定的联想。2009 年世界 500 强中以图文标志为品牌标志的有 365 例,占 73%。

第三节 企业品牌的传播、保护与危机管理

一、企业品牌的传播

产品贵在质量,品牌重在传播。所谓“品牌传播”,就是企业以品牌的核心价值为原则,在品牌识别的整体框架下,选择广告、公关、销售、人际等传播方式,将特定品牌推广出去,以建立品牌形象,促进市场销售。品牌传播是企业满足消费者需要、培养消费者忠诚度的有效手段。

(一) 品牌传播的作用

品牌传播对品牌的塑造起着关键性作用。一方面,商品力、品牌文化和品牌联想等构成品牌力的因素只有在传播中才体现出它们的力量。品牌力主要是站在消费者的角度提出的,而要使有关品牌的信息进入大众的心智,唯一的途径是通过传播媒介。如果少了传播这一环节,那么消费者将无从对商品的效用、品质有进一步的了解;会忽略产品的定位和产品的特定目标市场;品牌文化和品牌联想的建立则是不可能的。另一方面,传播过程中的竞争与反馈对品牌力有很大的影响。传播是由传播者、媒体、传播内容、受众等方面构成的一个循环往复的过程,其中充满竞争和反馈。比如,在电视机前,当你不满某个品牌的广告时,就会对该品牌的产品不满。如果绝大多数的人都产生这样的情绪,传播者在销售的压力下,就不得不重新考虑他的传播内容。因此,在传播中塑造品牌力就必须考虑到如何才能吸引、打动品牌的目标消费者。

(二) 品牌传播策划的步骤

1. 确定目标受众

营销信息的传播者必须一开始就在心中有明确的目标受众。受众可能是公司产品或服务的潜在购买者、目前使用者、经销决策者或影响者。受众可能是个人、群体、特殊公众或一般公众。

2. 确定传播目标

要把品牌传播的目标转变为具体媒体完成的目标,比如一定时间内目标市场的传播覆盖率、一定时间内传播内容到达目标消费者的比例、地理覆盖率等。

3. 设计信息

期望受众反应明确以后,信息传播者应进一步制定有效的信息。信息应能引起注意,提起兴趣,唤起欲望,导致行动。

4. 选择传播渠道

信息传播者必须选择有效的信息传播渠道来传播信息。在不同情况下应当采用不同的渠道;在不同的阶段采用不同的渠道或渠道组合。

5. 编制促销预算

公司面临的最困难的营销决策之一,就是在促销方面应当投入多少经费。促销预算与销售额之间保持怎样的比例才能达到利润最大。

6. 决定促销组合

每种促销工具都有各自独有的特性和成本。营销人员在选择它们时一定要了解其特性,并且根据行业特点、预算经费以及传播目标进行组合。

7. 衡量传播效果

品牌传播计划执行后,信息传播者必须衡量它对目标受众的影响。可以采用定量的方法,也可以采用定性的方法进行衡量。

8. 管理和协调品牌传播过程

品牌机构根据所制定的品牌战略与品牌定位,对品牌传播的每一个环节进行优化,跟进每一种传播方式,以确保品牌利益相关者得到一个一致的、完整的品牌形象。

(三) 品牌传播渠道

1. 广告传播

广告作为一种主要的品牌传播手段,是指品牌所有者以付费方式,委托广告经营部门通过传播媒介,以策划为主体,创意为中心,对目标受众所进行的以品牌名称、品牌标志、品牌定位、品牌个性等为主要内容的宣传活动。

对品牌而言,广告是最重要的传播方式,有人认为:品牌 = 产品 + 广告,由此可见广告对于品牌传播的重要性。根据资料显示,在美国排名前 20 位的品牌,每个品牌平均每年广告费用为 3 亿美元。人们了解一个品牌,绝大多数信息是通过广告获得的,广告也是提高品牌知名度、信任度、忠诚度,塑造品牌形象和个性的强有力的工具。

2. 销售促进传播

销售促进传播是指通过鼓励对产品和服务进行尝试或促进销售等活动而进行品牌传播的一种方式,其主要工具有赠券、赠品、抽奖等。

尽管销售促进传播有着很长的历史,但是长期以来,它并没有为人们所重视,直到近 20 年,许多品牌才开始采用这种手段进行品牌传播。销售促进传播主要用来吸引品牌转换者。它在短期内能产生较好的销售反应,但很少有长久的效益和好处。对于小品牌来说,销售促进传播会带来很大好处,因为它负担不起与市场领导者相匹配的大笔广告费，通过销售方面的刺激，可以吸引消费者使用该品牌。

3. 公共关系传播

公共关系是企业形象、品牌、文化、技术等传播的一种有效解决方案，包含投资者关系、员工传播、事件管理以及其他非付费传播等内容。作为品牌传播的一种手段，公关能利用第三方的认证，为品牌提供有利信息，从而教育和引导消费者。

公共关系可为企业品牌解决以下问题：一是塑造品牌知名度，巧妙创新运用新闻点，塑造品牌的形象和知名度；二是树立美誉度和信任感，帮助企业品牌在公众心目中取得心理上的认同；三是提升品牌力，促进品牌资产与社会责任增值；四是通过危机公关或标准营销，化解组织和营销压力。

二、企业品牌的保护

所谓品牌保护，就是对品牌的所有人、合法使用人的品牌实行资格保护措施，以防范来自各方面的侵害和侵权行为，包括品牌的经营保护和法律保护。

（一）品牌保护的重要性

1. 品牌保护有利于巩固品牌的市场地位

企业品牌在竞争市场中的品牌知名度、品牌美誉度下降以及销售、市场占有率降低等品牌失落现象被称为品牌老化。对于任何品牌都存在品牌老化的可能，尤其是在当今市场竞争如此激烈的情况下。因此，不断对品牌进行维护，是避免品牌老化的重要手段。

2. 品牌保护有利于防止抢注

面对激烈的市场竞争，企业要想不断发展，必须靠企业竞争力和产品竞争力，归根结底靠的是品牌竞争力。但我们企业在品牌保护方面意识淡薄，品牌和商标被抢注现象屡见不鲜。比如日本企业抢注了我国的“同仁堂”、“狗不理”等。

3. 品牌保护有利于预防和化解危机

市场风云变幻，消费者的维权意识也在不断增高，品牌面临来自各方面的威胁。一旦企业没有预测到危机的来临，或者没有应对危机的策略，品牌就面临极大的危险。品牌保护可以有效地防范品牌危机，同时加强品牌的核心价值，进行理性的品牌延伸和品牌扩张，有利于降低危机发生后的波及风险。

4. 品牌保护有利于抵御假冒

假冒商品目前已在世界某些地方形成了生产、运输、走私、批发、销售的严密网络，是仅次于贩毒的世界第二大“公害”。假冒商品日益泛滥，也成为我国经济生活中的一大恶症。假冒商品品种多、数量大，从生活日用品到生产资料，从一般商品到高档耐用消费品，从普通商品到高科技产品，从内销商品到外贸出口商品，假冒伪劣几乎无处不在，无所不有。加强品牌保护，对于假冒品牌也会起到一定的抵御作用。

（二）品牌的经营保护

所谓品牌的经营保护，是指企业经营者在具体的营销活动中所采取的一系列维护品牌形象、保持品牌市场地位的活动。

1. 以市场为中心，全面满足消费者需求

消费者是企业品牌经营者的上帝，以市场为中心，也就是以组合消费者需求为中心。品牌的经营保护是与消费者的兴趣、偏好密切相关的，消费者的偏好是不断变化的，这就要求品牌内容也要随之做出相应的调整，进行品牌再定位。

2. 苦练内功，维持高质量的品牌形象

质量是品牌的灵魂，高质量的品牌往往拥有较高的市场份额。反之，一个品牌的知名度很高，但它的产品质量出了问题，则会大大降低品牌形象，使品牌受损。

3. 严格管理，锻造强势品牌

企业品牌的经营保护最强势要素就是企业对企业品牌进行全方位的严格管理，以便保持和提升品牌竞争力，使品牌更具活力和生命力，锻造出市场上的强势品牌。

4. 不断创新，锻造企业活力

创新是企业品牌的灵魂，是企业活力之源，只有不断创新，才能让企业品牌具有无穷的生命力和永不枯竭的内在动力，发展和壮大企业品牌，它是企业经营保护当中最为有效的策略。

5. 运用品牌延伸策略，主动进攻，捍卫品牌阵地

品牌不仅涵盖了产品概念，它更是一种人格化的东西，是消费者心中认可的一种印象，品牌要寻求更大发展，往往是通过品牌延伸和品牌扩张来进行的。这是因为实施品牌延伸和开发多元化经营有很多优点，如能够节省宣传推广费用、吸引原有品牌忠诚者、使新产品迅速进入市场等。

（三）品牌的法律保护

“品牌”即由商品的内在特质和外部标识两个部分共同组合而成，法律对“品牌”的保护也包括上述两个方面，一个方面是对形成商品特质的精神成果的保护，另一个方面是对指示这一特质的外在标识的保护。

首先是对形成商品特质的精神成果的保护。形成商品特质的因素在不同商品中有所不同，在有些商品中主要是商品的配方或技术，在另一些商品中主要是商品的加工过程或生产工艺。在不同的商品中，形成商品特质的不同因素即成为法律保护的对象。如商品特质是由其技术形成的，则可对此申请发明专利，形成专利法

上的专利权;如商品特质是由独有配方或生产工艺形成的,则此配方或工艺都可构成“商业秘密”,由合同法和反不正当竞争法加以保护。法律对形成商品特质的精神成果的保护在于,使精神成果的使用不脱离其创造者。

其次是对指示商品特质的外在标识的保护。商品的外在标识一般包括商品的专有标识、商品的特有名称、商品的特有包装装潢等。对于商品的专有标识可以注册商标,形成商标法的商标权;对于商品的特有包装装潢则可申请外观设计专利,形成外观设计专利权。在当事人对商品外在标识既未注册商标又未申请外观设计专利的场合,有反不正当竞争法对此做出的兜底性的特别保护:某种商品一旦成为知名商品,其特有的名称、包装、装潢即不受他人仿冒。法律对外在标识的保护在于,使该外在标识指示特定商品的功能不被盗用。

三、企业品牌的危机管理

(一) 品牌危机管理及其价值

危机管理在我国起步较晚,20 世纪 90 年代才开始传入我国。对企业进行危机管理已经是相当一部分企业的共识。海尔、华为等一些企业就很重视危机管理。品牌作为企业的一项无形资产,如何不让危机波及企业的品牌? 这就涉及危机中的品牌管理。品牌危机管理,即企业在发生危机时对企业的品牌进行管理,让品牌资产保值增值。

品牌危机管理的价值在于:品牌是企业的一项重要资产,品牌资产来自品牌联想。品牌危机由品牌事件演化而成,是品牌联想朝着不利于品牌的方向变化的状态。品牌事件演化为品牌危机,是由于企业与公众的认知不一致,从而导致企业行为与公众期望的冲突。如果品牌事件得到很好的处理,品牌事件就不会演化为品牌危机。

(二) 品牌危机发生的原因

企业的品牌危机,与企业的生存和发展如影随形。国内市场品牌危机事件频发,事出有因,从某种意义上讲,也反映了国内企业经济活力在增强,品牌越来越多、大众传媒业的发达、国家法律法规的日趋完善等,都是企业品牌危机频发的重要因素。尽管品牌危机此起彼伏、屡见不鲜,但归根到底,企业竞争力不强、品牌危机管理中存在疏漏,才是其真正的动因。尤其是随着国内市场进一步对外开放,品牌竞争日趋激烈,品牌危机事件也层出不穷。

一般说来,企业由于质量漏洞、安全隐患、财务困境、竞争对手恶性竞争等造成危机,如食品生产类由于不符合行业或者国家标准而造成品牌危机,建筑类由于安全问题、质量问题、非正常招投标以及工程腐败等造成品牌危机。

（三）品牌危机管理的关键环节

由于品牌危机具有意外性、紧急性和危险性，品牌危机管理具有不确定性、应急性和预防性，所以企业应对品牌危机管理主要应从危机预警和危机处理两个方面入手。

建立品牌危机预警系统，做到未雨绸缪。建立品牌危机预警系统，就应当以品牌危机可能发生的情况，请有关专家、媒体共同来研究探讨预防及应对计划，建立质量、安全报警机制，从而避免发生危机事件影响品牌形象；其次要做好企业内部媒体公关培训工作，预先对企业领导者及公关人员进行品牌危机培训，在企业发生危机时，企业能否冷静自如、坦诚大度地面对媒体、巧妙地回答媒体的问题，是化解危机公关的关键；企业平常应建立并维护良好的媒体合作平台，定期与媒体进行沟通，获得媒体的信任与支持，注重平时加强与相关方面的联系和沟通。建立新闻发言人制度，与政府、媒体和社会公众保持良好的沟通，一旦出现危机迹象，能够在第一时间内获取相关信息，及时果断地采取措施；即使已经处于危机之中，也可以通过提高沟通效率，缩短危机时间，减少损失。最后加强企业内部传播流程管理，建立、演练快速反应机制，做到一旦出现危机，全力以赴，迅速化解，适当时候进行危机预演，让品牌危机管理的危机处理人员和职工熟悉发生危机时必须要做的事情，增加品牌危机预警系统的可操作性。

由于公众在品牌危机中一般具有同情弱者、有罪推定、情绪化等特征，所以当品牌危机来临时，成立危机处理小组，危机发生时，企业要以最快的速度成立危机公关办公室或工作小组，调配训练有素的、经过系统培训的专业人员，以最快的速度制定危机公关处理方案，隔离危机；其次高度重视危机公关的处理，企业出现品牌危机后，解决危机最关键的部分是如何面对媒体，如果公司管理人员不能对外提供充足的好信息，媒体就会通过其他渠道寻求消息，追求危机的新闻制造点和制造者，所以，及时、正确地与媒体进行沟通，是品牌危机管理的关键所在，以得到媒体的支持，控制危机事件对品牌带来的损失，维护企业品牌形象；再次增强企业内部团结，统一思想和口径特别是让员工及时了解真相，避免不必要的猜疑，以达成内外部和谐统一；最后建立统一品牌危机事件处理的发布渠道，企业发生品牌危机公关时，要坚持信誉原则、防范原则、快速原则、沟通原则、诚恳原则和道义原则，企业要以坦诚的解决问题的态度直面媒体和公众，并与之保持良性的互动。同时，企业应该使自己成为对危机事件处理的唯一的渠道，保证信息传递的正确、及时。

（四）常见的品牌危机处理技巧

（1）由安全、质量事故引起的品牌危机。安全、质量事故引起的品牌危机管理处理，必须快速反应，控制事态恶化，高层领导要高度重视，组建处理质量事故的专门领导班子,在统一沟通、保持信息一致的基础上,安抚受害者,与相关者进行约见,描述事实,保持内部信息畅通,减少不必要的推测,主动承担责任,必要时处理责任人以保证员工和公众对公司品牌管理的认可,保持品牌安全性,大事化小,以免影响企业品牌形象。

(2) 由媒体负面报道引起的品牌危机。对于媒体负面报道所引起的品牌危机管理处理时,企业要及时沟通,防止扩散,必须尊重媒体,避免与媒体发生冲突,通过各种合法手段影响媒体,转化媒体的态度,对于负面报道引起的品牌危机进行公关基本程序是:首先防止负面扩散;其次提供正确信息;再次发表权威声音;最后要通过媒体关注,适时地改善、提升企业品牌形象,化危机为商机。

(3) 由竞争对手恶性竞争和侵权引起的品牌危机。对于竞争对手恶性竞争或者侵犯企业权益而引起的品牌危机,企业可以通过打官司等法律手段来保护企业品牌,必要时通过与媒体沟通,获得媒体帮助,得到公众支持,从而达到解决品牌危机的目的。

第十三章　加强企业科技创新能力

《国家中长期科学和技术发展规划纲要(2006—2020年)》确立了“自主创新、重点跨越、支撑发展、引领未来”的指导方针,提出了建设创新型国家的总体目标。党的十七大报告把“提高自主创新能力,建设创新型国家”作为贯彻落实科学发展观和全面建设小康社会的一项重大任务。党的十八大报告强调指出:“科技创新是提高社会生产力和综合国力的战略支撑,必须摆在国家发展全局的核心位置。”强调要坚持走中国特色自主创新道路,实施创新驱动发展战略。这是我们党放眼世界、立足全局、面向未来做出的重大决策。

第一节　创新与企业自主创新

“创新”是新思维、新发明和新描述的过程。创新是由英文 Innovation 一词翻译过来的新词语,在较早出版的《辞海》中未见收入,其英文的字面意义就是从外界引入或在内部产生新事物。

一、创新与企业自主创新

(一) 创新与科技创新

1. 创新的内涵

创新的基本内涵是指从外界引入或者在内部产生某种新事物而造成有益的变化。创新理论最早是由奥地利经济学家熊彼特(J. A. Schum-peter)于20世纪初在《经济发展理论》一书中提出来的。他认为,“创新是指企业家对生产要素新的组合”,包括开发一种新的产品,采用一种新的方法,开辟一个新的市场,获得或控制原料或半成品的一种新的供给来源,以及实行一种新的组织形式。提出“创新”一词用来解释经济周期和经济增长问题。他把创新界定为“建立一种新的生产函数或供应函数”;20世纪中叶,罗斯托将技术创新提高到创新的主导地位;20世纪末,有关技术创新的研究进一步深化,缪尔赛等的研究对技术创新做了系统的整理和论述;经过近百年来的发展,人们对创新的理解也越来越深化。创新可以说是人们为了适应客观环境的变化而采取的一些新的举措。因为客观环境在不断地变化,人们要适应这个变化,就不能墨守成规,必须要不断地采取新的举措,这就是创新。

创新大体上可以分为技术创新、管理创新和制度创新三大类。技术创新是指将一种新产品、新工艺或新服务引入市场,实现其商业价值的过程;管理创新是指将一种新思想、新方法、新手段或新的组织形式引入企业或国家的管理中,并取得相应效果的过程;而制度创新则是指将一种新关系、新体制或新机制引入人类的社会及经济活动中,并推动社会及经济发展的过程。

2. 科技创新的内涵

"科技创新",大部分学者将其定义为通过拥有自主知识产权的独特核心技术以及在此基础上实现新产品的价值过程。科技创新与发明不同,科技创新并不一定都源于发明,只有原始创新才可以说主要源于发明。此外,科技创新和发明的不同,还在于创新在实践中能够造成变化;而提出一个新的发明,并不一定真正能够付诸实践。实质上,科技创新可以分为自然科学的新发现和工艺技术的发明创造两个部分。对于自然科学知识的新发现,其创新主体,主要还是大学和专业科研机构,而对于技术工艺的创新主体主要是企业,企业作为主要的市场主体,其科技创新能力直接决定了一个国家的科技水平和自主创新能力。

(二) 企业自主创新

1. 企业自主创新的内涵

企业是科技创新的主体,一国的科技水平高低和自主创新能力强弱,在很大程度上取决于企业自主创新的动力和增加科技投入的积极性,而企业的自主创新动力和增加科技投入的积极性又取决于其能否获得有效的法律保护和可观的经济利益。

与创新、科技创新相比,企业自主创新则是我国学界提出的全新概念,最早由清华大学的傅家骥教授提出,他认为自主创新是指企业通过自身的努力和探索产生技术突破,攻破技术难关,并在此基础上依靠自身的努力驱动创新的后续环节,完成技术的商品化,获取商业利润、达到预期目标的创新活动。也有学者认为,自主创新是指中国的公民(自然人)、法人或非法人单位经过其主导的创新活动而形成的、依法拥有的、能够自我控制的创新成果的创新活动。综合上述观点,企业自主创新是特指我国企业通过自主研发获得自主知识产权的创新活动。它包括原始创新、集成创新和引进、消化、吸收再创新三个层面。

2. 企业自主创新的特征

企业自主创新主要有以下三方面的特征:一是创新主体的特殊性。自主创新的主体必须是企业自身或者主要依靠企业自己的力量独立开展研发活动,实现创新目标。但这并不是搞自我封闭,摒弃外部先进技术和资源,而是鼓励学习、借鉴、吸收古今中外各种优秀文明成果独立开展创新活动。二是创新内容的变革性、创造性。创新本身就意味着对已有事物的改革、突破和扬弃,是一种变革。在企业自主创新活动的每一个环节都需要人的知识、智慧、能力的投入,整个自主创新活动过程就是一个创造新生事物的过程。三是创新目标的价值性。企业自主创新的目标必须是通过产品、服务和技术的创新,促进经济社会的发展,造福于社会,即自主创新的目标具有价值性,对经济社会的发展具有效益。

二、我国保护和促进企业自主创新现状

我国政府在保护和促进企业自主创新过程中的作用主要是从体制、机制上为企业自主创新营造有力的法制环境,提供支持企业自主创新的人才、财税、金融、土地、政府采购、知识产权保护等法律政策措施;制定鼓励企业自主创新的激励机制;加大对基础科研、教育的投入,建立自主创新综合服务体系。

(一)我国促进企业自主创新制度建设现状

1. 我国国家层面制度建设情况

改革开放以来,我国中央政府先后颁布了内容涉及科技创新成果奖励、知识产权保护、科技成果转化等与鼓励自主创新有关的若干法律法规,建立了促进自主创新的相关法律体系。一是建立了科技创新奖励制度。从《宪法》规定"国家发展科学和社会事业,普及科学与技术知识,奖励科学研究成果和技术发明创造",到颁布《中华人民共和国发明奖励条例》《中华人民共和国自然科学奖励条例》《中华人民共和国科学技术进步奖励条例》,再到制定《中华人民共和国科学技术进步法》《中华人民共和国农业技术推广法》《中华人民共和国科技成果转化法》等,形成了鼓励开展科学研究、奖励发明创造、推动科技创新的一系列制度措施。二是建立了知识产权保护制度。我国注重对知识产权的保护,自 20 世纪 80 年代相继出台了《中华人民共和国商标法》《中华人民共和国专利法》《中华人民共和国著作权法》等一系列相配套的知识产权法律制度,激励企业和个人自主创新的积极性。三是确立科教兴国战略,重视创新人才的培养。1995 年党中央、国务院发布《中共中央、国务院关于加强科技进步的决定》,明确提出科教兴国战略,强调大力提高国家自主科技创新能力。制定《中华人民共和国义务教育法》《中华人民共和国教育法》《中华人民共和国职业教育法》《中华人民共和国高等教育法》等,大力发展教育,培养科技人才,为国家科学技术发展提供充分的人才支撑和智力保证。四是制定中长期科技发展规划,确立国家未来 15 年科技发展方向和总体目标。2006 年国务院发

布《国家中长期科学和技术发展规划纲要(2006—2020 年)》,明确提出我国 2020 年科学技术发展的总体目标,即自主创新能力显著增强,科技促进经济社会发展和保障国家安全的能力显著增强,为全面建设小康社会提供强有力的支撑;基础科学和前沿技术研究综合实力显著增强,取得一批在世界具有重大影响的科学技术成果,进入创新型国家行列,为在本世纪中叶成为世界科技强国奠定基础。2008 年 7 月 1 日施行的《中华人民共和国科技进步法》把建立企业为主体、市场为导向、产学研相结合的技术创新体系,用法律形式固定了下来。

2. 我国地方政府制度建设情况

我国部分地方政府为增强自主创新能力,抢占发展制高点,根据本地实际积极进行立法探索。如 2012 年 3 月广东省在全国率先颁布实施《广东省自主创新促进条例》地方性法规,从研究开发与创造成果、成果转化与产业化、创新型人才建设及服务、激励与保障等方面对自主创新活动进行制度性设计,为激发全社会自主创新活力提供有力制度保障。江苏省制定出台《江苏省发展高新技术条例》《江苏省高新技术产业"双倍增"计划实施意见》等政策法律文件,积极营造创新环境,推动科技创新。安徽省省委、省政府提出"科教兴皖"、"人才强省"、"创新推动"等发展战略,启动合芜蚌自主创新综合配套改革试验区建设,并配套出台《关于推进合芜蚌自主创新综合配套改革试验区工作的若干政策措施》,为企业自主创新提供强力支持。制定实施《安徽省促进皖江城市带承接产业转移示范区发展条例》,设计规定一系列土地、金融、出口、税费等方面扶植和优惠制度,鼓励在示范区建设中创新体制、先行先试。

(二) 我国企业自主创新现状

党的十七大提出"提高自主创新能力,建设创新型国家"。2006 年《国家中长期科学和技术发展规划纲要(2006—2020)》确定了建设创新型国家的指导方针,按照《规划》要求,我国到 2020 年建设创新型国家的标准为:全国研究开发投入占 GDP 的比重要由 2007 的 1.4% 左右提高到 2.5% 以上,科技进步贡献率要从 2006 年的不足 25% 提高到 60% 以上,对外技术依存度要由 2003 年的约 50% 降低到 30% 以下,本国人发明专利年度授权量和国际科学论文被引用数均进入世界前五位,现在看来实现《规划》的要求任重而道远。从量化的角度来看,对于一个国家自主创新能力的评价标准较为权威的是欧盟的"全球创新记分牌"(简称 GIS)。根据 GSI 的计算结果,可将主要国家和地区分为四类:第一类是创新领先型国家;第二类是创新先进型国家;第三类是创新追赶型国家;第四类是创新落后型国家。该报告显示我国属于第四类国家,这表明,我国离创新型国家还有相当大的差距。

1. 国家对科技创新的支持力度

2010年中国的R&D经费支出6 980亿元，占当年GDP的1.75%，是1991年的49.3倍，年均增长22.8%，按当年汇率折算，支出经费总量排在美国、日本之后，位居世界第三。尽管如此，我国R&D经费支出占GDP的比重与世界平均水平相比还是过低（发达国家R&D经费支出占GDP的比重为2.3%，世界平均水平为2.1%），且基础研究与应用研究经费占R&D经费支出的比重低，科技投入结构不合理，与我国经济社会发展需要、日益激烈的国际竞争形势和建设创新型国家的要求不相适应。

2. 科技人员数量

据国家科学技术部统计，2008年我国国有企事业单位科技领域专业技术人员数量达到2 309.9万人，是1978年的4.25倍，30年来年均增长4.9%。但每万名劳动力中R&D人员仅为24.8人，是美国的1/5、日本的1/6、韩国的1/4，远远低于发达国家和某些新兴发展中国家。

3. 专利申请总量

2010年我国年专利申请量达到122.2万件，是1998年的10倍。2010年我国国际专利申请量接近1.3万件，位居世界第四。但专利商品化程度低，专利转化为现实生产力的比例小，且发明专利所占比例不到三分之一。

4. 我国企业自主创新能力

近年来我国在航空、航天、海底探测、生物工程、巨型计算机、汽车制造等行业出现了一批拥有自主知识产权的产品和技术。但与世界发达国家相比，我国企业的整体技术水平仍比较落后，相当一些领域关键技术仍依赖进口，高技术高附加值产品比重小。

第二节 我国企业科技创新制度层面上的不足

近年来，我国在建设创新型国家方面进步明显，但是不论是与发达国家的横向比较，还是对照《国家中长期科学和技术发展规划纲要（2006—2020年）》的要求，仍然有很大差距。

一、我国企业科技创新制度层面上的不足

技术创新关键在于企业，作为主要的市场主体，企业创新动力和创新能力不足直接决定了我国科技水平和自主创新能力较弱，究其原因，表现在制度上有以下几个方面。

(一) 未确立科技创新的主体地位,企业创新动力不足

根据“中国企业500强科技自主创新问卷调查分析报告”,制约我国企业科技创新能力的首要因素就是我国企业在国家创新体系中的主体地位没有明确。现阶段,国家科技创新的主体仍然偏重高等院校和科研院所,就我国企业而言,对于大型国有企业,虽然其经营规模和科技创新的能力较强,但是由于我国国企的经营管理者大都是任期制,其利益与企业的短期效益挂钩,与企业长期利益关系不大,而科技创新的投资风险大,见效慢,企业创新能力如何也并不是考察企业家能力的标准,因而,我国大型国企技术创新动力不强。而对我国中小企业,在国家和地方政府的科技创新规划中其科技创新主体地位没有确立,直接导致中小企业科技创新风险高、融资难等问题广泛存在,限制了中小企业科技创新的动力和能力,而在发达国家, 20世纪主要的科技成果都是由企业特别是中小企业研发、生产的;20世纪90年代美国中小企业所创造的创新成果和新技术在数量上占全国的55%以上,德国1996年出口的高技术产品以品种计算,75%是中小企业研发生产的。而我国企业尤其是中小企业科技创新产品成果不论是数量上还是质量上还有很大差距。

(二) 我国知识产权制度不完善,企业科技创新成果得不到有效保障

近年来,我国许多行业因为知识产权而丧失国际竞争力的案例屡见不鲜,譬如我国DVD生产企业的市场占有率一度位居世界前列,面对中国产品的竞争,一些国外技术开发商利用我国企业未获知识产权认证,向中国DVD生产企业索要巨额专利费,以此限制中国DVD进入国际市场,2002年东芝、日立等六家技术开发商要求国内DVD企业缴纳单价20%的专利费,严重打击了中国企业,致使该行业一蹶不振。类似的案例还有很多,据统计,近年来,我国生产销售的电脑、平板电视、汽车等,相当多的知识产权掌握在国外同行的手中,每年被迫损失巨额利润,还有一部分实实在在的“中国创造”,但是由于没有及时申请知识产权保护,而将研发果实拱手送与他人。

知识产权问题,在制度上表现为:首先,我国关于知识产权的立法仍不完善,在专利法方面,我国专利审批期限长、费用高,没有对专利实质审查的期限做出明确限定;在商标法,我国未对与驰名商标保护密切相关的联合商标制度和防御商标制度加以明确,造成我国知名品牌、企业的利益受到侵害,对商标权在先权利保护制度、恶意抢注等方面问题也未加以明确,导致商标权保护的缺失。其次,在知识产权保护的司法救济方面,侵权人的侵权赔偿数额的最佳计算方法是设定法定赔偿额,但我国目前的法律无此规定。最后,在保护知识产权执法方面,虽然我国政府在知识产权法律法规的执行方面不断加大力度,但由于各部门间缺乏行之有效的协作机制、部分地区存在保护主义倾向以及执法水平和力量等原因,我国知识产权

法律法规的执行力度受到广泛质疑。

在企业层面上,国内部分企业特别是民营中小企业知识产权观念淡薄,对知识产权的重视不够;有的企业虽然重视知识产权,但是企业内部知识产权管理制度尚未建立,缺乏专业的知识产权人才及服务等。这些问题存在的客观结果是导致中国企业科技创新动力不足,部分企业科技创新成果没有得到有效的保障而为他人做嫁衣裳。

(三)企业科技创新的资金不足

科技创新和研发,投资高、风险大、见效慢,一项科技创新成果真正变成产品或服务的过程,离开巨额资金的支持是不可想象的,因而企业科技创新的资金投入,是确保企业科技创新能力的基础。据统计,只有技术研发投入占销售额比例超过5%的企业才有核心竞争力,而我国企业的技术研发投入比远远低于此标准。究其根源在于我国企业尤其是中小企业财力不足,2009年1—3月,全国信贷规模总量增加了4.8万亿元,中小企业贷款增加额度只占不到5%。2011年,由于国内外经济形势动荡,央行紧缩银根,中小企业普遍濒临资金短缺的境地,更别谈资金用于高风险的科技创新了;企业无力投入科技创新,又无法通过信贷取得资金,必须要依靠其他融资渠道来解决。然而,一方面,政府财政的支持力度不够,2007年我国财政科技投入占GDP的比重约为1.4%,远低于发达国家的约2.3%。与此同时,R&D经费投入结构还不甚合理,基础研究、应用研究比重过低。另一方面,对企业尤其是中小企业科技创新提供资金支持的其他制度也是缺陷重重。《中小企业促进法》提出的中小企业发展基金仍然被设置了各种阻碍,使许多企业难以通过基金获得融资。从2008年的统计数据来看,2007年科技型中小企业技术创新基金共受理项目6647项,立项仅为2470项,平均支持强度也仅为59.19万元。比之全国数以千万计的中小企业数量,中小企业创新基金的覆盖率明显太低,且支撑强度有限。风险投资基金方面,作为知识资本和金融资本的结合,是一种新的投资机制。这种投资机制可以有效弥补创新失败的高风险,并且能给投资者带来较好的效益;但是我国风险投资在基金管理、资金来源、退出制度上都不够健全,除了在少数沿海发达地区,在全国其他地方实施的并不理想。

(四)财政税收制度无法有效推动企业科技创新

首先,促进科技创新的税收法律体系尚不完善。我国财税法涉及企业科技创新的税法渊源除《科学技术进步法》《企业所得税法》《企业所得税法实施条例》外,主要是包括财政部和国家税务总局发布的《关于贯彻落实〈中共中央国务院关于加强技术创新、发展高科技、实现产业化的决定〉有关税收问题的通知》等在内的大量部门规章。而《企业所得税法》涉及企业科技创新的内容语焉不详,部门规章法规效力层次低，政策性、随意性强，覆盖面窄；同时，这些税收优惠的内容基本是针对科技成果给予税收优惠，而对科技创新资金投入本身优惠力度不够，无法帮助企业特别是中小企业规避科技创新的资金风险。其次是发端于20世纪90年代的分税制税收法律制度剥夺了地方政府的税收立法权，使得我国地方政府不能根据本地企业的特点制定行之有效的税收激励政策来促进企业科技创新；分税制同时将大部分主体税种归为中央税，导致地方财政无力激励企业的科技创新。

（五）政府采购制度无法有效推动企业科技创新

有效的政府采购制度能够帮助企业规避创新产品早期的市场风险，也具有引导消费的作用。政府采购可以为企业自主创新提供一个稳定的市场；另一方面，可以降低企业自主创新的研发风险。但从我国政府采购实践来看，评价标准最主要是价格，至于能否促进我国企业科技创新没有得到充分重视。而对于国内科技创新型企业来说，因为研发投入多，进入市场晚，产品和服务价格往往较高，而质量上比起国外久经市场检验的产品难免有瑕疵，按照现行政府采购的标准，无形中将这些企业排除出政府采购清单，导致政府采购制度对拥有科技创新知识产权的企业缺乏有效支持。

二、国外主要创新型国家政府促进企业自主创新的做法

在世界主要创新型国家中，日本、瑞士、美国、韩国等国家在促进企业自主创新方面比较典型，值得我国学习借鉴。

（一）日本二战以后，通过实施“技术立国”战略，跻身世界经济大国之列

日本政府在推动企业自主创新中的主要做法：一是制定《科学技术基本法》《知识产权基本法》，确立“技术立国”的基本国策，推进技术创新、产权保护、成果转化和人才发展战略；二是确立企业是技术创新的主体，通过财政、税收、金融、人才、信息等政策法律措施推动企业技术创新；三是采取“官、产、学密切联合”方式进行技术研究和开发，所需经费全部由国库支出，成果由企业分享；四是加大对自主创新资金支持力度，R&D经费支出占GDP比重超过3%。

（二）瑞士虽是仅有人口700万的中欧小国，但其创新能力很强，连续多年雄踞世界创新型国家的前列

究其原因，主要在于：一是政府长期重视国家整体创新能力的培养和开发。瑞士政府专门成立科研领导小组、科研促进政策协调委员会和技术政策协调委员会统筹协调领导全国科研工作的开展，落实国家科研促进计划。二是科研创新投入高。瑞士政府每年投入的科研经费达上百亿瑞士法郎，R&D经费支出占GDP的比重

为2.7%,其中政府占33%,企业占67%。按人均计算,瑞士是世界上科研投入力度最高的国家。三是科研经费主要用于新产品、新技术的开发以及基础研究和应用科学研究。

(三) 美国政府高度重视基础研究,走自主创新之路

其主要做法有:一是明确企业是自主创新的主体,联邦政府通过制定专门法律,包括《史蒂文森—怀特勒创新法》《贝赫—多尔法》《小企业创新法》《国家竞争技术转移法》《技术扩散法》《联邦技术转移法》等,建立促进技术创新比较健全的法律体系,为企业自主创新营造良好的法制环境。二是开展产学研合作,在全美200多所大学建立了1000多个大学与企业联合研究中心,促进政府、企业、研究机构之间的创新活动。三是制定有效的激励机制,对研究和实验投资实行税收减免和优惠贷款。四是通过政府采购,鼓励使用新产品、新设备。

美国国家创新体系的关键性力量,在于其创造及使用那些通过改造旧工业或产生完全新式工业来刺激经济增长,使创新技术转化成经济价值,因此对促进创新技术的产业化也有针对性的政策。例如,企业与联邦实验室合作研发时,在一定条件下由美国政府对发明技术的实验室科学家给予合理补偿,使合作企业更易获得该发明的排他性许可,从而促进研发成果的产业化;对科研机构及其雇员进行技术产业化认知培训,促使研发活动向市场化靠拢,提高创新技术的商业价值;鼓励利用专利技术创设新公司。

(四) 韩国政府主要从法律政策、资金投入、人才培养方面采取一系列有效措施促进企业自主创新

一是制定《科学技术促进法》《科学教育法》《技术开发促进法》《科技框架法》《科学技术基本计划》等法律政策,为促进科技发展提供法制保障。二是研发投入高,R&D经费支出占GDP的比重为2.82%,高于美、英、法等发达国家,并且高度重视基础理论研究,在研发投入中的比重高达14.5%。三是珍惜科技人才。实行优秀科学家国家管理制度,提供足够的研发经费,给科学家以"国家要员级"的人身保护。

综上所述,四国政府在推进企业自主创新方面的经验共同点在于:(1) 政府高度重视科技研发,R&D经费支出占GDP的比重普遍较高;(2) 企业是自主创新的重要主体,政府主要通过制定政策和法律去指导、规范、协调、鼓励、支持和推动企业开展自主创新活动;(3) 实行产学研相结合开展科技研发,并提供相应的政策、资金、人才支持;(4) 大力发展教育,重视人才的培养和对知识产权的保护。

第三节　完善提高企业科技创新能力

其他创新型国家可操作性强、体系完备的技术创新法律为我国发展和完善既符合中国国情又与国际接轨的技术创新法提供了有益的参考,应当在借鉴国外经验的基础上,对我国企业自主创新存在的问题有针对性地完善相关制度体系并提高企业自身的创新能力。

一、完善提高企业科技创新能力的制度体系

(一) 明确企业科技创新的主体地位

首先,需要立法明确企业特别是中小企业科技创新的主体地位,在制度上提高企业科技创新的积极性;并应配套切实有效的操作细则,使社会资源更多地向创新企业倾斜,立法上可以参照韩国的《中小企业技术创新促进法》、美国的《中小企业技术创新发展法》等。其次,要构建适合各类企业发展需要的政策体系,将政府定位为企业发展的服务员和科技创新的推动者,对大型国有企业,监管层应当考虑将高科技型企业、企业科技创新水平作为考核国有企业经营管理者的标准之一;对于中小民营企业,应当通过担保、贴息等方式引导商业银行支持企业尤其是中小企业科技创新;在资本市场上,要完善创业板市场,为科技创新型企业特别是有重要发明专利的企业上市提供便利条件,使之成为支持优秀中小企业科技创新的重要融资平台;要引导高科技企业增强科技研发力量,提高企业科技研发和科研成果转让能力,引导高校、科研院所和企业合作,引导同行业企业合作创新。

(二) 完善我国知识产权保护制度,为企业科技创新成果提供法律保障

1. 要完善立法,建立完善的知识产权法律体系

立法上,应该改变我国专利审批期限长、费用高的局面,对专利实质审查的期限做出限定性规定。对联合商标制度和防御商标制度加以明确;对商标权在先权利保护制度、恶意抢注等方面问题也应加以明确。司法救济上,应明确侵权人的侵权获利及权利人因该侵权行为所受到的损失的赔偿额;明确侵权物品销毁的规定;为防止反复侵害,应允许向侵权人发布其不得再侵犯权利人现有权利或未来权利的禁令。最后,在保护知识产权执法方面要建立政府各部门间行之有效的协作机制,加大我国政府在知识产权法律法规执行方面的力度,建立行政、司法机关保护知识产权的制度衔接,确保有效执法。

2. 完善企业的知识产权管理制度

要通过培训、宣传,使企业不仅不去侵犯他人知识产权,而且要把专利技术、驰

名商标等作为增强企业竞争力,发展自己的重要武器。要完善我国的知识产权的内部管理制度,如知识产权保密制度、成果归档制度。要加强对科技人员流动中知识产权的保护,并采取合法的保护措施,使科技人员在流动中不能将原企业拥有的特定的技术秘密私自提供给其他单位和个人,侵害原单位的技术权益。

(三) 增加财政投入,推进风险投资,解决企业科技创新融资难问题

1. 建立促进企业科技创新财政科技投入法律制度

第一,建立财政投入科技创新的稳定增长机制。严格落实《科技进步法》,年初预算编制和预算执行中的超收分配,都要体现法定增长的要求,确保国家财政用于科技经费的增长幅度高于国家财政经常性收入的增长速度。第二,优化对企业科技创新财政投入的结构比例,一是明确财政拨款的对象,明确财政资金主要支持对象应是具有较大外部效应的基础科学、发明和基本创新活动。对于非基础性科学研究,则应权衡其市场失灵的大小,决定由市场提供或者由二者共同提供。二是加大对基础研究、应用研究的投入。基础研究不以任何专门或特定的应用或使用为目的,带有公共产品的特征,企业一般不愿投入,政府应当更多地承担责任。

2. 健全我国风险投资制度,保障企业科技创新融资需求

首先要拓宽资金的进入渠道,现阶段,我国法律对国内民间资金进入风险投资领域缺乏有效的激励机制,对养老金等进入风险投资的门槛仍然较高,其实,适当拓宽养老金等进入风险投资领域,不仅有助于企业科技创新,也有助于盘活存量资金,为养老金等找到投资出口。其次,要完善风险投资的退出机制,风险投资不是为了享受股息,而是为了直接的投资收益,因而,风险退出机制是风险投资存在和发展的关键,《公司法》等对投资基金的退出机制已经留有余地,实际上,在我国一些地方政府的关于风险投资的规定中已经有所体现,需要进一步扩大适用范围。

(四) 建立可以有效促进我国企业科技创新的财税法律制度

1. 完善分税制财政管理体制

一是赋予地方以适当的税收立法权,使得地方可以立法扶持有利于地方经济发展的重点技术开发项目;二是重新划分税种,扩大地方财力,使地方有足够的财力支持自主创新活动。

2. 通过关税调整刺激自主创新企业发展

一是通过关税限制初级产品和"三高"产品出口,同时鼓励高技术产品出口,促使企业提升产业结构,提高出口产品的技术含量。二是对于引进的技术、设备经过研究开发后又重新出口的,给予一定的税收优惠。三是对于科技创新能力比较强且出口货物数额比较大的企业,定期给予一定比例的出口关税返还,并要求企业将返还的关税用于科研开发。

3. 改革增值税制

明确高科技企业和自主创新类企业的范围,整体降低高科技企业增值税的税率,同时针对不同行业、不同领域的高科技企业,制定区别对待的地方税收政策,特别要针对基础研究项目制定优惠的税收政策。对于企业引进知识产权和高技术设备并消化吸收的,可以按一定比例准予扣除进项税额;对企业的研究开发费用、技术受让费用等实际支出,准予其从收入中予以扣除,不计增值税。

4. 完善企业所得税法

我国《企业所得税法》规定,“国家需要重点扶持的高新技术企业,减按15%税率征收企业所得税”。但这些优惠多半针对创新结果,而且“高新技术企业”面太小,不利于中小企业自主创新,同时对于研发投入优惠不够。所以,应该对我国拥有自主知识产权的高技术产品,调整税前扣除项目的范围及标准;允许将税收优惠政策有条件扩大到非“高新技术企业”;增加对研发阶段的税收优惠;对国家重点扶持的高新技术企业则需进一步扩大税收优惠措施。

5. 完善个人所得税法

一是适时提高个人所得税的起征点,综合考虑纳税人的家庭收入、地区状况等确定一个合理的额度。二是对高科技企业人员通过技术创新而获得的收益,给予税收优惠。为此,应适当降低科技人员的工资薪金所得税;降低个人转让专利或者非专利技术所得的所得税税率;对特许权的转让收入免征个人所得税;对个人获得的科研奖励收入免征个人所得税;对个人进行科技创新的投资收入建议借鉴美国《国内税务法则》的相关规定,对股权激励所涉及的个人所得采取减免税的政策。

(五)完善政府采购制度

(1)应当完善现行的《政府采购法》,制定相应的实施细则,调整政府采购法的目标,明确规定促进我国企业自主创新为实行政府采购制度的目标之一。要进一步细化促进自主创新的目标规定,建立一套完善的地方性政策法规以保证这一目标的落实。在采购过程中选择最优产品的同时考虑给予国内企业的自主创新产品优先待遇,对国内企业开发的具有自主知识产权的重要高新技术装备和产品,可以考虑政府首购;适当提高各级政府采购中的国内自主创新产品比例等。同时,应依据新近实施的《国家自主创新产品认定管理办法(试行)》,按照其确立的自主创新产品认证制度、认定标准、评价体系和审批程序,尽快完成并公布《国家自主创新产品目录》。

(2)加强对政府采购行为的监管,确保政府采购中优先采购自主知识产权的产品。应建立健全政府采购的监督机构和监督检查机制,按照我国相关的法律法规规定,定期和不定期地检查监督政府采购行为,对于不利于自主创新的政府采购行为予以及时纠正,从而保障政府采购制度对于自主创新产品的政策支持。

二、我国企业技术创新战略

提高我国企业自主创新能力除了要宏观上加强制度建设外,还要求企业针对自身条件特点的差异调整策略和方法。

(一) 新产品的引进、吸收改进的创新战略

国外的成功经验也表明,新产品引进技术确实是解决产品开发时间和成本的一种有利途径,采用新产品的引进、吸收改进的创新战略对市场的定位要准确以外,还要根据产品的销售地域的特点作必要的创新,只有形成产品本身的特点和特色,才能造就企业自身持久的竞争力。

(二) 掌握核心技术战略

企业目标的实现是需要掌握的核心技术的关键前提,决定着企业的市场占有率和生存空间。另外,掌握核心技术的同时,要保证技术的所有权以及技术的及时更新和创新。

(三) 建立有效的激励机制战略

技术的创新对于企业至关重要,而建立有效的激励创新机制是保证创新目标的关键。不同员工的需求,在企业内部的作用也是有差异的,因此要对各级不同的员工采取不同的激励措施和办法,使其能够尽其所能地进行创新技术的研究和开发,保证企业创新目标的实现。

(四) 加强管理创新战略

中小企业必须进行管理创新。为了保证企业不断创新和持续稳定地发展,应建立一个有效的管理平台。技能使得企业人力资本的效用得到最大化的发挥,通过对企业人员的规范管理加强企业技术的管理,进而保证企业稳步运行。

(五) 企业信息管理战略

通过对企业的信息管理战略改善企业的经营管理,信息发布方式的创新、销售渠道的创新都会对企业的决策起到重要作用。用信息网络对企业的宣传和渠道进行改革,使信息在企业中传递的速度和时效加快,保证企业在激烈的竞争中拥有快速、灵活的反应能力和决策能力。

(六) 产学研的合作模式战略

产学研合作一直是合作创新最常用和最实用的方式。中小企业在发展过程中因其科研开发能力受限,非常需要依照合作创新、优势互补、风险共担、利益共享的原则和大学、科研单位展开三方合作,共同发挥其优势,一种是单纯地和大学或科

研机构合作,三方通过合同委托方式解决高校和科研机构无力解决课题经费的同时,又能满足三方各自的需求;另一种采用签订合约的方式,主要是以企业的产品开发、技术咨询、培训等为核心,利益按合同约定分配。

(七) 建立开放式、多元化的企业产权战略

中小企业通过产权制度创新来建立开放式、多元化的企业产权。在明晰产权的基础上实现股份制改造;另外,要和一些高科技发展、成长快的企业开展横向或者纵向合作,通过企业重组、兼并等多种形式实现优势互补,实现企业产权的最优配置。

(八) 虚拟生产战略

虚拟生产战略是时下国际流行的一种经营方式。主要以技术创新、产品创新、销售和生产渠道创新以及管理创新方式集中表现。这样的虚拟公司本身很少或基本没有生产设备和生产线。这种模式企业将其大部职能都对外转化,而通过外购的方式实现,企业只保留很小的一个"总部",对整个生产过程、产品营销、产品设计过程进行协调和控制。总部在这里实际成为一个中介形式,通过电子商务的手段和信息化处理技术来组织、协调和监督生产过程。虚拟生产战略比较适合于我国高科技型中小企业,它们大都属于"小而精"的成长较快的企业,也是市场上创新很多的"小而强"的生命力极强的企业,属于"重开发、变化快"的哑铃形企业。

(九) 企业文化创新战略

企业要想保持持续的创新活力,最重要的是建立起鼓励创新的企业文化。首先,作为企业领头羊要克服古板和惰性,勇于创新,始终以强烈的创新意识去影响和感染企业的员工。正是管理人员充满活力的开拓创新精神,无形地把这些无穷的活力和生机带给员工,使企业能够在激烈的市场竞争中不断取胜。其次,企业一定要重视和支持革新、创新人才。正是由于创新人才的存在,企业才得以生存和发展。由于创新本身的风险性和过程的艰巨性,创新人才更需要企业各级人才的支持和维护。对于创新失败的员工,应给予鼓励,宽容失败,实际上是为了鼓励更多的后来者继续保持创新精神。

参考文献

[1] Stephen J. Zaccaro Trait-based Perspectives of Leadership [J]. *American Psychologist*, 2007 (1).

[2] Sternberg A. Systems Model of Leadership [J]. *American Psychologist*, 2007(1).

[3] 兰徐明.领导力的构成及其形成规律[J]. 领导科学. 2007(22).

[4] 鄢旭,聂斌.浅述领导力理论模型的演变[J]. 商业文化.2011(1).

[5] 吴国庆. 企业领导力动态素质模型[J]. 中国高新技术企业.2011(12).

[6] 谢小玲.六问企业领导力[J]. HR经理人. 2009(5).

[7] 李志慧,段福兴.企业领导力生成及其提升对策研究[J]. 华东经济管理.2005(11).

[8]〔加〕史蒂文·L.麦克沙恩,〔美〕玛丽·安·冯·格里诺.组织行为学(第5版)[M].北京:机械工业出版社,2012.

[9] 陈春花,杨忠,曹洲涛.组织行为学(第2版)[M].北京:机械工业出版社,2013.

[10] 景怀斌.管理心理学 [M].北京:科学出版社,2009.

[11] 苏东水.管理心理学(第4版) [M].上海:复旦大学出版社,2011.

[12] 刘玉梅.管理心理学理论与实践[M].上海:复旦大学出版社,2009.

[13] 刘永芳.管理心理学[M].北京:清华大学出版社,2008.

[14] 陈国海.管理心理学(第2版)[M].北京:清华大学出版社,2012.

[15] 王铮,高兴.做一个心理健康的员工[M].北京:新世界出版社,2011.

[16] 李晓燕.员工心理健康与心理调适[M].北京:中国言实出版社,2010.

[17] 黄铁鹰.海底捞你学不会[M].北京:中信出版社,2011.

[18] 栾庆伟,迟国泰.财务管理[M].大连:大连理工大学出版社, 2001.

[19] 荆新.公司财务[M].北京:中央广播电视大学出版社, 2004.

[20] 财政部企业司.企业财务通则解读[M].北京:中国财政经济出版社,2007.

[21] 财政部会计资格评价中心.中级会计实务[M].北京:经济科学出版社,2007.

[22] 财政部注册会计师考试委员会办公室.财务成本管理[M].北京:经济科学出版社,2008.

[23] 李敏,李嘉毅.企业财务通则应用指南[M].上海:上海财经大学出版社,2007.

[24] 华小宁,梁文昭,陈昊. 整合进行时——企业全面风险管理路线图[M].上海:复旦大学出版社,2007.

[25] 胡为民.内部控制与企业风险管理——实务操作指南[M].北京:电子工业出版

社,2009.

[26]〔美〕杰弗里·R.卡波尼格罗.危机顾问[M].北京:中国三峡出版社,2010.

[27] 中国注册会计师协会.税法[M].北京:经济科学出版社,2011.

[28] 陈国庆,朱荣喜,姚维松.企业税收筹划[M].北京:经济科学出版社,2011.

[29] 潘理权,姚先霞.财政与金融[M].北京:中共中央党校出版社,2012.

[30] 罗红.财税理论与实践[M].合肥:安徽人民出版社,2009.

[31] 企业所得税立法起草小组.中华人民共和国企业所得税法释义及适用指南[M].北京:中国财政经济出版社,2007.

[32] 中国财政部网站,www.mof.gov.cn.

[33] 国家税务总局网站,www.chinatax.gov.cn.

[34] 陈荣秋,马士华.生产运作管理(第3版)[M].北京:机械工业出版社,2009.

[35]〔美〕威廉·史蒂文森,张群,张杰.运营管理[M].北京:机械工业出版社,2012.

[36] 刘丽文.生产与运作管理[M].北京:清华大学出版社,2011.

[37] 张毕西.生产运营管理[M].北京:机械工业出版社,2011.

[38] 张华芹.论商业企业物流模式的选择[J] 商业经济与管理 2006(6).

[39] 赵镭屹.商业企业物流模式发展现状及其优化选择[J].物流研究,2012(9).

[40] 高淮成.现代物流理论与实践[M].合肥:安徽人民出版社,2010.

[41] 百度百科 http://baike.baidu.com.

[42] 董焱.中小企业信息化建设与治理[M].北京:知识产权出版社,2012.

[43] 毕霞等.影响中小企业信息化建设的关键因素分析[J].科技管理研究,2008(3).

[44] 吴瑞鹏等.中国企业信息化中的关键因素[J].南开管理评论,2004(6).

[45] 高淮成.企业管理理论与实践[M].合肥:安徽人民出版社,2011.

[46] 雷万云.云计算技术、平台及应用案例[M].北京:清华大学出版社,2011.

[47] 施展.企业人力资源管理信息化的理论与应用研究.硕士论文,2007.

[48] 长城企业战略研究所.全球视野下的物联网产业[J].中国高新区,2010(5).

[49] 花成.物联网技术在企业信息化管理中的应用分析[J].企业管理,2013(18).

[50]〔美〕Michael Miller. 姜进磊等译.云计算 [M].北京:机械工业出版社,2009.

[51] 王涛.物联网发展趋势探析[J].价值工程,2013(12).

[52] 武奇生,刘盼芝.物联网技术与应用[M].北京:机械工业出版社,2012年.

[53] 海尔.从"企业的信息化"到"信息化的企业"[J].百度文库.

[54] 黄心怡.海尔采用Oracle服务云搭建售前售后服务平台[J].企业网,http://www.d1net.com/datacenter/.

[55] 宁焕生.RFID重大工程与国家物联网[M].北京:机械工业出版社,2008.

[56] 中华人民共和国第七届全国人民代表大会常务委员会第五次会议.中华人民共和国标准化法.1988年12月29日.

[57] 中华人民共和国标准化法实施条例. 1990年4月6日.

[58] 李春田.标准化概论(第5版)[M].北京:中国人民大学出版社.2009.

［59］洪生伟. 企业标准化教程(第 2 版)［M］. 北京:中国标准出版社. 2009.

［60］洪生伟. 标准化管理(第 6 版)［M］. 北京:中国质检出版社. 2012.

［61］胡彩梅,韦福雷,肖昆. 标准化经济影响的若干问题研究［M］. 吉林:吉林大学出版社. 2010.

［62］上海市标准化研究院. 标准化实用教程［M］. 北京:中国质检出版社. 2011.

［63］上海市标准化研究院. 标准化实用教程［M］. 北京:中国质检出版社. 2011.

［64］刘录民. 标准化:奶牛饲养业的根本出路［J］. 农业质量标准,2005(6).

［65］杨兴国. 品牌力［M］. 北京:人民邮电出版社,2012.

［66］丁雪枫. 品牌战争［M］. 北京:金城出版社,2012.

［67］庞守林. 品牌管理［M］. 北京:清华大学出版社,2012.

［68］丁桂兰. 品牌管理［M］. 武汉:华中科技大学出版社,2008.

［69］成思危. 论创新型国家的建设［J］. 中国软科学. 2009(12).

［70］李红艳. R&D 经费支出占国内生产总值(GDP)比重［J］. 数据. 2011(8).

［71］盛垒. 国外创新型国家创新体系建设的主要经验及其对我国的重要启示［J］. 世界科技研究与发展. 2006(5).

［72］詹小洪. 自主创新在韩国［J］. 求实. 2006(3).

［73］华国庆. 促进自主创新的财税法研究［J］. 科技与法律. 2009(1).

［74］王子同. 税收激励政策在促进企业自主创新方面存在的问题及对策［J］. 新疆农垦经济. 2007(4).

［75］胡长生. 促进企业自主创新的政府采购制度研究［J］. 长江论坛. 2009(1).

［76］仝玲玲,杨青. 中小企业创新方式及战略研［J］ 中国商贸,2010(2).

后　记

《多视角下的企业管理学》是一本集体智慧的结晶，本书的编写人员是中共安徽委党校研究生经济管理专业的任课老师，以及安徽省行政学院、合肥市委党校经济管理专业的专家教授。他们都是长期从事经济管理教育的老师，有丰富的理论知识、教学经验以及对现实企业管理问题的深入了解。相信本书对从事经济管理实际工作的领导者、从事经济管理教育的老师以及学习经济管理知识的同志有一定的启迪作用。

高淮成任本书主编，同时撰写序言、第九章企业物流及管理，刘庆宝撰写第一章企业领导力、倪良新撰写第二章企业人力资源管理、杨燕撰写第三章员工心理健康与调适、朱学平撰写第四章企业财务管理与筹投资管理、张彪撰写第五章投资风险与防范、罗红撰写第六章企业税收政策及其筹划、朱厚任撰写第七章企业管理统计分析、郭伟撰写第八章企业生产运营管理、赵祥好撰写第十章企业信息化建设、吴琼撰写第十一章标准化建设、李安福撰写第十二章企业品牌塑造与管理、梅林撰写第十三章加强企业科技创新能力。

书中如有不妥之处，恳请广大读者多提宝贵意见和建议，以便进一步修改和完善。